SÜDSTAATEN
USA

Eine Übersichtskarte der Südstaaten mit den eingezeichneten Reiseregionen finden Sie in der vorderen Umschlagklappe.

TOP 10

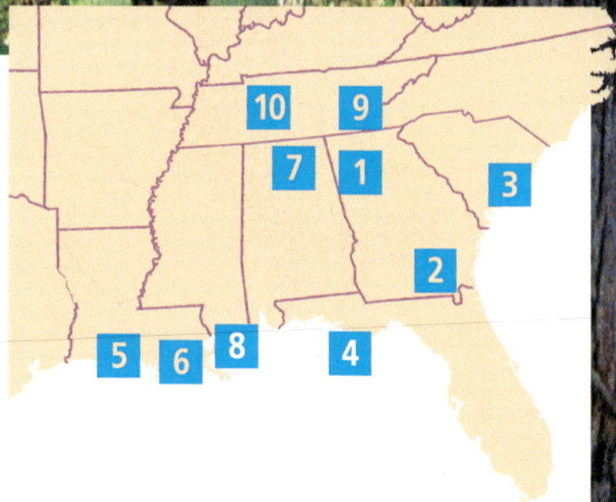

1 **Georgia Aquarium in Atlanta**
S. 22, 29
Auge in Auge mit Walhaien und Mantarochen: Aus einem Unterwasser-Acrylglastunnel und durch Panoramafenster lassen sich die riesigen Bewohner des größten Aquariums der Welt in Atlanta bestaunen und beobachten.

2 **Okefenokee National Wildlife Refuge**
S. 74 f.
Land der zitternden Erde: Von den Zypressen hängt Spanisches Moos, und auf stillen, grünen Wasserwegen, auf denen Alligatoren ihre Spuren ziehen, gelangt man nur per Boot in eines der größten Sumpfgebiete der USA.

3 **Historic Charleston**
S. 98 ff.
Schatzkästlein der Südstaatenarchitektur: Charlestons Altstadt mit ihren säulenbesetzten Villen, hohen Kirchtürmen und Plätzen voller moosbehangener Eichen gehört zu den besterhaltenen historischen Bezirken der USA.

4 **St. Joseph Peninsula State Park**
S. 125, 126
Floridas Panhandle vom Feinsten: In diesem Schutzgebiet am Golf von Mexiko schaffen Zuckerstrände, wogendes Dünengras und vogelreiches Marschland ein Naturparadies zum Sonnenbaden, Schwimmen und Genießen.

5 **Acadian Village Lafayette**
S. 160 f.
Das Cajun Country und die Welt der Akadier: Nachfahren der frühen Siedler und gut erhaltene Gebäude und Dorfstrukturen bewahren in diesem Freilichtmuseum ein kostbares Stück einzigartiger Regionalgeschichte der USA.

6 **Oak Alley Plantation**
S. 168
Schöner Wohnen am Mississippi River: Ein grüner Blätterbaldachin wölbt sich über der Allee uralter, weitverzweigter Eichen, die märchenhaft eine der meistfotografierten Antebellum-Villen des Südens einrahmt.

7 **U.S. Space and Rocket Center**
S. 177, 178
Wiege der amerikanischen Raumfahrt: In Huntsville zieht heute eines der bedeutendsten Luft- und Raumfahrtmuseen der USA mit Raketen, Weltraumfilmen, Flugsimulationen und Lasershows die Besucherscharen an.

8 **West Ship Island/Gulf Islands National Seashore**
S. 191
Delfinsichtungen meist inklusive: Ausflugsschiffe von Ship Island Excursions bringen Besucher hinüber zu den schneeweißen Sandstränden und dem warmen, glasklaren Wasser der einsamen, vorgelagerten Insel.

9 **Great Smoky Mountains National Park**
S. 212
Amerikas meistbesuchter Nationalpark: Natur pur, so weit das Auge reicht, und einige Spuren früherer Siedler – besonders im farbenfrohen Herbst ist der Besuch der Great Smoky Mountains ein Hochgenuss für alle Sinne.

10 **Country Music Hall of Fame**
S. 226
Sorgt für Gänsehaut und ist für Fans der amerikanischen Volksmusik ein Muss: das mit umfangreichem Bild-, Film- und Tonmaterial ausgestattete Museum samt Ruhmeshalle der Country Music Stars in Nashville.

Horst Schmidt-Brümmer

SÜDSTAATEN USA

VISTA POINT

WILLKOMMEN IM AMERIKANISCHEN SÜDEN

Der Tiefe Süden ist ein weites Feld,
über das man immer wieder schreiben könnte.
(Henry Miller)

Willkommen in Savannah, Geogia!

Es scheint, als hätten die Dichter schon immer an Dixieland gehangen. Musiker nicht minder. Hollywood sowieso. Ob Mark Twain oder Tennessee Williams, der »Charleston« oder »Vom Winde verweht«, William Faulkner oder Alex Haley, »Porgy and Bess« oder Gospel Songs – stets erwies sich der Süden als sprudelnde Quelle amerikanischer Mythen, Bilder und Legenden.

In der Fantasie fügen sie sich zu einer vorzugsweise romantischen, bisweilen melodramatischen Provinz in bewusster Distanz zum Rest der Nation, insbesondere dem Norden. Sie besteht aus Schwarzensiedlungen und weißen Villen, Baumwollfeldern und Baptistenkirchen, Blues und Bayous, Mississippi-Dampfern und Bürgerkriegskanonen unter moosdrapierten Eichen und zirpenden Zikaden. Der Alte Süden – ein historischer Roman? In gewissem Sinne ja. Im Süden sei, schreibt Faulkner, die Vergangenheit nicht tot; sie sei nicht einmal vergangen.

Aber die Region sorgt auch für Gegenbilder. Sie stammen vor allem von jenen amerikanischen Landsleuten, die behaupten, der

Süden sei eine kulturlose Hinterwelt, angefüllt mit sentimentalen Schwärmern und Dickköpfen, armen Schwarzen oder servilen Mohren, herumliegenden Autoreifen, korrupten Sheriffs, streunenden Hunden und dem Ku-Klux-Klan. Der Tiefe Süden – ein trauriges Sozialdrama? Auch dafür spricht einiges.

Wie aber vertragen sich die Bilder heroischer Rebellen, chevaleresker Kavaliere und reifberockter Frauen mit den weniger gefälligen Klischees? Und vor allem: Wie passen beide zum jüngsten Image dieses Landstrichs, zur Vorstellung vom Neuen Süden und seiner Wirtschaftskraft, die angeblich alles wiedergutmacht, was Bürgerkrieg, missglückter »Wiederaufbau« und zählebiges Vorurteil angerichtet haben? Die rührend-pathetische Welt der Scarlett O'Hara oder die Umsatzzahlen von Coca-Cola, »Onkel Toms Hütte« oder Jesse Jackson, Ol'Man River oder Petrochemie – was prägt denn nun diese Südstaaten?

Reisen können da einigen Aufschluss bringen. Sie bewegen sich durch sieben der einst glorreichen elf Staaten, die um die Mitte des vorigen Jahrhunderts die Union verließen: nach Georgia, North und South Carolina, durch das nördliche Florida, Alabama, Mississippi und Louisiana, kurz, nach Dixieland. Wer nach Memphis und Nashville fährt, lernt mit Tennessee noch einen weiteren Staat der Konföderation kennen. Virginia, Maryland, Arkansas und Texas fehlen; nicht, weil sie weniger interessant wären, sondern weil alle Reisetage nun einmal gezählt sind und die ausgewählten Staaten schon eine hinreichende Menge Stoff (und Entfernungen!) bieten, um die südstaatlichen Regionen und Themen nach dem Prinzip des wandernden Blickpunkts auszuleuchten.

Hütten hinter den Palästen: Schwarzenviertel in Natchez

Oak Alley Plantation bei Vacherie

CHRONIK

ABRISS DER GESCHICHTE

von Siegfried Birle

1513
Die Entdeckung des Südens beginnt mit der Landung des Spaniers Ponce de León auf »La Florida«. Als Nächster steuert der Spanier Francisco Gordillo 1521 South Carolina an, dann erkundet Giovanni da Verrazano für Frankreich die Ostküste und geht 1524 bei Cape Fear vor North Carolina an Land. Zwischen 1539 und 1542 dringt der Spanier Hernando de Soto auf der Suche nach Gold ins Landesinnere vor.

1565
St. Augustine in Florida wird als Stützpunkt gegen die Franzosen gegründet und damit zur ersten dauerhaften europäischen Siedlung in Nordamerika.

1607
Gründung von Jamestown, Virginia: die erste erfolgreiche englische Kolonie in Amerika – 13 Jahre bevor die Pilgerväter in Massachusetts landen.

Hernando de Soto entdeckt den Mississippi

1613
Jamestown exportiert den ersten Tabak und die Produktion wächst, denn es kommt bei den Dandys in London in Mode und findet reißenden Absatz.

1619
Die ersten 20 afrikanischen Sklaven treffen auf einem holländischen Schiff in Jamestown ein.

1663
Die Carolinas werden von König Charles II. an acht hohe Adlige vergeben. Im Raum South Carolina erfolgt die Landvergabe in großen Trakten, die eine Plantagenkultur ermöglichen.

1670
Der Earl of Shaftesbury gründet Charleston. Schon bald im 18. Jahrhundert verdient die Stadt am Handel mit Reis, Indigo und anderen Produkten. Einige der reichsten Pflanzer und Kaufleute des Südens bauen hier elegante Stadthäuser und fördern das Kulturleben.

1694
In South Carolina beginnt der Reisanbau. Die Investitionen sind so hoch, dass er zur Domäne großer Plantagen wird. Das Arbeitskräfteproblem lösen die Pflanzer mittels der Sklaverei. Erst nach dem Bürgerkrieg verschwinden diese Reiskulturen, vermutlich wegen Versandens der Anlagen durch Erosionsschäden im Oberland. Sie wandern in die Feuchtgebiete des südwestlichen Louisiana und nach Texas ab.

1699
Williamsburg wird zur Hauptstadt von Virginia und löst damit Jamestown ab; der Regierungssitz wird 1781 abermals verlegt, und zwar flussaufwärts nach Richmond.

1718
Französische Kolonisten gründen New Orleans als *La Nouvelle Orléans*. New Orleans wird zum Schmelztiegel der Völker und Rassen, in dem sich Franzosen, Spanier und Anglos, Indianer und Schwarze, Kreolen und Mulatten mischen. In dem sonst so homogen von Engländern und Iroschotten besiedelten Süden ist das Völkergemisch von New Orleans etwas Besonderes. Zu den ursprünglichen Kolonisten stoßen weitere Franzosen aus Frankreich, Kanada (die Akadier oder Cajuns) und den Westindischen Inseln. Letztere bringen ihre schwarzen Sklaven mit.

1733
James Oglethorpe gründet Savannah, das zunächst als Ausfuhrhafen für den Reis aus den küstennahen Anbaugebieten dient. Im 19. Jahrhundert werden vor allem Baumwolle und Holz aus dem Piedmont von Georgia und South Carolina umgeschlagen.

1739
Indigo-Pflanzen werden in South Carolina eingeführt. Indigo wird neben Tabak und Reis zum drittwichtigsten Exportgut der Kolonialzeit.

1742
Bei New Orleans wird die erste Zuckerrohrplantage angelegt. Bis zum Bürgerkrieg beherrschte Louisiana den Anbau mit 95 Prozent.

Sklaven als Pflanzer und Pflücker in den Baumwollfeldern von West Point, Mississippi

1755
Französisch-Kanada wird britisch, und es beginnen schwere Zeiten für die französischstämmigen Siedler in Akadien, das ab jetzt Nova Scotia heißt. Sie werden vertrieben und landen zwischen 1765 und 1785 in Louisiana und lassen sich an den Bayous und Sümpfen im Mündungsdelta des Mississippi nieder. Diese Akadier – oder Cajuns – vermischen sich mit Indianern und anderen Einwanderern aus Europa und entwickeln eine eigene Kultur französischer Sprache.

1763–67
Die englischen Astronomen Charles Mason

und Jeremiah Dixon vermessen die Grenze zwischen Maryland und Pennsylvania. Diese Grenzlinie wird als Mason-Dixon-Linie politisch bedeutsam: Sie markiert nämlich die Grenze zwischen den sklavenhaltenden Staaten im Süden und den freien im Norden. Vielleicht stand Mr. Dixon auch Pate für den Begriff »Dixie«, seit dem Song »Dixie's Land« von 1859 ein weit verbreitetes Synonym für »Süden«. Eine andere Spur führt zu Banknoten mit dem Aufdruck »Dix« (französisch für zehn), die in Louisiana kursierten.

1793
Die Erfindung der »Cotton Gin«, einer Maschine zur Trennung der Baumwollfasern vom Kern, durch Eli Whitney macht Baumwolle zur wichtigsten Handelspflanze des Südens. Der Süden wird zum »Cotton Kingdom« und die Geografen haben ihren »Cotton Belt«. – Der Süden geht im Sezessionskrieg unter, aber »König Baumwolle« überlebt.

Farm der frühen Pioniere in den Great Smoky Mountains (1820er Jahre)

1803
Präsident Thomas Jefferson kauft Louisiana für 15 Millionen Dollar von Frankreich. Die USA verdoppeln damit ihr Territorium. Frankreich hatte Louisiana erst 1800 von Spanien zurückgewonnen, aber Napoleon brauchte Geld für seine europäischen Kriege.

1808
Die USA verbieten die Einfuhr von Sklaven. Das Verbot des Sklavenhandels änderte nichts an der Sklaverei in den Südstaaten.

1835
Als sich der Seminolenhäuptling Osceola weigert, mit seinem Stamm von Florida nach Oklahoma umzuziehen, kommt es zu den Seminolenkriegen (1835–42, 1855–58). Es wird ein blutiger und langwieriger Guerillakrieg geführt. Die Seminolen waren schon Anfang des 18. Jahrhunderts vor den weißen Siedlern ins spanische Florida geflohen. Da sie geflohene Sklaven aufnahmen und sich mit ihnen verbündeten, sahen sich die Amerikaner herausgefordert. Die Seminolen müssen schließlich den Weg nach Oklahoma antreten.

1836
Texas löst sich von Mexiko und erklärt sich zur Republik. Die *Lone Star Republic* besteht bis 1845 und wird dann von den USA annektiert. Dies löst den Mexikanischen Krieg aus (1846–48), der für die USA mit Landgewinnen bis zum Pazifik endet.

1837
Beim Bau einer Eisenbahnlinie durch den Piedmont von Georgia wird das Städtchen Terminus angelegt. Ein paar Jahre später laufen hier schon die Linien aus Charleston, Savannah und Tennessee zusammen. Bis 1920 sind es 15 Strecken, die sich in Atlanta – so heißt der Ort inzwischen – treffen. Auch für das Fernstraßennetz und den Luftverkehr wird Atlanta zu einer Drehscheibe.

1838
Etwa 16 000 Cherokee-Indianer gehen auf den »Trail of Tears« von

Mit den Schüssen auf Fort Sumter 1861 begann der Bürgerkrieg

Nord-Georgia über Tennessee und Missouri nach Oklahoma. Der Druck der weißen Siedler war zu stark geworden.

1851

Als Reaktion auf das *Fugitive Slave Law* von 1850, das die Auslieferung von geflohenen Sklaven verlangt, veröffentlicht Harriet Beecher-Stowe »Uncle Tom's Cabin« (Onkel Toms Hütte). Das Buch ist ein starker emotionaler Appell für die Abschaffung der Sklaverei.

1860

Abraham Lincoln wird zum Präsidenten der USA gewählt. Er möchte die Ausbreitung der Sklaverei abschaffen. Das musste von den Sklavenhaltern im Süden als Existenzbedrohung aufgefasst werden. Seine Extremisten trommeln daher zum Austritt aus der Union, zur Sezession. South Carolina prescht vor und verlässt noch Ende 1860 die Union; Mississippi, Florida, Alabama, Georgia, Louisiana und Texas schließen sich 1861 an. Diese sieben Staaten des Tiefen Südens, die einen großen Anteil Sklaven in der Bevölkerung haben, gründen am 11. März 1861 die *Confederate States of America*.

Die vier Grenzstaaten des Oberen Südens – Virginia, Arkansas, North Carolina und Tennessee – zögern; erst nach Ausbruch der Feindseligkeiten im April 1861 beschließen sie den Austritt aus der Union. Die sklavenhaltenden Staaten Missouri, Kentucky und Maryland bleiben unionstreu und West Virginia spaltet sich von Virginia ab.

1861–65

Der Bürgerkrieg beginnt mit der Attacke konföderierter Truppen auf Fort Sumter im Hafen von Charleston; er endet nach schrecklichem Blutvergießen mit der Kapitulation der Südstaaten im Gerichtshaus von Appomattox. Primäres Kriegsziel der Nordstaa-

»Uncle Tom's Cabin« (Onkel Toms Hütte): Titelblatt der Erstausgabe von Harriet Beecher-Stowe

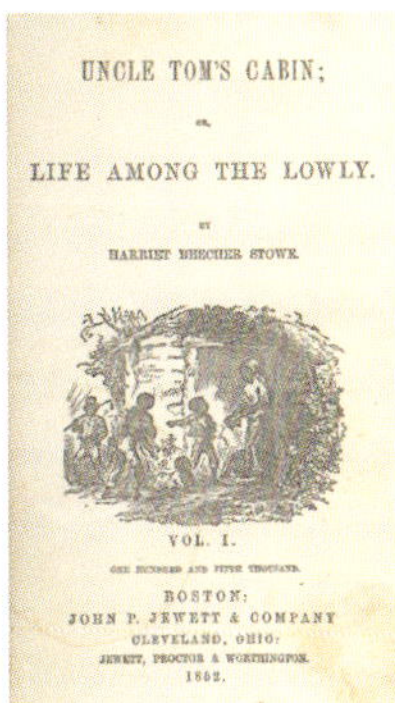

UNCLE TOM'S CABIN;

OR,

LIFE AMONG THE LOWLY.

BY

HARRIET BEECHER STOWE.

VOL. I.

ONE HUNDRED AND FIFTH THOUSAND.

BOSTON:
JOHN P. JEWETT & COMPANY
CLEVELAND, OHIO:
JEWETT, PROCTOR & WORTHINGTON.
1852.

ten war es zunächst, die Einheit der Nation zu bewahren. Mit der *Emancipation Proclamation* vom 23. September 1862 trat neben die nationale Zielsetzung die humanitäre der Befreiung der Sklaven. Die politische Rhetorik des Südens setzte dem einerseits das Recht auf Selbstbestimmung der Staaten entgegen, andererseits wurden die feudalen Strukturen der Plantagengesellschaft gegenüber den sozialen Missständen der Industriegesellschaft gerechtfertigt.

Die Emancipation Proclamation Präsident Lincolns von 1862

Der Norden war dem Süden an menschlichen und materiellen Ressourcen überlegen. Den 22,7 Millionen Menschen im Norden standen neun Millionen (darunter dreieinhalb Millionen Sklaven) im Süden gegenüber. Der Norden besaß beträchtliche Industriekapazitäten und ein entwickeltes Eisenbahnnetz; der Süden war vorwiegend Agrarland, auf die Ausfuhr seiner Produkte und somit auf freien Zugang zu den Weltmeeren angewiesen. Die Strategie des Nordens ging dahin, den Süden durch die Blockade der Seewege vom Nachschub abzuschneiden. Die Bilanz: 800 000 Tote und Verwundete auf beiden Seiten. Der verlorene Krieg, die moralische und wirtschaftliche Vernichtung inmitten einer siegreichen Nation, sollte zum Trauma des Südens werden.

1863

Mit der *Emancipation Proclamation* Präsident Lincolns von 1862 werden die Sklaven, die sich im Machtbereich der Konföderation befinden, ab dem 1. Januar 1863 für frei erklärt. Das hat für diese Sklaven zunächst nur symbolische Bedeutung. Die formelle Abschaffung der Sklaverei erfolgt 1865 durch das *13. Amendment* (= Verfassungszusatz); das *14.* und das *15. Amendment* (1868) räumen den ehemaligen Sklaven gleiche Rechte bzw. gleiches Wahlrecht ein.

1865–77

Reconstruction in der Nach-Bürgerkriegszeit bedeutet nicht so sehr den Wiederaufbau der zerstörten Wirtschaft des Südens als den Aufbau neuer politischer Strukturen nach den Rezepten des Nordens. Unter Truppenaufsicht werden Schwarze an der Regierung der Einzelstaaten beteiligt, um so das Machtmonopol der Weißen zu brechen. *Reconstruction* wird bei den weißen Südstaatlern als Rache und Demütigung durch den Norden empfunden. Sie führt letztlich zur Stärkung der konservativen Kräfte im Süden.

1881

Das Tuskegee Institute in Alabama wird als berufliche Bildungsstätte für Schwarze gegründet, und Booker T. Washington wird sein erster Direktor. Noch als Sklave auf einer Farm in Virginia geboren, holt sich Washington sein Wissen am Hampton Institute in Virginia und setzt fortan auf Ausbildung als Weg zum beruflichen Erfolg und zur Verbesserung der Lage der Schwarzen. Indem er sich mit Weißen über diesen Weg zu verständigen sucht, vertritt er in der Rassenfrage eine gemäßigte Linie.

1891
Die *Farmer's Alliance* (Farmerbund) erreicht mit drei Millionen Mitgliedern ihren größten Zulauf. Ziel des Bundes ist es, die hoffnungslose Lage der kleinen Farmer – besonders im Süden – durch Einrichtung von Genossenschaften, Reglementierung der Konzerne und Eisenbahnen, Schaffung von Lagerkapazitäten auf dem Lande und die Einrichtung einer Bundeskasse zur Finanzierung der Farmen zu verbessern. Die Farmer erhoffen sich davon, dem jährlichen Zyklus der Verschuldung bei ihren Händlern zu entrinnen.

1903
W. E. B. Du Bois veröffentlicht sein berühmtes Buch »The Souls of Black Folk«, eine drastische Beschreibung des Lebens der Schwarzen im Süden um die Jahrhundertwende. Im Gegensatz zu dem gemäßigten Booker T. Washington nimmt Du Bois den Kampf

Das 15. Amendment (1868), ein Verfassungszusatz von 1868, räumt den ehemaligen Sklaven gleiche Rechte bzw. gleiches Wahlrecht ein

um die Bürgerrechte der Schwarzen ab sofort auf. Er wird Mitbegründer der *National Association for the Advancement of Colored People* (NAACP) im Jahre 1910 in New York.

1915
In Georgia gründet sich der Ku-Klux-Klan neu, nachdem er bereits 1869 aufgelöst und durch Gesetze von 1870 und 1871 verboten wurde. In den 1920er Jahren schwillt die Mitgliederzahl des Klans auf mehr als zwei Millionen (landesweit) an. Was diese Superkonservativen zusammenführt, sind ein diffuses Nationalgefühl, Misstrauen gegen alles Fremde – ob katholisch, jüdisch oder schwarz – und die Überzeugung von der Vorherrschaft des weißen Mannes. Im Süden betreiben die Klansleute die Einschüchterung der Schwarzen. Sie verprügeln, teeren, federn und lynchen, wenn ein »Nigger« ihrer Meinung nach die Rassenschranken übertreten hat.

1917
J. Frank Norris aus Fort Worth, Texas, gründet die Zeitschrift, die später »The Fundamentalist« heißen wird. Norris gilt als »Vater« des südlichen Fundamentalismus, einer konservativen Richtung im Protestantismus, die gegenüber liberalen Tendenzen jener Zeit ein wörtliches Verständnis der Bibel betont. Zwischen 1921 und 1929 erlassen fünf Südstaaten Gesetze, die die Evolutionslehre an Schulen verbieten. Die Kirchenlandschaft des Südens ist von fundamentalistischen Ideen geprägt.

1919
In Enterprise, Alabama, wird dem Baumwollkäfer ein Denkmal errichtet. Aus Mexiko kommend hatte der Käfer 1892 den Rio Grande überschritten und war alljährlich weiter nach Nordosten vorgedrungen; 1903 hatte er Louisiana, 1907 Mississippi und in den 1920ern Georgia und South Carolina erreicht. Er zwang große Teile der Landbevölkerung zur Abwanderung in die Städte des Nordens und Westens; wer blieb, musste seine Landwirtschaft diversifizieren. Die Baumwollkulturen verlagerten sich in trockenere Zonen mit kälteren Wintern, wie die *High Plains* von Texas, oder konzentrierten sich auf die besten Böden, wie die des Mississippi-Yazoo-Deltas. Die motorisierten Pflückmaschinen waren auf großen, flachen Feldern besser einzusetzen als in den Hügellandschaften des Alten Südens.

Denkmal für einen Schädling: Das Boll Weevil Monument in Enterprise, Alabama, ehrt den Baumwollkäfer

1933
Mit dem *Agricultural Adjustment Act* wird eines der wichtigsten Farmprogramme des *New Deal* geschaffen. Sie erlösen den Süden aus der Zwangsjacke seiner Monokultur und zum Teil auch aus der Armut. Die Kehrseite sind massive Abwanderung und der Untergang der kleinen Familienbetriebe. Im Rahmen des *New Deal* von F. D. Roosevelt wird das Gesetz über die Gründung der *Tennessee Valley Authority* (TVA) unterzeichnet. Es handelt sich dabei um ein gigantisches Regio-

nalentwicklungsprogramm, das ein chronisches Notstandsgebiet um den Tennessee River herum sanieren soll.

1935
Der Roman »Gone with the Wind« von Margaret Mitchell erscheint und wird sofort zum Bestseller. Einerseits knüpft der Roman an den Mondschein-und-Magnolien-Mythos der konventionellen Plantagenromanze an: Er hat seine *Southern Belle,* galante Kavallerie und treue Sklaven; andererseits werden die Charaktere psychologisch differenziert, Krieg und Nachkriegszeit realistisch und zum Teil brutal dargestellt.

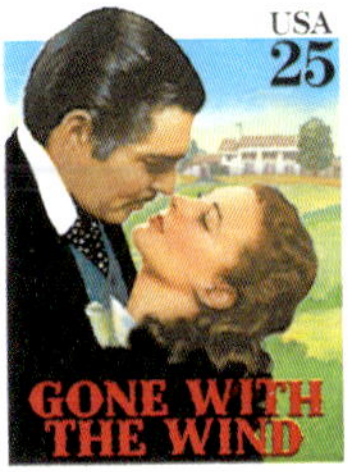

1950
William Faulkner (1897–1962) erhält den Nobelpreis für Literatur. Faulkner ist der Schöpfer einer fiktiven Yoknapatawpha County – mit Hauptstadt Jefferson (alias Oxford) –, die die kollektiven Erfahrungen des Südens repräsentiert.

1955–56
Rosa Parks beweist Zivilcourage, als sie sich im Dezember 1955 in Montgomery, Alabama, im Bus auf einen für Weiße reservierten Platz setzt (vgl. Foto S. 14 o.). Sie wird verhaftet und löst damit eine der folgenreichsten Aktionen der Bürgerrechtsbewegung aus. Der 26-jährige Pastor Martin Luther King aus Atlanta nimmt sich des Falles an und organisiert einen Bus-Boykott in Montgomery. Dank der Ausdauer der schwarzen Bürger der Stadt wird die Rassentrennung im städtischen Busnetz aufgehoben. Der *Supreme Court* erklärt die Rassentrennung in Bussen 1956 für verfassungswidrig.

Der Alte Süden in Hollywood: die nachgebaute »Tara«-Kulisse

1957
Martin Luther King und Freunde gründen die *Southern Christian Leadership Conference* (SCLC) in der Ebenezer Baptist Church in Atlanta – M.L. King wird ihr erster Präsident. Die Organisation sammelt die fortschrittlichen christlichen Kräfte des Südens zum gewaltfreien Widerstand gegen die Rassentrennung.

Rosa Parks in Montgomery

1963
King führt 200 000 Teilnehmer auf den »Marsch nach Washington«. Dort hält er seine berühmte Rede »I Have a Dream«, in der er seine Vision des Miteinanders der Rassen entwirft.

1964/65
Präsident Lyndon B. Johnson setzt auf Druck der Bürgerrechtsbewegung im Kongress einschneidende Bürgerrechtsgesetze durch.

1965
Martin Luther King und die SCLC setzen sich in Selma, Alabama, gegen Einschränkungen des Wahlrechts für Schwarze ein. Beim ersten Versuch, von Selma nach Montgomery zu marschieren, schlägt die Polizei brutal zu, Filmaufnahmen von Einsätzen erregen im ganzen Land Empörung. Den zweiten Marsch verhindert die Polizei mit friedlicheren Mitteln. Die SCLC ruft die Gerichte um Hilfe an. Diese erklären den Marsch für rechtens. Er wird nun unter dem Schutz von Bundestruppen durchgeführt. Die Abschlusskundgebungen vor dem Regierungssitz in Montgomery bilden den Höhepunkt der Bürgerrechtsbewegung der 1960er Jahre. Als King 1968 in Memphis den Kampf der schwarzen Müllarbeiter für höhere Löhne und gewerkschaftliche Rechte unterstützt, wird er ermordet.

Hier predigte Martin Luther King Jr.

1996
Der Großraum Atlanta erreicht über drei Millionen Einwohner;

aber nur knapp 400 000 leben im inneren Stadtbereich. Die Olympischen Spiele nehmen ihren Lauf.

2000
Im September wird James Perkins Bürgermeister von Selma, Alabama: der erste Schwarze in einer für die Bürgerrechtsbewegung wichtigen Stadt.

2005
Hurrikan »Katrina« vernichtet New Orleans und die Golfküste Mississippis und tobt sich in weiten Teilen Louisianas, Alabamas, Georgias und Floridas aus.

2010
Am 20. April explodiert die von der Gesellschaft BP betriebene Ölbohrplattform »Deepwater Horizon« im Golf von Mexiko, gerät in Brand und sinkt zwei Tage später. Wegen der Meerestiefe und der Schwere des Schadens kann die sprudelnde Ölquelle nicht verschlossen werden, was zur größten Umweltkatastrophe in der Geschichte der USA führt. Erst im September wird sie für komplett ausgeschaltet erklärt.

2013
Barack Obama tritt die zweite Amtsperiode an. Joe Biden bleibt Vizepräsident.

2014
Bei den Kongresswahlen gewinnen die Republikaner mit 53 zu 44 Sitzen. Die Demokraten verlieren die Mehrheit im Senat, was Regierungsbeschränkungen für Präsident Obama zur Folge hat.

2015
Als Folge eines beachtlichen Tiefdruckgebietes und des Hurrikans »Joaquín« gibt es im Herbst große Überschwemmungen in weiten Teilen South Carolinas.

Außerhalb der Städte erkennt man Gottesdienste zuerst an den Klumpen geparkter Autos mitten in der Landschaft. Insbesondere für die Schwarzen bedeutet die Kirche viel: Religion, Familie (im weitesten Sinn des Wortes) und nicht zuletzt – Entertainment. Der Zusammenhang von familiären Beziehungen, Heimatort und Gemeinde prägt traditionell das Selbstverständnis der Schwarzen. Hier liegen die »roots«, die Wurzeln ihrer Herkunft, und das, was sie »rootedness« nennen, der sichere Halt.

Skyline von New Orleans

DIE SCHÖNSTEN REISEREGIONEN DER SÜDSTAATEN

Region 1
Atlanta

ATLANTA

DAS »TOR ZUM SÜDEN«

»Wo ist Tara?«, fragen viele Japaner, wenn sie auf dem Hartsfield Atlanta International Airport Südstaatenboden betreten. Natürlich gibt es kein »Tara«. Auch keine Reifröcke oder Mondlicht mit Magnolien. Vom Winde verweht sind sie alle. Nichts, aber auch gar nichts erinnert mehr an die Welt der Scarlett O'Hara. So wie der Kulisse des brennenden Bahnhofs, vor dem der tapfere Rhett Butler die schöne Scarlett in Sicherheit bringt, so erging es Atlanta und den Südstaaten auch: Dixieland ist abgebrannt.

Doch wie Phönix aus der Asche meldete sich die Stadt zurück, ja, sie prägte sich den Wundervogel sogar ins Siegel. Entsprechend glänzt »The Big A« heute: als Metropole von Georgia, als eine (neben New York und Chicago) der größten Kongress- und Messestädte in den USA, als wirtschaftlicher Motor im »Sunbelt«, in dem die Schwarzen zwei Drittel der Bevölkerung ausmachen. Längst hat Atlanta seine historische Bausubstanz und romantischen Winkel ersetzt durch monströse Gebäude *(urban sprawl)* und große Portionen verschlungener Freeway-Spaghetti, die die fliehenden Einzelstadtteile verklammern. Und was nicht in die Breite drängt, geht in die Höhe: Stolz ragen die Geschäftszentren aus dem grünen

Atlanta – das Tor zum Süden

Pelz der sie endlos umgebenden Wälder des Piedmont, jener *rolling hills* zwischen den »Blauen Bergen« der Appalachian Mountains und der atlantischen Küstenregion.

Der Flughafen mit dem größten Passagieraufkommen der Welt und die nationalen Hauptquartiere großer Firmen wie

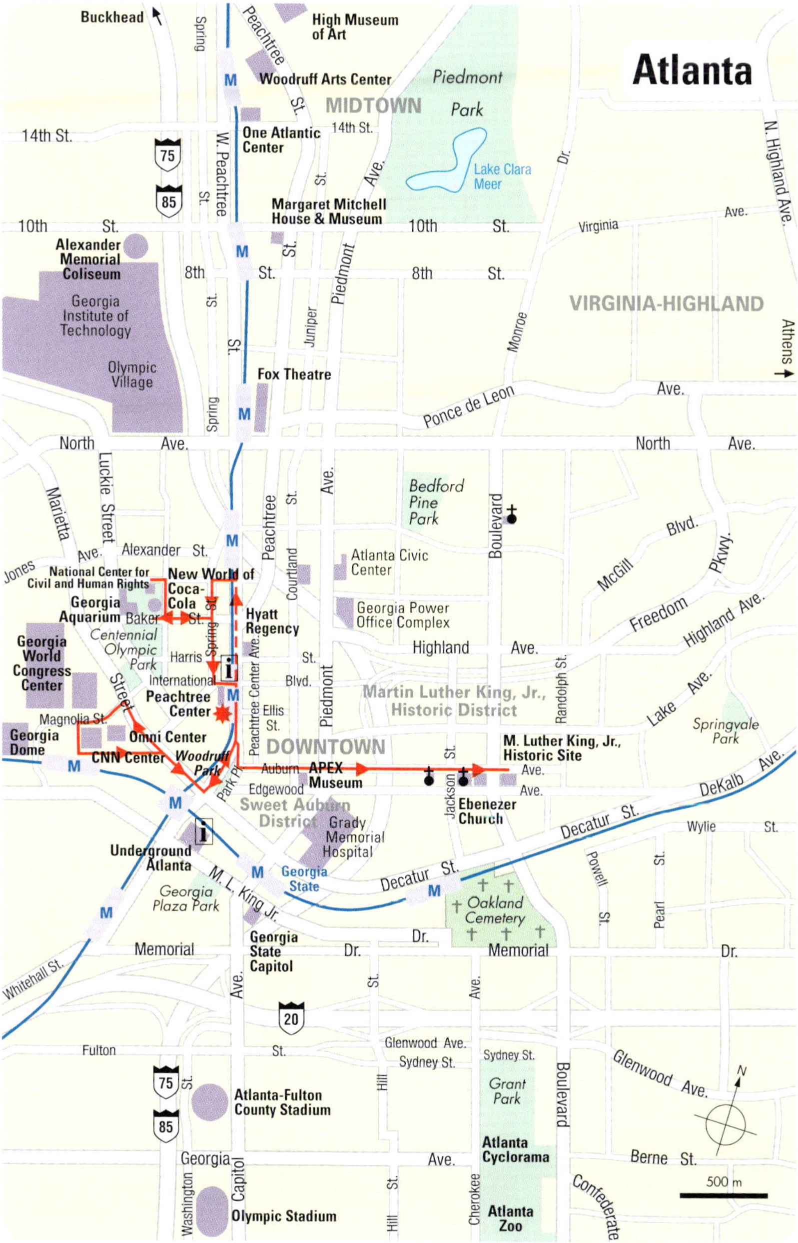

Boomtown Atlanta: So rapide wie Atlanta sind die Städte im Süden überhaupt erst in den letzten 30 Jahren gewachsen. Heute haben vor allem Jackson (Mississippi), Birmingham (Alabama), Nashville (Tennessee) und New Orleans (Louisiana) das pastorale Image des Südens kräftig verändert.

Delta Airlines, Coca-Cola, CNN und UPS spielen dabei tragende Rollen. Olympia sorgte für die bisher letzte Welle des lokalen Optimismus.

Dabei fing alles recht bescheiden an – mit einem Bahnhof. Aber es dauerte nur rund 150 Jahre, bis aus der Endstation einer Bahnlinie die heutige Metropole der Südstaaten heranwuchs. Wenn nämlich in Atlanta sich was veränderte, dann schnell. Die Stadtgeschichte ist reich an Schüben – solchen nach vorn, aber auch solchen nach hinten. Zuerst (das war 1837) schoss die Siedlung als Eisenbahnstadt aus dem dichten Grüngürtel der auslaufenden Piedmont-Berge. Während des Bürgerkriegs diente sie den Konföderierten als Waffendepot, und nachdem sie von Unionsgeneral Shermans Truppen bis auf die Grundmauern niedergebrannt wurde, verdoppelte sie ihre Einwohnerzahl schon binnen eines Jahres.

Die heutige Skyline spricht für sich: Gläsern, stählern und luftdicht abgeschottet recken sich die Highrise-Riesen wie Zeigefinger in den Himmel. Atlanta, das »Tor zum Süden« und Wirtschaftsraum von über drei Millionen Menschen, steht hoch und weit der Zukunft offen.

Stadtrundgang

Der erste Teil des Stadtrundgangs ist auf der Karte S. 19 eingezeichnet.

Wo in Europa meist die Kathedrale steht, ein Marktplatz liegt oder das Herz der Stadt schlägt, im Zentrum also, da strebt in Atlanta das **Peachtree Center** in die Höhe – eine Art »Rockefeller Center des Südens«. Mehr als ein Dutzend Straßenblocks vereinnahmt diese Kunstwelt aus Bürotürmen, Ladenlokalen und Hotel-Atrien, verbunden durch ein klimatisiertes System gläserner Aufzüge und Skyways, das die meist schwüle Außenwelt ausgrenzt.

Der Urheber und Preisträger des Architekturwettbewerbs John Portman, gebürtiger Atlantaner, holte als erster das Urbane ins Hotel und inszenierte die Stadt im Atrium neu. Das **Peachtree Hyatt Regency**, 1967 entworfen, machte den Anfang und hob die damals kleine Motelkette Hyatt schlagartig auf internationales Niveau. Wer hier lustwandelt oder seinen Geschäften nachgeht, läuft nicht bloß an arrangierten Warenwelten vorbei, sondern auch über muntere Klangteppiche: Vivaldi, Glenn Miller, ein Mozart-Quintett. Das korrespondiert mit dem Rhythmus der Räume, dem Wechsel von engen Tunneln und offenen Hallen.

Das geht auf keine Kuhhaut: Straßenkunst in Atlanta

Wenn man die flotte **MARTA** (Metropolitan Atlanta Rapid Transit Authority) kennenlernen möchte, kann man eine Station Richtung Norden bis zur Haltestelle Dome/Georgia World Congress Center fahren. MARTA zählt neben ihren Kollegen in Washington, San Francisco und Miami zur effizientesten U-Bahnen in den USA. Die Station unter dem Peachtree Center ist die tiefstgelegene von allen. Ihre schier endlosen Rolltreppenschläuche gleiten abwärts in die kühle Gruft des Bahnhofs, der aus einem gewaltigen Granitmassiv herausgesprengt wurde.

Downtown Atlanta vom Centennial Olympic Park aus gesehen

Region 1
Atlanta

Nach kurzer Fahrt taucht man aus dem Untergrund wieder auf. Hier wurde 2007 **The New World of Coca-Cola Atlanta** wiedereröffnet, ein futuristischer Bau aus hellem Stein, Glas, gebürstetem Metall und einem 27 Meter hohen Glaszylinder, in dem ein riesige Coke-Flasche in den Himmel ragt. Seit Eröffnung der ersten World of Coca-Cola 1990 haben sich Konsumverhalten, Marketing und auch die vielen Produkte von Coca-Cola verändert und die Company wollte sich neu darstellen. 70 verschiedene internationale Coca-Cola-Sorten können die Besucher probieren.

Coca-Cola als Nabel der Welt und Atlanta als sein Bauch: Firmen- und Stadtgeschichte hängen aufs Engste zusammen, zumindest seit 1886, als ein John S. (»Doc«) Pemberton in seiner bescheidenen Apotheke um die Ecke einen besonderen Saft mixte, ausgerechnet in dem Jahr, in dem die Saloons in Fulton County trockengelegt wurden. Als Ersatz schien der Cocktail aus dem Extrakt der Coca-Blätter und der koffeinhaltigen Cola-Nuss, verdünnt mit Soda, mehr als wünschenswert. Aber irgendwie entpuppte sich das süße und anfangs grünliche Gesöff mit dem Namen Coca-Cola, gemixt nach einem bis heute streng bewachten Geheimrezept, nicht gerade als Renner. Pemberton verkaufte deshalb sein Rezept, und zwar an den Drogisten Asa G. Candler, der darauf die Firma Coca-Cola gründete und steinreich wurde. Als er genug hatte, verkaufte auch er. Und so gelangte das Geheimnis der braunen Brause nach dem Ersten Weltkrieg an den Banker Charles Woodruff. Sein Sohn Robert, ein Verkaufs- und Marketing-Genie, schrieb damit die größte Erfolgsgeschichte eines Massenprodukts und leitete über sechs Jahrzehnte das Unternehmen.

Gegenüber von Coca Cola besteht am Pemberton Place seit 2005 das 1 **Georgia Aquarium** – mit 30 000 Kubikmetern Wasser und über 100 000 Fischen und anderen aquatischen Lebewesen das größte Aquarienhaus der Welt. In seinem rund 22 Millionen Liter fassenden Ocean Voyager Tank werden nebst vier gewaltigen Walhaien und vier riesigen Mantarochen eine Vielzahl weiterer Meerestiere beherbergt. Aus einem Acrylglastunnel oder durch immens hohe Panoramafenster lässt sich die faszinierende Unterwasserwelt trockenen Fußes beobachten. Weitere Habitate stellen unter anderem die Unterwasserwelten vor der Küste Georgias, die der Flüsse Nordamerikas und die der Polarregionen vor.

Zwischen Coca Cola und dem Aquarium hat sich das **Center for Civil and Human Rights** einen Namen gemacht. Der moderne Bau widmet sich im ersten Stock der amerikanischen Bürgerrechtsbewegung, die für die Rechte der afroamerikanischen Bevölkerung kämpfte, sowie – im zweiten Stock – den Menschenrechten auf der gesamten Welt. Im Erdgeschoss zeigt eine Ausstellung persönliche Gegenstände und Dokumente von Dr. Martin Luther King Jr.

Zurück zur **Peachtree Street**. Atlanta ist geradezu besessen von »Peachtrees«. Im Stadtplan tragen 42 Straßen, Wege und Plätze einen Pfirsich im Namen. Gründe für diese besondere Obst-Liebe sind nicht zu erfahren, eher solche dagegen. Peachtree, heißt es, komme gar nicht von *peach*, sondern von *pitch trees*. Das waren harzige Nadelbäume, die hier früher mal wuchsen und die erst im Nachhinein zum Träger jenes rosigen Obstes stilisiert wurden, das zur staats(symbol)tragenden Frucht von ganz Georgia avancierte, obwohl hier weit mehr Erdnüsse als Pfirsiche angebaut werden. Wie auch immer, eins steht fest: *There are no peach trees on Peachtree*.

Woodruff Park wirkt wie eine Oase der Entspannung im hektischen Szenario alter Baukästen und neuer Hochhäuser, wenn hier nicht Entertainment um sich greift – von der Rockband bis zum bibelschwingenden Wanderprediger. Marietta Street führt zum Omni Center, am **Centennial Olympic Park** vorbei, zum Sitz des Kabel-TV-Senders **CNN**

Dessen Innenleben offenbart sich den Medientouristen durch eine Führung hinter die Kulissen, in das Reich des umtriebigen Ted Turner, des terrestrischen Königs und Medienmoguls, der CNN 1980 gründete und erfolgreich führte. »The mouth from the South« nennt man ihn.

Die ebenso witzig wie fachkundig geleitete Betriebsführung artet unterwegs zu einer regelrechten Joggingtour aus, die über Treppen und Gänge durch die weiträumigen Gefilde des Omni-Komplexes führt – neben dem Peachtree Center ein weiteres Beispiel für Atlantas großzügige Binnenwelten.

Interessant wird es im Headline Newsroom, hinter deren schalldichten Glasscheiben ein Heer von Journalisten rund um die Uhr wie in einem Aquarium wuselt. Man erkennt die *anchor desks* und die Tricks beim Textablesen sowie die scheinbaren Lippenbewegung und die augentäuschenden Projektionen beim Vortrag des obligaten Wetters.

Coca-Cola-Lieferwagen von 1939 und …

Noch einmal zum Woodruff Park, denn hier endet bzw. beginnt **Auburn Avenue** und mit ihr »Sweet Auburn«, der unbestritten bedeutendste wirtschaftliche Markstein in der Geschichte der Schwarzen in den USA und vom Beginn des 20. Jahrhunderts bis in die 1950er Jahre Lebensader und Modell ihrer Unternehmertätigkeit in Atlanta. Doch die Probleme sind gewachsen: Seit den 1960er Jahren zerschneidet bereits eine Stadtautobahn brutal das Viertel, und weder politisch-moralische Nostalgie noch die vom National Park Service verwalteten Monumente der Bürgerrechtsbewegung können über die Erosion hinwegtäuschen, die Armut, Arbeitslosigkeit und Drogen hier wie anderswo in den Quartieren der Schwarzen schaffen. Und das, obwohl die Straße selbst ihren Charakter teilweise noch bewahrt hat: ihre zahlreichen Kirchen, *Soulfood*-Restaurants, Musikclubs (in denen jahrelang Ray Charles spielte), Radiostationen und Zeitungsredaktionen.

Am Anfang stehen das **APEX Museum** und das Gebäude der Atlanta Life Insurance. Das Museum widmet sich dem afroamerikanischen Erbe des Viertels, der Versicherungsbau der Erinnerung an einen der erfolgreichsten Schwarzen der Stadt: Alonzo F. Herndon. Jenseits der Kreuzung von Piedmont Avenue folgen Wandmalereien prominenter Schwarzer, alte Ladenlokale, ab und an ein Nachtclub. Kurz vor der Ecke Hilliard und Auburn Avenue liegt auf der linken Seite oberhalb eines alten Department Store das Quartier der 1905 gegründeten Southern Christian Leadership Conference (SLSC). An der Ecke Jackson folgt die **Ebenezer Baptist Church**, in der Martin Luther King predigte wie zuvor schon sein Vater, das Zentrum der amerikanischen Bürgerrechtsbewegung. Selbst Aktionen, wie sie z. B. in Chicago, San Francisco, New York und Detroit liefen, sind hier geplant worden.

… die Loft Ramp im New World of Coca-Cola Atlanta

Ein paar Schritte weiter, in einem kleinen Museum, beginnen die Führungen durch das **Geburtshaus von Martin Luther King**. So bescheiden die Ausmaße des Hauses wirken, so stattlich erscheint es im Vergleich zu einigen restaurierten und ebenfalls unter Denkmalschutz gestellten kleinen Wohnhäusern auf der gegenüberliegenden Straßenseite. Zu Kings Grab im Freedom Hall Complex des **Center for Nonviolent Social Change** kamen bei seiner Beerdigung rund 300 000

Menschen. Seitdem arbeitet diese Institution (lange unter Leitung von Coretta Scott King) an der Weiterentwicklung des »Traums« des Bürgerrechtlers von der ökonomischen und sozialen Chancengleichheit. Sie hat in Atlanta deutlichere Fortschritte gemacht als andernorts in den USA, nicht nur wegen der konzentrierten Bürgerrechtsbewegung, sondern auch, weil man hier den Schwarzen die Hochschulbildung früher ermöglichte als anderswo.

Freilich bestehen nach wie vor krasse Gegensätze zwischen der Innenstadt und den Vororten. Und vielleicht ist es ein Glück und ein gutes Zeichen, dass die Investitionen für die Olympischen Spiele ausnahmsweise einmal Downtown zugute kamen, während traditionell alles Neue und Zugkräftige in die Satellitenstädte floss. Dennoch: Atlanta bleibt auch weiterhin im Wesentlichen eine »geteilte« Stadt. Die Schwarzen wohnen überwiegend im Süden, die Weißen im Norden, vorzugsweise in Buckhead. Dennoch scheint es, dass die Kontraste weniger ethnisch als vielmehr durch die dramatische Fallhöhe zwischen dem Lebensstandard der Superreichen und dem der Habenichtse begründet sind. Schwarze Millionäre sind dabei durchaus eingeschlossen; sie sollen sogar die Mehrheit unter ihresgleichen bilden.

Und was gibt es sonst noch? Nun, **Buckhead** zum Beispiel. Elton John wohnt hier, wie andere Prominente vor ihm, Expräsident Jimmy Carter etwa oder der Patriarch von Coca-Cola, Robert W. Woodruff. Buckhead stieg von der Postkutschenstation im Hinterwald (1840) zum noblen Villenvorort auf, zum Vorzeigeviertel von Atlanta, nördlich von Midtown.

Die Zufahrt läuft wiederum über die Peachtree Street. Dieser Hauptachse und städtischen Lebenslinie haftet etwas Besonderes an, weil sie – ob nun Street oder Road – den südlichsten Ausläufer der Appalachian Mountains bildet, d.h. eine Kammlinie oder Wasserscheide mit einer bemerkenswert konkreten Trennfunktion. Alles Wasser, das in den linken Rinnstein läuft (aus der Fahrtrichtung Buckhead – in Richtung Downtown), endet in den Marschen des Atlantiks, alles, was in den rechten läuft, endet letztlich in den Austernbänken des Golfs von Mexiko. Peachtree, die *Eastern Continental Divide* in Gestalt von zwei Gossen! An vielen Stellen merkt man das erst, wenn man darauf achtet: Die Seitenstraßen rechts und links der Peachtree-Achse sinken meist deutlich ab.

Wer sich in Buckhead umsehen möchte, startet am besten Ecke West Paces Ferry, Rosswell und Peachtree Road, also mitten im alten Buckhead. Früher, als dies noch eine eigene Stadt war, stand hier mal eine Taverne mit einem Hirschkopf *(buck's head)* über der Tür. Daher angeblich der Name. Weiter westlich taucht bald an der West Paces Ferry Road linker Hand das **Atlanta History Center** auf, das man (gleich dahinter links) vom Andrews Drive aus besuchen kann. Der Komplex umfasst neben dem Museum und den Gärten die Tullie Smith Farm, ein typisches Pflanzerhaus *(rural farm)* aus der Mitte des 19. Jahrhunderts, das an diese Stelle transloziert wurde, und das **Swan House**, eins der größten Herrenhäuser in Atlanta. Der symmetrische Bau mit gefälligen Wasserkaskaden, einst vom Entrepreneur Edward H. Inman in Auftrag gegeben, besticht vor allem durch sein edles Interieur.

Skyscraper an der Peachtree Street in Atlanta

Weiter westlich an der Ferry Road (am alten Friedhof mit deutschen Grabsteinen an der Chatham Road vorbei) trifft man auf die **Georgia Governor's Mansion**, ein unübersehbares, großes Backsteingebäude, das einen ganzen Block einnimmt. An der Ecke Tuxedo Road steht an einer pinkfarbenen Hauswand die Aufschrift VILLA JUANITA: eine Immobilie Jahrgang 1924, die ursprünglich von der Coca-Cola-Familie gebaut wurde. Wenn man an der Tuxedo Road rechts abbiegt, sieht man auf der linken Seite, praktisch gegenüber der Villa Juanita, eine raumgreifende italienische Villa, genauer gesagt, die Kopie einer solchen, inmitten schöner Gärten. Wie das Swan House wurde auch sie von dem einst namhaften Architekten Philip Trammell Shutze (gesprochen: schatzi) entworfen, ebenso wie die rechter Hand folgende Villa Whitehall (3425 Tuxedo Rd.), in der u.a. der Super-Golfer Robert T. »Bobby« Jones lebte.

Tief unten im Granit: MARTA, die fixe U-Bahn von Atlanta

Nach einer halben Meile thront links der Tuxedo Road auf einem Hügel ein großes weißes Landhaus (Nr. 3640) mit viel Bambus im Vorgarten: die ehemalige Residenz von Robert W. Woodruff, Atlantas größtem Geschäftsmann und zugleich größtem Mäzen für öffentliche Parks, Kunstmuseen und Hochschulen (Emory University, Georgia Institute of Technology). Auch an der Blackland Road setzt sich die gediegene Villenkultur fort, und mittlerweile wird immer klarer: Es blüht und grünt und wuchert so sehr, dass man das Gefühl hat, nicht mehr in Atlanta, sondern mitten im Urwald zu sein. Das liegt an den beträchtlichen Ausmaßen der meisten Grundstücke von zwei bis drei Hektar. Bei einem derartigen Abstand zwischen den Häusern bleiben die Bäume stehen, und damit sind sie letztlich besser und länger geschützt als außerhalb der Stadt, wo die meisten der Landwirtschaft weichen mussten; einige der größten Bäume im gesamten Osten der USA wachsen in der Nähe von Downtown Atlanta! Ein Wald auf der Suche nach einer Stadt: Buckhead. Besonders die abendlichen Jogger wissen diese Weitläufigkeit zu schätzen.

Die Rückkehr zur Ausgangskreuzung von W. Paces Ferry und Peachtree Road führt mitten in den Nightlife District von Buckhead mit seinen Nachtclubs und Restaurants. Die Büroriesen des Finanzviertels von Buckhead Avenue flankieren die Peachtree Road in nordöstlicher Richtung, bis schließlich die beiden Mega-Shopping-Centers **Lenox Square** und (gegenüber) **Phipps Plaza** auftauchen, die zu den größten und schicksten ihrer Art im Süden gehören.

SERVICE & TIPPS

Atlanta Convention & Visitors Bureau
233 Peachtree St., N.E., Suite 1400
Atlanta, GA 30303
✆ (404) 521-6600, 1-800-ATLANTA
www.atlanta.net
Mo–Fr 8.30–17.30 Uhr

Visitors Center
Underground Atlanta, 65 Upper Alabama & Pryor Sts.
Atlanta, GA 30303
Mo–Sa 10–18, So 12–18 Uhr
Ein weiteres Visitor Center im Hartfield-Jackson International Airport.

MARTA
2424 Piedmont Rd., N.E. Atlanta, GA 30324, ✆ (404) 848-5000
www.itsmarta.com
Info Mo–Fr 7–19, Sa/So 8–17 Uhr
Metro mit 75 km langem Schienennetz und 38 Stationen.

APEX Museum
135 Auburn Ave.
Atlanta, GA 30303
MARTA: Five Points, von dort zu Fuß oder mit Bus 3
✆ (404) 523-2739
www.apexmuseum.org
Di–Sa 10–17 Uhr, Eintritt $ 6/0–5
Museum zur Geschichte der afroamerikanischen Bevölkerung.

Atlanta History Center
130 W. Paces Ferry Rd., N.W. (Buckhead), Atlanta, GA 30305
MARTA: Buckhead
✆ (404) 814-4000
www.atlantahistorycenter.com
Mo–Sa 10–17.30, So 12–17.30 Uhr
Eintritt $ 16.50/11
Führungen auch auf Deutsch
Bedeutendes Stadtmuseum, in

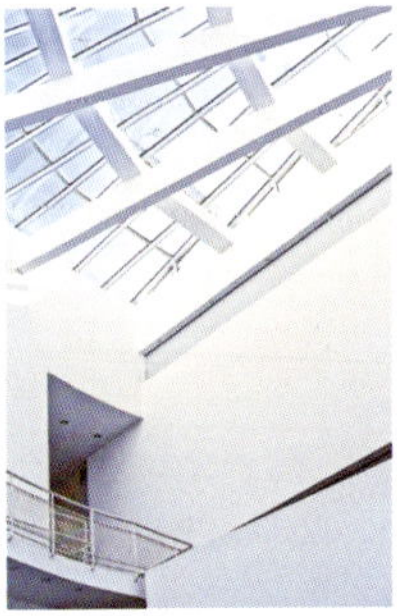

Innendetail des High Museum of Art

dem man mühelos einen halben Tag zubringen kann, um sich das Leben in Atlanta zwischen 1840 und heute vor Augen zu führen. Außerdem: die (translozierte) Antebellum-Farm mit dem **Tullie Smith House** und die 1928 von Philip Trammell Shutze im palladianischen Stil entworfene Nobelvilla **Swan House** mit opulenter, von ionischen Säulen getragener Eingangshalle und einem spiralförmigen Treppenaufgang (1928). Shutze (1889–1982) gilt als der renommierteste unter den frühen Architekten Atlantas. Schöne terrassierte Gärten.

Fernbank Museum of Natural History
767 Clifton Rd., N.E. (Ponce de Leon Ave., Fernbank Forest)
Atlanta, GA 30307
MARTA: Avondale
✆ (404) 929-6300
www.fernbankmuseum.org
Mo–Sa 10–17, So 12–17 Uhr
Eintritt $ 18/16
Der mit Zinnen besetzte, burgenartige Bau (1992) zeigt die Naturgeschichte zwischen den Georgia Mountains und dem Atlantik. Spektakuläres IMAX-Kino. Gutes Museumscafé.

High Museum of Art
1280 Peachtree St., N.E.
Atlanta, GA 30309
MARTA: Arts Center
✆ (404) 733-4444, www.high.org
Di–Sa 10–17, Do bis 20, So 12–17 Uhr, Eintritt $ 18/11
Hinreißender Baukörper von Richard Meier: europäische und amerikanische Malerei, Plastik und angewandte Kunst, Fotografie und Grafik.

Atlanta bittet zur Kunst: High Museum of Art

Margaret Mitchell House & Museum
997 Crescent Ave.
Atlanta, GA 30309
MARTA: Midtown Station
✆ (404) 249-7015
www.atlantahistorycenter.com/mmh
Mo–Sa 10–17.30, So 12–17.30 Uhr
Führung $ 13/8.50
In dem nach diversen Brandanschlägen Ende der 1990er Jahre wiedereröffneten Haus schrieb Margaret Munnerlyn Mitchell den Roman »Vom Winde verweht«. Sie lebte hier zwischen 1925 und 1932. Zu sehen gibt es Archivmaterial, Gegenstände aus ihrem persönlichen Besitz einschließlich ihrer Schreibmaschine.

National Center for Civil and Human Rights
Ivan Allen Jr. Blvd.
Atlanta, GA 30313
✆ (678) 990-8990
www.civilandhumanrights.org
Di–Sa 10–17, So 12–17 Uhr
Eintritt $ 15/10, bis 6 J. frei
Überaus interessant gestaltete interaktive, audiovisuelle Ausstellungen im Institut und Museum der amerikanischen Bürgerrechtsbewegung und der Menschenrechte in aller Welt.

The New World of Coca-Cola Atlanta
121 Baker St., N.W.
Atlanta, GA 30313
MARTA: Peachtree Center oder Dome/GWCC/Philips Arena/CNN Center
✆ (404) 676-5151, 1-800-676-2653
www.worldofcoca-cola.com
Tägl. Juni–Aug. 9–18.30, Sept.–Mai 10–18.30 Uhr
Eintritt $ 16/12, Parken $ 10
Der 15-Millionen-Dollar-Pavillon präsentiert die Limonaden-Chronik von 1886 bis heute. Kostbarstes Schaustück ist der gläserne Prototyp der allseits bekannten geriffelten Cola-Flasche von 1915.

Neben dem Augenschmaus untermalen *commercials* aus Radio und TV die Produkt-Show musi-

Margaret Mitchell House & Museum, Atlanta

kalisch, ganz zu schweigen von jenen kuriosen Amateurbeiträgen zur Firmenwerbung, Dutzenden von Songs (»My Coca-Cola Girl«, »Coca-Cola Waltz«), die Kunden aus Jux komponierten und einschickten. Populärster Anziehungspunkt ist der TastingPavilion mit Coca-Cola-Produkten aus aller Welt. Na denn, Prost!

CNN (Cable News Network – Turner Broadcasting System)
One CNN Center, Centennial Olympic Park Dr. & Marietta St.
Atlanta, GA 30303
MARTA: Dome/GWCC/Philips Arena/CNN Center
✆ (404) 827-2300, 1-877-CNNTOUR
www.edition.cnn.com/tour
Tägl. 9–17 Uhr, Führungen alle 20 Min. (Reservierung empfohlen)
45-Minuten-Tour $ 16/13
Ted Turners Kabel-TV-Imperium: sammeln, sortieren, senden.

Fox Theatre
660 Peachtree St., N.E. (Midtown)
Atlanta, GA 30308
MARTA: Dome/GWCC/Philips Arena/CNN Center
✆ (404) 881-2100
Tickets für Aufführungen unter ✆ 1-855-285-8499
www.foxtheatre.org
Führungen Mo, Mi/Do 10, Sa 10 und 11 Uhr, Eintritt $ 10/5
Die Touren müssen beim Atlanta Preservation Center (✆ 404-688-3353, www.preserveatlanta.com) gebucht werden
Wie aus 1001 Nacht mit Minarett und Zwiebelturm: Kino von 1929, ursprünglich als Tempel für Freimaurer geplant. Als ihnen während der Depression das Geld ausging, war es das Goldene Zeitalter von Hollywood, das den Bau zum Kino machte. Das »Fabulous Fox« – innen im prächtigen Art-déco-Stil ausgestattet – besitzt eine der größten Orgeln im Land. Nur vehementer Bürgerprotest bewahrte das Juwel vor dem Abriss.

Georgia Governor's Mansion
391 W. Paces Ferry Rd., N.W. (Buckhead), Atlanta, GA 30305
✆ (404) 261-1776
http://mansion.georgia.gov
Di–Do 10–11.30 Uhr, Führungen
Regierungsvilla im Greek-Revival-Stil.

Geschichte eines Markenzeichens: Coca-Cola-Memorabilien

Region 1
Atlanta

Georgia State Capitol

206 Washington St., Atlanta, GA 30334, MARTA: Georgia State
✆ (404) 463-4536
www.gov.georgia.gov/capitol
Mo–Fr 8–17.30 Uhr, Führungen Mo–Fr 10–14 Uhr, Eintritt frei
Neben dem eindrucksvollen Gebäude (1885) gibt es eine beachtliche, auf Georgia bezogene naturkundliche Sammlung.

Die goldbeschichtete Kuppel erinnert an den ersten Goldrausch in den USA, der nicht in Kalifornien, sondern bereits 1828 in Georgia ausbrach, und zwar eine Stunde nordöstlich von Atlanta in den Bergdörfern Dahlonega und im (heute bajuwarisch inszenierten) Helen. Unter den zahlreichen Plastiken im Schatten des Capitols befindet sich auch die von Jimmy Carter.

Herndon Home

587 University Pl., N.W. (zwischen Vine St. & Walnut Sts., West End)
Atlanta, GA 30314
✆ (404) 581-9813, www.nps.gov/nr/travel/atlanta/her.htm
Di–Sa 10–16 Uhr, Führungen zur vollen Stunde, Eintritt $ 6/4
Ein mächtiger Säulenportikus schmückt die elegante klassizistische Villa (1910) des Alonzo Herndon, eines Ex-Sklaven, der in den 1880er Jahren einen Friseurladen in der Peachtree St. aufmachte und später (ab 1905) die Atlanta Life Insurance Company gründete. Die zeitgenössische Einrichtung zeigt den Lebensstil des Unternehmers und Millionärs am Anfang des 20. Jh.

Schon zu Lebzeiten ein Denkmal: Jimmy Carter vor dem Georgia State Capitol

Jimmy Carter Library and Museum

441 Freedom Pkwy.
Atlanta, GA 30307
✆ (404) 865-7100
www.jimmycarterlibrary.gov
Mo–Sa 9–16.45, So 12–16.45 Uhr
Eintritt $ 8, Kinder frei
Bibliothek (Dokumente, Erinnerungen, Souvenirs), Museum (Geschichte der Präsidentenwahl, Rekonstruktion des Oval Office im Weißen Haus, Staatsgeschenke) und »Friedenszentrum«, das Carter immer noch für seine inoffiziellen diplomatischen Friedensmissionen nutzt.

Das Gebäude thront auf einem Hügel östlich von Downtown, von dem aus einst General Sherman Atlanta brennen sah. Wer heute in der Lobby der Presidential Library steht, hat die gleiche Aussicht auf die Innenstadt wie die Yankees damals. Café.

The Martin Luther King, Jr. Historic Site

450 Auburn Ave., N.E.
Atlanta, GA 30312
MARTA: King Memorial Station
✆ (404) 331-5190
www.nps.gov/malu
Tägl. 9–17, im Sommer 10–18 Uhr
Eintritt frei
Viktorianisches Geburtshaus (Nr. 501, www.theking center.org, Führungen), **Ebenezer Baptist Church** (Nr. 407, Führungen Mo–Fr 9–17 Uhr, So Gottesdienst) und das **Martin Luther King, Jr. Center for Nonviolent Social Change** (Nr. 449, tägl. 9–17 Uhr; hier befindet sich auch das Grab Kings). Die **Dr. Martin Luther King Jr. National Historic Site** ist nunmehr bequem mit der neuen Atlanta Streetcar, einer modernen Straßenbahn, erreichbar ($ 1).

Wren's Nest

1050 Ralph D. Abernathy Blvd., S.W. Atlanta, GA 30310
✆ (404) 753-7735
www.wrensnestonline.com
Di–Sa 10–14.30 Uhr
Eintritt $ 9/6
Viktorianische Villa (1870), in der der Autor Joel Chandler Harris, der »Aesop von Georgia«, bis zu seinem Tod 1908 lebte. Von ihm, einem Weißen, der hauptberuflich als Zeitungsreporter arbeitete, stammen die Onkel-Remus-Geschichten, volkstümliche *black stories*, die er als Kind auf einer Plantage in Georgia gehört hatte. Manchmal werden hier Sa 13 Uhr auch Geschichten erzählt *(storytelling)*, eine besondere Tradition des Südens; Termine vorher anfragen.

1 Georgia Aquarium

225 Baker St.
Atlanta, GA 30313
MARTA: Peachtree Center
✆ (404) 581-4000
www.georgiaaquarium.org
Mo–Fr 9–20, Sa 8–20, So 9–18 Uhr

Eintritt $ 35.95/29.95
Weltgrößtes Aquarium in Downtown Atlanta. Im Acrylglastunnel des **Ocean Voyager** folgen zahllose Blicke den Walhaien, Mantarochen, Zackenbarschen und vielen anderen tropischen Fischen und Meerestieren, die durch das größte Aquariumskorallenriff der Welt gleiten. In der 22 Mio. Liter Salzwasser fassenden Unterwasserlandschaft begeistern außerdem Tauchershows die Besucher.

Faszinierende Einblicke erlauben die Becken des **Coldwater Quest** in die Welt der Fauna und Flora aus den eisigen Meeren des Nordens, und im **Georgia Explorer** werden das Gray's-Korallenriff und andere vielfältige Küstenunterwasserlandschaften des Staates naturgetreu nachgestellt. Flusstiere aus Nord- und Südamerika, Asien und Afrika, beleben das Bild der Ausstellungen im **River Scout**, während **Tropical Diver** mit aquatischen Tropenszenen voller bunter Fische und einer faszinierenden Quallenausstellung aufwartet. Auch Delfine bewohnen jetzt ein Becken des Aquariums.

JCT Kitchen
1198 Howell Mill Rd.
Atlanta, GA 30318
✆ (404) 355-2252
www.jctkitchen.com
Lunch Mo–Sa 11–14.30, Dinner Mo–Do 17–22, Fr/Sa 17–23, So 17–21 Uhr
Avocado Shrimps Salad, Shrimps and Grits oder ein traditionelles Fried Chicken Sandwich – im JCT Kitchen mit seiner modern beeinflussten Südstaatenküche bekommt man stets das Richtige, ob zum leichten Lunch oder üppigen Dinner. Im Westside Urban Market. $$$–$$$$

Blue Ridge Grill
1261 W. Paces Ferry Rd., N.E. (Buckhead)
Atlanta, GA 30327
✆ (404) 233-5030
www.blueridgegrill.com
Tägl. außer Sa 11.30–14.30 und tägl. 17.30–22 Uhr
Neuamerikanische Küche und klassische Südstaatengerichte in Jagdhütten-Ambiente. Cocktail Lounge. $$$

La Grotta Ristorante Italiano
2637 Peachtree Rd., N.E. (Buckhead)
Atlanta, GA 30305
✆ (404) 231-1368
www.lagrottaatlanta.com
Mo–Do 17.45–21.30, Fr/Sa bis 22.30 Uhr
Versteckt in einem Apartmenthaus: hervorragende norditalienische Küche; beachtliche Weinkarte. Reservierung und formelle Kleidung empfohlen. $$–$$$$

Anis Café and Bistro
2974 Grandview Ave., N.E. (Buckhead), Atlanta, GA 30305
✆ (404) 203-9889
www.anisbistro.com
Tägl. 11.30–14.30, Mo–Do 18–22, Fr/Sa 17.30–22, So 17.30–21 Uhr
Romantisches Restaurant in Buckhead mit köstlichen Gerichten aus der Provence. Mit Bar und Terrasse. $$–$$$

Atlanta Fish Market
265 Pharr Rd., N.E. (zwischen Peachtree & N. Fulton Rds. in Buckhead)
Atlanta, GA 30305
✆ (404) 262-3165
www.buckheadrestaurants.com
So–Do 11.30–22, Fr/Sa bis 23 Uhr
Gute Adresse für Meeresfrüchte und Pasta. Außerdem Feinkostgeschäft für anspruchsvolle Picknickfreunde. $$–$$$

Buckhead Diner
3073 Piedmont Rd., N.E. (E. Paces Ferry Rd.)
Atlanta, GA 30305
✆ (404) 262-3336
www.buckheadrestaurants.com
Mo–Sa 11–24, So 10–14 und 17–22 Uhr
American food – originell zubereitet; ein Stück von Atlanta. $–$$

Busy Bee Café
810 Martin Luther King Blvd.
Atlanta, GA 30314
✆ (404) 525-9212
www.thebusybeecafe.com
Mo–Fr 11–19, So 12–19 Uhr
Fried Green Tomatoes, Fried Chicken, Corn Muffins und anderes Southern Soul Food. $$

The Varsity
61 North Ave., N.W. (Spring St.,

Das Grab von Martin Luther King Jr. (Atlanta)

Die bei den Restaurants angegebenen Preiskategorien beziehen sich auf einen Hauptgang (ohne Vor- und Nachspeise, Getränke, Steuer und Trinkgeld):

$ – bis 15 Dollar
$$ – 15 bis 25 Dollar
$$$ – 25 bis 35 Dollar
$$$$ – über 35 Dollar

Downtown), Atlanta, GA 30308
✆ (404) 881-1706
www.thevarsity.com
So–Do 10–23.30, Fr/Sa 10–0.30 Uhr
Seit 1928 wahrscheinlich der verrückteste Drive-in in den USA. Hoch gepriesen: *Chili Dogs* und *Onion Rings*. Fans gehen zum »V« nicht zum Essen, sondern zum »Ölwechsel« – wegen des fettigen Fastfood. Angeblich werden hier täglich 7000 Hamburger verfüttert. Kulinarisch gesehen Niemandsland, aber Klasse Service! $

George's Bar & Restaurant
1041 N. Highland Ave., N.E.
Atlanta, GA 30306
✆ (404) 892-3648
www.georgesbarandrestaurant.com
Beliebte Kneipe mitten in Virginia-Highland. Wenn nicht gerade Streik ist, diskutieren alle über Baseball.

Manuel's Tavern
602 N. Highland Ave., N.E.
(Virginia-Highland)
Atlanta, GA 30307-1433
✆ (404) 654-0672
www.manuelstavern.com
In ganz Georgia berühmt: riesige, altmodische Taverne und Debattierclub. Seit Mitte der 1950er Jahre Institution (und *hangout*) für Journalisten und demokratische Politiker *(politicos and media-types),* auch Jimmy Carter trinkt hier gelegentlich sein Bier.

Blind Willie's
828 N. Highland Ave., N.E.
Atlanta, GA 30306
✆ (404) 873-2583
www.blindwilliesblues.com, Mo–Sa
Populär in der Virginia-Highland-Gegend: Blues- und häufig Cajun-Musik. Am Wochenende meist Warteschlangen.

Havana Club
3112 Piedmont Rd., Atlanta
GA 30305
✆ (404) 941-4847
www.havanaclubatl.com
Angesagter Nightclub in Buckhead. Drei Tanzflächen, neun Bars.

Atlantic Station
1700 Atlantic Dr.
Atlanta, GA 30363
MARTA: Arts Center Station, dann gratis Shuttlebus
✆ (404) 410-4010
www.atlanticstation.com
Populärer Anziehungspunkt nördlich von Downtown, westlich von I-75/85. Mehrere, neu erbaute Straßenzüge mit Einzelhandelsgeschäften, Supermärkten und Kaufhäusern, Restaurants und Cafés, Hotel, Büros, Kinos und anderen Freizeiteinrichtungen.

Lenox Square
3393 Peachtree Rd. (Buckhead)
MARTA: Lenox
✆ (404) 233-7575, www.simon.com
Mo–Sa 10–21, So 12–18 Uhr
Größter Konsumkomplex im gesamten Südosten und zugkräftige Touristenattraktion: Eleganz und Dekadenz in allen Preislagen. Kaum in einem Tag zu schaffen. Nördlich anschließend die Phipps Plaza (✆ 404-261-7910).

Peachtree Center
Baker, Ellis, Williams & Courtland Sts., Atlanta, GA 30303
MARTA: Peachtree Center
✆ (404) 654-1296 (Mall)
www.peachtreecenter.com
Einkaufszentrum und eine weitere (Innen-)Welt für sich: 13 Häuserblocks: Shops, Restaurants, Büros, drei Luxushotels.

Underground Atlanta
50 Upper Alabama & Peachtree Sts., Atlanta, GA 30303
MARTA: Five Points
✆ (404) 523-2311
www.underground-atlanta.com
Mo–Do 10–20, Fr/Sa 10–21, So 12–18 Uhr
Über sechs Straßenblocks erstrecken sich diese kulinarischen Katakomben: populärer Markt- und Imbissplatz (Restaurants, Geschäfte, Galerien).

Ausflugsziel:

Georgia's Stone Mountain Park
Hwy. 78E (Exit 8), Stone Mountain, GA 30087, Anfahrt Stone Mountain: Von Atlanta mit MARTA, Haltestelle Avondale Station, weiterfahrt mit Bus Nr. 120
✆ 1-800-401-2407
www.stonemountainpark.com

Drive-in »The Varsity«

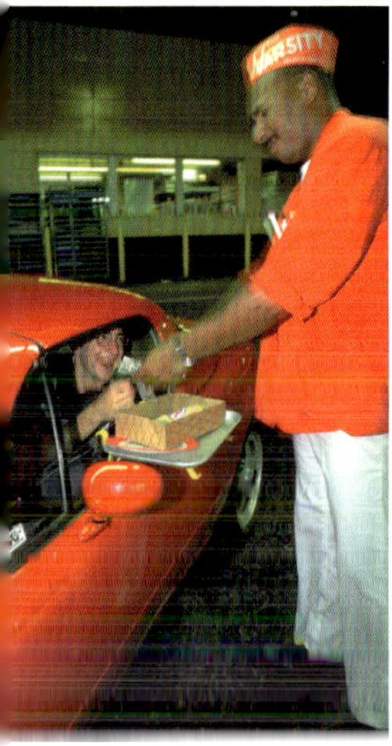

Tägl. 10–18 Uhr
Eintritt z.B. One Day Adventure Pass $ 29.95/24.95, Parkgebühr $ 15 pro Auto
Das klassische Ausflugsziel von Atlanta ist der Stone Mountain Park. Mittelpunkt des Parks ist der größte freiliegende Granitblock der Welt (Höhe: 251 m), dessen unterirdische »Wurzeln« nicht nur bis in die U-Bahnhöfe Atlantas reichen, sondern durch den ganzen Norden des »Pfirsich-Staates« bis nach North Carolina.

Rechenkünstler wissen es ganz genau: Der Felsen, der »Mount Rushmore East«, wiegt eine Billion, 264 Milliarden, 740 Millionen, 884 Tausend und 505 Pfund und ist 300 Millionen Jahre alt, also noch älter als der Himalaya.

Einer spanischen Expedition fiel er auf, weil der Hang, in allem und jedem potenzielle Wertgegenstände zu vermuten, sie die Quarzoberfläche des Felsens für Diamanten und Rubine halten ließ. »Crystal Mountain« tauften sie ihn deshalb. Doch ehe sie ihrer optischen Täuschung gewahr werden konnten, wurden sie von den hier heimischen Creek-Indianern verscheucht.

Auch die jüngere Geschichte hat Spuren ins Gestein getrieben – in Form eines patriotisch-kolossalen Reliefs der Konföderierten-Heroen Jefferson Davis, General Robert E. Lee und General Thomas »Stonewall« Jackson.

Mühelos kann man im landschaftlich abwechslungsreichen Freizeitpark den ganzen Tag zubringen: mit Baden, Bootfahren, Angeln, Klettern, Radtouren, Tennis, Golf und auf Wanderwegen im Grün am Fuße des »Felsendoms«. Am besten aber nimmt man die Seilbahn nach oben, genießt die frische Luft und das schöne Panorama und steigt über die blanke Kuppe wieder bergab – vorbei an winzigen Krabben und merkwürdigen Schalentieren, die hier scheinbar wie aus grauer Urzeit in den Spalten und Regenwassertümpeln des Gesteins schwimmen.

Großer Popularität erfreuen sich die nächtlichen Lichtspektakel über dem Granitfelsen von Mai bis Sept. Außerdem: **Crossroads**, eine nachgebaute Südstaaten-Kleinstadt aus dem 19. Jh.

Festival am Stone Mountain mit den Reliefs von Jefferson Davis, Robert E. Lee und Thomas Jackson

Region 2
Georgia und
North Carolina

GRENZREGION

GEORGIA UND NORTH CAROLINA

Für eine Weile galt der hügelige Nordosten Georgias als Goldgrube. Anfang des 19. Jahrhunderts wurde man in der Gegend um Dahlonega fündig. Ein bisschen davon strahlt noch heute in Atlanta – durch die vergoldete Kuppel des Kapitols.

Die Ausläufer des Appalachen-Gebirges im Grenzbereich von Georgia, North Carolina und Tennessee, die die Coastal Plains von den Höhenlagen des Cumberland-Plateaus wie eine Mauer trennen, bilden das sogenannte *Bluegrass Country*, die musikalische Region des *hillbilly sound* und der *lonely ballads*,

die unter dem Markenzeichen Country & Western (C&W) weltweit vermarktet werden.

Zwischen Cherokee und dem prächtig gelegenen Asheville schlängelt sich der Blue Ridge Parkway, der zur Zeit der Herbstfarben zu den schönsten Fahrstrecken im Süden gehört.

Die Grenze von Georgia nach North Carolina sollte man am besten auf Seitenwegen überschreiten, zum Beispiel durch das mit schönen Wasserfällen und tollen Aussichten reichlich gesegnete »Dreieck« zwischen Dillard, Highlands und Franklin, das, weil noch weitgehend »untouristisch«, durchaus als ein Geheimtipp gelten darf. In der Nordwestecke von Georgia, südlich von Chattanooga und nahe Tennessee, lohnen zumindest zwei Orte zum Verweilen: das gemütliche Rome und – für Bürgerkriegsforscher – eins der bedeutendsten Schlachtfelder im »War Between The States«, dem Chickamauga and Chattanooga National Military Park.

Meist im Dunst: die »Blauen Berge« am Blue Ridge Parkway

Mr. George W. Vanderbilt

❶ ASHEVILLE

Ein Rundgang durch **Asheville** zeigt die typischen Symptome vieler amerikanischer Innenstädte: harte Verwerfungen zwischen Saniertem und Ramponiertem. Inzwischen schreitet die Rettung voran, langsam deshalb, weil, anders als vielerorts in Europa, Kommunen und Staat sich finanziell bedeckt halten und es allein privaten Investoren überlassen bleibt, die historische Bausubstanz wieder in Schuss zu bringen.

Dabei kann das rund 87 200 Einwohner zählende Asheville auf ein vergleichsweise reiches architektonisches Erbe zurückgreifen. Der Ort entwickelte sich nämlich nach Ankunft der Eisenbahn 1880 zu einer gefragten *resort town*, der neben zahlreichen wohlhabenden und prominenten Gäste aus dem Norden – allen voran George Washington Vanderbilt – auch solche anlockte, die schwach auf der Brust waren und die deshalb die gesunde Bergluft zu schätzen wussten.

So entstanden nicht nur üppige Paläste wie das Biltmore House oder Luxushotels wie der Grove Park Inn, sondern nach und nach auch besonders viele Bauten im Art-déco-Stil, und zwar nicht zuletzt deshalb, weil die Stadt eben jene Baumeister und Handwerker weiterbeschäftigte, die ohnehin für das Schloss der Vanderbilts arbeiteten. Das zahlte sich ästhetisch aus, denn die baulichen Ergebnisse während des ersten Drittels des vorigen Jahrhunderts gerieten meist eine Spur gekonnter und kesser als die des zeitgenössischen Standards im Land ringsum. Als geradezu verwegen galt das Rathaus, das bis heute den ohnehin schon einfallslosen Kasten des Landgerichtsgebäudes vis-à-vis noch ärmer aussehen lässt, und das, obwohl die Landesväter dafür

Downtown Asheville

extra einen Architekten aus New York anheuerten! So sehr wollte man sich vom kühnen Design des Rathauses distanzieren.

Architektonische Highlights in landschaftlich schönem Rahmen – diese reizvolle Wechselbeziehung blieb lange Zeit die Stärke von Asheville. Musterbeispiel: das **Biltmore Estate**, ein Super-Château, das auf den ersten Blick so aussieht, als sei es mit dem fliegenden Teppich von der Loire gekommen. Dabei ist das Schloss ganz und gar amerikanischer Herkunft, war es doch das ehemalige Sommer- und Gästehaus von Millionär George Vanderbilt, der Asheville schlichtweg für die schönste Stadt der Welt hielt, so dass er es zum Standort für seine Residenz erkor.

Heute macht das Biltmore den Besuchern mit dem Slogan »Imagine life if this were home« den Mund wässrig. Schließlich bietet das von Weingärten umgebene Anwesen in seinen 250 Zimmern und Salons Wohnkultur vom Feinsten: zum Beispiel den Palmengarten mit der aufwendigen Glaskuppel über tropischem Grün oder den Bankettsaal und die eindrucksvolle Bibliothek, Meißener Porzellan und Stiche von Dürer eingeschlossen. Für die raumgreifenden Gartenanlagen sorgte Frederick Law Olmsted, ein Designer-Gärtner, dem die amerikanischen Ostküstler viele schöne Stadtparks verdanken.

Die anspruchsloseren Sommerfrischler wohnten in einfacheren Pensionen, von denen zumindest eine »literarische Karriere« machte: das Gästehaus, in dem Thomas Wolfe (1900–1938) seine Kindheit verbrachte. Heute wird die hübsche Villa stolz als **Thomas Wolfe Memorial** angepriesen, aber nicht immer war das Andenken an den edlen Dichter so ungetrübt. Stadt und Bürger kamen in seinem Roman nämlich ziemlich schlecht weg, so dass jahrelang kein Exemplar davon in der Stadtbibliothek zu haben war. Wolfe mochte Asheville nicht. »Der Sonnenuntergang in Asheville – genauso schön wie der in Stuttgart, Edinburgh oder Avignon – macht es nur noch depressiver«, schrieb er. Im Roman »Schau heimwärts, Engel« kommt das Haus als *Old Kentucky Home boarding house* vor. Wolfe liegt auf dem Riverside Cemetery in Asheville begraben.

Der Verklärung der kulturellen Geschichte von Asheville tun diese poetischen Misstöne allerdings schon lange keinen Abbruch mehr. Im Gegenteil: Ein reges Theaterleben, eine lokale Volkskunst- und Musikszene erscheinen als selbstverständliche Fortschreibung der Tatsache, dass Asheville immer schon Künstler aller Art faszinierte, die es schafften, einen kosmopolitischen Hauch in die Stadt hinterm Berge

Thomas Wolfe

Grüße von der Loire: Biltmore Estate in Asheville, North Carolina

zu bringen. Henry James war auf Biltmore zu Gast, F. Scott Fitzgerald quartierte sich 1936 im Grove Park Inn ein, wo er allerdings mehr der Flasche als der Literatur zusprach, und Béla Bartók komponierte sogar eine Sinfonie in Asheville. Im nahe gelegenen Black Mountain College unterrichteten Josef Albers, Walter Gropius und Buckminster Fuller.

Herbst am Blue Ridge Parkway

SERVICE & TIPPS

Asheville Area Chamber of Commerce/Convention & Visitors Bureau
36 Montford Ave.
Asheville, NC 28801
✆ (828) 258-6129
www.exploreasheville.com

Blue Ridge Parkway
199 Hemphill Knob Rd.
Asheville, NC 28803
✆ (828) 271-4779, 298-0398
www.nps.gov/blri
Info über den 750 km langen Panorama-Highway auf den Höhen der südlichen Appalachen-Kette. Anfang des Jahrhunderts begonnen, wurde er Mitte der 1930er Jahre als Arbeitsbeschaffungsmaßnahme unter Präsident Roosevelt eröffnet. Seitdem windet er sich vom Shenandoah National Park in Virginia hierher nach Süden zum Great Smoky Mountains National Park. Seine Schokoladenseiten zeigt er im Herbst, wenn das bunte Laub der Dogwood-, Hickory- und Sassafrasbäume, die *foliage*, für Technicolor Hotspots sorgt.

Andere halten das Frühjahr für die beste Reisezeit, wenn die Wildblumen ringsum in Blüte stehen. Sie tun es je nach Höhenlage zu verschiedenen Zeiten, denn immerhin schwankt die Bergstraße beträchtlich – zwischen 50 und 600 m.

Biltmore Estate
US 25, 3 Blocks nördl. der I-40, exit 50 oder 50B
Asheville, NC 28801
✆ (828) 255-1333, 1-800-411-3812
www.biltmore.com
Ende Mai–Anfang Sept., tägl. 9–17 Uhr, Eintritt $ 60
Vom damals berühmten Architekten Richard Morris Hunt 1895 für George Washington Vanderbilt entworfen, den reichen Enkel des New Yorker Eisenbahnmagnaten Cornelius Vanderbilt: opulentes

Schloss, blühende Gärten, edle Winzerei (in der ehemaligen Molkerei).

Thomas Wolfe Memorial
52 N. Market St.
Asheville, NC 28801
✆ (828) 253-8304
www.wolfememorial.com
Di–Sa 9–17 Uhr, Eintritt $ 5/2
Hübsche Villa aus dem Jahre 1883 im Queen-Anne-Stil, das in Wolfes Roman »Schau heimwärts, Engel« als das *Old Kentucky Home boarding house* vorkommt. Wolfe hasste das Haus, in dem er noch nicht einmal ein eigenes Bett besaß, weil sein jeweiliger Schlafplatz davon abhing, wie viele Übernachtungsgäste seine Mutter gerade hatte. Die anspruchsloseren Sommerfrischler, die damals nach Asheville kamen, wohnten in solchen einfacheren Pensionen.

Ambrozia Bar and Bistro
Beaver Lake Shopping Center,
1020 Merrimon Ave.
Asheville, NC 28804
✆ (828) 350-3033
www.ambrozia-avl.com
Di–Do 17–21, Fr/Sa bis 22, So 10.30–14 Uhr
Kontemporäre Südstaatenküche nach dem »Farm to table«-Konzept. $$–$$$

The Market Place
20 Wall St., Asheville, NC 28801
✆ (828) 252-4162
www.marketplace-restaurant.com
Tägl. 17.30–22, Sa/So auch 10.30–14.30 Uhr
Einfallsreiche Küche in New-Wave-Dekor. $$–$$$

Laughing Seed Café
40 Wall St., Asheville, NC 28801
✆ [illegible]
Tägl. 11.30–21 Uhr
Eins der besten Veggie-Restaurants in den USA. Frühstück, Lunch und Dinner. Biologisch angebaute Weine, selbst gebrautes Bier. *Wine and dine* heißt die Devise. $–$$

Tupelo Honey Cafe
12 College St., Asheville, NC 28801
✆ (828) 255-4863
So–Do 9–22, Fr/Sa bis 23 Uhr
www.tupelohoneycafe.com
Southern food in Hip-Atmosphäre.

Gute Reibekuchen, *Catfish*, viele Appetizer. $–$$

Zambra
85 Walnut St., Asheville, NC 28801
✆ (828) 232-1060
www.zambratapas.com
Mo–Do ab 16.30/17.30, Fr/Sa ab 16.30/17, So ab 17.30 Uhr
Lebendige Bodega mit großer Tapas-Auswahl. $–$$

Asheville Brewing Company
77 Coxe Ave., Asheville, NC 28801
✆ (828) 255-4077
www.ashevillebrewing.com
Tägl. ab 11–ca. 24 Uhr
Selbst gebrautes Bier zu Pizza und Pasta auf der brauereieigenen Terrasse. Auch Brauereiführungen. $

Clingman Café-Restaurant
242 Clingman Ave.
Asheville, NC 28801
✆ (828) 253-2177
www.clingmancafeasheville.com
Mo–Fr 7–18, Sa/So 8–18 Uhr
Frühstücks- und Lunchlokal. $

Mast General Store
15 Biltmore Ave.
Asheville, NC 28801
✆ (828) 232-1883, 1-866-367-6278
www.mastgeneralstore.com
Mo–Do 10–18, Fr/Sa 10–21, So 12–18 Uhr
Haushaltswarensammelsurium mit langer Tradition.

Feste & Feiern
In der ersten Augustwoche kann man in Asheville seit 1927 den *lonesome ballad sound* hören, die einsamen Balladen der Berge. Dazu treffen sich Banjo-, Fiedel-,

Schöner Vista Point für Fotos: Looking Glass Rock am Blue Ridge Parkway südwestlich von Asheville und Black Mountain

Mundharfen- und Gitarrenspieler, Bluegrass Bands, Tanzgruppen und Geschichtenerzähler der südlichen Appalachenregion bei Veranstaltungen wie dem Mountain Dance & Folk Festival und Shindig on the Green (www.wncbluegrass.com/festivals.php).

Ausflugsziel Black Mountain:

Die kleine Berggemeinde ist eine Welt für sich und hat sich durch Billy Graham, der von hier stammt, einen Namen gemacht. Heute lebt der Alt-Reverend im angrenzenden Montreat mit nicht gelisteter Telefonnummer. Außer seinem Hauptquartier in Minneapolis unterhält er in Asheville noch ein Billy Graham Training Center. Die Interstate 240 rund um Asheville heißt Billy Graham Highway.

Im Gegensatz zur feudalen Schatztruhe der Biltmore-Villa in Asheville scheint Black Mountain sich eher Höherem verschrieben zu haben – als Hort kirchlichen Seminaristentums und diverser New-Wave-Gruppen.

Rund um die **Cherry Street** gibt es noch Antiquitäten- und »Black Mountainbikes«-Läden, Bioläden und Handwerksbetriebe, in denen Silber- und Ofenschmiede tätig sind, überwiegen jedoch inzwischen. Besonderer Wert wird auf den Nachbau von Instrumenten der lokalen Bluegrass-Musik gelegt. Was nicht vergessen machen sollte, dass die ursprüngliche Musik von North Carolina die der Schwarzen ist, allem voran der Blues, wie die großen Namen Dizzy Gillespie und John Coltrane belegen.

Kanufahren auf dem Lake Eden nahe Black Mountain

Als eine Art kreatives Labor erwies sich auch das kleine Black Mountain College, weil dort u.a. Josef Albers, Walter Gropius und Buckminster Fuller unterrichteten.

Die wohl ausgefallenste Art, Kontakt mit dem Jenseits aufzunehmen, praktiziert die Gemeinde des **Light Center** in den nahen Bergen – in einem leuchtend weißen Kuppeldom, der dem Gebet, der Meditation und Yogakursen dient.

Im **Berliner Kindl German Restaurant & Deli** und der **Black Mountain Bakery** lockt Leckeres zum Lunch; und wer den schwarzen Zauberberg gar nicht mehr verlassen möchte, kann es sich in einem der schönen B&Bs gemütlich machen oder zumindest im Schwimmbad des Lake Tomahawk baden gehen.

Black Mountain/Swannanoa Chamber of Commerce
Visitors Center, 201 E. State St.
Black Mountain, NC 28711
✆ (828) 669-2300, 1-800-669-2301
www.blackmountain.org
Infos zur *Front Porch of Western North Carolina*, wie sich der Ort nennt.

Light Center
Black Mountain, NC 28711
✆ (828) 669-6845
www.urlight.org
Ca. 20 Min. (14 km) fährt man von Black Mountain auf SR 9 und folgt den Schildern zum weißen geodätischen *Dome* des Meditationszentrums.

Berliner Kindl German Restaurant & Deli
121 Broadway
Black Mountain, NC 28711
✆ (828) 669-5255
www.berlinerkindl.homestead.com
Mo–Sa 11–20, So 11.30–15 Uhr
Für den kleinen Hunger: Wurst, Brote, Kaffee und Tee, Plätzchen und Schokolade. Mit Shop. $

Black Mountain Bakery
102 Church St.
Black Mountain, NC 28711
✆ (828) 669-1626
www.bakedinblackmountain.com
Di–Sa 8–16 Uhr
Süßes und Leichtes. $

Region 2
Georgia und
North Carolina

Cherokee-Schnitzer im Oconaluftee Indian Village

❷ CHEROKEE

Die Cherokee-Indianer leben im »Land of Thousand Smokes«, wie sie es nennen, seit mehr als 10 000 Jahren. Der Batzen Land ist inzwischen zu einem Reservat geschrumpft, das sich südlich an den Great Smoky Mountains National Park schmiegt. Rund 12 500 Indianer leben heute in den Canyons, Bergen und auf dem sie umgebenden Farmland von North Carolina unter Selbstverwaltung, der größten östlich des Mississippi.

Der Ort freilich entpuppt sich als alles andere als ein Indianerdorf, eher schon als ein indianisches Disneyland. Kommerzielle Tipis, *Gift Shops*, Restaurants und Indianer-Shows schielen auf den eiligen Touristen, das **Harrah's Cherokee Casino** auf solche mit Risikobereitschaft. Das Freilichttheater erinnert mit dem Schauspiel »Unto these Hills« an das Szenario von Bad Segeberg, und im **Oconaluftee Indian Village**, obwohl einer Indianersiedlung von vor rund 230 Jahren authentisch nachgebaut, spielen Indianer Indianer.

Keine Frage, in Cherokee ist das Thema Indianer auf Familienspaß und Spektakel reduziert. Ganz anders dagegen das **Museum of the Cherokee Indian**, das sich auf ebenso ernst zu nehmende wie anschauliche Weise der Geschichte und Kultur der Cherokee Nation widmet. In North Carolina beherrschen heute nur noch etwa tausend Menschen Cherokee als Sprache. Die weitaus meisten, die diese Sprache noch sprechen (rund 10 000), leben dagegen in Oklahoma. Der Grund: Oklahoma war einst Ziel des berüchtigten »Pfads der Tränen«, der gewaltsamen Deportation der Cherokee im Jahre 1838. Der damalige US Präsident, Martin Van Buren, hatte sich zuvor klar genug ausgedrückt: »Kein Staat kann es je zu Kultur, Zivilisation und friedlichen Entwicklungen bringen, solange man den Indianern erlaubt, dort zu bleiben, wo sie sind.«

Zwei Jahre blieben ihnen, um das Land zu verlassen. Dann trieb man sie in Konzentrationslager, anschließend 800 Meilen nach Westen, auf den *Trail of Tears*. Von den 17 000 Vertriebenen starben ein Viertel. Die Nachfahren jener, die sich der Vertreibung durch Flucht in die Berge entzogen, leben heute im Reservat.

Gegenüber dem Museum lohnt ein Besuch des **Qualla Arts Center**, einer Kooperative für indianisches Kunsthandwerk, wo es unter anderem geschnitzte Holzmasken und Flechtkörbe zu erstehen gibt.

CHEROKEE
INDIAN RESERVATION

Cherokee ... Ein Museumsdorf, die Rekonstruktion alter Kulturtechniken und jede Menge kunstgewerbliche Produkte und Souvenirs erwarten heute den Besucher. Man stößt auch auf kleine Säckchen mit blauen Maiskörnern, aus denen Halsketten gemacht werden. Man trägt sie, heißt es, zur Erinnerung an die Vertreibung der Stammesbrüder, denn die dunklen Körner ähneln den Tränen, die auf dem »Trail of Tears« vergossen wurden.

Holzschnitzer der Cherokee im Oconaluftee Indian Village

SERVICE & TIPPS

Cherokee Visitor Center
498 Tsali Blvd.
Cherokee, NC 28719
✆ 1-800-438-1601
www.visitcherokeenc.com
Infos über Attraktionen, Unterkünfte und Aktivitäten etc. in und um die Stadt Cherokee.

Museum of the Cherokee Indian
589 Tsali Blvd., Cherokee, NC 28719
✆ (828) 497-3481
www.cherokeemuseum.org
Juni–Aug., Mo–Sa 9–19, So 9–17 Uhr, sonst kürzer
Eintritt $ 10/6
Bemerkenswertes Museum: Schautafeln und Exponate erläutern die mündliche Tradition und die gesamte indianische Kosmogonie. Audiovisuelle Shows erhellen die Stammesgeschichte: von der ursprünglichen Besiedlung seit der letzten Eiszeit über die Abspaltung der Cherokee von den Irokesen, ihren nächsten linguistischen Verwandten, vor 3500 Jahren bis zu den ersten Berührungen mit den weißen Siedlern und dem Verlust ihres angestammten Landes etwa seit Ende des 18. Jh. und der heutigen Lage im Reservat.

Während die Kunstwerke, Haushaltsgeräte und Waffen die Geschichte vor Augen führen, werden dem Besucher über Kopfhörer die Legenden in der Originalsprache nahegebracht. Spätestens jetzt stößt man auf die besondere Rolle des berühmten Sequoyah, des indianischen Kriegers und Silberschmieds aus Tennessee (1760–1843), der von dem bedruckten Papier der Weißen – dem *talking leaf* – so beeindruckt war, dass er der Frage nachging, wie ein indianisches »sprechendes Blatt« aussehen könnte.

Ohne selbst schreiben und lesen zu können, gelang es ihm 1821 nach zwölfjähriger Arbeit, eine Lautschrift bzw. Silbentabelle aus 85 Zeichen zu erfinden, die jedes für sich einen Laut der Cherokee-Sprache repräsentiert. Die phonetische Umschreibung dieses sogenannten *sequoian syllabary* erlernten die Stammesgenossen derart spielend, dass praktisch über Nacht eine literarische Kultur entstand (vgl. auch S. 232, Tennessee Overhill).

Oconaluftee Indian Village
US 441 N., Cherokee, NC 28719
✆ (828) 497-2111
www.visitcherokeenc.com
Mai–Okt. tägl. außer So 9–17 Uhr, Führungen
Eintritt $ 18.40/10.40
In dem rekonstruierten Dorf werden traditionelle Kulturtechniken vorgeführt: geschnitzte Holzmasken, Perlenschmuck, Einbaum-Kanus, Webarbeiten, Keramik und Flechtkörbe.

Newfound Lodge Restaurant
1303 Tsali Blvd.
Cherokee, NC 28719
✆ (828) 497-4590, www.newfoundlodgerestaurant.com
Tägl. 7–20.30 Uhr
Legeres Familienrestaurant seit 1946. Klassische Burger und Sandwiches, warmes und kaltes Buffet, Cherokee-Gerichte. $–$$

Qualla Arts and Crafts Mutual
645 Tsali Blvd.
Cherokee, NC 28719
✆ (828) 497-3103
www.quallaartsandcrafts.com
Im Sommer Mo–Sa 8–19, So 9–17 Uhr, sonst kürzer
Produktion, Ausstellung und Verkauf von indianischen Kunst- und Gebrauchsgegenständen.

Harrah's Cherokee Casino
777 Casino Dr. (Ecke US 19 & Business 441), Cherokee, NC 28719
✆ (828) 497-7777, www.caesars.com/harrahs-cherokee
Rund um die Uhr geöffnet
Drei Restaurants, Kinderbetreuung, Unterhaltungspavillon, Theater, Hotel mit Spa.

»Unto these Hills« – Cherokee Mountainside Theatre
688 Drama Rd.
Cherokee, NC 28719
✆ 1-866-554-4557
www.visitcherokeenc.com
Eintritt $ 20–23/10–13 (Tickets 564 Tsali Blvd.), Anfang Juni–Mitte Aug. Mo–Sa 19.30 Uhr
Freilichttheater um die Geschichte der Cherokee-Indianer.

❸ DAHLONEGA

Dahlonega (gesprochen: da-LON-e-ga) ist ein Cherokee-Wort und bedeutet »kostbares Gelb« – wen überrascht es also, dass hier 1828 Georgias erstes Goldfieber ausbrach! Der Ansturm hat sich längst gelegt, und die kleine Kreisstadt pflegt ihr gastfreundliches Image und dient als Basislager für Bergexpeditionen und Goldsucher sowie Kanu- und Kajaktrips. Rund um das Gerichtsgebäude, in dem auch das **Gold Museum** untergebracht ist, lässt sich schön spazieren, während ein Gebäudeturm mit vergoldetem Dach aus der Ferne leuchtet.

SERVICE & TIPPS

Dahlonega-Lumpkin County Chamber of Commerce
13 S. Park St.,
Dahlonega, GA 30533
✆ (706) 864-3711, 1-800-231-5543
www.dahlonega.org
Mo–Sa 9–17.30, So 10–17 Uhr

Gold Museum
1 Public Sq.
Dahlogena, GA 30533
✆ (706) 864-2257
www.gastateparks.org/info/dahlonega
Mo–Sa 9–17, So 10–17 Uhr
Eintritt $ 7/4.50 (6–17 J.)
Im Gerichtsgebäude von 1863 erzählen Münzen, Nuggets, Fotos u.a. die Geschichte des ersten amerikanischen Goldfiebers.

Consolidated Gold Mine
185 Consolidated Rd., Dahlonega, GA 30533, ✆ (706) 864-8473
www.consolidatedgoldmine.com
Im Sommer tägl. 10–17, im Winter Mo–Fr 10–16, Sa/So 10–17 Uhr
Eintritt $ 15/9
Führungen durch die ehemalige Goldmine zeigen Wasch- und Bohrtechniken ebenso wie das Labyrinth der Schächte.

Smith House
84 S. Chestatee St.
Dahlonega, GA 30533
✆ (706) 867-7000, 1-800-852-9577
www.smithhouse.com
Di–Fr 11–15, Do/Fr auch 15.30–19.30, Sa 11–20, So 11–19.30 Uhr
Beliebtes Restaurant für die ganze Familie. Außerdem Gästezimmer.
$$

❹ DILLARD

Seit vielen Generationen ist dieser Fleck auf der Landkarte in Besitz der Familie Dillard; neben einigen Geschäften des Ortes lohnt wegen des reichhaltigen Essensportionen vor allem das:

SERVICE & TIPPS

Dillard House Restaurant
768 Franklin St. (US 441)
Dillard, GA 30537
✆ (706) 746-5348, 1-800-541-0671
www.dillardhouse.com
Tägl. 7–10.30 und 11.30–20 Uhr
Gutes Restaurant mit Südstaatenküche. Frühstück, Lunch und Dinner aus lokalen Produkten.
$$

Pfefferkuchen-Idylle im Norden von Georgia

5 FLAT ROCK

Flat Rock (3100 Einwohner) liegt zwischen Asheville, North Carolina, und Greenville, South Carolina und ist nach den Granitformationen seiner Umgebung benannt. Von 1945 bis 1967 hatte in Flat Rock der Schriftsteller Carl Sandburg seinen Wohnsitz.

SERVICE & TIPPS

Carl Sandburg Home National Historic Site (Connemara)
81 Carl Sandburg Lane (Nähe Hwy. 25), Flat Rock, NC 28731
✆ (828) 693-4178, www.nps.gov/carl
Tägl. 9–17 Uhr
Eintritt $ 5, bis 16 J. frei
Lange Zeit (bis 1945) war das Leben des späteren Lincoln-Biografen und mehrfachen Pulitzer-Preisträgers Carl Sandburg unstet. In Illinois als Sohn schwedischer Immigranten geboren, schlug er sich als Poet, *hobo*, Soldat und Sozialreformer durch und feierte in seinen Gedichten Streckenarbeiter, Holzfäller und Cowboys in den ihm eigenen rhapsodischen Rhythmen. Erst 1914 machte ihn sein Lyrikband »Chicago« bekannt. Rundgänge durch die Ziegenfarm; Führungen durchs Haus (1838).

6 FORT OGLETHORPE

Fort Oglethorpe liegt südlich von Chattanooga unweit der Staatenlinie Georgias und Tennessees. Bekannt ist die rund 9300 Einwohner zählende Kleinstadt für die als nationale Gedenkstätte ausgewiesenen, ausgedehnten Schlachtfelder des Bürgerkriegs, die heute als **Chickamauga and Chattanooga National Military Park** bekannt sind.

SERVICE & TIPPS

Chickamauga and Chattanooga National Military Park
Fort Oglethorpe, GA 30742
✆ (706) 866-9241
www.nps.gov/chch
Park tägl. 6 Uhr bis Sonnenuntergang geöffnet
Visitor Center tägl. 8.30–17 Uhr
Landschaftlich attraktiver Park mit blutiger Vergangenheit. Visitor Center, Museum und Multimedia-Show des Schlachtenverlaufs.

7 GAINESVILLE

Die Kleinstadt (35 500 Einwohner) liegt 15 Kilometer südlich von Chattanooga an der US 27 und am Ufer des Lake Lanier, eine Stunde nördlich von Atlanta in den südlichen Ausläufern der Appalachen: Hier finden Kanuweltmeisterschaften und andere Bootswettbewerbe statt.

SERVICE & TIPPS

Gainesville Tourism
300 Henry Ward Way
Gainesville, GA 30501
✆ (770) 535-6860
www.gainesville.org/tourism

Longstreet Café
1043 Riverside Terrace
Gainesville, GA 30501
✆ (770) 287-0820
www.longstreetcafe.com
Tägl. außer So 6–14 und 17–20 Uhr
Southern Fried Chicken, in schmackhaftem Teig knusprig gebratene Hähnchen, sind nur eine der vielen Südstaaten-Spezialitäten des populären Downtown-Restaurants. $

❽ HELEN

Helen – »No Passport Required« – sieht so aus wie Bavaria im Miniformat mit Fachwerkbauten und Hofbräuhaus in den Hügeln am lauschigen Chattahoochee River. Kaffee und Kuchen, Sauerkraut und Schnitzel sind reichlich zu haben. Aus dem »Wursthaus« tönt »Freut Euch des Lebens ...«.

Helen – Bavaria im Miniformat

SERVICE & TIPPS

Alpine Helen/White County Convention & Visitors Bureau
726 Bruckenstrasse
Helen, GA 30545
✆ (706) 878-2181, 1-800-858-8027
www.helenga.org

Paul's Steakhouse
8537 S. Main St., Helen, GA 30545
✆ (706) 878-2468
www.paulssteakhouse.com
Tägl. 16–22 Uhr
Mit dem Chattahoochee River vor Augen schmecken Meeresfrüchte und Steaks besonders gut. Cocktail Lounge. $$–$$$

Hofer's of Helen Bakery & Café
8758 N. Main St., Helen, GA 30545
✆ (706) 878-8200, 1-800-555-4964
www.hofers.com
Mo–Do 8–17, Fr–So bis 18 Uhr
Neben diversen Torten und Gebäck gibt es gutes Brot, Brezeln und deutschen Kaffee. $

❾ HENDERSONVILLE

Ein hübsches und beinah lückenlos geliftetes Musterstädtchen mit typisch einstöckigen alten Backsteinhäusern und pittoresken Shops. Die Main Street in Hendersonville wirkt wie eine jener Straßen, mit denen Amerika aufwuchs. Drei, vier Blocks von hier entfernt posiert mit spitzen Flügeln der heimwärts schauende Engel à la Thomas Wolfe.

SERVICE & TIPPS

The Green Room Cafe & Coffeehouse
536 N. Main St.
Hendersonville, NC 28972
✆ (828) 692-6335
www.thegreenroomcafe.biz
So/Mo 11–15, Di–Sa 8.30–15, Do–Sa auch 17–20 Uhr
Straßencafé, Restaurant und Bar mit Wohfühlambiente. Sa Livemusik und Kunst.
$$

❿ HIGHLANDS

In diesem schön gelegenen Bergort inmitten der Waldhänge der Blue Ridge Mountains gehen die Uhren zwar noch etwas nach, aber in den letzten Jahren hat die wachsende Zahl der Sommergäste für mehr Bewegung gesorgt. Dennoch nehmen hier die Dinge meist ihren ruhigen Gang – ein bisschen Antiquitaten-Shopping, mal eine Theateraufführung, ein Weilchen im Schaukelstuhl oder in der Hängematte. Kur-Atmosphäre eben, unterstützt von idyllischen Inns, kulinarischen Oasen, strikten Alkoholgesetzen und viel frischer Bergluft.

SERVICE & TIPPS

Highlands Visitor Center
108 Main St.
Highlands, NC 28741
✆ 1-866-526-5841

Ristorante Paoletti
440 Main St., Highlands, NC 28741
✆ (828) 526-4906
www.paolettis.com
Tägl. ab 17 Uhr
Gute italienische Küche und Weinauswahl. $$–$$$$

Wolfgang's Restaurant & Wine Bistro
474 Main St., Highlands, NC 28741
✆ (828) 526-3807
www.wolfgangs.net, tägl. Bistro ab 16, Restaurant ab 17.30 Uhr
Attraktiver Küchenzettel: von Spezialitäten aus New Orleans (der Chef war lange dort) bis zu Schweinshaxe und Rostbraten. Ergiebige Weinkarte. Gartenpavillon. $$–$$$$

Lakeside Restaurant
531 Smallwood Ave. am Harris Lake, Highlands, NC 28741
✆ (828) 526-9419
www.lakesiderestaurant.info
Tägl. außer Mo ab 17.30 Uhr
Gute Küche mit europäischer Prägung. Bier kann (muss) man selbst mitbringen, Wein aber kann bestellt werden – Regeln eines sogenannten *dry county*. $$–$$$

On The Verandah
1536 Franklin Rd. (Hwy. 64E)
Highlands, NC 28741
✆ (828) 526-2338
www.ontheverandah.com
Tägl. 17.30–21 Uhr
Mit schönem Blick auf den Lake Sequoyah: feine amerikanische Speisen zum Drinnen- oder Draußensitzen. $$

»Sunset« in den Blue Ridge Mountains

Spritzig: Ocoee River Rafting

⓫ MCCAYSVILLE

Die zünftigen Kleinstädte **McCaysville** (GA) und Copperhill (TN) liegen im Dreiländereck von Georgia, North Carolina und Tennessee – eine abgeschiedene Region der Waldeinsamkeit, Seen und Flüsse. So still war es hier nicht immer, denn seit Mitte des vorigen Jahrhunderts hat der Abbau von riesigen Kupfervorkommen der Natur drastisch zugesetzt. Den besten Beweis dafür liefert der flotte **Ocoee River**, der unweit vorbeirauscht und dessen klares Wasser aus einem nahe gelegenen Kraftwerk gespeist wird.

Alles Leben im Fluss erlosch durch den Zustrom von Schwefelsäure – Abfall- und Nebenprodukt der Kupfergewinnung. Während der Zeit der Olympischen Spiele in Atlanta wurde der Wildbach dazu auserkoren, den Kanu-Slalom in Fahrt zu bringen. In McCaysville, mitten im *copper basin*, ist man deshalb zuversichtlich: Die »Kupferstecher« sind auf dem Rückzug und viele Umweltschäden schon wieder gutgemacht, vor allem durch Wiederaufforstung. Abgesehen vom Ocoee erfreuen sich andere Flüsse und Seen inzwischen wieder eines regelrechten Fischsegens.

SERVICE & TIPPS

Eagle Mountain Ranch on Ice Mountain
375 Eagle Ranch Rd.
Copperhill, TN 37317
✆ (706) 492-2277, 1-800-288-3245
www.eagleadventures.com
Einfache Unterkünfte und viel frische Luft. Hier kann man Gold waschen und in die Berge reiten; auch Kanu- und Schlauchbootfahrten auf dem Ocoee (15 Min. entfernt) wie auch auf dem Nantahala River (knapp 90 km von Copperhill) sind möglich.

Abends beim romantischen Schein des Lagerfeuers und zünftigem BBQ machen alte Geschichten die Runde, was nicht wundert, denn hier und ringsum lag einmal die Heimat der *moonshiners*, der illegalen Schnapsbrenner zur Zeit der Prohibition. Deren Musik klingt bis heute nach, in der *mountain music*.

Vor nicht allzu langer Zeit soll es hier mal einen gegeben haben, der sein Banjo mit den Füßen spielte, und zwar so toll, dass die Leute übers Wochenende herkamen, lauschten und tranken. $$

»Cider Man« beim Spring Festival in Rome

⑫ ROME

Das Einzige, was das Städtchen Rome in Georgia (35 000 Einwohner) mit Rom gemeinsam hat, sind die sieben Hügel, auf die es sich verteilt. Broad Street hat durchaus Kleinstadt-Charme, und das **Chieftains Museum** widmet sich der Vergangenheit der Cherokee-Indianer, auf deren ehemaligem Land Rome erbaut wurde.

SERVICE & TIPPS

Greater Rome Convention & Visitors Bureau
402 Civic Center Dr.
Rome, GA 30161
✆ (706) 295-5576, 1-800-444-1834
www.romegeorgia.org
Mo–Fr 9.30–17, Sa 10–15 Uhr

Chieftains Museum
501 Riverside Pkwy.
Rome, GA 30161
✆ (706) 291-9494
www.chieftainsmuseum.org
Mi–Sa 10–17 Uhr
Eintritt $ 5/2
Hier wohnte einst der Cherokee-Häuptling Major Ridge, der beim Versuch, das eigene Erbe zu bewahren und sich gleichzeitig der Kultur der Weißen anzupassen, aufgerieben wurde. Das Holzhaus stammt aus dem späten 18. Jh. und zeigt Dokumente der indianischen Geschichte.

La Scala Mediterranean Bistro
413 Broad St., Rome, GA 30161
✆ (706) 238-9000
www.lascalaromega.com
Tägl. außer So 17.30–22 Uhr
Gutes italienisches Lokal mit frisch zubereiteten Gerichten. Versuchen Sie den *cioppino!*
$$–$$$

The Partridge Restaurant
330 Broad St.
Rome, GA 30161
✆ (706) 235-0030
www.thepartridgerestaurant.com
Seit 1933 serviert man Südstaatenküche mit *Southern Fried Chicken*, *Country Fried Steak*, Kartoffelpüree mit Soße etc. $$

⑬ TALLULAH FALLS

Die Tallulah Falls sind eine Serie von sechs Wasserfällen in der malerischen, bewaldeten Schlucht des Tallulah Gorge State Parks im nordöstlichsten Georgia. Knapp 170 Einwohner zählt das gleichnamige Örtchen in der Nähe.

SERVICE & TIPPS

Tallulah Gorge State Park
US Hwy. 441
Tallulah Falls, GA 30573
✆ (706) 754-7981
www.gastateparks.org/TallulahGorge
Mo–Fr 8 Uhr bis zur Dunkelheit, Sa/So 10–18 Uhr, Parkgebühr $ 5 pro Auto
Wald und Wasserfälle: Picknick, Tennisplätze, Schwimmen, Angeln, Paddelboote, Camping (Reservierung: ✆ 706-754-7979). Das Interpretative Center zeigt Lehrreiches aus Siedlungsgeschichte, Flora und Fauna. – Von hier aus kann man kleine Wanderungen zu diversen *vista points* machen, von denen man die 300 m tiefe Schlucht sehen kann.

Thema Schwimmen: Bevor man zu den beiden östlich der US 441 gelegenen Swimmingpools des Flusses hinabsteigt (589 Stufen oder einen steilen Pfad), benötigt man ein Permit, das im Visitor Center erhältlich ist. Die einfachere Möglichkeit, ans Wasser zu kommen, bietet sich von der SR 441, kurz nach Überquerung des Damms links. Am **Tallulah Point Overlook** stehen ein netter Shop und ein Café.

Wasserfall im Tallulah Gorge State Park

GEORGIAS ANTEBELLUM TRAIL

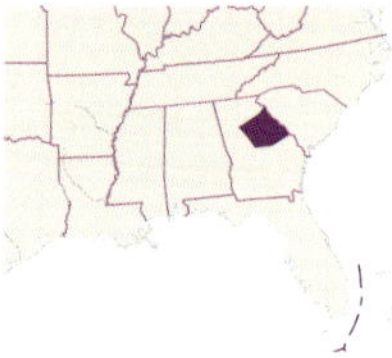

Antebellum? Ja, so nennt man im Süden die Zeit vor dem Bürgerkrieg. Wie meinte Mark Twain? »Im Süden ist der Krieg, was A.D. sonst wo ist; sie benutzen ihn als Datum.« Tatsächlich kreisen viele Gespräche über die Vergangenheit um Geschehnisse, die entweder »lange vor«, »unmittelbar nach« oder »im« Bürgerkrieg passierten.

Der sogenannte Antebellum Trail in Georgia führt durch hübsche Kleinstädte mit viel konservierter Bausubstanz. Die 190 Kilometer lange Strecke beginnt in Athens und folgt den Highways 441, 22 und 129 über Madison, Milledgeville nach Macon. Viele der alten Herrenhäusern haben den Abriss überlebt, weil sie zu Bed & Breakfast Inns gemodelt wurden: Tourismus fördert Denkmalpflege. In diesen Pensionen inszenieren die Gastgeber gern eine heile Welt aus mehr oder weniger gemütlichen Antiquitäten, mit Puppen und Deckchen. Die Himmelbetten in den alten Häusern erinnern trotz ihrer Robustheit ein bisschen an die Schlafgewohnheiten der Prinzessin auf der Erbse. Manche dieser *rice beds* tragen Holzpfosten aus vier gedrechselten und gebündelten Säulchen – für jeden Apostel eine: Stützen für das Nachtgebet im »Bible Belt«.

Der Trail führt durch das zentrale Georgia, *The Heartland*, eine Melange aus verschlafenen Nestern, Pfirsichplantagen und adretten Kleinstädten. Einzig die donnernden Holzlaster erinnern daran, dass die gute alte Zeit der Reiskultur vorüber und die Neuzeit angebrochen ist. Dazu zählt nicht bloß der Holzhandel (Motto: TREES GROW JOBS), sondern auch der mit der Milch. Putnam County zum Beispiel fühlt sich als *Dairy Capital of the Georgia.* Informationen zum Villenpfad: www.antebellumtrail.org.

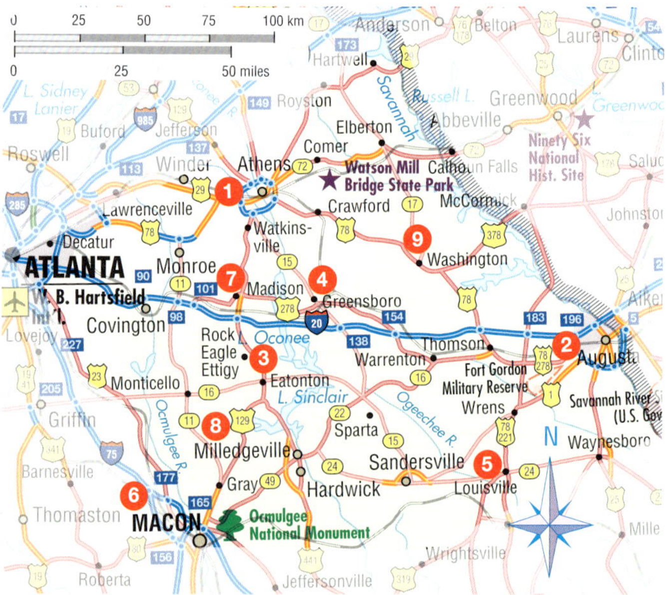

1 ATHENS

Eigentlich bekam Athens nur aus moralischen Gründen seine Universität. Gegen Ende des 18. Jahrhunderts nämlich, kaum dass sich die kleine Siedlung an der Kreuzung des Oconee River mit einem alten Handelspfad der Cherokee-Indianer etabliert hatte, suchten die Gründungsväter der **Universität von Georgia** nach einem geeigneten Standort. Weder Savannah noch Charleston kam für den Senatus Academicus infrage, denn Alkohol, Matrosen und Mädchen konnten dort gefährlich werden.

Man entschloss sich deshalb, die Vision einer klassischen Freistatt des Lernens, das neue Athen, weiter landeinwärts zu errichten, um die Verlockungen des Lebens vom Campus, wie in den USA oft, fernzuhalten. Bald nach der Gründung 1785 entwickelte die Uni ein lebhaftes kulturelles Leben und zog wohlhabende Familien an, die sich hier niederließen, standesgemäß meist im Greek-Revival-Stil, den der Ortsname ja auch nahelegte.

Café-Kultur in Athens

Heute ist die University of Georgia (UGA) nicht nur der größte Arbeitgeber des Kleinstädtchens, sondern ihre rund 35 000 Studenten stellen einen großen Teil der rund 120 000 Einwohner des Athens-Clarke County.

Die College-Gemeinde hält das Leben in Schwung, neben einem sehenswerten Kunstmuseum gibt es ungewöhnlich viele Cafés und Restaurants, Galerien, Musikclubs und Programmkinos. Eindrucksvolle Zeugen der alten Tage säumen Milledge und Prince Avenue: klassizistische Villen, viele von ihnen Sitz von Studentenverbindungen. Auch kulinarisch ist Athens gut aufgestellt. In einigen hübschen Restaurants entlang **Broad Street** serviert man leckere *Gumbo*-Suppen und andere scharfe Sachen aus der Südstaatenküche. Und immer wieder überrascht das musikalische Athens mit Hinweisen auf lokale oder regionale Solokünstler und Bands sowie internationale Bands wie R.E.M., die hier ihre Wurzeln haben und in einfachen kleinen Studios ihre Platten aufnahmen. Persönlich gehaltene Stadtführungen wie die von Paul ab dem Athens Welcome Center führen zu Clubs, Studios und anderen musikhistorisch relevanten Stellen wie z.B. einer Außentreppe an einem Haus, einem knallgrünen Haus mit Laden oder der eindrucksvollen Murmur-Trestle Bridge – eben zu den Motiven, die R.E.M. einst auf ihren Plattencovers in die Welt hinaus trugen.

SERVICE & TIPPS

Athens Welcome Center
280 E. Dougherty St.
Athens, GA 30601
✆ (706) 353-1820, 1-866-455-1820
www.athenswelcomecenter.com
Mo–Sa 10–17, So 12–17 Uhr
Verschiedene Stadtführungen u.a. auf den Spuren der Gruppe R.E.M. und anderer.

Athens Convention & Visitors Bureau
300 N. Thomas St., Athens,
GA 30601, ✆ (706) 357-4430
www.visitathensga.com

The Georgia Museum of Art
90 Carlton St. (Campus der University of Georgia), Athens, GA 30602
✆ (706) 542-4662
www.georgiamuseum.org
Di–Sa 10–17, Do bis 21, So 13–17 Uhr, Eintritt frei, Spenden erwünscht
Das GMOA wurde jüngst renoviert und um neue Galerien sowie einen Skulpturengarten erweitert, um den Reichtum der Sammlung zeigen zu können. Deren Schwerpunkt liegt auf amerikanischer Malerei des 19. und 20. Jh. mit Werken von Albert Bierstadt,

Winslow Homer, Georgia O'Keeffe u.a.

Double Barreled Cannon
College & Hancock Sts.
Athens, GA 30601
Kuriosum am Rande von 1863. Die beiden aneinander geketteten Kanonenkugeln sollten einst die verhassten Nordstaatler niedermähen. Aber bei der Zündung klappte das Timing nicht. Das Geschoss erwies sich als Bumerang, verhedderte sich und kam auf die eigenen Leute zurückgeflogen.

Morton Theatre
195 W. Washington St.
Athens, GA 30601
✆ (706) 613-3770
www.mortontheatre.com
Das 1910 von Schwarzen erbaute und jüngst sanierte Vaudeville-Theater ist eine der ältesten Bühnen im Lande und mit gut 500 Sitzen ideal für Konzerte und kleine Theaterproduktionen. An seinem Standort befand sich am Anfang des 20. Jh. die *African-American business section* der Stadt.

State Botanical Garden of Georgia
2450 S. Milledge Ave.
Athens, GA 30605
✆ (706) 542-1244
www.botgarden.uga.edu
Gärten tägl. April–Sept. 8–20, Okt.–März 8–18 Uhr, Visitor Center Di–Sa 9–16.30, So 11.30–16.30 Uhr, während der Uni-Ferien geschl.
Eintritt frei
Vielseitige Flora am Ufer des Oconee River, Wanderwege in stiller Umgebung, schönes Gewächshaus mit hübschem **Gardenside Cafe** (beliebt für Salate, Sandwiches, Quiches, Suppen).

The National
232 W. Hancock St.
Athens, GA 30601
✆ (706) 549-3450
www.thenationalrestaurant.com
Mo–Do 11.30–22, Fr/Sa länger, So 17–22 Uhr
Legerer Downtown-Treffpunkt mit abwechslungsreicher, mediterran beeinflusster Südstaatenküche. Viele Zutaten stammen von den Biofarmen der Region. $$$

Iron Factory
255 W. Washington St.
Athens, GA 30601
✆ (706) 395-6877
www.ironfactoryinc.com
Mo–Sa 17–2, So bis 24 Uhr
Populäres Downtown-Restaurant mit Terrasse. Grillgerichte koreanischer Art, das Ambiente in modernem, industriellem Stil. Cocktailbar, Karaoke.$$–$$$

Last Resort Grill
174 W. Clayton St., Athens, GA 30601
✆ (706) 549-0810
www.lastresortgrill.com
So–Do 17–22, Fr/Sa bis 23 Uhr, Bar länger
Frisch, würzig, leicht und gemütlich, auch zum Draußensitzen. $$

Kriegerisch und kurios: Athens doppelläufige Kanone

Trappeze Pub
269 N. Hull St.
Athens, GA 30601
✆ (706) 543-8997
www.trappezepub.com
Mo–Sa 11–2, So 11–24 Uhr
Populäres Pub-Restaurant, das vor allem für seine große Bierauswahl bekannt ist. Dazu Snacks und kleine Mahlzeiten. Regelmäßig werden *beer dinners* mit Vertretern regionaler Kleinbrauereien veranstaltet. $–$$

40-Watt Club
285 W. Washington St.
Athens, GA 30601
✆ (706) 549-7871
www.40watt.com
Nur zu den Shows geöffnet, vgl. Website
Beste Adresse für die lokale Rock- und R&B-Szene.

Wuxtry Records
197 E. Clayton St., Athens, GA 30601
✆ (706) 369-9428
www.wuxtry-records.com
Mo/Di 10–20, Mi–Sa 10–22, So 12–18 Uhr
Kleiner, aber feiner Plattenladen in Downtown mit einer Fülle an neuen, gebrauchten, seltenen oder populären Schallplatten, Kassetten und CDs.

Ausflugsziel:

Watson Mill Bridge State Park/Outdoor Recreation Area
5 km auf SR 22 nach 650 Watson Mill Park Rd. südlich von Comer, GA 30629
✆ (706) 783-5349, 1-800-864-7275
www.gastateparks.org/watsonmillbridge, tägl. 7–22 Uhr
Georgias längste überdachte Holzbrücke *(covered bridge)* von 1885. Erholsamer Naturpark für Picknick und Kanufahren, Baden und Angeln im Fluss. Camping.

2 AUGUSTA

Zwischen dem Piedmont, dem hügeligen Ausläufer des Appalachengebirges, und der atlantischen Küstenebene (der Coastal Plain), genau auf dieser Falllinie (und an der Grenze zu South Carolina) liegt Augusta.

Die Stadt, kurz nach Savannah vom britischen General James Oglethorpe 1735 gegründet, ist die zweitälteste Stadt in Georgia. Lange stand hier ein Trading Post der Indianer, und diese Handelstradition entwickelte sich auch während der Kolonialzeit weiter. Zunächst basierte die Landwirtschaft im Wesentlichen auf Tabak, später dann auf Baumwolle. Kurze Zeit war Augusta sogar Hauptstadt von Georgia. Beflügelt wurde ihr industrieller Aufschwung durch den Bau der Eisenbahn (1837) und des Augusta-Kanals (1845).

Gut betucht: Modell eines Baumwollhändlers im Museum der Augusta Canal National Area

Obwohl die größte Munitionsfabrik der Konföderierten in Augusta stand, überlebte die Stadt im Bürgerkrieg General Shermans blutigen »Marsch zum Meer« ebenso unbeschadet wie Madison. Schon früh arbeitete man am Image des Neuen Südens und bemühte sich um zahlende Gäste aus dem kalten Norden, schließlich hatte man milde Winter anzubieten. Gegen Ende des 19. Jahrhunderts profilierte sich Augusta bereits als gefragter Winterkurort – für eine überwiegend betuchte Yankee-Klientel, die der nordischen Kälte, und reiche Südstaatler, die dem Gelbfieber entfliehen wollten. Das Angebot von Zweitwohnungen und der Bau von Golfplätzen kamen dem entgegen; Turniere erst recht.

Heute setzt der exklusive **Augusta National Golf Club** die lukrative Sportgeschichte fort. Nicht immer ohne Kontroversen. Schwarze konnten hier erst ab 1990 teilnehmen, Frauen erst nach 2002. Das jährlich im April durchgeführte Augusta National Masters Golf Tournament ist sogar das Einzige, was die meisten Amerikaner mit dem Namen Augusta verbinden. Zwar hat die Stadt und ihre knapp 200 000 Einwohner auch sonst im Sport die Nase vorn, vor allem bei Regatten und Reitturnieren, aber der Herzenswunsch der Stadtväter bleibt unerfüllt: Augusta auch jenseits des Golfturniers in die Schlagzeilen zu bringen.

Neben breiten Boulevards mit Schatten spendenden Magnolien bestimmen zahlreiche Baudenkmäler das Stadtbild, besonders in Olde Towne (Telfair und Greene Sts.). Der fußgängerfreundliche **Riverwalk** zeigt über die Länge von fünf Straßenblocks die Schokoladenseite Augustas: Auslauf für Spaziergänger, Jogger oder Leute, die picknicken wollen. Der geklinkerte Parcours zwischen 5th und 10th Street verbindet auf mehreren Ebenen Restaurants, Gärten, Brunnen (Eight Street Plaza), Shops sowie die **Cotton Exchange,** das **Fort Discovery** und das **Morris Museum of Art**. Hier gewinnt die Stadt eine gewisse Kompaktheit, die ihr ansonsten weitgehend fehlt. Hübsche Nachbarschaftsviertel wie beispielsweise Summerhill liegen eher abseits und sind ohne Auto schwer erreichbar.

SERVICE & TIPPS

Augusta's Visitor Information Center
560 B Reynolds & 6th Sts.
Augusta, GA 30901
✆ (706) 724-4067, 1-877-284-8782
www.augustaga.org
Mo–Sa 10–17, So 13–17 Uhr
Informationszentrum im Augusta Museum of History.

Augusta Convention & Visitors Bureau
1450 Greene St., Enterprise Mill, Suite 100, Augusta, GA 30901
✆ (706) 823-6600, 1-800-726-0243
www.augustaga.org

Augusta Canal National Heritage Area
1450 Greene St., Enterprise Mill, Suite 400, Augusta, GA 30903
✆ (706) 823-0440, 1-888-659-8926
www.augustacanal.com
Mo–Sa 9.30–17, So 13–17 Uhr, Juli/Aug. So/Mo geschl., Eintritt $ 6
Spannende Ausstellung zum Thema Baumwollhandel und -verarbeitung und der historischen Rolle des Kanals in der ehemaligen Textilfabrik; Bootsfahrten auf dem Kanal.

»Mural« in Augusta

Augusta Museum of History
560 Reynolds S.
Augusta, GA 30901
✆ (706) 722-8454
www.augustamuseum.org
Eintritt $ 4/2
Di–Sa 10–17, So 13–17 Uhr
Museum zur Geschichte der Stadt am Savannah River, die durch ihre Lage am Fluss und die Textilfabriken an Wohlstand und Einfluss gewann.

Morris Museum of Art
One 10th St. (Riverwalk)
Augusta, GA 30901
✆ (706) 724-7501
www.themorris.org
Di–Sa 10–17, So 12–17 Uhr
Eintritt $ 5/3
Sammlung regionaler Kunst vom 18. Jh. bis heute. Porträts und Stillleben aus der Zeit vor dem Bürgerkrieg. Auch Werke von Robert Rauschenberg und Jasper Johns, der aus Augusta stammt. Forschungsbibliothek.

La Maison on Telfair
404 Telfair St., Augusta, GA 30901
✆ (706) 722-4805
www.lamaisontelfair.com
Tägl. 18–21 Uhr, Bar länger
Elegante viktorianische Villa (1855) mit südstaatlichem Charme: Melange aus französischer und re-

gionaler Küche auf hohem Niveau. Gut bestückte Weinbar. $$$

Bees Knees Tapas Restaurant & Lounge
211 10th St., Augusta, GA 30901
✆ (706) 828-3600
www.beeskneestapas.com
Mo–Do 17–22, Fr–Sa 17–23 Uhr, So 11–15 und 17–22 Uhr
Populäres Tapas-Restaurant in Downtown Augusta. Lebhafte Atmosphäre und köstliches Essen, auch zum Teilen! $$

French Market Grille
425 Highland Ave.
Augusta, GA 30909
✆ (706) 737-4865
www.thefrenchmarketgrille.com
Mo–Do 11.30–22, Fr/Sa bis 23 Uhr
Munter und meist rappelvoll: scharfe Sachen aus südstaatlichen Töpfen (z. B. *Creole Gumbo*). $–$$

New Moon Café
936 Broad St., Augusta, GA 30901
✆ (706) 823-2008
www.newmoondowntown.com
Mo–Fr 7–17, Sa 8–18, So 9–15 Uhr
Leichte Mahlzeiten sowie natürlich Kaffee und diverse Kaffeespezialitäten, außerdem frisch zubereitete Smoothies! $–$$

The Boll Weevil Cafe & Sweetery
10 Ninth St., Augusta, GA 30901
✆ (706) 722-7772
www.thebollweevil.com
So–Do 11–22, Fr/Sa 11–23 Uhr
Diverse Kleinigkeiten, spezialisiert auf Desserts. $

Der Riverwalk Augusta führt entlang dem Savannah River

3 EATONTON

Umgeben von Milchfarmen, von deren Produkten viele der knapp über 6500 Einwohner von Eatonton leben, zieht die Kleinstadt Besucher vor allem aus drei Gründen an: aufgrund der Hasenplastik auf dem Rasen des stattlichen **Courthouse Square** – eine Hommage an Joel Chandler Harris. Der Autor der in den USA populären Uncle-Remus-Geschichten kam hier 1848 zur Welt.

In Eatonton ist auch Alice Walker geboren (1944) und aufgewachsen, die für ihren von Steven Spielberg verfilmten Roman »Die Farbe Lila« nicht nur den Pulitzer-Preis erhielt, sondern auch Weltruhm erlangte. Die Stadt veranstaltet eine Alice Walker Walking Tour, bei der man Wards Chapel und auf dem dazugehörenden Friedhof das Grab von Alice Walkers Eltern, deren achtes und letztes Kind sie war, besucht.

Und ganz in der Nähe gibt es auf zwei der höchsten Punkte des Putnam County den Creek-Indianern zugeschriebene, aus Tausenden Quarzsteinen auf dem Boden gebildete Monumente in Form von Vögeln, die sogenannten **Rock Eagle & Rock Hawk Effigies** – Land-Art aus prähistorischer Zeit. Sie sollen die einzigen ihrer Art östlich des Mississippi sein.

Ansonsten kann man ein paar hübsche Antebellum-Residenzen bewundern, die General Sherman verschonte, während er alle kommerziellen Gebäude der Stadt niederbrennen ließ.

Historic Storytelling im Uncle Remus Museum in Eatonton

SERVICE & TIPPS

Eatonton-Putnam Chamber of Commerce
305 N. Madison Ave.
Eatonton, GA 31024
✆ (706) 485-7701
www.eatonton.com/chamber

Uncle Remus Museum
214 S. Oak St. (Route 441 S., Turner Park)
Eatonton, GA 31024
✆ (706) 485-6856
www.uncleremus.org
Mo–Sa 10–12 und 13–17, So 14–17 Uhr, Nov.–März Di geschl.
Eintritt $ 5/3
Kleine, von Sklaven erbaute Blockhütte mit Objekten aus den Uncle-Remus-Geschichten von Joel Chandler Harris.

Smith's Coastal Grill
114 N. Jefferson Ave., GA 31024
✆ (706) 485-7212
www.smithscoastalgrill.com
Di–Sa 11–15, Mi/Do auch 17–21, Fr/Sa 17–22, So 10–14 Uhr
Südstaatenküche mit Karibikflair: *Shrimp and Grits, Shrimp po-boys, Crab Cakes* etc. Mit Bar. $$–$$$

Ausflugsziel:

Rock Eagle & Rock Hawk Effigies
350 Rock Eagle Rd. (US 441), 7 Meilen nördl. von Eatonton, GA 31024, ✆ (706) 485-7701
Aus Quarzsteinen und vermutlich von den Creek-Indianern geformte Vogelfiguren – Land-Art, angeblich über 2000 Jahre alt. Am Historical Piedmont Scenic Byway.

4 GREENSBORO

In dem kleinen Ort am Wege einfach mal anhalten und einen Spaziergang durch die kleine Downtown der Kleinstadt (3200 Einwohner) machen und dabei das denkmalgeschützte Uraltgefängnis, den Farmer's Market und die kleinen Geschäfte besuchen.

SERVICE & TIPPS

Greensboro Chamber of Commerce
111 N. Main St.
Greensboro, GA 30642
✆ (706) 453-7592
www.greeneccoc.org/tourism
Mo–Fr 9–17 Uhr
Auskünfte und Reservierungen.

The Yesterday Café
114 N. Main St.
Greensboro, GA 30642
✆ (706) 453-0800
http://theyesterdaycafe.com
Mo/Di 11–15, Mi–Sa 11–21 Uhr
Das Café-Restaurant ist die Heimat des köstlichen, zart schmelzenden »Buttermilk Pie« und anderer Speisen der Südstaaten. $–$$

5 LOUISVILLE

Noch bevor es hier überhaupt Einwohner gab, waren in Louisville bereits das Kapitol und der Sitz des Gouverneurs gebaut, denn zwischen 1795 und 1805 war dies die Hauptstadt von Georgia. Eilfertig sollten damit Siedler entlang der Küste ins Hinterland gelockt werden, hinein in den Baumwollgürtel. Einige kamen auch, die Anzahl hielt sich jedoch in Grenzen. Daran hat sich bis heute nicht viel verändert, und die Stadt (2500 Einwohner) wirkt, als läge sie im Tiefschlaf.

SERVICE & TIPPS

i Jefferson County Chamber of Commerce
302 E. Broad St.
Louisville, GA 30434
✆ (478) 625-8134, 1-866-527-2642
www.jeffersoncounty.org/louisville.htm
Auskünfte und Reservierungen.

6 MACON

275 000 blühende Kirschbäume in der Stadt! Wenn das kein Grund für ein **Cherry-Blossom-Festival** ist! Jedes Jahr heißt es deshalb Ende März: *Macon goes pink.* Egal, ob Jacketts, Hosen, Hemden oder Hüte, ja sogar das Eis, das auf den Straßen geschleckt wird – alles ist rosa. Groß und Klein sind auf den Beinen oder breiten ihre Decken auf dem Rasen zum Picknick aus. Der swingende Gospelchor heizt die Stimmung auf.

Macon, am Endpunkt des Antebellum Trails, präsentiert sich den Rest des Jahres über als eine aufgeräumte Stadt, ethnisch divers und mit einem großen musikalischen Erbe versehen. Sie wurde 1823 als Fort am Ufer des Ocmulgee River gegründet und ist heute mit rund 90 000 Einwohnern siebtgrößte Stadt in Georgia, die im Wesentlichen von diversen Herstellungsbetrieben und vom Tourismus lebt.

Das Stadtbild setzt sich aus einigen historischen Straßenblocks (Mulberry und Cherry Sts.) und drei Dutzend Antebellum-Villen zusammen, darunter die wohl schönste im ganzen Staat, das **Hay House**. Zu den Sehenswürdigkeiten gehören das **Tubman African American Museum** (Geschichte der Schwarzen), das **Douglass Theatre** (1921 als Theater für Farbige gebaut) sowie das außerhalb gelegene **Ocmulgee National Monument**, ein Friedhof der Creek-Indianer. Deren Geschichte endete, als sie 1821 ihr Land an die Regierung abtraten und alsbald vertrieben wurden.

Ohrenschmaus und Kirschblütenfest in Macon bringt Spaß für alle

SERVICE & TIPPS

Macon-Bibb County Convention and Visitors Bureau
450 Martin Luther King Jr. Blvd.
Macon, GA 31201
✆ (478) 743-1074, 1-800-768-3401
www.maconga.org
Mo–Fr 9–17, Sa 10–16 Uhr
Visitor Center in Downtown.

Tubman African American Museum
340 Walnut St.
Macon, GA 31201
✆ (478) 743-8544
www.tubmanmuseum.com
Di–Fr 9–17, Sa 11–17 Uhr
Eintritt $ 8/4
Museum zur Kunst- und Kulturgeschichte der Afroamerikaner.

Douglass Theatre
355 Martin Luther King Jr. Blvd.
Macon, GA 31201
✆ (478) 742-2000
www.douglasstheatre.org
Charles Douglass, Georgias erster afroamerikanischer Millionär, eröffnete dieses Vaudeville-Theater 1921. Kino- und Theatervorstellungen.

Hay House
934 Georgia Ave.
Macon, GA 31201
✆ (478) 742-8155
www.georgiatrust.org/historic_sites/hayhouse
Mo–Sa 10–16, So 13–16 Uhr
Eintritt $ 9/0–5
Prächtige klassizistische Villa im Stil des sogenannten *Italian Renaissance Revival* (1855–60). Die Möblierung der 24 Zimmer stammt aus dem Anfang des 20. Jh.

Ocmulgee National Monument Park
1207 Emery Hwy.
Macon, GA 31217
✆ (478) 752-8257
www.nps.gov/ocmu
Tägl. 9–17 Uhr, Eintritt frei
Überreste einer 12 000-jährigen Indianerkultur: Erdhütte, Kunstgegenstände und Grabhügel *(burial mounds)* verstreut über ein parkähnliches archäologisches Gelände. Visitor Center, Picknick, Wandern, Angeln.

Natalia's
2720 Riverside Dr., Macon

Antebellum-Villa in Macon: Hay House

GA 31210, ✆ (478) 741-1380
www.natalias.net
Mo–Mi 17–21.30, Do–Sa 17–22.30 Uhr
Italienisch geprägt: v.a. Fisch, Lamm, Rippchen und Pasta. Ergiebige Weinkarte. Cocktail Lounge. Nur Dinner. $$–$$$

Tic Toc Room
408 Martin Luther King Jr. Blvd. Macon, GA 31201
✆ (478) 744-0123, www.hotplates restaurantgroup.com
Mo–Do 17–21.30, Fr/Sa 17–22.30 Uhr
Historisches Gebäude, wo früher berühmte Musiker auftraten: heute raffinierte Südstaatenküche, viele Weine und Martinis. $$–$$$

Market City Café
502 Cherry St., Macon, GA 31201
✆ (478) 257-6612
www.marketcitycafe.net
Di–Do, So 11–15, Fr 11–22, Sa 8–21 Uhr
Brote, Croissants, Kuchen und Gebäck werden in der Bäckerei täglich frisch hergestellt. Suppen, Salate, Sandwiches und andere Lunchgerichte, auch zum Mitnehmen. $

Nu-Way Weiners
430 Cotton Ave., Macon, GA 31201
✆ (478) 743-6593
www.nu-wayweiners.com
Tägl. außer So
6 Filialen in Macon: Hot Dogs, von denen alle sprechen. Die Karriere des Unternehmens kam durch den Schreibfehler im Firmennamen in Gang. $

The Hummingbird Stage & Taproom
430 Cherry St., Macon, GA 31201
✆ (478) 741-9130
www.hummingbirdmacon.com
Di–Sa ab 16 Uhr
Beliebter Musikclub.

Whiskey River
4570 PioNono Ave., Macon, GA 31206
✆ (478) 788-3000
Countrymusic, Live-Bands von Mi–Sa.

Unterwegs im Ocmulgee National Monument Park

7 MADISON

Das hübsche **Madison** darf sich ohne Frage zu den besterhaltenen Kleinstädten (4000 Einwohner) des amerikanischen Südens zählen. Obwohl im Bürgerkrieg auf der Route der Zerstörung gelegen, verschonte General Sherman die Stadt dank ihrer friedlichen Kapitulation. Nur ein paar kommerzielle Gebäude gingen in Flammen auf. Die alte Bausubstanz, der moosdrapierte Baumbestand und die gepflegten Gärten tun daher heute so, als sei die Zeit stehen geblieben.

Sehenswert: unter anderen das Hunter House von 1883, die üppige **Heritage Hall**, im klassizistischen Greek-Revival-Stil aus dem gleichen Baujahr (die Historische Gesellschaft arbeitet hier), oder das **Rogers House and the Rose Cottage**, ebenfalls aus dem 19. Jahrhundert. Wie vielerorts im Süden, öffnen die meisten von ihnen ihre Türen für die Öffentlichkeit (Mai und Dezember). Wer sich Stücke der Vergangenheit lieber gleich kaufen möchte, der liegt am **Town Square** richtig, denn hier konzentriert sich der Handel mit antiken bzw. dekorativen Sammlerstücken.

SERVICE & TIPPS

Madison-Morgan Welcome Center
115 E. Jefferson St.
Madison, GA 30650
✆ (706) 342-4454, 1-800-709-7406
www.visitmadisonga.com
Mo–Fr 9–17, Sa 10–17, So 13–16 Uhr
Infozentrum im ehemaligen Gebäude der Feuerwehr.

Madison-Morgan Cultural Center
434 S. Main St.
Madison, GA 30650
✆ (706) 342-4743, 1-877-233-0598
www.mmcc-arts.org
Di–Sa 10–17, So 14–17 Uhr
Eintritt $ 3/2
Dieses vorzügliche regionalgeschichtliche Kunstmuseum ist in einem alten Schulgebäude von 1895 untergebracht, eine der ersten Grundschulen des Südens, die aus soliden Ziegelsteinen errichtet wurde.

Morgan County African American Museum
156 Academy St. (im Horace Moore House), Madison, GA 30650
✆ (706) 342-9191, www.mcaam.org
Di–Fr 10–16, Sa 12–16 Uhr
Eintritt $ 5/3
Ausstellungen zur Geschichte, Kultur und Kunst der Afroamerikaner im Süden.

Steffen Thomas Museum of Art
4200 Bethany Rd., 8 km südöstl. von Downtown Madison
Buckhead, GA 30625
✆ (706) 342-7557
www.steffenthomas.org
Di–Sa 11–16 Uhr
Eintritt $ 5/3
Echter Geheimtipp: Hinter einem schlichten Äußeren beherbergt das Museum eine Auswahl an farbenfrohen, expressionistischen Gemälden und vielgestaltigen Skulpturen aus den sieben schaffensreichen Jahrzehnten des in Fürth, Deutschland, geborenen, 1928 in die USA ausgewanderten Künstlers (1906–90). Von Lisa Conner, der Tochter des Malers, betrieben. In Buckhead, auf dem flachen Land gelegen.

Heritage Hall
277 S. Main St.
Madison, GA 30650
✆ (760) 342-9627
www.friendsofheritagehall.org
Mo–Sa 11–16, So 13.30–16.30 Uhr, Führungen $ 10/7
Elegante Villa, 1811 im Greek-Revival- Stil erbaut. Nebenan die ansehnliche First United Methodist Church.

Town 220 Restaurant
220 W. Washington Rd.
Madison, GA 30650
✆ (706) 752-1445
www.town220.com
Di–Sa 11–14.30, Di–Do auch 17–21, Fr/Sa 17–22 Uhr, Bar länger
Steaks, Fisch und Nudeln.
$$–$$$

Villen im Antebellum-Distrikt in Madison, Georgia

Madison Chophouse Grille
202 S. Main St. (Historic Town Sq.)
Madison, GA 30650
✆ (706) 342-9009
So–Do 11–21, Fr/Sa bis 22 Uhr
Muntere Bistro-Atmosphäre: typische amerikanische Kost und reichlich. Bier und Wein, Espresso und Cappuccino. $–$$

Perk Avenue Café & Coffeehouse
111 W. Jefferson St.
Madison, GA 30650
✆ (706) 342-2562
www.perkave.com
Tägl. außer So ab 11 Uhr
Gemütliches Restaurant an einer der lebhaftesten Kreuzungen in Downtown. Köstliche Sandwiches und andere Gaumenfreuden des Südens. Livemusik. $–$$

Madison Drug Co.
213 N. Main St.
Madison, GA 30650
✆ (706) 342-1722
Mo–Fr 9.30–17, Sa 10–16 Uhr
Populäre Drogerie für den kleinen Hunger: Softdrinks und Sandwiches, Burger und so weiter.
$

8 MILLEDGEVILLE

Die 1889 gegründete Georgia College & State University beherrscht heute weitgehend das Stadtbild der gepflegten Kleinstadt, vor allem aber sind es die Studenten selbst, die Leben in die überwiegend historische Stadtkulisse bringen. Denn aus einigen Blickwinkeln sieht das heutige Milledgeville (mit knapp 19 200 Einwohnern) noch so aus wie zu seiner Gründerzeit von 1803, als es einmal die Hauptstadt von Georgia war (1803–63).

Neugotische und viktorianische Bauformen beherrschen das **Old Capitol Museum**, das **Baldwin County Courthouse** und eine ganze

Reihe von Antebellum-Villen. Die historische Altstadt wird begrenzt von den Straßen Thomas, Franklin, Tattnall und Elbert Street. Eine **Trolley Tour** schafft den Überblick über die »First Lady of Georgia«, wie sich Milledgeville gern sieht; außerdem sind die Kommentare der Reiseleiter mitunter äußerst unterhaltsam.

SERVICE & TIPPS

Milledgeville-Baldwin County Convention & Visitors Bureau
200 W. Hancock St.
Milledgeville, GA 31059
✆ (478) 452-4687, 1-800-653-1804
www.visitmilledgeville.org
Mo–Fr 8.30–17, Sa 10–16 Uhr

Milledgeville Trolley Tours
✆ 1-800-653-1804
Mo–Fr 10, Sa 11 Uhr
Die roten Busse starten am Convention & Visitors Bureau. Dauer 2 Std. Fahrpreis $ 12/5.

Andalusia – Flannery O'Connor's Farm
2628 Columbia St./Hwy. 441
Milledgeville, GA 31059
✆ (478) 454-4029
www.andalusiafarm.org
Do–So 10–17 Uhr
Eintritt frei, Spenden erwünscht
Von 1951 bis 1964 Farm und Wohnsitz der Schriftstellerin Flannery O'Connor (1925–64; »Wise Blood«, 1949, und »The Violent Bear It Away«, 1955).

Old Governor's Mansion
120 S. Clarke St.
Milledgeville, GA 31061
✆ (478) 445-4545
www.gcsu.edu/mansion
Di–Sa 10–16, So 14–16 Uhr, Führungen, Eintritt $ 10
Klassischer Greek-Revival-Bau von 1838 – hier hat auch General Sherman übernachtet.

Old Capitol Museum
201 E. Greene St.
Milledgeville, GA 31061
✆ (478) 453-1803
www.exploresouthernhistory.com/gaoldcapitol.html
Mo–Fr 10–16, Sa 12–16 Uhr
Eintritt $ 6/3
Bau von 1807, 1807–68 Regierungssitz. Heute Sitz eines

Old Baldwin County Court: das alte Gerichtsgebäude auf dem Gelände der Universität von Milledgeville

»Schöner Wohnen« in Milledgeville

Militär-Colleges. Im Erdgeschoss ist das **Georgia's Antebellum Capitol Museum** untergebracht.

Aubri Lane's
114 S. Wayne St.
Milledgeville, GA 31061
✆ (478) 454-4181
www.aubrilanes.com
Di–Sa 17–22 Uhr
Gut speisen, z.B. *Shrimp and Grits* und zum Dessert *Bananas Foster Bread Pudding with Ice Cream,* im ehemaligen Bankgebäude in Historic Downtown. $$–$$$

The Brick
136 W. Hancock St.
Milledgeville, GA 31061
✆ (478) 452-0089
www.thebrick.info, tägl. 11–22 Uhr
Peppige Burger, Pizza und Salate mit Südstaatenflair zu Lunch und Dinner. Die gemütliche Atmosphäre vermitteln die Originalziegelsteinwände des Gebäudes. $$

9 WASHINGTON

Washington besitzt einen ansprechenden Stadtkern. Besonders sehenswert: das **Haus von Robert Toombs**, eines Schatzmeisters der Konföderierten, der angeblich mit der Kriegskasse durchbrannte. Sie soll immer noch in der Nähe des Hauses versteckt sein. Ein Besucher fragt die alte Dame, die in der Villa Dienst tut: »Wo ist das Gold?« – »Wenn ich das wüsste, würde ich hier nicht samstags arbeiten.«

SERVICE & TIPPS

Washington-Wilkes Chamber of Commerce
22B West Sq., Washington, GA 30673, ✆ (706) 678-5111
www.washingtonwilkes.org

Robert Toombs House State Historic Site
216 E. Robert Toombs Ave.
Washington, GA 30673
✆ (706) 678-2226, www.gastateparks.org/info/rtoombs
Di–Sa 9–17 Uhr, Eintritt $ 5/3
Sehenswerte Villa des ehemaligen Südstaatenpolitikers von 1797.

Washington Jockey Club
5 E. Public Sq., Washington, GA 30673, ✆ (706) 678-1672
Mo/Di 17–20, Mi/Do 17–21.30, Fr/Sa 11–14 und 17–21.30 Uhr
Bestes Restaurant der Stadt, regionale Küche, auch für Vegetarier. $–$$

SOUTHERN GEORGIA

SAVANNAH, INSELN UND HINTERLAND

Der Süden von Georgia lockt mit vier attraktiven touristischen Zielen: mit einer erholsamen Atlantikküste, mit der lange notorisch unterschätzten Hafenstadt Savannah, mit einem faszinierenden Sumpf und mit ein paar wenig bekannten, hübschen Kleinstädten – Valdosta und Thomasville zum Beispiel.

Die weitgehend naturbelassene Küste zählt zweifellos zu den Überraschungen auf einer Südstaatenreise. Das liegt vermutlich daran, dass Strandhafer und Priele, Brandung und Dünen nicht ins geläufige Bild des Südens passen. Gleichwohl die internationalen Turnierplätze und gepflegten Ferienhotels (Sea Island, Saint Simons Island), die malerischen Salzmarschen (Marshes of Glynn), die nostalgischen Kurhotels und menschenleeren Strände im Windschatten des Tourismus (Jekyll Island) und die insularen Naturparadiese für Vögel und Vogelfreunde (Cumberland Island) – kurz, die Strand- und

Marshes of Glynn: Marschlandschaft zwischen Brunswick und den Golden Isles, Georgia

Inselkette zwischen Savannah und der Grenze Floridas, die *Barrier Islands,* gehört neben den »Outer Banks« von North Carolina zu den reizvollsten an der gesamten US-Ostküste.

Savannah verliert im Schönheitswettbewerb mit Charleston meist nach Punkten, weil es nicht so leicht konsumierbar ist. Doch wer sich auf die duftenden Magnolien und den Charme des stellenweise abblätternden Putzes, auf die schattigen Plätze und stillen Friedhöfe näher einlässt, der wird seine Freude an dieser ungewöhnlichen Stadt haben, die wie kaum eine andere südliche Sinnlichkeit ausstrahlt.

Die Plätze sind dabei das Schönste in Savannah – und das, was dort so los ist: Hochzeiten, Kindtaufen, Schulabschlussfeiern, Picknicks. Zur Ferienzeit bekommen die Schulkinder im Forsyth Park ein *free lunch,* und abends spielt eine Band aus schwarzen Musikern Jazz unter freiem Himmel.

Sümpfe galten gemeinhin als schmutziges, stinkendes und gefährliches Terrain. Der Okefenokee Swamp, der mit Abstand größte Sumpf im Süden, lehrt den Besucher das Gegenteil. In seinen grünen Gefilden verbirgt sich hier eine amphibische Welt für sich, denn Wasser und Land dieser »bebenden Erde« – was *Okefenokee* in der indianischen Sprache bedeutet – sind auf das Innigste liiert.

❶ BRUNSWICK

Am besten fährt man in Brunswick erst mal zum **Shrimp Dock** beim Mary Ross Waterfront Park am Ende von Gloucester Street, wo jene Kutterflotte vor Anker liegt, die Brunswick, dem Regierungssitz von Glynn County, den Titel »Shrimp Capital of the World« eingebracht hat.

Brunswick kommt von Braunschweig, dem ursprünglichen Sitz des hannoveranischen Adelsgeschlechts von England, dem König George II. entstammte und dem ja ganz Georgia seinen Namen verdankt. Brunswick blieb dieser Tradition seit seiner Gründung 1771 offenbar besonders treu, denn im Gegensatz zu allen anderen Städten wechselte man hier nach der amerikanischen Revolution die Straßennamen nicht. Nach wie vor lesen sie sich in Brunswick wie ein Who's Who anglo-feudaler Herkunft.

Die Ortswahl kam nicht von ungefähr. Die Spanier betrachteten zu jener Zeit alles Land südlich des Altamaha River als ihr Eigentum, ein Anspruch, der England missfiel und der letztlich in der Schlacht der »Bloody Marsh« zurückgewiesen wurde. Im Friedensvertrag von 1763 trat Spanien die Gebiete des südlichen Georgia an England ab. Daraufhin verfielen die militärischen Stützpunkte auf den Inseln, allen voran das 1736 auf St. Simons Island gegründete **Fort Frederica**. Die Kolonisten suchten sich anschließend einen neuen Hafen auf dem Festland.

Eine Fahrt durch Brunswick bringt von seiner vergleichsweise langen Geschichte kaum etwas mehr zum Vorschein, wohl aber einige sehenswerte Viktorianer, besonders im sogenannten Southend an Union Street.

Krabbenflotte in Brunswick

SERVICE & TIPPS

Brunswick-Golden Isles Welcome Center
I-95 Southbound
Brunswick, GA 31520
✆ (912) 264-0202, 1-800-933-2627
www.goldenisles.com
Mo–Sa 8–17, So 13–17 Uhr
Weitere Touristeninformationen an der Brückenauffahrt zu St. Simons Island und am Jekyll Island Causeway: Informationen über Brunswick, St. Simons, Little St. Simons, Sea und Jekyll Island.

Ritz Theatre
1530 Newcastle St.
Brunswick, GA 31520
✆ (912) 262-6934, www.exploregeorgia.org/listing/4596-historic-ritz-theatre-brunswick
Altes Kino von 1898 und rundum wiederhergestellt für wechselnde Produktionen.

Marshside Grill
1200 Glynn Ave., Brunswick, GA 31520, ✆ (912) 342-7981
www.marshsidegrill.com
Tägl. 11–22 Uhr
Viel Frisches aus dem Meer bietet das Lokal am Hwy. 17, dazu einen weiten Ausblick auf die Salzmarschen. Anbei der Shrimpskutter »Lady Jane«. $$

»The Emerald Princess II« Casino Cruise Ship
1 Emerald Princess Dr.
Brunswick, GA 31523
✆ (912) 265-3558, 1-800-842-0115
www.emeraldprincesscasino.com
Tickets $ 10
Fünfstündige Kasinokreuzfahrten auf dem Atlantik. Startpunkt am Südende der Sidney Lanier Bridge.

»Lady Jane« Shrimp Boat
1200 Glynn Ave.
Brunswick, GA 31520
✆ (912) 267-5711
www.shrimpcruise.com
Mehrmals tägl., Tickets $ 40
Auf zum Fischfang in den Salzmarschen mit der »Lady Jane«, einem pensionierten Shrimpskutter. Für alle an Bord gibt es frisch gefangene und frisch gekochte Shrimps. Dock hinter dem »Marshside Grill«.

Ausflugsziel:

Hofwyl-Broadfield Plantation
5556 US 17 N. zwischen Darien und Brunswick
Brunswick, GA 31525
✆ (912) 264-7333
www.gastateparks.org/info/hofwyl
Mi–So 9–17 Uhr
Eintritt $ 8/5
Reizvoll gelegenes Bau-Ensemble: das von moosbärtigen Eichen und Palmettos umstandene Herrenhaus (1850) und Sklavenquartiere. Die Nachfolger des Gründers ergänzten den Namen Broadfield durch Hofwyl in Anspielung auf eine Schweizer Schule, die sie besucht hatten.

Gleich am Anfang des 19. Jh. kaufte ein gewisser William Brailsford aus Charleston einen Batzen Land an dieser Stelle, nannte ihn Broadfield und ließ dort von Hunderten von afrikanischen Sklaven Reisfelder aus dem Zypressensumpf herausschneiden. Wie das aussah, ist im Haus zu besichtigen. Bis zum Bürgerkrieg blühten die Felder, aber dann, wie sonst im Süden auch, machten Krieg, Hurrikane, Erosion und wachsende Konkurrenz aus Louisiana, Arkansas, dem Osten von Texas und das Fehlen billiger Arbeitskräfte der Reiswirtschaft langsam den Garaus.

Garage, Eishaus und Scheune sind jüngeren Datums und stammen noch aus den ersten Jahrzehnten des vorigen Jahrhunderts, als das Reisimperium bereits zusammengebrochen war und Hofwyl auf Milchwirtschaft umgestellt wurde.

2 COLUMBUS

In der 1828 gegründeten Textilstadt (203 000) bildet die **Heritage Corner** ein sehenswertes Stadtviertel mit zahlreichen Südstaatenvillen.

SERVICE & TIPPS

Columbus Visitor Center
900 Front Ave.
Columbus, GA 31902
✆ (706) 322-1613, 1-800-999-1613
www.visitcolumbusga.com

The Columbus Museum
1251 Wynnton Rd., Columbus, GA 31906, ✆ (706) 748-2562
www.columbusmuseum.com
Di–Sa 10–17, Do 10–20, So 13–17 Uhr, Eintritt frei
Kleines Museum über die Geschichte des Chattahoochee-River-Tals. Außerdem: lokale Kunst und Volkskunst der Region.

Country's Barbecue On Broad
1329 Broadway
Columbus, GA 31901
✆ (706) 596-8910
www.countrysbarbecue.com
Tägl. 11–22 Uhr
Im alten Busbahnhof dominieren regionale Landküche und BBQ-Gerichte. $$

Ausflugsziel:

Providence Canyon State Outdoor Recreation Area
8930 Canyon Rd.
Lumpkin, GA 31815
11 km westlich von Lumpkin via SR 39C
✆ (229) 838-6870, 1-800-864-7275
www.gastateparks.org/providencecanyon
Tägl. im Sommer 7–21, im Winter bis 18 Uhr
Eintritt $ 5 plus $ 5 pro Auto
Am besten parkt man am Parkein-

Der »Little Grand Canyon« von Georgia: Providence Canyon

gang, hart am Abgrund des bis zu 50 m tiefen Canyons mit seinen vielfarbigen Schluchten und scharfkantigen Sandsteinsäulen. Im Besucherzentrum erfährt man einiges über die geologische Geschichte dieser seltenen Gesteinsformation, die sich in ein gutes Dutzend »Finger« auffächert.

Der Wanderweg zum Grund enthüllt die geomorphologischen Prozesse während vieler Millionen Jahre. Dabei ist der »Little Grand Canyon« von Georgia gerade mal um die 150 Jahre alt. Anders als beim großen Bruder in Arizona, der seine gigantischen Ausmaße dem Colorado River verdankt, war es hier im Osten der sorglose Ackerbau der ersten Siedler im vorigen Jahrhundert, der die bizarren Einschnitte verursachte.

Nach den Rodungen der Wälder und der übrigen Vegetation konnte das Regenwasser ungehindert ablaufen und Rinnen und Gullys bilden, die sich immer tiefer in den weichen Boden fraßen und die verschiedenen Erdschichten freilegten. Ihr Aussehen ändert sich auch heute noch ständig; schon nach einem schweren Regenguss kann die Canyontiefe deutlich wachsen und das Profil anders aussehen lassen.

Der unstete Wechsel von Erosion und Ablagerung lässt sich vor allem am Farbenspiel des Sedimentgesteins ablesen. Was weiter oben orangerot und eisenhaltig leuchtet, setzt die darunter liegende Formation mit weißen, rosa und schließlich braungrauen magnesiumhaltigen Tönen fort.

Wer mehr über dieses Naturschutzgebiet wissen will, der kann auf den diensthabenden Ranger zählen, der, wie es sich für seinen Berufsstand gehört, nicht nur viel weiß, sondern vorbehaltlos alles liebt, was *mother nature* hervorgebracht hat. Nur den Kudzu, auch wenn man aus seinen Ranken so nützliche Dinge wie Körbe flechten kann, hasst er wie die Pest. Der hält, so schimpft er, landesweit nicht nur Bäume, Scheunen und Telefonmaste millionenfach umschlungen, sondern der klettert sogar an den Wänden des Providence Canyon hoch und mindert so die ästhetische Wirkung der kahlen Formation, auf die alle hier gerade stolz sind.

Die Schlingpflanze Kudzu wurde Ende des 19. Jahrhunderts aus Japan importiert. Mittlerweile gilt sie als Unkraut, denn sie wächst schnell und überwuchert zahlreiche Gebäude. Immerhin können aus ihren Ranken Körbe geflochten werden (vgl. auch S. 196)

3 CUMBERLAND ISLAND

Wer einmal Robinson Crusoe spielen möchte, dem bietet sich dazu auf einem Tagesausflug zu dieser südlichsten, größten und unberührtesten aller *Barrier Islands* von Georgia die Gelegenheit – ein Vogel- und Schildkrötenparadies aus Dünen, Süßwasserseen, fruchtbaren Marschen und wildreichen Wäldern (z.B. Hirsche, Rehe, Wildschweine). Natur ist hier Trumpf, seit die Depression das Ende der Ära der Großindustriellen einläutete und in den 1960er Jahren die Carnegie-Erben die Insel dem National Park Service unterstellten.

Das bedeutete praktisch *off-limits* für jede kommerzielle Erschließung und Autos, Dienstfahrzeuge der Parkverwaltung ausgenommen. Dafür springen muntere Wildpferde herum, die noch vom Besuch der Spanier stammen. Entsprechend streng geht es bei der Anmeldung zu. Höchstens 300 Personen dürfen gleichzeitig auf dieser Schatzinsel der Erholsamkeit weilen.

In der Regel reicht der Halbtagesaufenthalt (mit Selbstverpflegung) auf der Insel zu einer geruhsamen Wanderung durch die Memos der Inselgeschichte, am Strand entlang und durch den maritimen Urwald. Erster Stopp: die malerisch verfallene **Carnegie-Ruine** (**Carnegie's Dungeness**; Lucie Carnegie starb 1966), die im erhaltenen Zustand prächtig dastand – als subtropisches Mekka für extravagante Partys mit Stars und Senatoren.

Oldtimer auf Cumberland Island

Sea Camp Boardwalk auf Cumberland Island

Die schöne Seeseite wirkt wie ein retuschiertes Foto eines amerikanischen Seebads, d.h. kein Bauwerk, kein Hotel. Stattdessen ein breiter Dünengürtel, Krabbenkutter auf See, Egrets, Falter, Sanderlinge. Ja, und dann die wilden maritimen Wälder, ein verschlungenes Gewächs aus moosbehangenen Eichen und Magnolien, umgeknickten Bäumen, Luftwurzeln und *resurrection fern* – der »Wiederauferstehungsfarn«, der an den Stämmen festgemacht hat.

Aber, aufpassen! Wer sich von Mutter Natur fesseln lässt, kann leicht in Schwierigkeiten geraten, denn wer beim Tuten nicht an Bord des Schiffes ist, dessen Status wechselt in Sekunden zum wirklichen Robinson.

SERVICE & TIPPS

Cumberland Island National Seashore
101 Wheeler St.
Saint Marys, GA 31558
✆ (912) 882-4336
www.nps.gov/cuis, Visitor Center tägl. 8–16.30 Uhr Eintritt $ 4
Größte und südlichste Insel der Golden Isles. Schöner Campingplatz unter Eichen (vorher reservieren!) und abgelegenere einfache Plätze für das Zelt. An ausreichend Getränke und Proviant denken. Es gibt einige Stellen, an denen man Trinkwasser nachfüllen kann.
Anfahrt: Von Brunswick I-95, S 40 nach Saint Marys (ca. 1 Std.), wo morgens die Fähre »Cumberland Queen« ablegt, 3/4 Std. Überfahrt. Telefonische Voranmeldung: ✆ (912) 882-4335, 1-877-860-6787.

Abfahrt der Fähren tägl. März–Nov. 9 und 11.45, Rückfahrt 10.15 und 16.45 Uhr, sonst Do–Mo 9 und 11.45 Uhr; nicht mehr als 300 Pers. täglich, Fähr- und Dockgebühren $ 25/15

❹ DUBLIN

Die Kleinstadt (16 200 Einwohner) rund 160 Kilometer südwestlich von Macon bezaubert durch ihre kleine historische Innenstadt und zahlreiche Villen mit weißen Säulen.

SERVICE & TIPPS

Dublin Visitor Center
102 Travel Center Blvd.
Dublin, GA 31021
✆ (478) 272-4002
www.visitdublinga.com

Company Supply
107 W. Jackson St., Dublin, GA 31021, ✆ (478) 353-1655
www.companysupplyga.com
Neu eröffnetes Bistro-Restaurant. Moderne Varianten traditioneller Südstaatengerichte. $$

Deano's
112 W. Jackson St., Dublin, GA 31021, ✆ (478) 275-1117
www.deanos-italian.com
Mo–Sa 11–21 Uhr
Als eine der besten Pizzerien des Südens gerühmt. Auf der Speisekarte stehen neben Pizza zahlreiche andere italienische Gerichte. $–$$

❺ FITZGERALD

Der kleine, weit verstreute Ort Fitzgerald (9000 Einwohner) ist nicht nur die Heimat eines bunten, wild lebenden Hühnerhaufens, sondern auch der Ort, an dem Jefferson Davis einst gefangen genommen wurde, und wo Nord- und Südstaaten sich und letztendlich das Ende des Bürgerkrieges einläuteten.

SERVICE & TIPPS

Fitzgerald Welcome Center
116 N. Johnston St.
Fitzgerald, GA 31750
✆ (229) 426-5033, 1-800-386-4642
www.fitzgeraldga.org
Informationen und Reservierungen, außerdem Bürgerkriegsmuseum (Blue & Gray Museum).

Blue & Gray Museum
116 N. Johnston St.
Fitzgerald, GA 31750
✆ (229) 426-5033, 1-800-386-4642
Di–Sa 10–16, So 13–17 Uhr
Eintritt $ 5
Film und Artefakte aus dem Bürgerkriegsgeschehen und der Entwicklungszeit von Fitzgerald in einem alten Bahndepot.

6 JEKYLL ISLAND

Jekyll Island mischt Nordsee und Südsee, Herbes und Üppiges aufs Angenehmste. Am Wasser lädt der weite Sandstrand zum Laufen, Schwimmen, Windsegeln oder Sammeln von Sanddollar. Gewöhnlich genießen das nur ein paar Einzelgänger. Statt Poolradau, Transistorengeplärre von *All you can eat*-Ausflüglern tummeln sich Delfine vor der Küste, flitzen Strandkrebse in Richtung Dünen, zeigen Pelikane ihre Flugkünste und steigen Drachen auf. Und zwischen Mitte Juni und Mitte August kommen am Südende der rund zwölf Kilometer langen Insel sogar die riesigen Meeresschildkröten an Land, um im Vollmondlicht ihre Eier in den Dünen zu vergraben. Jeder Strandhaferhalm steht hier unter Naturschutz. Die Vogelkolonie erst recht.

Über hölzerne Stege, die meist von den wenigen Hotels an der Seeseite aus die Dünen queren, gelangt man an den Strand. Die geduckten Bäume tragen Sturmfrisuren: Wind und Salz-Spray haben die Kronen so schräg und glatt gebürstet, als hätte Grace Jones Pate gestanden. Auf, unter und in ihnen krächzen und zwitschern die *black birds*, die grauen und gierigen *starlings*, die hübschen *blue jays* (Blauhäher) und die feuerroten *cardinals.*

Hier draußen gehen die Brandungsfischer gern ans Werk, um sich per Angel oder kleinem Schleppnetz ein paar Früchte des Meeres an Land zu ziehen. Beliebt sind Shrimps und *sea trout*, die gesprenkelte Meeresforelle. In bedächtigem Abstand wartet ein Reiher auf seinen kostenlosen Lunch, denn die wählerischen Angler werfen den größten Teil ihres Fangs ins Wasser zurück: blaue Taschenkrebse *(blue crabs)* –

Jekyll Island aus der Perspektive der Vögel

Damen beim Krocket

die Weibchen tragen auf der Unterseite gepanzerte Eiertaschen, deren Inhalt sie im Meer ablegen; *squid,* Mini-Tintenfische mit großen perlmuttfarbenen Augen, die sich mit einem regelrechten Raketenantriebssystem wie kleine *bubble jets* im Wasser bewegen und bei Gefahr schwarzblaue Tinte ausstoßen, um den Angreifer zu ärgern. Ab und zu schnappen auch mal Baby-Haie nach dem Köder, um die 50 Zentimeter lang sind sie schon. Meist macht ein großes Messer auf der Stelle zwei Filets aus ihnen: keine Gräten, reiner Muskel, leerer Magen, das heißt, der Hunger treibt die Tiere so nah an die Küste. Keine Angst, die größeren bleiben weit draußen.

Meilenweite Radwege kreuzen durch abwechslungsreiches Gelände: schilfige Feuchtgebiete, tadellose Golfplätze und ruppiges Urwaldgehölz, in dessen Süßwassertümpeln auch schon mal ein Alligator lauert. Aber auch hier muss man sich keine Sorgen machen. Die lokalen Behörden beteuern, dass man die Burschen immer dann transloziere, wenn sie zu groß werden und die Radler zu sehr entsetzen.

Am Spätnachmittag zeigt sich das alte Dorf an der Wattseite von seiner besten Seite. Dann wird es allmählich Zeit, den Sonnenuntergang auszukosten. Vom Anleger aus oder besser noch (mit oder ohne Margarita) in den Schaukelstühlen auf der Holzveranda des **Jekyll Island Club Hotel**. Die blau-schwarzen *black birds* krächzen, das rasselnde Crescendo der Zikaden in den alten Bäumen schwillt an und ab, die niedlichen Moppel machen Freudensprünge, die Hasen mümmeln und über der friedlichen Erde treiben pastellfarbene Wolken, besonders im Nachsommer. Schrammte da nicht irgendwo ein Skateboard-Fahrer vorbei, könnte man sich glattweg in die gute alte Zeit zurückversetzt fühlen, als Jekyll Island das Winterparadies für eine handverlesene Sorte von Insulanern war: für Millionäre.

Das war gegen Ende des 19. Jahrhunderts, als die Insel ihren für diese Küstenregion typischen geschichtlichen Zyklus bereits hinter sich hatte: die Goldsucher aus Europa, die Guale-Indianer, die missionarischen Spanier, jede Menge Piraten, die Briten unter Oglethorpe (dessen Freund Sir Joseph Jekyll unterstützte ihn finanziell, zum Dank gab Oglethorpe der Insel seinen Namen), französische Siedler in der Plantagenzeit und deren jähes Ende nach dem Bürgerkrieg.

Dann geschah es. Im Jahre 1886 kaufte ein Konsortium steinreicher Industrieller die Insel, um dort einen Club einzurichten, der als Winterkurort und Jagdrevier Abwechslung vom Alltag im kalten Norden bieten sollte. Wie exklusiv dieser Club war, verraten Namen wie Wil-

Wo früher die Millionäre tafelten: der Jekyll Island Club auf der gleichnamigen Insel

Am Driftwood Beach auf Jekyll Island, Georgia

liam Rockefeller, Joseph Pulitzer, Vincent Astor, William Vanderbilt und Frank Henry Goodyear. Damals, heißt es, hätte die Handvoll Mitglieder des **Jekyll Island Clubs** auf einem Sechstel des gesamten Weltvermögens gesessen. Aber man mochte das nicht unbedingt zeigen. Der Landschaftsarchitekt hatte Anweisung, elegant zwar, aber schlicht zu bauen, und auch die nach und nach um das Clubhaus (das gesellschaftliche Zentrum) gruppierten Villen, die sich bescheiden *cottages* nannten, mieden jeden Protz und Prunk.

Der Geldadel und seine illustre Gästeschar blieben gewöhnlich von Januar bis Anfang April, dann nämlich kamen die Mücken. Man reiste per Zug an (bis Brunswick) oder in luxuriösen Privatjachten. Gut aufgehoben in ihrem exquisiten Shangri-La mit eigener Kirche, Bibliothek und Hospital, umsorgt von einer Armee von Köchen, Zimmermädchen und anderem Dienstpersonal, frönte man anfangs meist der Jagd. Bald verdrängten Radfahren und Reiten die Jagd vom vordersten Rang der Freizeitvergnügen, und 1900 tuckerte das erste Automobil über Jekyll Island. Doch selbst als Tennis und Golf in Mode kamen, regierten nicht nur Spiel und Spaß den Millionärsclub, sondern stets auch Visionen und Pläne der Banker, Zeitungszaren und Eisenbahnmagnaten. So nahm die Bankreform, die letztlich zum Federal Reserve System führte, von Jekyll ebenso ihren Ausgang wie das erste öffentliche transkontinentale Telefongespräch, eine Konferenzschaltung zwischen der Insel, Washington, New York und San Francisco.

Die Depression stürzte den Club in die Finanzkrise, und der Zweite Weltkrieg, als Versorgung und Personal knapp wurden, machte ihm endgültig den Garaus (1942). Die jungen Erben konnten ohnehin mit der Stille des Eilands und simplen Vergnügen wie Strandspaziergängen, Picknicks und Kutschenausflügen wenig anfangen. 1947 tat der Staat Georgia einen Glücksgriff, kaufte die Insel für ganze $ 675 000 und machte daraus den State Park, wie ihn heute jedermann genießen kann.

Seither bemüht sich die Jekyll Island Authority, natürliche Landschaft und historisches Erbe gleichermaßen zu pflegen; der Flächennutzungsplan sieht für die Zukunft nur bescheidene bauliche Erschließungen vor. Das alte Dorf rund um das ehemalige Clubgebäude steht komplett unter Denkmalschutz, was nicht ausschließt, dass zumindest zwei Villen heute als elegante Dependancen des Club-Hotels dienen: Cherokee und das hinreißende **Crane Cottage** mit seinem schönen formalen Garten.

Skulpturen und Kohl-Palmen *(cabbage palmetto),* Landhäuser und Gärten – jeder Rundgang weckt romantische Reminiszenzen an die

Gründerzeit. Nachmittags erfreuen sich beim Resorthotel mitunter ältere Damen mit rotbebänderten Strohhüten am Krocketspiel auf manikürtem Rasen, während die gesetzten Herren versuchen, ihren Mercedes unter den tief hängenden, moosbeladenen Ästen der Eichen im Schatten zu parken.

SERVICE & TIPPS

Jekyll Island Welcome Center
901 Downing Musgrove Causeway
Jekyll Island, GA 31527
✆ (912) 635-3636, 1-877-4JEKYLL
www.jekyllisland.com

Jekyll Island Bicycle Rental
N. Beachview Dr., beim Minigolfplatz, ✆ (912) 635-2648
Tägl. 9–18 Uhr
Fahrradverleih. Pro Tag $ 13.

Jekyll Island Museum
100 Stable Rd.
Jekyll Island GA 31520
✆ (912) 635-4036
Tägl. 9–17 Uhr, Eintritt frei
Im nahe gelegenen **History Orientation Center** (Stable Rd.) starten Touren durch den historischen Distrikt mit Besichtigung der Villen.

Georgia Sea Turtle Center
214 Stable Rd., Jekyll Island, GA 31527, ✆ (912) 635-4444
www.georgiaseaturtlecenter.org
Tägl. 9–17 Uhr, Eintritt $ 7/5
Schildkrötenschutz- und Meeresforschungszentrum nahe dem Jekyll Island Club. Im Schildkrötenhospital werden kranke oder verletzt aufgefundene Meeresschildkröten gesund gepflegt und wieder auf das Leben in Freiheit vorbereitet.

Mit dem Fatbike kommt man auch am Strand von Jekyll Island vorwärts

Summer Waves
210 S. Riverside Dr.
Jekyll Island, GA 31527
✆ (912) 635-2074
www.jekyllisland.com/summer-waves
Im Sommer So–Fr 10–18, Sa 10–20 Uhr
Eintritt $ 20/16
Wasserspielplatz für die ganze Familie.

Grand Dining Room (Jekyll Island Club Hotel)
371 Riverview Dr.
Jekyll Island, GA 31527
✆ 1-855-219-7338
www.jekyllclub.com
Mo–Sa 11.30–14 und 18–22 Uhr, So nur Dinner
Altmodisch-feiner Speisesaal im ehemaligen Clubhaus der Millionäre aus dem Jahr 1887 mit elegant-gediegenem Flair und einem Hauch von Baden-Baden. Das **Courtyard At Crane** nebenan serviert Dinner unter der Woche. Schöner Innenhof!
$$–$$$

McCormick's Grill
322 Captain Wylly Rd.
Jekyll Island, GA 31527
✆ (912) 635-4103
Tägl. 9.30–15.30 Uhr
Salate, Sandwiches und Suppen und vor allem die besten Burger der Insel! Legeres Restaurant im Golfclubhaus.
$–$$

The Commissary/The Shoppes on Pier Road
24 Pier Rd., Jekyll Island, GA 31527
✆ (912) 635-2878
www.thecommissaryonjekyllisland.com
Tägl. 10–17 Uhr
Im alten General Store der Insel gibt es Lebensmittel und Leckereien aus Georgia. In der Nachbarschaft weitere kleine, individuelle Läden mit Süßigkeiten, Souvenirs, Schmuck, Büchern, Weihnachts-

dekorationen, Kunst und Kunsthandwerk.

Beach Trail Rides
Visitors Center Stable Rd., Jekyll Island, GA 31527, ✆ (912) 635-9500
Mo–Sa, 1 Std. $ 58
Ausritte an der Nordspitze der Insel durch Marschen und am Strand.

7 LAGRANGE

LaGrange mit seinen rund 30 000 Einwohnern ist eine kleine Collegestadt am Chattachoochee River, umgeben von Wäldern, Sümpfen und Wildblumenwiesen. Hier in Georgias westlichem Hügelland, an der Grenze zu Alabama, befindet man sich nur knapp eine Autostunde von Atlanta und Columbus entfernt. Größter industrieller Arbeitgeber in LaGrange ist der Autobauer KIA. Die im Georgian-Italian Style 1916 errichtete Villa **Hills & Dales Estate** mit den historischen **Ferrell Gardens**, ein **Museum** mit biblischen Szenen und der kurz hinter der Stadtgrenze beginnende, weitläufige **West Point Lake** gehören zu den größten Attraktionen der Stadt. Mittelpunkt von Downtown ist der brunnenbesetzte, grüne Lafayette Square, gepflegte, historische Häuser reihen sich entlang der umgebenden Straßen auf, in kleinen Läden und Boutiquen kann man stöbern, Restaurants und Bars offerieren Südstaatenküche.

Am Samstagmorgen trifft man sich auf dem farbenfrohen, wohlriechenden **Farmers' Market**, wo Landwirte aus dem Umland Frisches und Selbstgemachtes anbieten, darunter ofenfrisches Brot und Kuchen, aromatische Feigenmarmeladen und Gelees sowie zahlreiche Obst- und Gemüsesorten der Saison – in LaGrange sind das vor allem Tomaten und Tomatenprodukte.

Und zum Sonnenuntergang geht es in wenigen Minuten hinaus zur **Highland Marina** am schönen West Point Lake mit Restaurant, Bar, Jachthafen etc. Der von Wäldern umgebene See ist ein Dorado für Camper, Angler, Bootsfahrer und – Vögel.

Über 100 Jahre alt: das prächtige Hills & Dales Estate in LaGrange

SERVICE & TIPPS

LaGrange/Troup County Bureau of Tourism
111 Bull St., LaGrange, GA 30240
✆ (706) 884-8671
www.lagrangechamber.com

Explorations in Antiquity Center
130 Gordon Commercial Dr.
LaGrange, GA 30241
✆ (706) 885-0363
www.explorationsinantiquity.com
Di–Sa 10–18 Uhr, Eintritt $ 15/12
Museum und Freilichtmuseum mit Szenen und Gegebenheiten des täglichen Lebens in biblischen Zeiten.

LaGrange Art Museum
112 Lafayette Sq.
LaGrange, GA 30240
✆ (706) 882-3267
www.lagrangeartmuseum.org
Di–Fr 9–17, Sa 11–17 Uhr
Eintritt frei
Kunstmuseum mit vier Galerien in einem viktorianischen Gebäude aus dem Jahre 1892, immer wieder Ausstellungen mit regionalen Künstlern.

Hills & Dales Estate
Hills and Dales Dr.
LaGrange, GA 30241
✆ (706) 882-3242
www.hillsanddales.org
März–Juni Di–Sa 10–18, So 13–18, Juli–Feb. Di–Sa 10–17 Uhr
Eintritt $ 15/7
Die Villa spiegelt den Wohlstand Anfang des 20. Jh. wider. Ein von Sarah Ferrell in der zweiten Hälfte des 19. Jh. begründeter, wunderbarer Park mit Gewächshäusern, Kräuterbeeten und anderen Themengärten umgibt das Haus.

C'sons
124 A Main St.
LaGrange, GA 30240
✆ (706) 298-0892
www.csons.net
Di–Sa 17–22 Uhr
Zu *Lavender Martini* und köstlichen *crab cakes* ins C'sons! Alle Gerichte werden mit frischen regionalen Zutaten zubereitet. $$$

Country's Barbecue
1329 Broadway
LaGrange, GA 31901
✆ (706) 596-8910
www.countrysbarbecue.com
So–Do 11–22, Fr/Sa 11–23 Uhr
Einfaches, populäres Grillrestaurant mit Südstaatenfavoriten wie *Fried Chicken* und *Barbecue Pork*. $

8 2 OKEFENOKEE SWAMP

Der Okefenokee Swamp zählt nicht nur zu den ältesten und größten semitropischen Sumpfgebieten der USA, sondern auch zu den ökologisch gesündesten. Sein Name stammt von den Indianern, die hier vor langer Zeit lebten. Er bedeutet »bebende Erde«. Zuletzt waren es die Seminolen, die sich hier unter Führung des legendären Chief Billy Bowlegs am Anfang des 18. Jahrhunderts vor den weißen Siedlern zurückzogen und diesen das Leben schwer machten. Eine weiße Miliz vertrieb sie schließlich 1850 in die Everglades in Florida.

Mit der bebenden Erde hat es nach wie vor seine besondere Bewandtnis. Wenn man an bestimmten Stellen fest auftritt, zittern tatsächlich Boden und Büsche. Der Moorgrund gibt nach. Da die neue Vegetation schneller emporschießt, als die alte verrotten kann, wächst die Torfschicht oberhalb des alten Sandbodens, der in uralten Zeiten einmal der Meeresboden war. Die Schicht bildet zusammen mit den Wurzeln der Wasserpflanzen eine ein bis drei Meter dicke schwimmende Masse, eine Art Superschwamm, der sich stellenweise zu dahintreibenden Inseln verdichtet.

Im schwarzbraunen, teefarbenen **Suwannee Canal** brummt das Boot vorbei am Dickicht der Büsche und Zypressen und deren exakten Spiegelbildern im Wasser. Trotz der abschreckenden Farbe zählt das (übrigens 90-prozentige) Regenwasser im Sumpfgebiet zu den Reinsten im Lande. Eine Schlange taucht ab, eine Schildkröte rutscht vom Ast ins Wasser, während Libellen das Boot wie Mini-Helikopter begleiten.

Hier und da äugen **Alligatoren** faul aus dem Wasser. »You don't want to fool with them«, hatte der Mann im Shop gewarnt. »Just stick to the boat.« Etwa 10 000 Exemplare sollen sich in Okefenokee tummeln; sie stehen, wie alles andere hier, unter strengem Schutz. Man ist also keineswegs allein auf weiter Flur. Da tut es gut zu wissen, dass ihnen Menschenfleisch eigentlich nur zweite Wahl bedeutet. Als absolute Delikatesse gelten nämlich Hunde. Fische schmecken ihnen auch, was den Anglern bei niedrigem Wasserstand gar nicht passt, denn dann knabbern die Alligatoren alles vom Haken.

Ein Okefenokeeianer

Zur Abwechslung öffnet sich an einigen Stellen der Busch und gibt den Blick frei auf schwimmende Gärten: blühende, mit Seerosen, Lilien und Hyazinthen gespickte Wasserprärien, die zu den besonderen Schönheiten dieser Sumpfregion gehören. **Chesser Prairie** und andere (Grand und Mizell) sind aber für Motorboote unzugänglich und den stillen Kanufahrern vorbehalten, die die Schönheiten dieses einmaligen Habitats optimal ausschöpfen können, vor allem seinen Vogelreichtum: 225 Arten hat man gezählt, vom Wasserstorch bis zum Ibis und dem American Bald Eagle.

2011 erlebten die Sümpfe den größten Waldbrand ihrer Geschichte, dem rund 80 Prozent des Schutzgebietes zum Opfer fielen. Wo nun die moosbehangenen Bäume und ihre schützenden Blätterdächer fehlen, eröffnen sich weite, *Prairies* genannte Gebiete, die wesentlich mehr Sonnenlicht zulassen als zuvor. Die meisten Tiere und Pflanzen passten sich den veränderten Umständen an, und so leuchtete das helle Grün der Zypressen schon bald wieder aus den verbrannten Sumpfwäldern. Und für die Arten der Flora und Fauna, die mehr Sonnenlicht benötigen, eröffnen sich neue Überlebenschancen.

Okefenokee, ein Swamp? Ja, aber keiner, wie er im Buche steht; eher ein riesiger Wasserspeicher, denn das Terrain liegt völlig untypisch (ca. 40 Meter) über, statt, wie für Swamps sonst üblich, unter dem Meeresspiegel.

SERVICE & TIPPS

Okefenokee Chamber of Commerce and Folkston/ Charlton County Development Authority
3795 Main St.
Folkston, GA 31537
✆ (912) 496-2536
www.folkston.com

Okefenokee National Wildlife Refuge/Okefenokee Adventures
Suwanee Canal Rd.
Folkston, GA 31537
✆ (912) 496-7836 (Parkinfo)
✆ (912) 496-7156, 1-866-THE-SWAMP (Bootstouren)
www.fws.gov/okefenokee
www.okefenokeeadventures.com
Tägl. Bootstouren 9–16.30, Visitor Center 9–17 Uhr, Park März–Okt. tägl. eine halbe Std. vor Sonnenaufgang bis 19.30 Uhr, im Winter kürzer
Eintritt $ 5 pro Auto (Park), $ 19.25/11.50 (Bootstouren)
1 ½-stündige Bootsfahrten in die grünen Sümpfe des Okefenokee. Unterwegs gibt es Alligatoren, Schildkröten, Reiher sowie Relikte der Waldbrände von 2011 zu sehen. Ausstellungen und Filme im Visitor Center. Außerdem Kanutouren und -verleih.

Stephen C. Foster State Park
17515 Hwy. 177
30 km nordöstl. von Edith/Fargo via SR 177, Fargo, GA 31631
✆ (912) 637-5274, 1-800-864-7275
http://gastateparks.org/StephenCFoster, tägl. 7–22 Uhr
Eintritt $ 5 pro Auto
Szenischer (und größere Wassertiefe) als der Einstieg beim Suwannee Canal. Motorboot- und Kanuverleih, Campingplatz, Cottages und »Lehrpfad der zitternden Erde«. Foster komponierte außer seinem Lied über den Suwannee River u.a. die Hymne von Florida: »Old Folks At Home.«

Kanutour durch den Okefenokee Swamp

9 PERRY

Einmal im Jahr ist die Kleinstadt (15 100 Einwohner), deren historische Downtown zum Rundgang einlädt, Veranstaltungsort der **Georgia National Fair** mit Kirmes, Tierschauen, Konzerten etc.

SERVICE & TIPPS

Go Fish Education Center
1255 Perry Pkwy., Perry, GA 31069
www.gofisheducationcenter.com
Ende Mai–Aug. Mi–Sa 9–17, So 13–17 Uhr, sonst kürzer
Eintritt $ 5/3
Alles über das Fischen und die Wasserwege und Seen in Georgia.

The Swanson Restaurant
933 Carroll St., Perry, GA 31069
✆ (478) 987-1938, www.theswanson.com, tägl. 11–14, und Mo–Do 17–20, Fr/Sa 17–21 Uhr
»Southern Home Style Cooking« im über 200 Jahre alten Cox-Swanson House. *Fried Chicken, Bread Pudding* und andere Südstaatenkost. $–$$

»Fantasy in Lights«: Jedes Jahr zur Weihnachtszeit versetzen acht Millionen Glühbirnen das Riesen-Areal des Callaway Gardens Resorts in hellen Glanz. Die Lampen bilden spektakuläre und märchenhafte Figuren, wie den »Santa's Workshop«, den »Marsch der Spielzeugfiguren«, die »Zwillingsbäume«, »Weihnachten«, das »Schneeflocken-Dorf« und den »bezaubernden Regenwald«: Weihnachtsromantik in der Neuen Welt.

⑩ PINE MOUNTAIN

Ganz in der Nähe des gemütlichen Städtchens liegt eine der schönsten Parklandschaften Georgias:

SERVICE & TIPPS

Callaway Gardens
17800 US 27
Pine Mountain, GA 31822
✆ (706) 663-2281, 1-800-852-3810
www.callawaygardens.com
Tägl. 9–18 Uhr, Eintritt $ 20/10
Erholsames Ferienparadies mit Wäldern, Seen und prächtigen botanischen Gärten. Der knapp 5000 Hektar große, 1952 aus ausgelaugten Baumwolläckern von Cason J. Callaway aus dem Boden gestampfte Park bietet außer Golf- und Tennisplätzen Badestrand, Fitnesszentrum, Rad- und Pferdeverleih, Segeln, Wasserski, Angeln und Wachteljagd. Außerdem Hotel und luxuriöse Ferienhäuser. Ein Highlight sind u.a. die Schmetterlinge: 1000 unterschiedliche Exemplare düsen im klimatisierten Gewächshaus herum.

⑪ PLAINS

Noch heute wäre Plains ein No-Name-Provinzdorf (knapp 800 Einwohner), gäbe es nicht James Earl Carter. Und in seinen jüngeren Jahren war Plains eine Stippvisite wert, zumal der Ex-Präsident und seine Frau Rosalynn zu der Zeit öfters mit dem Fahrrad unterwegs waren.

SERVICE & TIPPS

Plains Welcome Center
1763 US 280, 1,6 km östlich von Plains, GA 31780
✆ (229) 824-7477
www.plainsgeorgia.com
Tägl. 8.30–17.30 Uhr

Jimmy Carter National Historic Site
300 N. Bond St., Plains, GA 31780
✆ (229) 824-4104
www.nps.gov/jica
Tägl. 10–17 Uhr, Eintritt frei
Geführte Rundfahrt (ca. 1 Std.) durch die Heimatstadt des ehemaligen US-Präsidenten: sein Geburtshaus, Bauernhaus seiner Kindheit, Schule, die Tankstelle von Bruder Billy, das Lagerhaus für die Erdnüsse und der Bahnhof, der im Wahlkampf um die Präsidentschaft als Hauptquartier diente und jetzt ein Museum beherbergt.

⑫ SAINT SIMONS ISLAND

Im Brandungsschaum: eine Westatlantische Reitkrabbe auf Saint Simons Island

Das Zentrum von Saint Simons Island bildet ein kleines Inseldorf mit zahlreichen kleinen Geschäften, Restaurants und einem populären Pier, der meist fest in der Hand der Angler ist. Mit den öffentlichen Stränden ist es nicht so weit her, wie die Reisebroschüren vermuten lassen. Die meisten sind privat oder einfach unzugänglich; nur **Neptune Park** (550 Beachview Dr.), **Massengale Park** (nördlich vom King & Prince Hotel) sowie **East Beach** stehen für den Besuch am Meer offen. Nördlich vom Dorf erstreckt sich ein Feuchtgebiet mit historischem Tiefgang: das legendäre Schlachtfeld der *Battle of Bloody Marsh* von 1742, auf dem die Engländer unter Oglethorpe, dem Gründungsvater von Georgia, die eindringenden Spanier schlugen. Diese rückten von Florida aus zum Sturm auf **Fort Frederica** an, das Jahre zuvor (1736) eigens zum Schutz der englischen Siedler gegen die Spanier errichtet worden war. Vom »Blutigen Marschland« führt die Frederica Road zu

Saint Simons Island Lighthouse

Charakteristisch sind die großen rot-schwarzen Schnäbel: Black Skimmer (Scherenschnäbel) auf Saint Simons Island

den Resten dieses Forts und der alten Siedlung, die sich bildete, nachdem die Spanier geschlagen waren und Reis- und Baumwollplantagen auf der Insel entstanden. Einen hübschen Akzent setzt der Neubau der **Christ Episcopal Church**.

SERVICE & TIPPS

Saint Simons Island Visitors Center
530B Beachview Dr.
Saint Simons Island, GA 31522
✆ (912) 638-9014, 1-800-933-2627
www.explorestsimonsisland.com
www.goldenisles.com
Mo–Sa 9–17, So 12–17 Uhr

Christ Episcopal Church
6329 Frederica Rd.
Saint Simons Island, GA 31522
✆ (912) 638-8683
www.christchurchfrederica.org
Tägl. 14–17 Uhr, Führungen
Fotogene Kirche von 1886, umgeben von einem alten Friedhof. Sie stammt von anglikanischen Missionaren im Gefolge Oglethorpes; unter ihnen waren die Brüder Charles und John Wesley, die später in England die methodistische Kirche gründeten. Damit zeigten sich die Engländer auch in geistlicher Hinsicht erfolgreicher als ihre spanischen Kollegen zuvor, jene Jesuiten und Franziskaner, die mit ihren Bekehrungsversuchen bei den auf St. Simons Island lebenden Indianern nicht zurechtkamen. Anstatt das Wort Gottes zu befolgen, müpften sie auf und flohen.

St. Simons Lighthouse & A. W. Jones Heritage Center
610 Beachview Dr.
Saint Simons Island, GA 31522
✆ (912) 638-4666
www.saintsimonslighthouse.org
Mo–Sa 10–17, So 13.30–17 Uhr
Eintritt $ 12/5
Historischer Leuchtturm von St. Simons Island. Turmbesteigung, Museum zu Leuchtturm und Küstenwache.

Fort Frederica National Monument
6515 Frederica Rd. (Visitor Center)
Saint Simons Island, GA 31522
✆ (912) 638-363
www.nps.gov/fofr
Tägl. 9–17 Uhr, Eintritt frei
Ruinen des Forts (1736), das eine bedeutende Rolle bei den Auseinandersetzungen zwischen Engländern und Spaniern spielte, und Besucherzentrum mit Museum. Filmschau, Wandern, Angeln.

Palmer's Cafe
223 Mallery St.
Saint Simons, GA 31522
✆ (912) 634-5515
www.palmersvillagecafe.com
Exzellentes Frühstückscafé, auch Lunch und Dinner. Südstaatenküche vom Feinsten! $–$$$

Coastal Kitchen
102 Marina Dr., Saint Simons Island, GA 31522
✆ (912) 638-7790, www.coastalkitchenandrawbar.net
Mo–Sa 11.30–22, So 11–22 Uhr
Vorzügliche Meeresfrüchte: Austern, Hummer, Garnelen, Muscheln und Krebse. $$–$$$

The Crab Trap
1209 Ocean Blvd., Saint Simons Island, GA 31522, ✆ (912) 638-3552
www.crabtrapssi.com
Mo–Fr 17–22, Sa/So 17–22.30 Uhr
Einfacher und legerer Platz für Frisches aus dem Meer. $$–$$$

Barbara Jean's Restaurant & Bar
214 Mallery St.
Saint Simons Island, GA 31522
✆ (912) 634-6500
www.barbarajeans.com
So–Do 11–20.30, Fr/Sa bis 21.30 Uhr
Klein und sehr beliebt für Meeresfrüchte. $$

Ocean Motion Surf Co.
1300 Ocean Blvd.
Saint Simons Island, GA 31522
✆ (912) 638-5225
www.stsimonskayaking.com
Verleih von Fahrrädern, Kajaks, Stand-up Paddleboards etc.

13 SAPELO ISLAND

Wie einige andere *Barrier Islands* verdankt **Sapelo Island** seine weitgehende Unberührtheit der Tatsache, dass einst Magnaten diese Inseln kauften, aus denen dann später Naturschutzgebiete wurden. Erst gehörte Sapelo dem Automobilhersteller Howard Coffin, 1933 dann dem Tabakkönig R. J. Reynolds. Dessen Erben vermachten die Insel dem Staat, der hier ein (renommiertes) Universitätsinstitut für Meeresbiologie unterhält.

Unter Naturfreunden steht das autolose Eiland hoch im Kurs. Die Gullah-Kultur, die Sprache in der Nachfolge der Sklaven, wird hier noch gepflegt. Ein Boot bringt die Besucher morgens auf die Insel und holt sie abends wieder ab. Zu erkunden zu Fuß, mit dem Rad oder Bus.

Moosverhangen: Christ Church auf Saint Simons Island

Region 4
Southern
Georgia

Plusterer: »Snowy Egret«

SERVICE & TIPPS

Sapelo Island Visitor Center
Am Dock (I-95, Exit 11, SR 99 South bis 1 Landing Rd.)
Meridian, GA 31319
✆ (912) 437-3224, www.gastateparks.org/ReynoldsMansion
Visitor Center: Di–Fr 7.30–17.30, Sa 8–17.30, So 13.30–17 Uhr
Information und Reservierungen für die Insel. Abfahrt der Fähre Mi 8.30 und Sa 9 Uhr (im Sommer auch Fr 8.30 Uhr); 3 Std. Aufenthalt auf der Insel. Überfahrt und Tour: $ 15/10. – Die Bustour auf der Insel fährt die Villa von R.J. Reynolds (1925), den Leuchtturm und das Forschungsinstitut der Universität an.

14 SAVANNAH

»Savannah gleicht einem lebenden Grabmal, um das noch eine sinnliche Aura schwebt wie um das alte Korinth«, schrieb Henry Miller, aber seine Bemerkungen erhöhten nicht eben den Beliebtheitsgrad der Stadt. Erst als John Berendt in seinem Roman »Mitternacht im Garten der Lüste« Savannah durch seine Erzählung verlebendigte, kam die Wende. Das Buch (erschienen 1996) und seine anschließende Verfilmung durch Clint Eastwood hatten der Stadt seinerzeit einen Besucheranstieg beschert.

Savannah verfügt dank seines Stadtgründers **General James Oglethorpe**, der hier zusammen mit einigen englischen Siedlern 1773 eintraf und mit der Grundsteinlegung die Besiedlung von Georgia aus der Taufe hob. Den Namen »Savannah« wählte er wegen der weiten Marschen und der hohen Gräser ringsum. Seine philanthropische Gesinnung kam nicht nur darin zum Ausdruck, dass er den armen Kerlen aus der Alten Welt – Verschuldete, Dissidenten, mittellose Arbeiter – in der dreizehnten und zugleich letzten englischen Kolonie eine neue Chance durch die Ernte von Wein, Gewürzen und Seide geben wollte. Er versuchte dies auch auf besonders moralische Weise durchzusetzen, indem er Sklavenhaltung und Alkohol – auch als Betrugsmittel gegenüber den Indianern – zum Tabu erklärte. Die neue Siedlung sollte ihre Ordnung haben.

Dazu legte er jenen bis heute allseits gewürdigten Plan vor, mit einer Serie urbaner Module, sogenannter *wards*, rechteckiger Stadtbezirke mit öffentlichen und privaten Bauten und, vor allem, gruppiert um einen zentralen öffentlichen Platz: grüne Oasen der Ruhe und gesellschaftlicher Treffpunkt unter weit ausladenden Baumkronen, mit Brunnen und Blumenbeeten. 22 solcher »Wohnzimmer« verteilen sich in der Innenstadt, umsäumt von stattlichen Südstaatenvillen mit obligatorischen Balkongeländern und schmiedeeisernen Zutaten, die immer schon als Statussymbole galten. Diese Plätze mit ihrem üppig wuchernden Grün und anmutigen Gazebos werden gern dazu benutzt, sich hier die ewige Treue zu schwören, denn die Hochzeitsfeiern an der frischen Luft sind kostenlos. Kein Zweifel, die Oglethorpeschen Freiräume sind die Sahne in der Savannah-Torte.

Durchweg befinden sich Häuser und Ziergärten in tadellosem Zustand. Begonnen hat die Denkmalpflege in den 1950er Jahren, als einige couragierte Damen das Heft in die Hand nahmen und die **Historic Savannah Foundation** gründeten. Die Zeit war reif. Seit der Jahrhundertwende, seit die Baumwollpreise absackten war Savannah

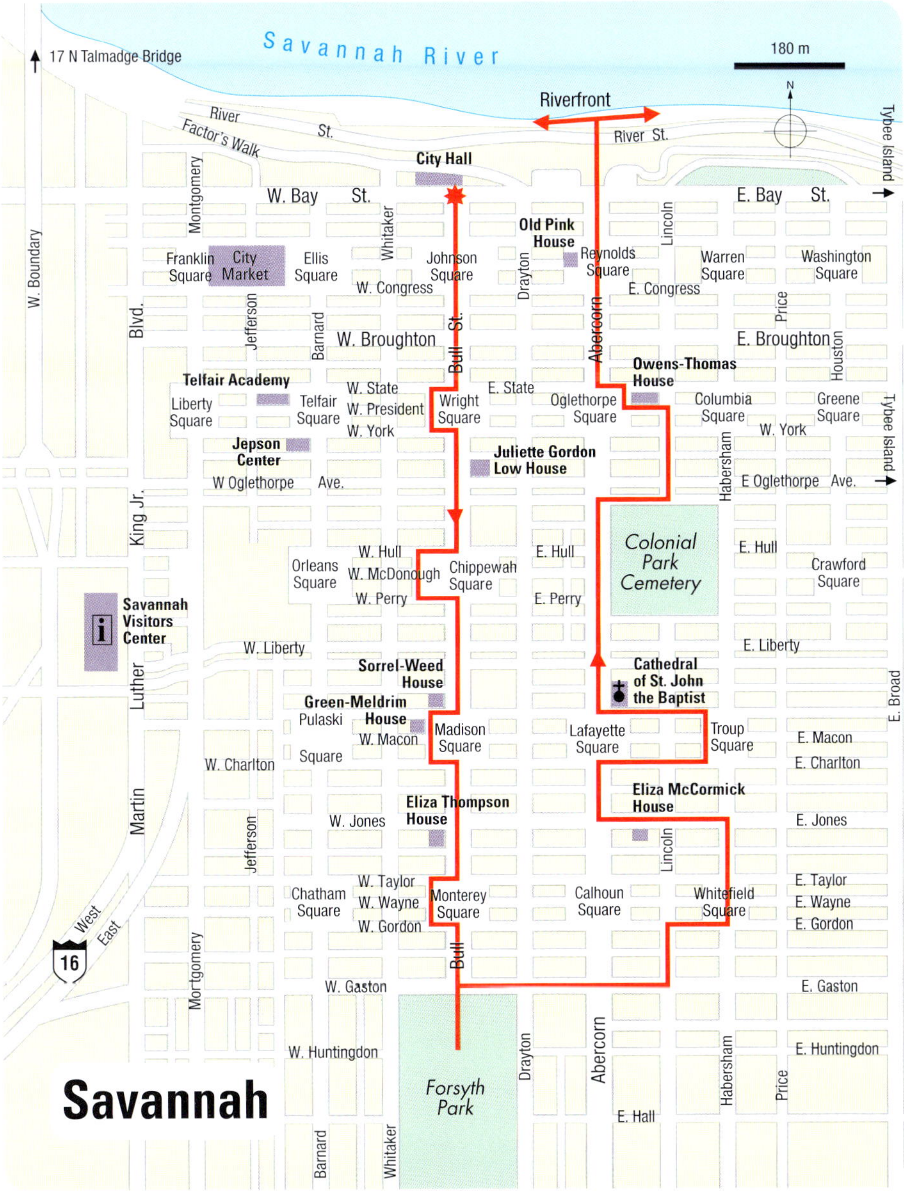

praktisch am Ende und sein Stadtbild entsprechend abgewirtschaftet. Die Ladys kauften verfallende Objekte und verkauften sie wieder mit Sanierungsauflagen. Das half dem historischen Distrikt auf die Beine – nur die Schwarzen gingen leer aus. Das durch die Verschönerungsmaßnahmen steigende Preisniveau drängte sie aus dem Stadtkern. Erst in den 1970er Jahren halfen Sanierungsmaßnahmen, Teile des an die Innenstadt grenzenden viktorianischen Viertels in Schuss zu bringen und für sozial schwächere Gruppen erschwinglich zu machen.

Es liegt nahe, sich mit der Stadt bei den alten Lager- und Fabrikhallen am Fluss anzufreunden, bei den eisernen Brücken und kopfsteingepflasterten Rampen, die von Bay Street und Factor's Walk auf die River Front Street hinunterführen, wo der Reichtum der Stadt durch den Baumwoll-Boom zu Beginn des 19. Jahrhunderts seinen Ausgang nahm.

Fußgängerfreundlich erweisen sich auch die historischen Straßenblocks von **City Market**, die einem bunten Ensemble aus Restaurants, Jazzclubs, Bars und Boutiquen Unterschlupf bieten, die zur Lunchzeit, vor allem aber abends lebendig werden.

Stadtrundgang

Der Stadtrundgang ist auf der Karte S. 81 eingezeichnet.

Am besten beginnt man den Spaziergang am Rathaus, also Ecke Bay und Bull Street. Stadteinwärts trifft man auf den Johnson Square. Danach kreuzt die kommerzielle Schneise von **Broughton Street** die Idylle. Lange Zeit in marodem Zustand, zieht sie jetzt Honig aus der Stadterneuerung: neue Fassaden, neue Lokale haben den Alltag der Hauptgeschäftsstraße aufgemuntert.

Das nächste »Wohnzimmer« der Stadt heißt **Wright Square** (1773), der vom neoklassizistischen Postamt, einem reichlich überladenen Denkmal des Eisenbahngründers W. P. Gorden in der Mitte und einem schönen alten Backsteingebäude an der Ecke York und Bull dominiert wird. Linker Hand, an der Ecke Bull und Oglethorpe, liegt das massive Geburtshaus der Juliette Gordon Low (1820), der Gründerin der US-Pfadfinderinnen, die den Bau heute als Hauptquartier nutzen.

Jenseits der elegisch-moosverhangenen Oglethorpe Avenue folgt Chippewah Square (1813) mit seiner Baptistenkirche und der bronzenen Statue von Oglethorpe. Eine Kleinigkeit am Rande: Kurz bevor man den Platz verlässt, verwandelt sich am Eckhaus die Regenrinne vom Dach am Boden in einen prächtigen Wasser speienden Fisch. Kleine Läden mit Mode, Schmuck und Antiquitäten und ein 1001-Nacht-Lokal beleben **Bull Street** und mildern ein wenig den Eindruck, dass das historische Savannah eigentlich ein ziemlich exklusives Wohnviertel ist.

Fassade an der River Front Street in Savannah

Madison Square (1839) ziert an seiner ersten Ecke das **Sorrel-Weed House** (1841) mit einem Portikus im Greek-Revival-Stil und schönem Gitterwerk, in dem sich jene Frucht eingearbeitet findet, der man im Süden als Symbol der Gastfreundschaft häufig begegnet: die Ananasfrucht. Neben der St.-John-Kirche steht das **Green-Meldrim House**, das Sherman auf seinem Zerstörungsmarsch 1864/65 als Quartier benutzte. Er verschonte Savannah, das sich ihm kampflos ergeben hatte, und »schenkte« die Stadt unversehrt Präsident Lincoln zu Weihnachten.

Gegenüber dem martialischen Freimaurergebäude an der Ecke Charlton und Bull erhebt sich ein roter Backsteinbau mit grünspangrünen Hütchen, das **Savannah College of Art and Design** – eine der besten Kunstschulen des Landes, die beträchtliche Summen für die städtische Denkmalpflege bereitgestellt hat, ohne dass man immer gewusst hätte, woher das Geld stammt.

Bei der Überquerung von Jones Street erkennt man rechter Hand das Eliza Thompson House, eins der zwei Dutzend historischen

Forsyth Park in Savannah

Bed & Breakfast Inns in der Stadt. Sie bewähren sich durchweg als einträgliche Gewerbe und bringen daher am schnellsten das in die Restauration der alten Häuser investierte Geld zurück.

Am **Monterey Square** (1847) entdeckt man wieder eine Fülle handwerklicher Finessen, die die Architektur von Savannah so reich machen. Kraniche zieren einen Treppenkopf, besonders schöne Verandabrüstungen und Geländer haben die Villen Nummer 423 und 425, wucherndes Grün und italienische Anmut hat der Palazzo mit der Nummer 429, das **Mercer House** – der mysteriöse »Tatort« in der Mordgeschichte von John Berendt –, das seit Kurzem für die Öffentlichkeit zugänglich ist. Insgesamt wirkt das Grün von Savannah wilder und üppiger als in anderen Städten, es lässt Haus und Garten, Stein und Natur sehr viel unordentlicher zusammenwachsen als etwa in Charleston, wo Haus und Garten in der Regel sauberer und strikter voneinander getrennt sind.

Der **Oglethorpe Club** (1857) am Park zählt zu den elitärsten Clubs der Stadt. Reichtum allein nützt hier gar nichts; es gibt lange Wartezeiten und man braucht viele Fürsprecher, um Mitglied zu werden. Dagegen ist der **Forsyth Park** offen und für alle da – für Tennis, Basketball, Konzerte oder einfach zum Nichtstun. Am Park, in Richtung Süden, beginnt der viktorianische Teil von Savannah – über 40 Häuserblocks mit Holzvillen im formen- und variantenreichen »Pfefferkuchenstil«, dem sogenannten *gingerbread*.

An **E. Gaston Street** liegen die stets gepflegten Vorgärten einmal ausnahmsweise vor und nicht – wie sonst meist – neben oder hinter den Häusern. Wer von der Menge gediegener Wohnqualität überwältigt zu werden droht, der sollte die beschauliche Wanderung an dieser Stelle einmal kurz unterbrechen – für einen Blick hinter die Kulissen kolonialer Kultur. Dazu reichen ganze drei Blocks: Gaston Street weiter folgend, und zwar über Price Street hinaus, dieser Schneise zwischen Arm und Reich, Schwarz und Weiß. Jenseits von Price fährt kein Pferdewagen oder Touristenbus, denn hier liegen die Quartiere der Schwarzen, alte Bretterbuden mit schweren Oldtimer-Schlitten vor der Haustür. Je schäbiger die Hütten, um so älter und größer die Autos. Ein Mann fährt im Rollstuhl über den Asphalt; Jugendliche albern auf einer Veranda.

Zurück in den historischen Teil der Stadt, in dem heute immer noch so gut wie kein Schwarzer wohnt. Die kleinen Steinpodeste und -stufen, die ab und zu in der Nähe der Bordsteinkante sitzen, waren die Trittbretter für die Pferdekutschen. Auch ihre alten Garagenplätze

Ein mysteriöse »Tatort«: Mercer House am Monterey Square in Savannah

Viele Bed & Breakfast Inns im Süden wirken wie wohnliche Antiquitätenläden

sieht man gelegentlich noch, es sind die unmittelbar neben den Villen gelegenen *carriage houses* mit den großen Toren. Ein weiteres Merkmal südstaatlicher Bauweise: efeuberankte (durch Versetzung von porösen Ziegelsteinen), luftdurchlässige Mauern *(lace brick wall)* mit der Funktion, für gute Belüftung zu sorgen. Häufig findet man offen stehende Gartentore, offenes Mauerwerk: Savannah wirkt da weniger narzisstisch als Charleston.

Über E. Wayne Street gelangt man zum Whitefield Square (1851) und dessen zentralem Gazebo. Am Treffpunkt von Habersham und **Jones Street** thront das »Castle«, eins der wenigen moderneren Wohnhäuser im Zentrum überhaupt, dessen strenger Hauch von Bauhaus sich nur deshalb abschwächt, weil es grün berankt ist. Jones Street präsentiert sich als der ebenso schattige wie grüne Boulevard der Zahnärzte und Anwälte. Ab und zu hat ein Dentist einen überdimensionierten Backenzahn als Werbeschild an die Straße gestellt. Unter den Treppenabsätzen befanden sich früher die Lagerräume zur Kühlung. Und immer wieder trifft man auf Beispiele der ornamentalen Begabung der alten Eisenschmiede: »Fenster-Grills«, eiserne Pelikane, Kraniche, Ananasfrüchte, Obstschalen und das leitmotivisch häufig wiederkehrende *love bird design* – ein turtelndes Vogelpaar.

Wir passieren die schöne, seitwärts geschwungene Treppe des **Eliza Thompson House** aus dem späten 19. Jahrhundert. Auf der linken Straßenseite zwischen Lincoln und Abercorn – gegenüber dem Backenzahn – steht ein Beispiel moderner Stadtreparatur in Form einer architektonischen »Füllung«: ein sogenanntes *infil house*, neu gebaut, aber im Stil seinen historischen Nachbarn nachempfunden (Nr. 219 und 217).

Kurios wirkt der stille **Troup Square** (1851), bekannt als Mekka der Hundefreunde. Das beweisen zunächst der tierfreundliche Brunnen, vor allem aber die lustwandelnden Zwei- und Vierbeiner. Während der *happy dog hour* plaudern Frauchen und Herrchen über die bewegenden Fragen ihrer Schützlinge, über Finessen ihrer Gesundheit, ihrer Diät. Im Umkreis darf man überhaupt nur wohnen, wenn man einen Hund hat.

Weniger Schrulliges als Sentimentales steht an der Nordwestecke des Plätzchens zur Debatte, am Wallfahrtsort vieler Amerikaner, weil in der bescheidenen Baptistenkirche die Weise von den Jingle Bells erfunden wurde.

Über Harris Street, vorbei an der Kathedrale, geht es auf Abercorn Street zurück, die über kurz oder lang zum **Colonial Park Cemetery** führt, dessen sehenswerte Gräber (zwischen 1750 und 1853 fanden hier die frühen Kolonisten ihre letzte Ruhe) eindrucksvoll unter alten Eichen leuchten, während das Spanische Moos im späten Licht Haarbüscheln ergrauter Engel ähnelt.

Die verklärende Beleuchtung kommt auch den weiß getünchten Häusern entlang der Lincoln Street zugute, insbesondere dem hübschen Gasthof 17 Hundred 90 an der Ecke zu E. President. Erst recht natürlich dem berühmten **Owens-Thomas House** am Oglethorpe

Square, dessen in warmen Tönen gehaltene Front die Eleganz und lässige Lebensart von Savannah vielleicht am besten zum Ausdruck bringt. Der Putz blättert ab, der Grünspan hat den Stein erwischt: Dem Stil tut das keinen Abbruch. Besonders filigran: der seitliche Balkon mit seinen vier prächtigen Stützen.

Reynolds Square ehrt in seiner Mitte zwar den Methodistengründer John Wesley, aber erheblich stärker lockt doch zu dieser Tageszeit die ganz in Pink gehaltene Taverne zur Linken, das **Olde Pink House**, eines der ältesten Gebäude der Stadt mit einladendem Treppenaufgang und palladianischen Fenstern. Im kühlen Keller werden erfrischende Drinks serviert: nicht schlecht nach einem verschwitzten Stadtrundgang.

Wem die unterirdische Atmosphäre zu britisch und fein wirkt, der kann sich auch mit einem kühlen Gläschen in einer Kneipe am Fluss belohnen (immer geradeaus bis zur River Street). Dort hat es sich ebenso wenig abgekühlt wie in der Stadt. Viele Schwarze flanieren vor den alten Baumwollspeichern, in die heute Boutiquen, Studios und Restaurants eingezogen sind. Piepsen erfüllt die Luft, denn die Zeit der Mauersegler ist angebrochen.

SERVICE & TIPPS

Savannah Visitor Information Center
301 Martin Luther King Jr. Blvd.
Savannah, GA 31401
✆ (912) 944-0455, 1-877-SAVANNAH, www.visitsavannah.com
Mo–Fr 8.30–17, Sa/So 9–17 Uhr

Savannah Old Town Trolley Tour
✆ 1-855-245-8992
www.trolleytours.com/savannah
Tickets $ 32/12,50
Tagestouren, Rundfahrten, Hotel-Shuttles, Spezial-Feiertagstouren etc. mit den nostalgisch aussehenden Trolleybussen in Grün-Orange. Stopp No. 1 am Savannah Visitor Center.

Savannah River Boat Cruise
9 E. River St., Savannah, GA 31412
✆ 1-800-786-6404
www.savannahriverboat.com
April–Okt. tägl. 12, 14 und 16 Uhr, sonst eingeschränkter Fahrplan
Tickets Sightseeingtour
$ 21.95/12.95
Sightseeing-Kreuzfahrten mit der »Savannah River Queen« oder der »Georgia Queen« auf dem gemächlichen Savannah River. Auch Lunch-, Brunch-, Dinner- und Moonlight Cruises etc.

Owens-Thomas House and Museum
124 Abercorn St., Savannah, GA 31401, ✆ (912) 233-9743
www.telfair.org
So/Mo 12–17, Di–Sa 10–17 Uhr
Eintritt $ 15
1816–19 für einen Baumwollhändler und Banker gebaut. Mit zeitgenössischen Möbeln und Kunsthandwerk.

Ships of the Sea Maritime Museum
41 Martin Luther King Jr. Blvd.
(Nähe City Market)
Savannah, GA 31401
✆ (912) 232-1511
www.shipsofthesea.org
Di–So 10–17 Uhr
Eintritt $ 8.50/6.50
Das elegante **Scarbrough House** von 1819 bildet den passenden Rahmen für die bunte Sammlung von Galionsfiguren und Schiffsmodellen (innerhalb und außerhalb der Flasche); Schiffsbauerwerkstatt.

Historic Downtown Savannah

Gospel-Messe in Savannah:
Am Eingang der First African Baptist Church bekommt jeder das Programm des Gottesdienstes ausgehändigt, einen Papierfächer gegen die Hitze und einen Briefumschlag, auf dessen Vorderseite gedruckt ist, was man dem Herrn schuldet – nach alter Sitte entsprechend seinem wöchentlichen Einkommen.
Nach und nach füllen sich die Bankreihen mit herausgeputzten Kindern, fein gekleideten Männern und Damen mit tollen Hüten. Zwischen Begrüßung, Gebeten und Predigt wiegt der Himmlische Gospelchor seine wallenden Gewänder zum flotten Swing der Kirchenmusiker …

Telfair Academy
121 Barnard St.,
Savannah, GA 31401
✆ (912) 790-8800
www.telfair.org
Mi–Sa 10–17, So/Mo 12–17 Uhr
Eintritt $ 20/5, inkl. Owens-Thomas House und Jepson Center
Die Academy ist eines der drei Kunstmuseen des Telfair Museums, die alle nah beieinander im historischen Distrikt liegen. In einem neoklassizistischen Bau von 1818/19 mit zeitgenössisch eingerichteten Zimmern wird amerikanische und europäische Kunst des 19. und 20. Jh. gezeigt, darunter Gemälde, Skulpturen und dekorative Künste. Besonders kontrastreich sind die Sammlungen amerikanischer Impressionisten und der Vertreter des *Ashcan School Realism*.

Bonaventure Cemetery
330 Bonaventure Rd.
(Thunderbolt)
Savannah, GA 31404
✆ (912) 651-6843
Tägl. 8–17 Uhr
Schöner alter Friedhof am Ufer des Wilmington River, der im Roman »Mitternacht im Garten der Lüste« von John Berendt eine Rolle spielt und auf dem u.a. die Schriftsteller Conrad Aiken und Johnny Mercer begraben sind: Liberty St. stadtauswärts, halb rechts auf Wheaton St., dann Skidaway, bei McDonald's links auf Bonaventure Rd.

Der Friedhof mit seinen moosverhangenen Eichen und schönen alten Gräbern liegt am Wasser. Leider aber sucht man die Statue auf dem Grab von Johnny Mercer, die auch das Titelbild des Romans ziert, vergebens. Schon bald nach der Veröffentlichung wurde sie von der Familie in Sicherheit gebracht. Sie steht jetzt in der Telfair Academy, wo sie nicht beschädigt oder gestohlen werden kann.

Green-Meldrim House
14 W. Macon St. (Madison Sq.)
Savannah, GA 31401
✆ (912) 233-3845
www.visit-historic-savannah.com/green-meldrim-house.html
Di, Do/Fr 10–16, Sa 10–13 Uhr
Eintritt $ 10
Schmiedeeisern sind die Veranden dieser Villa eines Baumwollhändlers von 1853 eingefasst; im Bürgerkrieg Quartier von General Sherman, heute Gemeindehaus für die danebenliegende Episkopalkirche St. John.

The First African Baptist Church
23 Montgomery St. (Franklin Sq.)
Savannah, GA 31401
✆ (912) 233-6597
www.firstafricanbc.com
1773 gegründet und damit eine der ältesten Kirchen von Schwarzen in den USA. Gospelmesse So 10 Uhr, Gäste sind willkommen.

45 Bistro
123 E. Broughton St.
Savannah, GA 31401
✆ (912) 234-3111
www.45bistro.com
Bistro mit Bar. Künstlerisches Ambiente. $$$–$$$$

Alligator Soul
114 Barnard St.
Savannah, GA 31401
✆ (912) 232-7899
www.alligatorsoul.com
Tägl. 17.30–22 Uhr
Erstklassiges, elegantes Südstaatenrestaurant mit romantischer Atmosphäre. Verwendung biologisch erzeugter, lokaler und regionaler Produkte. $$–$$$$

Planters Tavern/ The Olde Pink House
23 Abercorn St. (Reynolds Sq.)
Savannah, GA 31401
✆ (912) 232-4286

Abends am Savannah River

www.plantersinnsavannah.com/the-olde-pink-house, Di–Sa 11–22.30, So/Mo 17–22.30 Uhr
Gemütliche Souterrain-Taverne in historischem Haus (1771) und feines Restaurant (oben). Reservierung empfohlen. $$$

Garibaldi's Cafe
326 Bull St./Madison Sq.
Savannah, GA 31401
✆ (912) 232-7118
www.garibaldisavannah.com
So–Do 17–22.30, Fr/Sa bis 23 Uhr
Norditalienische Küche, Fischspezialitäten. $$–$$$

Mrs. Wilkes' Dining Room
107 W. Jones St.
Savannah, GA 31401
✆ (912) 232-5997
www.mrswilkes.com
Mo–Fr 11–14 Uhr, Jan. geschl.
Institution in Savannah: populäres Esszimmer für Liebhaber reichlicher Portionen traditioneller südstaatlicher Gerichte an großen Tischen. Oft bilden sich lange Warteschlangen. Keine Reservierungen, keine Kreditkarten. $$

The Tea Room
7 E. Broughton St.
Savannah, GA 31401
✆ (912) 239-9690
www.savannahtearoom.com
Mo–Sa 10–17.30, So 13–16 Uhr
Eleganter Teeraum am ruhigen Madison Square: besondere Teesorten, passende Sandwiches und Desserts. Mit Buchladen. $–$$

Soho South Café
12 W. Liberty St.
Savannah, GA 31401
✆ (912) 233-1633
www.sohosouthcafe.com
Mo–Fr 11–15, Sa/So 10–15 Uhr
Früher Tankstelle, heute kunterbunt und beliebt: Café, Bäckerei, Restaurant, Buchladen. $

City Market
Zwischen Franklin, Ellis Sq. & W. Congress St.
Savannah, GA 31401
✆ (912) 232-4903
www.savannahcitymarket. com
Restaurierter Backsteinbezirk mit Shops, Musikkneipen und Restaurants. Besonders abends eine gute Adresse.

Rhododendron- und Eichenallee auf dem Bonaventure Cemetery in Savannah

Parker's Market Urban Gourmet
222 Drayton St.
Savannah, GA 31401
✆ (912) 233-1000
www.parkersav.com
Durchgehend geöffnet
Prall gefülltes Gourmetparadies in einer Tankstelle: Sandwiches, Deli, Wein, Getränke – alles zum Mitnehmen, z.B. für ein Picknick in einem der Parks.

Feiern & Feste
Von den jährlich 5,4 Millionen Besuchern kommen allein 400 000 zum irischen Nationalfeiertag **St. Patrick's Day** am 17. März. Drei Tage dauert das ausgelassene Treiben mit Paraden, die hier und in New York die größten im Lande sind. Erkennungsfarbe: GRÜN – Torten, Bier, Springbrunnen, Wasserfälle. Da bleibt kein Auge trocken und kein Zimmer frei.

Ausflugsziel Tybee Island:

Für einen zusätzlichen Badetag oder einen halben ist Tybee Island ideal – zumindest wochentags. Von Savannah aus überquert man den Wilmington und Bull River, fährt durch schöne Marschen und schließlich auf einer mit Oleander gespickten Palmetto-Allee über den Lazaretto Creek an Fischkuttern vorbei zum Meer.

Obwohl die Sommerhäuser und Motels dem Meer meist viel zu nah

... alle klatschen und stampfen im Takt, dass die Bänke wackeln. Und das stundenlang.

Zu guter Letzt bittet Pastor Thurmond Neil Tillman, vor dem Nachhauseweg mindestens drei Gemeindemitglieder zu umarmen. Das lassen sich die schwarzen Ladies nicht entgehen: ob Schwarze oder Weiße – kein Problem.

Sanddollars gehören zur Klasse der Seeigel, lebende Tiere sollten wieder ins Meer gesetzt werden

kommen und die Dünen zerstört haben, bleibt die Insel für Strandliebhaber ein gefundenes Fressen: keine Algen, kein Teer, keine Transistoren, sondern ein flacher Sandstrand, bei Ebbe zum Laufen und Muschelsammeln. Besonders die Sanddollars sind beliebt. (Lebende Tiere bitte wieder ins Meer zurücksetzen.) Bei Niedrigwasser kann man bis zu den vorgelagerten Sandbänken im Süden waten, begleitet mitunter von Delfinen, kleinen Rochen und Pelikanen.

Ein bisschen Inselgeschichte lässt sich im alten Ortsteil rund um den schwarz-weiß getünchten **Leuchtturm** erfahren. Ihm gegenüber liegen die Reste von Befestigungsanlagen aus dem Bürgerkrieg, in deren Katakomben Kriegsgeschichte und Waffen ausgestellt sind. Die strategische Bedeutung des Forts Pulsaski wird deutlich, wenn man vorn am Strand auf die ein- und ausfahrenden Schiffe in der Mündung des Savannah River blickt.

Während sich wochentags Sander- und Sonderlinge einträchtig am Flutsaum tummeln, steht freitags und samstags die Idylle meist unter Druck. Dann ergeht es Tybee wie den meisten Badeorten der Atlantikküste, wo sich Fastfood- und Elektroindustrie, Machokult und Menschenmassen über die Strände ergießen.

Anfahrt: von Kreuzung Bull/Victory in Savannah über Victory Blvd. (US 80) nach Osten über Thunderbolt nach Tybee (29 km, 1/2 Std., schöne Strecke).

Neuengland Feeling: Leuchtturm auf Tybee Island, Georgia

Tybee Island Visitors Center
802 First St.
Tybee Island, GA 31328
✆ (912) 786-5444, 1-877-344-3361
www.tybeevisit.com
Tägl. 9–17.30 Uhr
Infos über Unterkünfte, Veranstaltungen etc.

Tybee Island Lighthouse & Museum
30 Meddin Dr.
Tybee Island, GA 31328
✆ (912) 786-5801
www.tybeelighthouse.org
Tägl. außer Di 9–17.30 Uhr
Eintritt $ 9/7
Vom ältesten Leuchtturm Georgias – original 1736 erbaut – bietet sich nach 178 Stufen ein wunderschöner Inselblick. Gegenüber: Kriegsgeschichte und Waffenkunde in den Bunkerräumen der Battery Garland von 1899.

Fort Pulaski National Monument
Nähe US 80 E., ca. 24 km östl. von Savannah (Cockspur Island), GA 31410
✆ (912) 786-5787
www.nps.gov/fopu
Ende Mai–Mitte Aug. tägl. 9–18.30, sonst 9–17 Uhr
Eintritt $ 7/0
Zwischen 1829 und 1844 bauten französische Ingenieure diese massive Befestigung an der Mündung des Savannah River. General Robert E. Lee entwarf den umlaufenden Festungsgraben mit seinen Ziehbrücken.

Im Bürgerkrieg fiel das Fort wie viele seinesgleichen mal an die Konföderierten, mal an die Yankees. 1862 durchschlugen dennoch neu entwickelte Kanonenkugeln die als undurchdringlich geltenden Wände; die Zeit der steinernen Forts war damit praktisch abgelaufen. Hinter den dicken Mauern ist heute ein Bürgerkriegsmuseum untergebracht. – Visitor Center, Führungen, Rad- und Wanderwege, Gelegenheit zum Bootfahren und Angeln.

Tybee Island Marine Science Center
1510 Strand Ave.
Tybee Island, GA 31328
✆ (912) 786-5917, 1-866-557-9172

www.tybeemarinescience.org
Tägl. 10–17 Uhr
Meeresforschungszentrum und Aquarium am Strand von Tybee Island, nahe dem Pier.

A. J.'s Dockside Restaurant
1315 Chatham Ave., Tybee Island, GA 31328
✆ (912) 786-9533
www.ajsdocksidetybee.com
Tägl. 8–23 Uhr
Legeres Fischrestaurant mit großer Holzterrasse und weitem Blick auf die Sonnenuntergänge über dem Marschland. Anbei ein Kajakverleih. An Wochenenden auch Livemusik. $$–$$$

Marlin Monroe's Surfside Grill
404 Butler Ave.
Tybee Island, GA 31328
✆ (912) 786-4745
www.marlinmonroes.com
Mi–So 11–23 Uhr
Zwangloser *beach hangout*: nette Bar am Pool – mit frischer Luft und Meeresrauschen. $–$$

The Crab Shack
40 Estill Hammock Rd.
Tybee Island, GA 31328
✆ (912) 786-9857
www.thecrabshack.com
Tägl. 11.30–22 Uhr
Lunch und Dinner unter schattigen Eichen am Schilfgras des Chimney Creek: Austern, Krebse, Shrimps und Muscheln. Eine der populärsten Adressen weit und breit.

In der hauseigenen »Gator Lagoon« darf man Alligatoren füttern. $$

Wormsloe Historic Site
7601 Skidaway Rd., 16 km südöstl. von Savannah (Isle of Hope)
✆ (912) 353-3023
www.gastateparks.org/Wormsloe
Tägl. außer Mo 9–17 Uhr
Eintritt $ 10/4.50
Prächtige Eichenallee, Gärten und Ruinen der ehemaligen Plantage (und des Forts) aus dem Jahr 1756. Kolonialgeschichtliches Museum, Wanderwege, Picknickplätze.

15 STATESBORO

Die 30 400 Einwohner zählende Kleinstadt ist die Heimat der **Georgia Southern University**, auf deren Campus ein Naturkundemuseum samt Wildpark und ein Geschichtsmuseum betrieben werden.

SERVICE & TIPPS

Statesboro Welcome Center
222 S. Main St.
Statesboro, GA 30458
✆ (912) 489-1869
www.visitstatesboroga.com

Georgia Southern Museum
2142 Southern Dr., Building 104
Statesboro, GA 30460
✆ (912) 478-4636
Di–Fr 9–17, Sa/So 14–17 Uhr
Eintritt $ 2
Naturkunde- und Geschichtsmuseum der Universität.

Georgia Southern University Wildlife Education Center
1461 Forest Dr., Building 240
Statesboro, GA 30460
✆ (912) 478-0831
http://academics.georgiasouthern.edu/wildlife
Mo–Fr 9–17 Uhr, Sept.–Mai auch Sa, Eintritt $ 2/1
Wildtierzentrum mit Park auf dem Campus der Georgia Southern University. Star der Tierwelt ist der Weißkopfseeadler »Freedom«.

40 East Grille
40 E. Main St., Statesboro, GA 30458, ✆ (912) 764-4040
www.40eastgrill.com
Lunch Mo–Fr 11–14, Dinner Mo–Sa ab 17 Uhr
Grillgerichte stehen ganz oben auf der Speisekarte dieses Downtown-Restaurants, das sich außerdem durch seine Cocktails einen Namen gemacht hat.

⑯ THOMASVILLE

In Thomasville spielt das historische **Lapham-Patterson House** mit Recht die Rolle des Vorzeigestücks. Das farbenfrohe Haus liegt im stillen städtischen Abseits und gefällt vor allem durch die für die Südstaaten ungewöhnliche Verspieltheit seiner Bauweise. Ein Schuhfabrikant aus Chicago wohnte hier den Sommer über und war damit der bauliche Pionier der ruhmreichsten Ära der Stadt, als sie nach dem Bürgerkrieg zum Ferien- und Erholungsziel der Nordstaatler aufstieg. »England, Frankreich und Thomasville«, hieß es in New York oder Chicago vor und um die Jahrhundertwende, wenn es um die Reihenfolge der beliebtesten Ferienorte ging.

Glanzstück südstaatlicher Architektur: Pebble Hill Plantation

Mit den ehemaligen Feinden aus dem Norden hatte man keinerlei Probleme, denn das Kriegsgeschehen war an Thomasville so gut wie vorbeigegangen. Es fiel leicht, kesse Sprüche zu klopfen: Ein Yankee-Tourist sei zwei Ballen Baumwolle wert und doppelt so leicht zu pflücken. Und während die meisten Regionen des Südens unter dem Wiederaufbau (der *reconstruction*) darbten, schossen hier riesige Hotelpaläste und schicke Sommerhäuser aus dem Boden. Ein eigener Eisenbahnanschluss brachte die *train setters* in den sonnigen Süden von Georgia. Von Florida war noch keine Rede. Thomasville lag höher und damit fern vom Manko des floridianischen »Sonnenstaates« – Gelbfieber und Malaria.

Doch »der berühmte Winterkurort für Invaliden aus dem Norden und Vergnügungssüchtige«, wie die Bildlegende auf einer alten Lithografie von Thomasville lautet, währte nicht lange. Schon 1908, als sich Miami nachdrücklich als Kurort empfahl, fand man heraus, dass vor allem stehende Gewässer die Moskitos drastisch vermehrten. Prompt begann man mit der Drainage in Florida, die letztlich auch Thomasville trockenlegte.

Die Erinnerungen an die touristische Hochsaison des Städtchens sind denn auch verblasst. Seine 18 700 Einwohner leben von der Landwirtschaft ringsum und ein wenig vom Tourismus. Immerhin rühmt man sich seiner vielen Dutzend Fachärzte. Von allen Einwohnern, so ist zu hören, leben sie am besten.

Die ordentlich sanierte **Broad Street** ähnelt ein bisschen der »Main Street, USA«, auf jeden Fall aber ist sie die durchgängige Zierde des Ortes. Hier geht das Leben der Thomasviller seinen alltäglichen Gang. Zum Beispiel in der ehemaligen Izzo Pharmacy. Hier, im neuen **Q Café**, treffen sich die Honoratioren gern zum Lunch und tauschen das Neueste vom Tage aus und plaudern bei Kaffee und Kuchen.

Vor den Toren der Stadt liegt noch ein Glanzstück südstaatlicher Architektur: die **Pebble Hill Plantation**. Eine Eichenallee führt zu ihr hin – vorbei an grasenden Pferden, stattlichen Stallanlagen und emsigen Gärtnern. Außerdem steht eine »Arche Noah« herum, ein hölzernes Schiff, das einmal irgendwo anders als Badehaus und Umkleidekabine gedient hat. Die Weitläufigkeit des Geländes rund um das Herrenhaus resultiert aus der einstigen Voraussetzung für die Gründung solcher Anlagen: Man musste 500 000 Hektar Land und zehn Sklaven vorweisen, um sein Gut »Plantage« nennen zu dürfen.

Die Viehzucht der Plantage war in den 1930er und 1940er Jahren einmal berühmt, und in dem schönen Innenhof wurden das *prize winning cattle* ermittelt und die Auktionen abgehalten. Später konzentrierte man sich auf die Zucht von Polo-Pferden. Heute gehört Pebble Hill einer privaten Gesellschaft.

SERVICE & TIPPS

Thomasville Visitors Center
144 E. Jackson St.
Thomasville, GA 31792
✆ (229) 228-7977, 1-866-577-3600
www.thomasvillega.com
Mo–Fr 8–17, Sa 10–15 Uhr

Lapham-Patterson House State Historic Site
626 N. Dawson & Webster Sts.
Thomasville, GA 31792
✆ (229) 226-7664
www.gastateparks.org/Lapham Patterson
Fr 13–17, Sa 10–17 Uhr
Eintritt $ 5/1
Verspielter Bau von 1884 im Queen-Anne-Stil. 45–60-minütige Führungen jeweils zur vollen Std.

Pebble Hill Plantation
1251 US 319, ca. 5 Meilen südl. von Thomasville, GA 31792
✆ (229) 226-2344
www.pebblehill.com
Di–Sa 10–17, So 12–17 Uhr
Führungen durch das Haus $ 15/6
Eintritt nur für das Grundstück $ 5/2
Ein elegantes Jagdschloss mit bewegter Geschichte. Von einem erfolgreichen Pflanzer, der auch Thomasville gründete, angelegt (1827), wurde es durch einen Neubau ersetzt (1850), brannte aus (1934) und wurde wieder aufgebaut (1936). Auf Pebble Hill traf man sich bis in die 1930er Jahre zur Wachtel- und Truthahnjagd.

Liam's Restaurant
113 E. Jackson St.
Thomasville, GA 31792
✆ (229) 226-9944
www.liamsthomasville.com, Di–Fr Lunch 11–14, Sa Brunch 9–13, Do–Sa auch Dinner ab 17.30 Uhr
Neue amerikanische Küche, frische Zutaten aus der Region. $$$

Jonah's Fish & Grits
109 E. Jackson St.
Thomasville, GA 31757
✆ (229) 226-0508
www.jonahsfish.com
Mo–Do 11–14 und 17–21, Fr/Sa 11–21 Uhr
Burger, Sandwiches, Wraps – viel Fisch, viel Huhn. Gute Desserts. $$

Mom & Dad's Italian Restaurant
1800 Smith Ave.
Thomasville, GA 31792
✆ (229) 226-6265
www.momanddadsitalian.com
Tägl. 17–22 Uhr
Traditionelles Familienrestaurant mit Pasta-Gerichten und Pizza. $

Q Café
122 N. Broad St.
Thomasville, GA 31792
✆ (229) 236-3663
www.izzossodafountain.com
Di–Fr 11–16, Sa 11–17 Uhr
Kleines Restaurant in der ehemaligen Izzo Pharmacy. Kaffeespezialitäten, Kuchen, aber auch Sandwiches, Suppen etc. $

Extravagant: Lapham-Patterson House, Thomasville

17 VALDOSTA

Valdosta bietet ein paar architektonische Schmankerl. Etwa das **Barber-Pittman House**, von einem Coca-Cola-Boss gebaut (die erste Zweigstelle ließ sich nach Atlanta in Valdosta nieder), von dessen Tochter 1965 geerbt, die es dann 1977 der Stadt vermachte. Das Innere zeigt Meisterstücke der soliden Handwerkskunst des Südens. Oder auch **The Crescent**, eine stattliche, säulenumspannte Residenz mit runder Veranda, die ihr den Namen einbrachte.

Runde Residenz: The Crescent in Valdosta

Die Prachtbauten, das anmutige **Converse-Dalton-Ferrell House** eingeschlossen, stammen aus der Blütezeit der Kleinstadt, als die Eisenbahn, Baumwolle und Coca-Cola für Wohlstand sorgten. Um 1910 galt Valdosta, das »Tal der Schönheit«, die anglisierte Fassung des italienischen *Val de Aosta*, als reichste Gemeinde der USA. Selbst als wenig später (1917) der Baumwoll-Killer, der gefräßige *boll weevil*, dem Anbau ein Ende machte, blieb Valdosta oben auf. Die Farmer stiegen auf Tabak, Mais und Sojabohnen um.

SERVICE & TIPPS

Valdosta-Lowndes County Conference Center & Tourism Authority
1 Meeting Place
Valdosta, GA 31603
✆ (229) 245-0513
www.valdostatourism.org

Barber-Pittman House
416 N. Ashley St.
Valdosta, GA 31601
✆ (229) 247-8100
Mo–Fr 8.30–17 Uhr
In der sanierten neoklassizistischen Villa (1915) arbeiten die gastfreundlichen Damen der örtlichen Handelskammer.

Converse-Dalton-Ferrell House
305 N. Patterson St.
Valdosta, GA 31601
✆ (229) 244-8575
Gefällige Residenz aus dem Jahr 1902 mit umlaufender Veranda.

The Crescent
904 N. Patterson St.
Valdosta, GA 31601-4531
✆ (229) 244-6747
www.valdostagardencenter.com
Mo–Fr 14–17 Uhr
Eintritt frei
Stattlichstes, säulenumspanntes Haus der Stadt von 1898: schöner Garten mit Schulhaus, Kapelle und adretten Blumenbeeten.

Steel Magnolias Restaurant
132 N. Patterson St.
Valdosta, GA 31601
✆ (229) 259-0010
www.steelmagnoliasrestaurant.com
Di/Mi 11–14 und 17–21, Do–Sa 11–14 und 17–22 Uhr
Herzhafte und süße Südstaatenküche mit innovativem, urbanem Flair. Rooftop-Bar. $$–$$$

Ming's Chinese Restaurant
508 N. Patterson St.
Valdosta, GA 31601
✆ (229) 247-9868
Tägl. außer So Lunch und Dinner
Einfacher, solider Familienbetrieb, große Auswahl. $

18 WARNER ROBINS

Robins Air Force Base, der zweitgrößte Luftwaffenstützpunkt der USA, ist in Warner Robins (73300 Einwohner) zu Hause.

SERVICE & TIPPS

Warner Robins Visitor Center
99 N. Armed Forces Blvd.
Warner Robins, GA 31093
✆ (478) 922-5100
www.warnerrobinsvisitorscenter.com
Informationen im alten Bahnhof.

Museum of Aviation
SR 237/Russell Pkwy.
Warner Robins, GA 31088
✆ (478) 926-6870
Tägl. 9–17 Uhr
Eintritt frei
www.museumofaviation.org
Luftfahrtmuseum auf der Air Force Base. Veranstaltungsort der alljährlichen »Wings and Wheels Show« mit Oldtimern von der Straße und aus der Luft.

Lane Southern Orchards
50 Lane Rd., Fort Valley, GA 31030
✆ (478) 825-3362, 1- 800-27PEACH
www.lanesouthernorchards.com
Tägl. 9–18 Uhr
Obstplantage mit Verkauf, vor allem von Pfirsichen. Großer Laden, im Café Pfirsicheis, *Peach Cobbler* und weitere Delikatessen.

19 WAYCROSS

Holz und Honig, Tabak und Nüsse werden in diesem traditionsreichen Eisenbahnknotenpunkt (14250 Einwohner) produziert. Waycross ist überdies ein Basislager zur Erkundung des Okefenokee Swamp.

SERVICE & TIPPS

Waycross-Ware County Chamber of Commerce
315-B Plant Ave.
Waycross, GA 31501
✆ (912) 283-3742
www.waycrosschamber.org

KD's Café
504 Elizabeth St.
Waycross, GA 31501
✆ (912) 285-3300
www.kdscafe.com
Tägl. 11–14, Fr auch 17–20 Uhr
Kleines Lunchrestaurant mit wechselnden Angeboten. $–$$

Von Waycross aus startet man zur Erkundung des Okefenokee Swamp

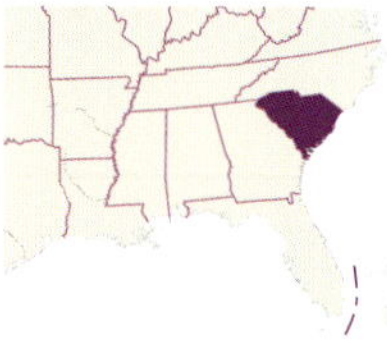

SOUTH CAROLINA

Als erster Staat trennte sich South Carolina 1860 von der Union, und er wurde bereits zum Inbegriff des Südens, als Mississippi noch den Indianern gehörte. Lange galt seine gesellschaftliche Struktur als eingefroren; aber seit den 1960er Jahren übernahm der »Palmetto State« die Vorreiterrolle in den Fragen der Rassenintegration und beim wirtschaftlichen Aufschwung im Zeichen des Neuen Südens.

Von den *highlands* zu den *islands* reicht das landschaftliche Spektrum South Carolinas: von den Ausläufern der Blauen Berge, dem *upcountry,* bis zu den Marschen und den der Küste vorgelagerten Inseln am Ende der *coastal plains.* Dazwischen auf halber Strecke liegt Columbia, die Hauptstadt, die vor allem wegen ihrer beiden herausragenden Museen (South Carolina State und Kunstmuseum) einen Besuch lohnt.

Meilenweit sorgt der Grand Strand für sportliches und musikalisches, in jedem Fall strandnahes Entertainment. Dass einem in Myrtle Beach nicht gleich die Golfbälle um die Ohren fliegen, wundert, denn so viele Plätze auf einem Haufen gibt es in den gesamten USA nicht.

Die heimliche Hauptstadt freilich heißt Charleston. Sie allein schon lohnt eine Reise in den Süden – so faszinierend verbindet die alte Kolonialstadt europäische Tradition und karibisches Flair. Anders als der puritanische Norden der USA erhielt die südliche Küstenregion starke Siedlungsimpulse von den Westindischen Inseln, was sich in allen Lebensbereichen niederschlug, am sichtbarsten in Architektur und Wohnkultur. Dass und wie umfangreich sie bis heute in Charleston erhalten blieben, ist eine lange Geschichte, aber letztlich ein konser-

»Palmetto State« heißt der Spitzname von South Carolina

Wohnen vom Feinsten: East Battery in Charleston

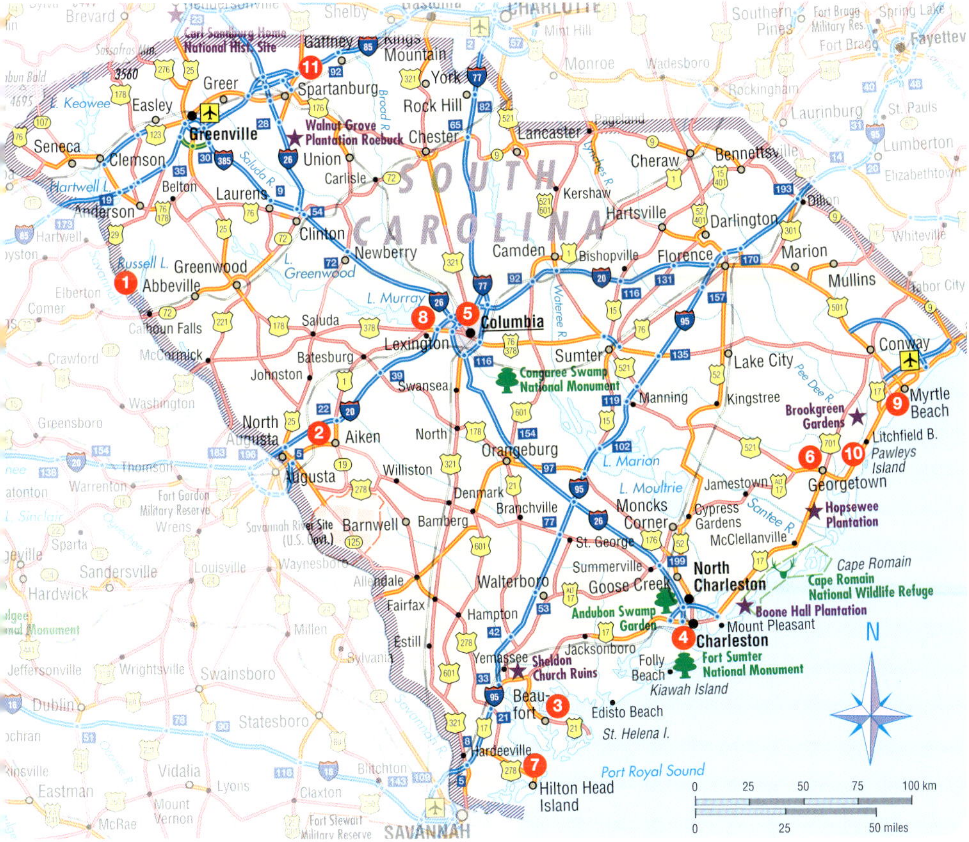

SOUTH CAROLINA
Brevard
Shelby
Charlotte
Southern Pines
Fort Bragg Military Res.
Spring Lake
Fayetteville
Fort Bragg
Carl Sandburg Home National Hist. Site
Gaffney
Kings Mountain
Mint Hill
Monroe
Wadesboro
Rockingham
Laurinburg
St. Pauls
Lumberton
Elizabethtown
Sassafras Mtn. 3560
Greer
Spartanburg
York
Rock Hill
Pageland
L. Keowee
Easley
Greenville
Walnut Grove Plantation Roebuck
Chester
Lancaster
Cheraw
Bennettsville
Seneca
Clemson
Union
Carlisle
Kershaw
Dillon
Hartwell L.
Belton
Laurens
Saluda R.
Hartsville
Darlington
Anderson
Clinton
Newberry
Camden
Bishopville
Florence
Marion
Mullins
Hartwell
Russell L.
Greenwood
L. Greenwood
Abbeville
Elberton
Whiteville
Tabor City
Calhoun Falls
L. Murray
Columbia
Lexington
Saluda
Batesburg
Sumter
Lake City
Conway
Myrtle Beach
McCormick
Johnston
Swansea
Congaree Swamp National Monument
Manning
Kingstree
Brookgreen Gardens
Washington
Litchfield B.
Pawleys Island
North Augusta
Aiken
North
Orangeburg
L. Marion
Georgetown
Thomson
Augusta
Williston
L. Moultrie
Jamestown
Denmark
Branchville
Moncks Corner
Cypress Gardens
Hopsewee Plantation
Santee R.
McClellanville
Warrenton
Fort Gordon Military Reserve
Wrens
Savannah River Site (U.S. Govt.)
Barnwell
Bamberg
St. George
Summerville
North Charleston
Cape Romain
Cape Romain National Wildlife Refuge
Sparta
Sandersville
Louisville
Waynesboro
Allendale
Walterboro
Goose Creek
Boone Hall Plantation
Hardwick
Fairfax
Hampton
Audubon Swamp Garden
Mount Pleasant
Charleston
Millen
Estill
Jacksonboro
Folly Beach
Fort Sumter National Monument
Kiawah Island
Jeffersonville
Wrightsville
Swainsboro
Sylvania
Yemassee
Sheldon Church Ruins
Beaufort
Edisto Beach
St. Helena I.
Dublin
Statesboro
Hardeeville
Port Royal Sound
Hilton Head Island
Vidalia
Lyons
Claxton
Blitchton
Eastman
Mount Vernon
McRae
Fort Stewart Military Reserve
SAVANNAH
N
0 25 50 75 100 km
0 25 50 miles

vatorischer Glücksfall. Er wirkte auf andere Städte im Süden mustergültig und beflügelte die denkmalpflegerischen Bemühungen vielerorts. Es ist ein Genuss, durch die Gassen und Winkel zu laufen, vorbei an pastellfarbenen Stadtvillen und verspielten Gärten, eleganten Kirchtürmen und prächtigen Tempelfassaden. Sie machen aus Charleston ein Lehrbuch der kolonialen Baugeschichte.

1 ABBEVILLE

Zu den Highlights der von französischen Hugenotten 1785 gegründeten Kleinstadt (5200 Einwohner) zählen innerhalb des historischen Zentrums der pittoreske Court Square mit dem **Opernhaus** von 1908 und dem historischen **Belmont Inn**, einem wundervollen Hotel mit ebenso lohnendem Restaurant.

SERVICE & TIPPS

Abbeville Chamber of Commerce
107 Court Sq., Abbeville, SC 29620
✆ (864) 366-4600
http://abbecc.publishpath.com

Abbeville Opera House
100 Court Sq., Abbeville, SC 29620
✆ (864) 366-2157
www.theabbevilleoperahouse.com
Opulentes Opernhaus (Baujahr 1908), das heute zur Aufführung von Comedies und Broadway Musicals dient. Führungen.

Belmont Inn
104 E. Pickens St., Abbeville, SC 29620, ✆ (864) 459-9625
www.belmontinn.net
Mi–Sa 17–21, So 11–15 Uhr
Haus von 1900. Gutes Restaurant, Cocktail Lounge. $$

2 AIKEN

Feine Villenkultur und alter Baumbestand tragen dazu bei, dass sich Aiken (30 300 Einwohner) wie eine vornehme Lady aus den Baumwollfeldern erhebt. Seine Geschichte erinnert ein wenig an die von Augusta, denn auch hier legte man früh Wert auf den Tourismus – dank des ersten Personendampfzugs (in den USA) von und nach Charleston. Aristokratische New Yorker schafften ihr Geld und ihre Pferde nach Aiken, nisteten sich hier in ihre Winterquartiere ein, gingen auf die Fuchsjagd und erfanden das Polospiel. Prompt etablierte sich Aiken um die (vorletzte) Jahrhundertwende als Polometropole. Pferdeliebhaber werden die **Thoroughbred Racing Hall of Fame** interessant finden, die der Geschichte und Zucht der Vollblüter gewidmet ist.

SERVICE & TIPPS

Greater Aiken Chamber of Commerce
121 Richland Ave. E.
Aiken, SC 29801
✆ (803) 641-1111
www.aikenchamber.net

Hopelands Gardens and Aiken Thoroughbred Racing Hall of Fame
135 Dupree Place
Aiken, SC 29801
✆ (803) 642-7631
www.aikenracinghalloffame.com
Hall of Fame Sept.–Mai Di–Fr, So 14–17, Sa 10–17, Juni–Aug. Sa 10–17, So 14–17 Uhr, Park tägl. 10 Uhr bis Sonnenuntergang
In duftenden, um die vorletzte Jahrhundertwende angelegten Gärten widmet sich dieses Pferdezentrum der Geschichte, der Zucht und dem Training der Vollblüter.

❸ BEAUFORT

Im 18. Jahrhundert nach Charleston der wichtigste Hafen im Süden und Hochburg der Indigo- und Reisproduktion, lebt die kleine Stadt (12400 Einwohner) von ihrem nahen Fliegerhorst, von der Fischerei, den Touristen und den Pensionären, die den stillen Charme und die vorzügliche Seelage von Beaufort (gesprochen: bju-fit) zu schätzen wissen. Sie bringen ein bisschen Ruhe in die früher recht bewegte Stadtgeschichte, die 1514 begann und daraufhin die unterschiedlichsten Völker passieren sah: spanische Konquistadoren, französische Hugenotten, britische Einzelgänger und gewitzte Piraten. Gut, dass die Unionstruppen gleich zu Beginn des Bürgerkriegs die Stadt besetzten und bis zum bitteren Ende blieben, denn eine bessere Wachmannschaft für seine Antebellum-Schätze hätte sich Beaufort gar nicht wünschen können. Die Villen am Watt können es an Pracht mühelos mit manchen in Charleston aufnehmen. Angesichts der lauschig zwischen alten Bäumen und Gärten schimmernden Domizile mit weiten Ausblicken auf das Wasser versteht man den Unterton, wenn die Einheimischen von ihrem »Beaufort by the Sea« sprechen.

Baptist Church of Beaufort von 1844

SERVICE & TIPPS

ℹ **Greater Beaufort Chamber of Commerce Visitors Center**
713 Craven St., Beaufort, SC 29902
✆ (843) 525-8500, 1-800-638-3525
www.beaufortsc.org
Mo–Sa 9–17, So 12–17 Uhr

👁 **Baptist Church of Beaufort**
601 Charles St., Beaufort, SC 29902
✆ (843) 524-3197
www.bcob.org
Weiße Bilderbuchkirche von 1844.

👁 **Sehenswerte Architektur in Beaufort**
William Fripp House (Tidewater), 302 Federal St., Stadthaus eines erfolgreichen Pflanzers von 1830; **James Robert Verdier House** (Marshlands), 501 Pinckney St., Residenz von 1814; **Paul Hamilton House** (The Oaks), Short St., Villa von 1856; **Edgar Fripp House** (Tidalholm), 1 Laurens St., der schön gelegene Antebellum-Palast von ca. 1850 diente in mehreren Kinofilmen als Kulisse.

✕ **Saltus River Grill**
802 Bay St., Beaufort, SC 29902
✆ (843) 379-3474
www.saltusrivergrill.com

Beaufort, South Carolina, erfreut sich einer besonders filigranen Wohnkultur

Tägl. ab 16 Uhr
Surf & turf vom Grill, *Shrimp and Grits,* Austernbar, Salate, Suppen, Sushi. $$–$$$

Plum's Cafe
904 Bay St. (Waterfront Park)
Beaufort, SC 29902
✆ (843) 525-1946
www.plumsrestaurant.com
Tägl. 11–22 Uhr
Munteres Plätzchen mit Blick aufs Wasser: Gourmet-Sandwiches und Salate. Am Wochenende Live-Bands. $–$$

Ausflugsziel St. Helena Island:

Penn Center
16 Penn Center Circle Way
Saint Helena Island, SC 29920
✆ (843) 838-2432
www.penncenter.com
Mo–Sa 11–16 Uhr
Eintritt $ 5/2
Die erste Schule für befreite Sklaven im Süden. Zielsetzung heute: Bewahrung der Gullah-Kultur der Afroamerikaner in der Küstenregion von South Carolina.

Gullah Grub Restaurant
877 Sea Island Pkwy. (Hwy. 21)
St. Helena Island, SC 29920
✆ (843) 838-3841
www.gullahgrubs.com, Mo–Fr 12–18.30, So 11–16.30 Uhr
Auf der Karte stehen Speisen aus der Küche der Gullah. Die Zutaten sind im Allgemeinen lokal und regional, die Gerichte werden frisch gekocht, gegrillt oder im Ofen gebacken, weniger frittiert als anderswo in den Südstaaten. $–$$

4 3 CHARLESTON

Von der neuen Brücke über den Cooper River fällt der Blick auf das historische Charleston, das die Halbinsel zwischen Cooper und Ashley River besetzt. Diverse Einwanderer, Religionen und Baustile haben diese Stadt gestaltet, die mit ihren rund 128000 Einwohnern ohne Zweifel zu den am besten erhaltenen der USA gehört.

Besonders an späten Nachmittagen leuchtet sie am schönsten. Zu dieser Zeit dreht sich in den Salons und *parlors* alles ums Ritual des Afternoon Tea. Die Dielen knarren, das Sherry-Gläschen klingt – die postkoloniale Welt der Charlestonians scheint in bester Ordnung. Und das zelebrieren und genießen sie. Warum auch nicht! Charles II., der König von England, dem die Stadt ihren Namen verdankt, galt schließlich auch nicht als Kostverächter.

Trinkgelage, Glücksspiel und rauschende Bälle, modische und erotische Extravaganzen gehörten früh zum Gang der Dinge in einer Stadt, deren Reichtum schnell mit dem kolonialen Handelshafen für Reis, Indigo und andere Produkte des Hinterlandes wuchs. Eine Elite gut betuchter Pflanzer und Kaufleute gab über mehr als ein Jahrhundert den Ton an, gestützt auf eine handfeste Sklavenideologie und ein selbstgerechtes Südstaaten-Pathos, die noch den Bürgerkrieg überlebten.

Im Frühjahr wird Charleston überflutet von einem Meer von blühenden Azaleen, Kamelien, Magnolien und Rhododendren in Gärten und Parks (Magnolia Plantation)

Der Reichtum rief eine glanzvolle Villenarchitektur ins Leben. Bevor sie überhaupt entstand, gab es – ähnlich wie in Philadelphia und Savannah – einen Stadtplan (1693) in Gestalt eines ordentlichen Schachbrettdesign. Er bezog sich freilich auf ein sehr viel kleineres Areal als das von heute, denn der größte Teil der Halbinsel lag unter Creeks und Marschland. Ähnlich wie in San Francisco dehnte sich Charleston später über aufgefülltem Land aus, über einem Wackelpeter, der während zahlreicher Erdbeben in der Folge seinem Namen Ehre machte.

Zunächst baute man im Zeitgeschmack, in einem Kolonialstil, der englische und westindische Einflüsse mischte. Anfang des 19. Jahrhunderts war es der Architekt Robert Mills, der in Charleston jenen neoklassizistischen Stil aus der Taufe hob und der das Bauen im Süden fortan prägen sollte.

Wie auch sonst im Süden verfielen nach dem Bürgerkrieg die wirtschaftlichen Stützen der feinen Gesellschaft. Auch mit Charleston ging es abwärts, nicht zuletzt durch Feuer und schwere Erdbeben (1886), Hurrikane und Zyklone. Geld für Neubauten gab es nicht. Was halbwegs den Katastrophen standgehalten hatte, ließ man aus Geldmangel einfach stehen.

Der nördliche Zugang nach Charleston über Marschland und den Cooper River: die Arthur Ravenel Jr. Bridge in Charleston

Es war also merkwürdigerweise die Armut, die das architektonische Erbe von Charleston rettete. Als es dann endlich den Bürgern durch die Anlage eines Kriegsmarinehafens 1901 und die Gewinne aus dem Ersten Weltkrieg wirtschaftlich besser ging, waren sofort konservatorisch-strenge Augen zur Stelle, die über die historische Bausubstanz wachten. Der Preservation Society of Charleston (1920) und später dann den Flächennutzungsplänen zum Schutz der Altstadt (1931) ist es zu verdanken, dass die Innenstadt heute mit über 2000 restaurierten Gebäuden aufwarten kann. Und man kürte Charleston so oft zur konservatorischen Hauptstadt der USA, dass die Denkmalpflege hier zur beherrschenden Lebensart überhaupt wurde.

In den Wohnvierteln zieren gepflegte Altbauten die teils noch kopfsteingepflasterten Straßen – Church oder Chalmers zum Beispiel – und erst recht das Labyrinth der einsamen Gassen à la Zig Zag Alley. Dabei kommen sich immer wieder das Wilde und das Kultivierte, das Üppige und das Artige vertraulich nah – buschiger Bambus und Wasser speiender Amor, fleischige Bananenblätter und biederer Buchsbaum, Liane und Denkmal, Karibik und Europa.

Hier und da wird geklopft, gebohrt oder gepinselt – *do it yourself* lautet die Devise. Der Grundtyp dieser Stadthäuser ist das *single house*, das merkwürdigerweise nicht direkt zur Straße geht, sondern seitlich zum eigenen Garten, und zwar durch die ebenfalls seitliche, zwischen Haus und Garten vermittelnde Piazza – ein luftiger Veranda-Anbau zum Sitzen und Schauen, Dösen und Schaukeln.

Egal, ob mehr nach Süden oder Westen ausgerichtet, die Piazzas stehen quer zur Straße und schaffen eine offenbar erwünschte *splendid isolation*. Sie sind also keineswegs so offen und öffentlich wie der Name vermuten lässt. Piazzas stehen fürs Private. Nüchterne erinnern hier gern daran, dass die Steuer in Charleston sich früher nicht nach der Grundstücksgröße, sondern nach der Breite der damit besetzten Straßenfront richtete. Folglich baute man schmal und dafür preisgünstiger in die Tiefe.

Der geschlossene historische Stadtkern von Charleston ist eine im Grunde von Weißen besetzte Enklave. Wer etwa, bei Tradd Street beginnend, den Weg über Logan und Coming Street wählt und diese einfach Richtung Norden geht, trifft Schritt für Schritt auf immer neue Variationen von Arm und Reich, Schwarz und Weiß: von den adretten Stadtpalästen zu den Unterkünften der Schwarzen, Sozialbauten und notdürftig reparierten Hütten. Die Leute sitzen auf den Veranden, Wäsche hängt zum Trocknen draußen, Kinder spielen auf den Grünflächen der sozialen Wohnblocks, der *housing projects*. Ab und zu mal ein kleines Geschäft auf der Ecke. Über die längste Zeit seiner Geschichte hatte Charleston stets eine schwarze Mehrheit. Heute liegt der Anteil knapp unter 50 Prozent.

King Street, zwischen 1880 und 1940 die führende Geschäftsstraße von Charleston, war zu Beginn des vorigen Jahrhunderts einmal fest in deutscher Hand, weil damals überhaupt fast ein Drittel der weißen Bewohner von Charleston, insbesondere Geschäftsleute, deutscher Abstammung waren. Es gab sogar deutschsprachige Gottesdienste. Ein zeitgenössisches Sprichwort über Charleston rückt die Rollenverteilung allerdings wieder zurecht: »Den Deutschen gehört es, die Iren kontrollieren es und die Schwarzen genießen es.«

Stadtrundgang

Zum Auftakt eignet sich der Treffpunkt von Broad und Meeting Street. Die Ecken symbolisieren vier verschiedene Gesetzesebenen: das County Courthouse die des Landes, das US Courthouse die des Bundes, City Hall die der Stadt, die **St. Michael's Episcopal Church** (1752–61) den rechten Glauben. Unübersehbar: die stilistische Ähnlichkeit der Kirche mit St. Martin-in-the-Fields in London, wie ja überhaupt der englische Einfluss in Charleston nicht zu übersehen ist. »Little London« hieß die Stadt früher einmal. Der Kirchturm wurde im Laufe der Zeit multifunktional genutzt: als Leuchtturm, zur Feindbeobachtung bzw. Zielscheibe im Bürgerkrieg, als Standort der Sirenen im Zweiten Weltkrieg. Oft sitzen die schwarzen Korbflechterinnen hier in der Nähe auf den Gehsteigen, während sie auf den Kühlerhauben ihrer Autos die Gräser trocknen, aus denen die wohlriechenden *sweetgrass* oder *gullah baskets* entstehen.

»Gullah« heißt auch die kreolische Sprachmixtur aus Englisch und afrikanischer Syntax, die man von den Inseln der Outer Banks in North Carolina bis hier in den Süden noch gelegentlich hören kann. Eine Variante von Gullah, das sogenannte *Patois*, wurde einst ebenfalls von afroamerikanischen Sklaven und wird heute noch von einigen Schwarzen auf Sea Island gesprochen.

Die pompöse **South Carolina Society Hall** (72 Meeting St.) stammt von 1804 und zählte zu den gesellschaftlichen Zentren der damals einflussreichen Hugenotten. Noch heute finden hier festliche Bälle statt, die ausgelassensten am irischen St. Patrick's Day, wenn die modernen Clark Gables ihre Vivian Leighs die weißen Treppen hochtragen. Das **Nathaniel Russell House** verfügt über einen ebenso prächtigen Garten wie das Timothy Ford's House gegenüber. Insgesamt sorgen auf der schattigen Meeting Street gefällige Fassaden, Veranden, Brüstungen

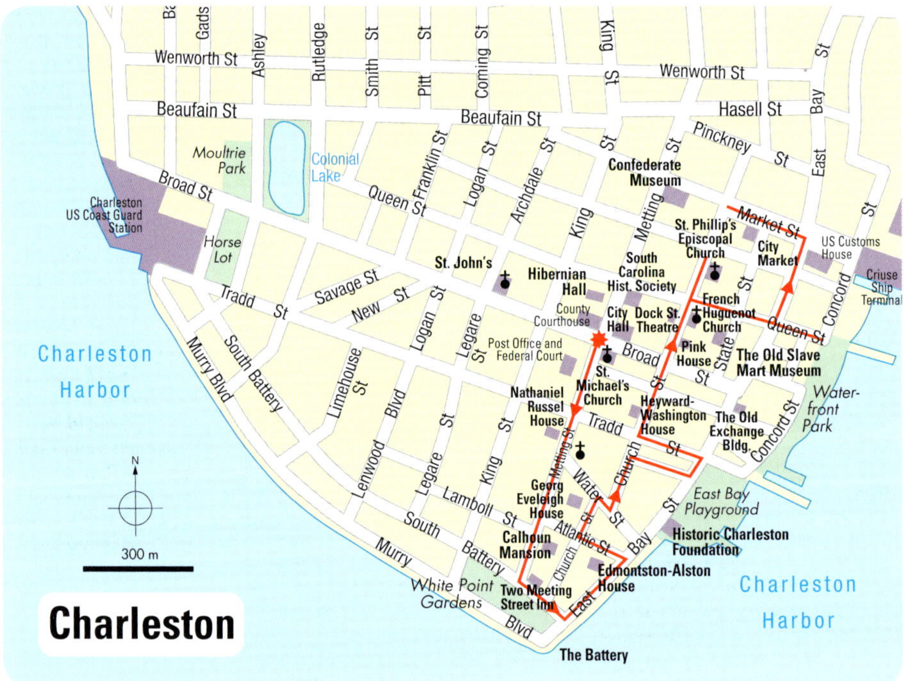

»Belle of the South«: Charleston

und Eingänge für jede Menge Abwechslung, während zwischendurch handwerkliche Kleinkunst die Gitter vor den mit Brunnen, Rosen und Fächerpalmen bestückten Gärten ziert.

In Nähe des Wassers am Ende der Straße steht der filigrane Two Meeting Street Inn, ein luftiger Bau mit einem beneidenswerten Garten. Kein Wunder, dass die beiden Gästezimmer hier meist ausgebucht sind. Von der Kaimauer entlang der Battery schweift der Blick hinüber zum **Fort Sumter**, wo der Bürgerkrieg begann, als dieses von Unionstruppen besetzte Fort am 12. April 1861 um halb vier Uhr morgens von den Konföderierten auf James Island beschossen wurde. Charleston: die Wiege der Sezession! 34 Stunden später ergaben sich die Yankees. Die Initialzündung des Krieges muss für viele Charlestonians ein Mordsspaß gewesen sein. Von ihren Dächern aus genossen sie die Attacke als XXL-Entertainment.

Von White Point Gardens, dem südlichen Grünzipfel der Stadt, geht es in die East Battery und am Wasser lang, vorbei am eigentlichen Vorzeige-Boulevard von Charleston, der denn auch auf zahllosen Stichen, Zeichnungen und Fotos verewigt wurde. Hier liegt, ein wenig schräg zur Straße, das **Edmondston-Alston House** mit dem luftigen Anbau seiner von korinthischen Säulen getragenen Piazza. Ihr Vorzug ist offensichtlich: Stets erweitert die seitliche Veranda den Wohn- und Lebensraum und öffnet ihn für ein kühlendes Lüftchen. Es heißt, man hätte Häuser in Charleston gern wie Schiffe mit vollen Segeln gebaut, die möglichst gut im Wind vom Ozean stehen. Zusätzlich hält der Abstand zwischen den Häusern jedes einzelne kühler.

An Atlantic und Church Street setzt sich der bauliche Potpourri weiter fort – bis zu Details im Gartentor. Besonders anmutig wirkt das George Eveleigh House mit der Nummer 39, ein frühes Beispiel aus dem 18. Jahrhundert, ausnahmsweise mit frontaler Veranda. **Longitude Lane** ist vielleicht das feinste und zugleich wildeste Gässchen in Charleston: Regelrechte Märchenhäuser stehen hinter üppigen Wildblumen, leuchtendem Hibiskus und Oleander.

Cabbage oder **Catfish Row** (89–91 Church St.) bestand am Anfang dieses Jahrhunderts aus ziemlich schäbigen Reihenhäusern armer Schwarzer. Ausgerechnet diesen Häuserblock nahm sich Du Bose Heyward, ein Weißer, zum Vorbild für seinen Roman »Porgy«, den verkrüppelten schwarzen Bettler, der mit einem Ziegenkarren durch die Stadt zog. Das war 1925. Zehn Jahre später machte George Gershwin daraus die

Charleston – Schwarz und Weiß
Die Spannung zwischen den Rassen ist geblieben, aber sie passt selten in ein moralisches Schwarz-Weiß-Schema. An der Uferpromenade von Charleston flanieren heute weiße Charlestonians an Gruppen von jugendlichen Schwarzen vorbei, die hier angeln. Ich komme mit einem älteren Ehepaar ins Gespräch, und nach einer Weile reden sie über die Schwarzen und wie wenig lange es eigentlich her sei, als sie noch Sklaven waren. Sie leide sehr unter der Tatsache, dass ihr Großvater noch Sklaven besessen habe, erzählt die Frau. Und um ihr schlechtes Gewissen zu beruhigen, versucht sie jeden Tag, den Schwarzen alles nur denkbar Gute zu tun. Sobald sie einen am Steuer sieht, lässt sie ihm die Vorfahrt. Doch niemand bedankt sich je, sagt sie. Und sie versteht das.

Broadway-Oper »Porgy and Bess«, die es zu Weltruhm brachte. Doch erst 1970 kam die Oper in Charleston zum Zuge. Segregation, das Übel der Rassentrennung, verhinderte die Aufführung des Melodrams.

Übrigens ist Charleston Ursprung einer weiteren musikalischen Erfindung, und zwar des »Charleston«. Der Modetanz der 1920er Jahre wurde von schwarzen Jazzmusikern in einem städtischen Waisenhaus kreiert, anschließend nach Harlem gebracht, bis er dann durch die Publizität diverser Musicals international Furore machte und die Tanzbeine zum Schwingen brachte.

Sprudelnder Ananas-Brunnen in Charleston

Das Kopfsteinpflaster von **Chalmers Street** erinnert an jene Zeit, als diese Steine den Schiffen von Europa als Ballast dienten, und auch sonst erzählt die hübsche Straße Stadtgeschichte. An der Nr. 6 steht noch eins von mehreren Auktionshäusern für Sklaven, der **Old Slave Mart**. Bis zu dessen Eröffnung 1856 war Charleston bereits fast zwei Jahrhunderte der wichtigste Sklavenmarkt des Südens. Unvermittelt, aber tatsächlich nebenan, ragt das offenbar von deutscher Burgenmentalität geprägte Feuerwehrhaus auf, die German Fire Co. von 1831. Feuerlöscher rücken von hier nicht mehr aus; nur noch geschäftige Anwälte und Notare.

Auf der gegenüberliegenden Straßenseite steht das fast niedliche **Pink House** (Nr. 17) aus dem frühen 18. Jahrhundert, dem man seine frivole Geschichte (es diente mal als Taverne, mal als Bordell für die Seeleute) nicht mehr ansieht. Ab und zu entdeckt man runde schwarze Metallplatten an den Hauswänden. In ihnen enden die sogenannten *earthquake bolts*, Eisenstangen, die dem Steinhaus bei einem möglichen Beben größeren Halt geben sollen. Auf Church Street erkennt man schon von Weitem den dekorativen blauen Balkon oberhalb der braunen Sandsteinsäulen des **Dock Street Theatre**, das einem Londoner Theater des frühen 18. Jahrhunderts nachgebaut wurde. Das kleine bauliche Juwel knüpft an eine lebendige Theatertradition im antipuritanischen Charleston an, die Teil des feudalen Lebensstils und ein Magnet für Wanderschauspieler und Musiker war. Seit einigen Jahren bildet diese Bühne einen festlichen Rahmen während des Spoleto Festivals, das der italienische Komponist Gian Carlo Menotti 1977 in die Stadt brachte.

Ausstellung zur Geschichte des Sklavenhandels: Old Slave Mart (Charleston)

Vis-à-vis vom Theater ragt die neugotische Hugenottenkirche von 1844 auf, anstelle des im 17. Jahrhundert von französischen Protestanten errichteten Gotteshauses, das aber während eines der vielen, Charleston heimsuchenden Feuer 1796 abbrannte. Die meist wohlhabenden Flüchtlinge aus Frankreich machten von Anfang an das gesellige Leben in Charleston noch spritziger; aber sie waren keineswegs die einzigen Einwanderer, die von der ungewöhnlichen Religionsfreiheit in Charleston angezogen wurden. Baptisten, Quäker, spanische Juden und Einwohner der Westindischen Inseln bildeten eine Religionsvielfalt, wie sie anderen Kolonien fremd war.

Eine dreiseitige Tempelform kennzeichnet die **St. Philip's Episcopal Church** (1835) mit ihrem erdfarbenen Turm. Sie ist gewissermaßen die Mutterkirche der Kolonie südlich von Virginia, deren erste Gemeinde bereits 1680 zusammentrat. Auf dem hübschen Friedhof gegenüber ruhen einige berühmte Charlestonians, unter ihnen der Schriftsteller Du Bose Heyward und der wohl verbissenste Apologet der Sklaverei, John C. Calhoun. Queen Street endet praktisch am Waterfront Park, dessen sprudelnder Ananas-Brunnen heute Müßiggänger an eine Stelle lockt, wo einst Werften und Anleger das koloniale Charleston versorgten.

Die Arkaden und Hallen von City Market ziehen sich von East Bay bis **Meeting Street**, gespickt mit Obst, Gemüse und Flohmärkten. Market Street, die einst sündige Meile der Unterwelt von Charleston, ist längst durch T-Shirt-Läden, Bars und Restaurants gezähmt.

SERVICE & TIPPS

Charleston Area Convention & Visitor Bureau
423 King St., Charleston, SC 29403
(843) 853-8000, 1-800-774-0006
www.charlestoncvb.com
Tägl. 8.30–17 Uhr

Charleston Museum
360 Meeting St.
Charleston, SC 29403
(843) 722-2996
www.charlestonmuseum.org
Mo–Sa 9–17, So 13–17 Uhr
Eintritt $ 12/10
In diesem Museum, einem der ältesten in den USA, dreht sich alles um Charleston und das *low country* – naturkundlich, geschichtlich und archäologisch.

Nathaniel Russell House
51 Meeting St.
Charleston, SC 29401
(843) 724-8481
www.historiccharleston.org/Russell.aspx
Mo–Sa 10–17, So 14–17 Uhr
Eintritt $ 12/5
Die neoklassizistische Villa eines reichen Kaufmanns von 1808 hat einen schönen Garten; stilgerecht mit importierter oder aus lokaler Produktion stammender Einrichtung ist sie heute ein House Museum. In den ovalen Räumen kann man historische Stuckarbeiten bewundern.

Dock Street Theatre
135 Church & Queen Sts.
Charleston, SC 29401
(843) 577-7183
www.charlestonstage.com
Mo–Fr 10–17 Uhr, Showzeiten erfragen
Das Theater eröffnete 1736 mit der ersten Opernaufführung in der Neuen Welt. Seitdem mehrfach abgebrannt und auch einmal Hotel. Der jetzige Bau stammt von 1937. Kostenlose Führungen.

Edmondston-Alston House
21 E. Battery, Charleston, SC 29401
(843) 722-7171
www.edmondstonalston.com
Di–Sa 10–16.30, So/Mo 13–16.30 Uhr, 1/2-stündige Führungen
Eintritt $ 12/8
Auch ein House Museum: Greek-Revival-Villa von 1828–38 mit zeitgenössischen Schätzen und Familiensilber, zum Beweis, wie begierig die stilbewussten Charlestonians europäische Designformen übernahmen – von Chippendale bis zum Empire.

Hibernian Hall
105 Meeting St.
Charleston, SC 29401
Ein Prototyp des Greek-Revival-Stils von 1841. Die Form des griechischen Tempels wurde in einen dekorativen Fassadenstil überführt.

Fireproof Building
100 Meeting St.
Charleston, SC 29401
(843) 723-3225
www.southcarolinahistoricalsociety.org
Nüchterner, klassizistischer Bau (1822–27) des gebürtigen Charlestonian Robert Mills. Wie oft in Charleston: Der frontale Portikus ziert die öffentlichen Gebäude, die seitliche Piazza die privaten Bauten. Der Auftrag an den Architekten lautete: keine Fenster, kein Holz.

Heyward-Washington House
87 Church St., Charleston, SC 29403
(843) 722-2996
www.charlestonmuseum.org
Mo–Sa 10–17, So 12–17 Uhr
Führungen
Eintritt $ 12/10
Daniel Heyward baute das unver-

Eine schmucke Straße voller alter bunter Häuser: Bay Street Charleston

»The Joggling Board«, Zeichnung von Helen Hyde (1918, Smithsonian Museum of Art, Washington)

Gemeinsam schaukelt man auf den langen Wippbrettern, Kühlung ist immer gefragt. Joggling boards (vgl. Foto oben) heißen diese angenehmen Einrichtungen, die in der Gegend von Charleston im 19. Jahrhundert populär waren. Als Deko-Objekte feiern sie inzwischen ein Comeback.

putzte Backsteinhaus 1772 und George Washington übernachtete hier. Die feinen Möbel sind hervorragende Beispiele für das Design der Kolonialzeit, die Utensilien der Küche eingeschlossen. Sehenswert auch der rückseitig gelegene Garten.

South Carolina Aquarium
100 Aquarium Wharf
Charleston, SC 29401
✆ (843) 577-3474, 1-800-722-6455
www.scaquarium.org
März–Aug. tägl. 9–17, sonst 9–16 Uhr, Eintritt $ 30/23
Schaufenster für Pflanzen, Tiere und Habitats der Region. Die aufwendige Anlage am Ufer des Cooper River ist Teil der Sanierung des Hafenviertels.

Carolina's Southern Bistro
10 Exchange St., Charleston, SC 29401
✆ (843) 724-3800
www.carolinasrestaurant.com
Tägl. ab 17 Uhr
Interessante Appetizer, leichte Südstaatenküche und eine extensive Weinauswahl in europäischem Bistro-Ambiente. $$$

Magnolia's
185 E. Bay St.
Charleston, SC 29401
✆ (843) 557-7771, www.magnolias-blossom-cypress.com
Mo–Do 11.30–22, Fr bis 23, Sa 10–23, So bis 22 Uhr
Verfeinerte regionale Küche, hervorragende Appetizer, angenehmer Service. $–$$$

Poogan's Porch
72 Queen St.
Charleston, SC 29401
✆ (843) 577-2337
www.pooganspoorch.com
Mo–Fr 11.30–14.30 und 17–21.30, Sa/so ab 9 Uhr
Low country cuisine in intimer Atmosphäre. $–$$$

82 Queen
82 Queen St.
Charleston, SC 29401
✆ (843) 723-7591
www.82queen.com
Lauschiges Restaurant in verwinkelten Räumen und Innenhöfen; gute Küche. Nette Bar. $–$$$

Coast Bar & Grill
39-D John St., Charleston, SC 29403, ✆ (843) 722-8838
www.holycityhospitality.com/coast-bar-and-grill, So–Do 17.30–22, Fr/Sa bis 23 Uhr, Bar länger
Pfiffig eingerichtetes Lokal in historischer Bahnhofsarchitektur. Gute Küche, frische Produkte. $$–$$$

Lowcountry Bistro
49 S. Market St., Charleston, SC 29401, ✆ (843) 302-0290
www.lowcountrybistro.com
Mo–Fr ab 11, Sa/So ab 10 Uhr
Legeres, gemütliches Restaurant im Herzen von Charleston. *Shrimp and Grits* und andere typische Gerichte aus dem *South Carolina low country*. Lunch und Dinner. $$–$$$

Fish Restaurant
442 King St. (Upper King)
Charleston, SC 29403
✆ (843) 722-3474
www.fishrestaurant.net
Mo–Fr 11.30–14 und Mo–Sa ab 17.30 Uhr
Klein und fein, exzellente Fische und Meeresfrüchte. $$

Dixie Supply Bakery & Café
62 State St., Charleston, SC 29401
✆ (843) 722-5650
www.dixiecafecharleston.com
Di–So 8–14.30, Fr/Sa auch 17.30–21.30 Uhr
Grilled Chicken, Shrimp and Grits und andere Köstlichkeiten aus dem *low country*. $

Queen Street Grocery
133 Queen St., Charleston, SC 29401, ✆ (843) 723-4121
www.queenstreetgrocerycafe.com
Mo–Sa 8–20, So 9–17 Uhr
Früher Metzgerei, auch mal ein Süßwarenladen, aber jetzt ein Gemischtwarenladung mit Lunch Counter. Auf der Karte stehen süße und herzhafte Crèpes und Sandwiches sowie Smoothies aus verschiedenen Obst- und Gemüsesorten. $

Ausflugsziel Mount Pleasant:

Mount Pleasant Visitor Center
99 Harry M. Hallman Jr. Blvd.
Mount Pleasant, SC 29464

✆ (843) 853-8000
www.discoversouthcarolina.com/cities/162
Tägl. 9–17 Uhr

Sweet grass baskets

In der Höhe von Mount Pleasant stehen gewöhnlich Verkaufsstände am Highway, an denen geflochtene Körbe zum Kauf angeboten werden, die *sweetgrass baskets*. Ihr süßlicher Duft erinnert an frisch gemähtes Gras.

Schon zu Beginn des 18. Jh. bildeten die Schwarzen im *low country* die Mehrheit der Bevölkerung. Ursprünglich flochten die Männer große Arbeitskörbe aus Sumpfbinsen, nach und nach wurde die Korbflechterei zu einer Familienangelegenheit. Die Männer und Jungen schnitten das Gras, die Frauen und Mädchen flochten. Die großen, wasserunempfindlichen Körbe, die auf der Plantage zum Sammeln und Verwahren von Nahrungsmitteln dienten, wurden mehr und mehr durch feinere Exemplare fürs Haus ersetzt, solche aus Palmetto-Fächern und *sweet grass*, wie sie noch heute mit hübschen Mustern – traditionellen wie »modernen« – zu haben sind.

Boone Hall Plantation Gardens

1235 Long Point Rd. (US 17, ca. 13 km nordöstl. von Charleston)
Mount Pleasant, SC 29464
✆ (843) 884-4371
www.boonehallplantation.com
Im Sommer Mo–Sa 8.30–18.30, So 12–17, sonst Mo–Sa bis 17, So bis 16 Uhr, 1/2-stündige Führungen
Eintritt $ 20/10
Die ehemalige Baumwoll- und Indigoplantage (seit 1676) beschwört ein Stück des alten mythischen Königreichs des Südens herauf und rühmt sich deshalb, die meistfotografierte und -gefilmte Kolonialarchitektur in den USA zu sein. Tatsächlich imponiert schon bei der Einfahrt der Baldachin der Eichen und Nussbäume (seit 1904 entwickelte sich Boone Hall zu einer bis heute einträglichen Nussplantage), an dessen Fluchtpunkt das im georgianischen Stil 1750 errichtete und 1935 erneuerte Herrenhaus steht.

Eine zweite Allee ist eine der wenigen im Süden noch erhaltenen »Sklavenstraßen«, die von neun restaurierten Ziegelbauten aus der Mitte des 18. Jh. flankiert ist. Die Steine stammten aus eigenen Brennereien, in denen einst Ziegel und Kacheln für viele Häuser in Charleston gebrannt wurden. Hier wohnten die in der Sklavenhierarchie schon bessergestellten Handwerker und Hausangestellten, während die Feldarbeiter weiter draußen in simpleren Hütten untergebracht waren.

Körbe aus »sweet grass« gehören traditionell zur afroamerikanischen Volkskunst

Ikone des Alten Südens: Boone Hall Plantation bei Charleston

Im Süden ist die Ziegelbauweise bei Schwarzenquartieren selten, wohl nicht nur aus ökonomischen Gründen, sondern auch, weil man meinte, Ziegel verursachten Rheuma und dienten bösen Geistern als Versteck.

Morgan Creek Grill
80 41st Ave.
Isle of Palms, SC 29451
✆ (843) 886-8980
www.morgancreekgrill.com
Tägl. außer Mo ab 17, So auch 10–14 Uhr
Freshest seafood und schöner Blick auf den Intracoastal Waterway und die Marina. Beliebt ist das offene Deck bei Live-Entertainment und Sonnenuntergang. $$–$$$

Old Village Post House
101 Pitt St.
Mount Pleasant, SC 29464
✆ (843) 388-8935
www.oldvillageposthouse.com
Tägl. ab 17.30, Sa/So auch 10–14 Uhr
Im alten Teil von Mount Pleasant: verfeinerte Südstaatenküche. $$

Sticky Fingers
341 Johnny Dodds Blvd. (Hwy. 17 N. Bypass)
Mount Pleasant, SC 29464
✆ (843) 856-7427, 1-800-STICKYS
www.stickyfingers.com
So–Do 11–22, Fr/Sa bis 23 Uhr
Magnet für BBQ-Rippchen- und Blues-Freunde. $–$$

Sullivan's Island Lighthouse

Isle of Palms County Park
1 14th Ave., Isle of Palms, SC 29451
✆ (843) 886-3863
www.ccprc.com/60/Isle-of-Palms-County-Park
Im Sommer tägl. 9–19, Sept./Okt., April 10–18, Nov.–März 10–17 Uhr
Eintritt Mo–Fr $ 7, Sa/So $ 10 pro Auto
Kleiner Strandpark mit Boardwalk. Verleih von Sonnenschirmen und Strandstühlen.

The Boathouse Restaurant
101 Palm Blvd.
Isle of Palms, SC 29451
✆ (843) 886-8000
www.boathouserestaurants.com
Tägl. ab 17, So auch 11–14 Uhr
Bekannt für frische Meeresfrüchte. $$–$$$

Ausflugsziel Fort Sumter:

Fort Sumter Tours
340 Concord St.
Charleston, SC 29401
✆ (843) 722-2628
1-800-789-3678
www.fortsumtertours.com
Tickets $ 19/12
Die Boote fahren vom Liberty Square in Charleston zum Fort, auf das der erste Schuss im Bürgerkrieg gefeuert wurde. Die Tour dauert ca. 2 1/2 Std.

Fort Sumter National Monument
1214 Middle St.
Sullivan's Island, SC 29482
✆ (843) 883-3123
www.nps.gov/fosu
Tägl. 9–17 Uhr
Hier fielen die ersten Schüsse im Bürgerkrieg. Visitor Center, Führungen, Angeln.

Ausflugsziel Sullivan's Island:

Diese Insel war einmal das Ellis Island für die afrikanischen Sklaven. Noch Edgar Allan Poe, der als Soldat auf der Insel im Fort Moultrie Dienst tat, war von ihrer mysteriösen Atmosphäre beeindruckt, was sich später in mehreren seiner Erzählungen niederschlug, unter anderem in »The Gold Bug« (1843 erschienen).

Heute wirkt Sullivan's Island offen und einladend, besonders einige gemütliche Lokale im Village.

Poe's Tavern
2210 Middle St.
Sullivan's Island, SC 29482
✆ (843) 883-0083
www.poestavern.com
Tägl. 11–22, Bar bis 24 Uhr
Belebt und beliebt: Drinks und Kleinigkeiten auf der Terrasse. $

Fiery Ron's Hometeam BBQ
2213 Middle St.
Sullivan's Island, SC 29482
✆ (843) 883-3131
www.hometeambbq.com
Tägl. 11–2 Uhr
Legeres Grillrestaurant, typische Gerichte des Südens, am Wochenende Livemusik. $

Ausflugsziel Ashley River Road:

Charles Towne Landing State Historic Site
1500 Old Towne Rd. (Nähe Hwy. 171), Charleston, SC 29407
✆ (843) 852-4200
www.southcarolinaparks.com
Tägl. 9–17 Uhr, Eintritt $ 10/6.50
Reste der ersten dauerhaften englischen Siedlung in South Carolina (1670): Erdwälle, Palisadenzäune und Nachbildung eines englischen Handelsschiffs. Ein Kiawah-Häuptling führte die Kolonisten zu dieser Stelle – mit dem Hintergedanken, dass die streitbaren Herrschaften aus der Alten Welt ihn vor den Überfällen rivalisierender Indianer schützen könnten. Allerdings blieben die Leute aus Albion nur zehn Jahre, dann zogen sie auf die Halbinsel des heutigen Charleston um. Schnell wurden aus Kolonisten Kolonialisten und Charleston zur Metropole des Sklavenhandels, denn Reis (seit 1690) und später der von der englischen Textilindustrie benötigte Indigo erwiesen sich als äußerst arbeitsintensive Früchte.

Nur wirkliche Geschichtsparkfans sollten den Abzweig ernst nehmen, denn außer ein paar Befestigungsruinen erwartet den Besucher des State Park nicht viel mehr als ein nachgebautes Handelsschiff, auf dem kostümierte Angestellte historisches Zeugnis ablegen.

Drayton Hall
3380 Ashley River Rd.
Charleston, SC 29414
✆ (843) 769-2600
www.draytonhall.org
Mo–Sa 9–17, So 11–17 Uhr, Führungen, Eintritt Grundstück $ 12, Haus $ 22
Knapp 20 km nordwestlich von Charleston: eine der schönsten palladianischen Villen (1738–42) in Amerika.

Seit mehr als sieben Generationen in Familienbesitz, hat das im georgianischen Stil Englands errichtete Haus seine ursprüngliche Fassung weitgehend gewahrt, z. B. die handwerklich beachtlichen Stuckdecken.

Einst vernichteten Unionstruppen an der River Road alles, was an Plantagenkultur in mehr als anderthalb Jahrhunderten gewachsen war. Nur Drayton Hall blieb verschont. Wie es heißt, war dabei ein Trick im Spiel. Der Besitzer schickte seine Sklaven den anrückenden Yankees mit der Botschaft entgegen, das Haus diene als Hospital für Gelbfieber und Pocken. Man glaubte ihnen.

Öko-Flirt: Szene aus dem Film »Das Ding aus dem Sumpf«, der in der Nähe der Magnolia Plantation (unten) gedreht wurde

Magnolia Plantation & Gardens
3550 Ashley River Rd. (SR 61)
Charleston, SC 29414
✆ (843) 571-1266
www.magnoliaplantation.com
Tägl. 8–17 Uhr
Eintritt Park
$ 15/10; House, Nature Train und Nature Boat, Swamp Tour oder die Sklavenhütten extra je $ 8, oder All Inclusive Pass $ 47/42
Rund 21 km von Charleston: herrliche Parkanlage, einer der ältesten englischen Gärten in der Neuen Welt. Auf blütenstrotzenden Pfaden entlang stillen Teichen, randvoll mit Entenflott, entfaltet der Park eine betörende Üppigkeit. Bis zum »Knie« stehen die Zypressen im Wasser, d.h. bis zu jenen Höckern, die für die Luftzufuhr des Wurzelsystems unter Wasser sorgen. Noch tiefer in die grüne und schwarze Magie des Sumpfes wagt sich der Swamp Walk im **Audubon Swamp Park**. Plankenstege und Brücken erschließen die spukigen Gewässer, und auf versteckten Bänken in lauschigen Lauben kann man der Naturliebe frönen und Alligatoren und Wasservögel beobachten. »The Swamp Thing«, das »Ding aus dem Sumpf«, wird dabei wahrscheinlich nie auftauchen, denn das tat es nur im Kino. Der Film wurde hier gedreht.

Middleton Place
4300 Ashley River Rd. (SR 61)
Charleston, SC 29414
✆ (843) 556-6020, 1-800-782-3608
www.middletonplace.org
Tägl. 9–17 Uhr
Eintritt $ 28/10
Etwa 29 km von Charleston entfernte Plantage von 1741. Haus (1755), schöne Gärten (seit 1741), Open-Air-Museum mit Töpferei, Schmiede, Farmgeräten und Spinnrädern, die das Leben auf der Plantage veranschaulichen; Restaurant (Lunch, Dinner Fr/Sa).

Französisch gradlinige und englisch romantische Gärten und Terrassen laden zum Rundgang durch duftende Kamelien-Alleen ein. Der kunstvolle Knalleffekt dieser Oase kommt zu guter Letzt: ein blaues Seen-Pärchen, deren ungewöhnliche Gestalt, je nach Stimmung, an Schmetterlings- oder Lungenflügel erinnert.

Schmetterlings- oder Lungenflügel? Gartenkunst in Middelton Place, South Carolina

Cypress Gardens
3030 Cypress Gardens Rd. (US 52 etwa 40 km nordwestl. von Charleston)
Moncks Corner, SC 29461
✆ (843) 553-0515
www.cypressgardens.info
Tägl. 9–17 Uhr, Eintritt $ 10/5
Von hohen Zypressen umstandener Sumpf, der einst eine Reisplantage mit Wasser versorgte. Artenreiche Vogelwelt, Schmetterlingshaus, Wanderwege und Flachbootsfahrten. Besonders schön im Frühling zur Dogwood- und Azaleenblüte.

Sheldon Church Ruins
Am Hwy. 21, bei Gardens Corner
Wie ein architektonisches Stehaufmännchen hat sich diese Kirche lange gegen ihren jetzigen Zustand gewehrt. Der ursprüngliche Bau von 1745 glich einem griechischen Tempel und diente während der Revolution dazu, Waffen und Munition vor den Briten zu verstecken. Die merkten das und setzten das Gotteshaus in Brand. 1826 baute man die Kirche wieder auf, aber sie wurde erneut in Brand gesteckt – diesmal (1865) von Shermans Soldaten.

»Es gibt so viele und geheimnisvolle Ruinen im ganzen Süden«, schrieb Henry Miller, »so viel Tod und Trostlosigkeit, so viel Geisterhaftigkeit. Und immer an den schönsten Orten …«

Inseln und Strände südlich von Charleston:

Kiawah Island
200 Jahre lang gehörte das einst indianische Kiawah der betuchten Familie Vanderhorst aus Charleston. In diesen Zeiten war es nichts Ungewöhnliches, dass Familien ganze Inseln kauften, was diese letztlich vor landschaftszerstörenden Erschließungen bewahrt hat. Anfang der 1950er Jahre wechselten die Besitzer, und vor nicht gar zu langer Zeit residierten sogar Kuwaitis auf Kiawah, die auf der rund 16 Kilometer langen Insel Ziegen züchteten. Schließlich verkauften sie an eine Erschließungsgesellschaft, die zusammen mit Umweltschützern ein Konzept erarbeitete, um durch Bauauflagen die Natur so wenig wie möglich zu beschädigen.

Im ursprünglichen Zustand belassen: Drayton Hall

Romantik im Sumpf: Cypress Gardens auf einer alten Postkarte

Typisch für den Süden: Grace Chapel in Rockville bei Charleston

Deshalb bietet die Insel heute weitgehend unberührte Landschaft – einen erstklassigen Strand, Dünen und eine Art Designer-Dschungel. Die gepflegten Resort-Anlagen bieten drei Golf- und zahlreiche Tennisplätze zur Auswahl. Wildnisfans können Jeep-Safaris mitmachen und dabei mehr als einen der rund 200 Alligatoren näher kennen lernen.

Wer nur mal gucken und ins Meer springen möchte, der findet Kiawah auch für einen Kurzbesuch gerüstet. Unmittelbar an der Einfahrt weist das Schild PUBLIC BEACH ACCESS rechts zum Strand, wo man parken, duschen, eine Kleinigkeit essen, Liegestühle und *belly boards* mieten kann.

The Atlantic Room Ocean House
12 Kiawah Beach Dr. (im Clubhouse at Kiawah Island Resorts)
Kiawah Beach, SC 29455
✆ (843) 266-4085, 1-800-576-1570
www.kiawahresort.com
Tägl. ab 17.30 Uhr
Elegant, mit tollem Ozeanblick: frische Meeresfrüchte, große Auswahl an Vorspeisen.
$$$–$$$$

Folly Beach
Beliebter (und Downtown Charleston am nächsten gelegener) Strand auf einer der Barrier Islands – rund 10 km lang, mit Restaurants, Motels und Inns, Bars, Shops und einem Leuchtturm.

Folly Beach County Park
1010 W. Ashley Ave.
Folly Beach, SC 29439
✆ (843) 588-2426
www.ccprc.com, Mai–Aug. tägl. 9–19, April, Sept./Okt. 10–18, Nov.–März 10–17 Uhr
Eintritt Mo–Fr $ 7, Sa/So $ 10 pro Auto
Strandpark mit Umkleidekabinen, Duschen, Picknickeinrichtungen, Snackbar und Boardwalk.

Lost Dog Café
106 W. Huron St.
Folly Beach, SC 29439
✆ (843) 588-9669
www.lostdogfollybeach.com
Mo–Sa 6.30–15, So bis 14 Uhr
Frühstücks- und Lunchcafé. $

Edisto Beach
Für einen Badeausflug nach Edisto Beach fährt man ca. 22 km südwestl. von Charleston von US 17 in Richtung Hollywood und Edisto Beach ab (S 162, 164, 174).
Die Zufahrt verläuft über schöne Straßen durch Marschland, Siele und Schilf, vorbei an moosbärtigen Bäumen und weißen Holzkirchen.

Kein toller Sandstrand, aber ein bequemer kleiner State Park mit Umkleidekabinen, Duschen und hungrigen Moppeln.

Edisto Chamber of Commerce
430 Hwy. 174
Edisto Beach, SC 29438
✆ (843) 869-3867, 1-888-333-2781
www.edistochamber.com

Edisto Beach State Park
8377 State Cabin Rd. (80 km auf Hwy. 176 südöstl. von Charleston)
Edisto Island, SC 29438
✆ (843) 869-2156
www.southcarolinaparks.com
Eintritt $ 5/3
Eichenwald, Salzmarschen und schöner Strand zum Baden, Laufen und Muschelsammeln. Picknicktische, Campingplatz.

Old Post Office Restaurant
1442 Hwy. 174
Edisto Island, SC 29438
✆ (843) 869-2339
www.theoldpostofficerestaurant.com
März–Okt. Di–Sa, Nov.–Feb. Mi–Sa ab 17.30 Uhr
Altes Haus (1825), mit zeitgenössischem Interieur: bemerkenswerte regionale Küche (viele Gerichte mit *grits*). Cocktail Lounge. $$–$$$

Strandspaziergang bei Sonnenuntergnag auf Kiawah Island

Regierungssitz von South Carolina: das South Carolina State House

5 COLUMBIA

Columbia mit seinen knapp 133 500 Einwohnern liegt nahe dem geografischen Zentrum des Staates und war deswegen einmal für rund 100 Jahre Hauptstadt von South Carolina. Ihre breite Straßenführung verdankt sie dem Umstand, dass die Stadtplaner durch möglichst große Häuserabstände die Ausbreitung von Epidemien von Haus zu Haus verhindern wollten. Außerdem war man der Meinung, dass Moskitos nur 180 Meter weit fliegen könnten, bevor sie verhungern. Das war 1786.

Sehenswert: die Villa des Gouverneurs von 1855, das feine Robert Mills House and Park von 1825 (1616 Blanding St.) und die Ruinen der klassizistischen Säulen von Millwood, die viele Südstaatler als Symbol für die Zerstörung ihrer Sklavenkultur durch die Yankees ansehen.

Vor einiger Zeit demonstrierten Zehntausende vor dem **Kapitol** gegen die Flagge des Staates, denn was hier auf der Kuppel weht, ist immer noch die einstige Südstaatenflagge – für alle Bürgerrechtler Symbol des Rassismus. Außerdem glaubt man, dass die Flagge dem Ruf South Carolinas als Industriestandort schade, obwohl es de facto nicht so aussieht, denn inzwischen haben sich hier zum Beispiel mehr als 100 deutsche Unternehmen niedergelassen und Arbeitsplätze geschaffen – darunter BMW, BASF und Bosch.

Entlang der **Gervais Street** entfaltet sich die Restaurantszene der Hauptstadt. Diese Hot Spots sind allerdings für Fremde auf Anhieb schwer zu finden, weil die meisten der Lokale quer zum Trend der sehr befahrenen Straße liegen, die wenig dazu beiträgt, sich entspannt nach kleinen Schildern oder Hausnummern umzusehen.

SERVICE & TIPPS

i South Carolina Department of Tourism
1205 Pendleton St.
Columbia, SC 29201
✆ (803) 734-1700, 1-866-224-9339
www.discoversouthcarolina.com

i Columbia Metropolitan Convention & Visitors Bureau
1101 Lincoln St.
Columbia, SC 29901
✆ (803) 545-0000, 1-800-264-4884
www.columbiacvb.com

🏛 South Carolina State Museum
301 Gervais St., Columbia, SC 29201
✆ (803) 898-4921
www.museum.state.sc.us
Mo, Mi–Fr 10–17, Di 10–20, Sa 10–18, So 12–17 Uhr

Eintritt $ 7/5
»Ganz South Carolina unter einem Dach« heißt das Motto dieses großen Hauses, das eindrucksvoll über vier Etagen die Natur-, Kultur- und Technologiegeschichte des Palmetto-Staates ausbreitet. Zum Museum gehören ein Planetarium und ein 4-D-Kino.

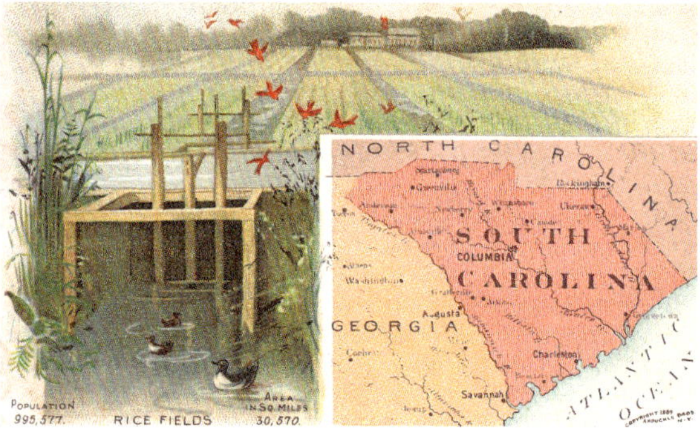

Columbia Museum of Art
1515 Main St., Columbia, SC 29901
✆ (803) 799-2810
www.columbiamuseum.org
Di–Fr 11–17, Sa 10–17, So 12–17 Uhr, Eintritt $ 12/5
Italienische Renaissance- und Barockmalerei aus der Samuel-H.-Kress-Sammlung sowie europäische und amerikanische Malerei vom 18. Jh. bis heute. Umfangreiche Schau angewandter Kunst.

South Carolina State House
1100 Gervais & Main Sts.
Columbia, SC 29201
✆ (803) 734-2430
www.scstatehouse.gov
Mo–Fr 9–17 Uhr, Führungen
Eintritt frei
Prächtiges Kapitol aus blauem Granit, grünem Kupferdom, Marmorböden und schmiedeeisernen Details, 1855 bis 1907 erbaut.

Riverbanks Zoological Park & Botanical Garden
500 Wildlife Pkwy. (I-126, Exit Greystone Blvd.), Columbia, SC 29210, ✆ (803) 779-8717
www.riverbanks.org
Mo–Fr 9–17, Sa/So 9–18 Uhr
Eintritt $ 13.95/11.50
Mehr als 2000 Tiere – keine Gitter und Käfige. Lehrreich und unterhaltsam (mit Karussell, Tierfütterung, Melken etc.).

Mr. Friendly´s New Southern Café
2001 A Greene St., Columbia, SC 29205, ✆ (803) 254-7828
www.mrfriendlys.com
Mo–Fr 11.30–14.30 und Mo–Sa ab 17.30 Uhr
Moderne Küche der Südstaaten. Organisch angebaute regionale Zutaten und schonende, einfache Verarbeitung sind ein Muss. $$

Garden Bistro
1303 B Assembly St., Columbia, SC 29201, ✆ (803) 933-9085
www.gardenbistrovista.com
Mo–Fr 11–14 Uhr
Populäres Lunchrestaurant in Downtown. $

Ausflugsziel:

Congaree National Park
100 National Park Rd., Hopkins, SC 29061, ✆ (803) 776-4396
www.nps.gov/cong
Tägl. 9–17 Uhr (Visitor Center), Eintritt frei
Rund 32 km südöstlich von Columbia, Nähe Hwy. 48 (Bluff Rd.), liegt das Naturschutzgebiet: üppige Sumpflandschaft, schön zum Wandern, Angeln, Kanufahren. Camping.

George Washington vor dem South Carolina State House, Columbia

6 GEORGETOWN

In Georgetown (9100 Einwohner) erinnern rund 50 blendend weiße Antebellum-Häuser an die für die Stadt äußerst erfolgreiche Zeit, die nach der Revolution mit dem Niedergang des Indigo-Anbaus und dem Florieren des Reisgeschäfts begann und bis zum Bürgerkrieg dauerte.

Die gute Versorgung mit Arbeitskräften (Sklaven von den Westindischen Inseln) und gleich sechs Flüsse, die den enormen Wasserbedarf dieser Saat sicherten, machten Georgetown County zeitweise zur wichtigsten Reisschüssel in den USA und zu einer ihrer reichsten Provinzen.

Ein Spaziergang durch den Kern des in der Nachfolge von Charles Town 1729 gegründeten Städtchens führt unweigerlich zum weithin sichtbaren Türmchen des spannenden **Rice Museums**. Stärken kann man sich am angenehmsten in einem der Lokale am Ufer mit Blick auf den Fluss, an dem – parallel zur Front Street – der Harbor Walk direkt am Wasser vorbeiführt.

Rice Museum in Georgetown

SERVICE & TIPPS

ℹ Georgetown County Chamber of Commerce
531 Front St.
Georgetown, SC 29440
✆ (843) 546-8436
1-800-777-7705
www.hammockcoastsc.com

🏛 Rice Museum
633 Front St.
Georgetown, SC 29440
✆ (843) 546-7423
www.ricemuseum.org
Mo–Sa 10–16.30, So 11.30–15.30 Uhr, Eintritt $ 7/3
Ausstellung zur Geschichte der Reiskultur. Hier faszinieren vor allem die liebevoll gebastelten Dioramen: kleine Leuchtkästen mit Miniaturen zum Thema Reisgewinnung. Sie zeigen die Rodung der Gummibaum- und Zypressenwälder, die Anlage von Bewässerungsgräben und Dämmen, das zyklische Überfluten und Trockenlegen der Felder und die Stationen der Weiterverarbeitung. Witzig ist die täuschend echte Nachbildung des Spanischen Mooses an den Baumästen durch kleine Büschel von Abrazzo.

👁 🏛 Kaminski House Museum
1003 Front St.
Georgetown, SC 29440
✆ (843) 546-7706
www.kaminskimuseum.org
Mo–Sa 10–17 Uhr
Führungen stündlich
Eintritt $ 7/3
Sehenswertes Stadthaus (1769) eines Reispflanzers mit herrlichem Blick auf den Sampit River.

✗ 🛍 Kudzu Bakery
120 King St.
Georgetown, SC 29440
✆ (843) 546-1847
www.kudzubakery.com
Mo–Fr 9–17.30, Sa 9–14 Uhr
Creative southern foods und entsprechend duftende Bäckerei mit frischem Brot, Makronen, Kuchen und Marmelade; außerdem gibt es Sandwiches, Öko-Gemüse, Weine. Im Garten kann man picknicken. $

✗ Rice Paddy Restaurant
732 Front St.
Georgetown, SC 29440
✆ (843) 546-2021
www.ricepaddyrestaurant.com
Di–Sa 11–21, So 11–15 Uhr
Die beste *low country*-Küche in Georgetown am Wasser: Lamm, Wachteln, *snapper* und *crab cakes*. $$–$$$

✗ The River Room Restaurant
801 Front St.
Georgetown, SC 29440
✆ (843) 527-4110
www.riverroomgeorgetown.com
Tägl. außer So 11–14.30 und 17–22 Uhr
Gemütliches, legeres Restaurant am Fluss. Auf der Speisekarte stehen viel Fisch und Fleisch sowie Gerichte aus der Südstaatenküche. $$–$$$

Ausflugsziel:

👁 Hopsewee Plantation
494 Hopsewee Rd.
US 17 südl. von Georgetown, SC 29440
✆ (843) 546-7891
www.hopsewee.com
Di–Fr 10–16, Sa 12–16 Uhr, stündl. Hausführungen
Eintritt $ 17.50/7.50 für alles, $ 7.50 nur außen
Die Reisplantage, umgeben von alten Eichen, Kamelien und Magnolien, wurde 1740 für einen Kongressabgeordneten gebaut.

7 HILTON HEAD ISLAND

Relaxen auf Hilton Head Island

Bei Sporturlaubern gilt Hilton Head Island längst als Top-Ziel unter den Spielplätzen der südlichen Ostküste, deren Golf- und Tennisturniere auch von internationalen Profis besucht werden. Benannt nach einem britischen Kapitän, gediehen auf dieser übrigens größten Insel zwischen New Jersey und Florida (mit heute knapp 40 000 Einwohnern) gegen Ende des 18. Jahrhunderts Indigo-, Reis- und Baumwollplantagen. Die betuchten Pflanzer bauten sich ihre Stadtvillen im nahen Beaufort oder Savannah. Im Bürgerkrieg bemächtigten sich die Blauröcke der Insel und nutzten sie als Ausgangspunkt für die Seeblockade der Konföderiertenschiffe. Nach dem Krieg überließ man die Insel sich selbst und den befreiten Sklaven, der sogenannten »Gullah«-Bevölkerung.

Heute sind hier und da noch ein paar Ruinen der Plantagen (z.B. Bayard Ruins) und Bürgerkriegs-Forts (Fort Mitchell) zu sehen. Den großen Einschnitt für die Insel bedeutete mit dem Jahr 1956 der Bau der Autobrücke. Von nun an war Hilton Head Island ein ganzjähriges Freizeit- und Ferienziel. An sportlichen und erholsamen Angeboten fehlt es nicht. Die Insel verfügt über nicht weniger als 25 18-Loch-Plätze, 300 Tennisanlagen jeder Couleur, außerdem über Joggingpfade, Radwege und Marinas. Segelfreunde kommen hier ebenso auf ihre Kosten wie Windsurfer und Angler. Entsprechend breit sind die Palette der Gastronomie und der Komfort der Unterkünfte. Von Luxushotels bis zu rund 4000 Ferienwohnungen (tage- und wochenweise) ist alles zu haben, Sicherheitskontrollen und Wächter eingeschlossen, denn nicht ohne Grund wird in der Freizeitwelt von Hilton Head *security* großgeschrieben. Wem perfekte Hotelanlagen nicht die Erfüllung bedeuten, der wird mit unberührter Natur reichlich belohnt – mit schönen Stränden, Dünen, Marschland und Laubwäldern. Allerdings: Hilton Head Island eignet sich kaum für eine Stippvisite. Ein paar Tage Zeit sollte man für die elegant-abgeschiedenen Resorts schon mitbringen.

Licht und Luxus: Hilton Head Island, South Carolina

SERVICE & TIPPS

Hilton Head Island Visitor & Convention Bureau
1 Chamber of Commerce Dr.
Hilton Head Island, SC 29938
(843) 785-3673, 1-800-523-3373
www.hiltonheadisland.org

Coastal Discovery Museum
100 William Hilton Pkwy.
Hilton Head Island, SC 29925
(843) 689-6767
www.coastaldiscovery.org
Mo–Sa 9–16.30, So 11–15 Uhr
Eintritt frei
Regionales naturgeschichtliches Museum, Schmetterlingspavillion, Gärten und Öko-Lehrpfade.

Salty Dog Café
232 S. Sea Pines Dr.
Hilton Head Island, SC 29928
(843) 671-2233
www.saltydog.com
Mo–So 11–22 Uhr, Bar länger
Fischgerichte, Sandwiches und Salate. Meeresblick. Häufig Live-Entertainment. $$–$$$

Vagabond Ocean Dolphin Cruise
149 Lighthouse Rd.
Hilton Head Island, SC 29928
(843) 363-9026
www.vagabondcruise.com
Tickets $ 29.95/10
Ozeansightseeingtour. Häufige Delfinsichtung. Dauer 90 Min.

Gesellige Fischtaucher: Kormorane auf Hilton Head

8 LEXINGTON

Weil viele deutsche Siedler (seit 1785, Lexingtons ursprünglicher Name war Saxe Gotha) Englands König George III. bewunderten, brauchte Lexington (heute 19 600 Einwohner) im Revolutionskrieg ziemlich lange, um sich auf die Seite der Kolonisten zu schlagen. Sehenswert ist hier vor allem das **County Museum**.

SERVICE & TIPPS

Lexington Visitors Center
311 W. Main St.
Lexington, SC 29072
(803) 359-6113
www.lexingtonsc.org
Mo–Do 9–17, Fr 9–16 Uhr
Auskünfte und Reservierungen.

Lexington County Museum
231 Fox St.
Lexington, SC 29071
(803) 359-8369
www.lex-co.sc.gov/museum
Di–Sa 10–16, So 13–16 Uhr
Eintritt $ 5/2
36 historische Gebäude, darunter das originale Post Office, verschiedene Möbel und andere Artefakte erläutern den Lebensstil der Südstaatler von 1770 bis zum frühen 19. Jh. Besonders interessant ist das Fox House, ein zweistöckiges *plantation home* aus dem Jahr 1832.

9 MYRTLE BEACH UND GRAND STRAND

Wen es an einem Wochenende im Sommer oder gar in den Osterferien *(Easter break)* nach **Myrtle Beach** verschlägt, der lernt auf Anhieb, wie verrückt Teenies spielen können. Schon möglich, dass die modernen Freudentänze der jungen Leute von Myrtle Beach bei manchen Reisenden aus Europa blankes Entsetzen auslösen.

Doch wer das kulturelle Spektrum der Ostküste des Südens erfahren will, der kann den **Grand Strand**, wie der Abschnitt zwischen Myrtle Beach und Georgetown heißt, nicht einfach Nase rümpfend auslassen. Schließlich wird hier ein wichtiges Kapitel jugendlicher Völkerkunde aufgeschlagen – mit Horden von Cola nuckelndem und Hamburger mampfendem Jungvolk.

Wer auf dem Airport von Myrtle Beach landet und am Laufband der Gepäckausgabe auf seinen Koffer wartet, traut meist seinen Augen nicht: von Koffern erst mal keine Spur, dafür reihenweise unhandliche Säcke: schweres Golfergepäck. Noch bevor man seinen Fuß in die Stadt gesetzt hat, weiß man also, wo man gelandet ist. Bei Engpässen (Turnieren z. B.) werden oft zusätzliche Transportflugzeuge eingesetzt, die überhaupt nur Golfausrüstungen einfliegen.

Ohne Myrtle wäre die Palette des Grand Strand von South Carolina nicht komplett. Dazu gehören auch die Charterbusse aus dem Hinterland, vor allem, seit die Eventszene explodiert ist – durch Shows, Eisrevuen und zahlreichen Musiktheatern. Und dazu gehören auch die Harley-Gemeinden, die ab und an hierher strömen, weil South Carolina keine Helmpflicht kennt und damit erlaubt, Resthaare frei im Wind flattern lassen.

Aber Myrtle Beach mit seinen knapp 30 000 Einwohnern hat mehr zu bieten als ein Stonehenge des Körperkults mit röhrenden Blondschöpfen und quietschenden Girls. Woher sonst nämlich käme seine Beliebtheit! Alljährlich strömen 13 Millionen Besucher herbei, vor allem die wärmebedürftigen Nordländer aus New York und Ohio, um die Riesenauswahl an **Golf-** (über 120) und **Tennisplätzen** (mehr als 200), die schönen Strände und spritzigen Wasserparks zu genießen oder eine Angeltour in die vom vorbeiziehenden Golfstrom bereicherten Fischgründe vor der Küste zu starten. Ja, sogar die Japaner lassen sich hier blicken, weil das Golfspielen wesentlich billiger ist als bei ihnen zu Hause.

Das reiche Bettenangebot und ein Dutzend erstklassiger Campingplätze, die heute den Grundstock dieser touristischen Hochburg von South Carolina ausmachen, sind vergleichsweise jung. Lange blieb dieser Landstrich arm und abgeschieden vom Reichtum der Indigo- und Reiskultur an der übrigen Küste. Vor dem Bürgerkrieg waren es lediglich ein paar vereinzelte Pflanzer, die, um Malaria und andere tödliche Fieber zu vermeiden, auf dem benachbarten Pawleys Island eine kleine Sommerfrischlerkolonie errichteten. Zwar drängten um die Jahrhundertwende mehr ans Meer, als eine Holz- und Terpentinfirma eine Eisenbahn von Convey zum Wasser baute, den Strand durch Grundstücksverkäufe erschloss und ein erstes Hotel dorthin setzte. Trotzdem blieb es hier eher ruhig. Erst nachdem 1954 Hurrikan »Hazel« alles Menschenwerk am Wasser abrasiert hatte, rückte im Zuge des Wiederaufbaus von Myrtle Beach das Konzept von South Carolinas Grand Strand in den Vordergrund und in die Landesstatistik. Kürzlich noch zählte die Region zu den am schnellsten wachsenden kleinstädtischen Gebieten in den USA.

Blauer Saum der Südstaaten: Atlantikstrand in Myrtle Beach, South Carolina

SERVICE & TIPPS

Myrtle Beach Area Visitor Center
1200 N. Oak St.
Myrtle Beach, SC 29577
✆ (843) 626-7444, 1-800-356-3016
www.visitmyrtlebeach.com
Mo–Fr. 8.30–17, Sa 9–17, So 10–14 Uhr

North Myrtle Beach Chamber of Commerce
1521 US 17 S.
North Myrtle Beach, SC 29582
✆ (843) 281-2662, 1-877-332-2662
www.northmyrtlebeachchamber.com

Aspen Grille
5101 N. Kings Hwy.
Myrtle Beach, SC 29577
✆ (843) 449-9191
www.aspen-grille.com
Tägl. außer Mo ab 16.30 Uhr
Fisch- und Muschelgerichte sowie Bio Steaks von einer der Niman Ranches (www.nimanranch.com). $$$–$$$$

Collectors Cafe
7740 N. Kings Hwy.
North Myrtle Beach, SC 29572
✆ (843) 449-9370
www.collectorscafeandgallery.com
Tägl. außer So 11.30–24 Uhr
Bistro plus Galerie: Kunst und Küche (geschmackvoll mediterran) unter einem Dach. $$$

Chestnut Hill Restaurant
9922 N. Kings Hwy. (US 17)
Myrtle Beach, SC 29572
✆ (843) 449-3984
www.chestnuthilldining.com
Tägl. ab 16, So auch 10–13.30 Uhr
Gute Steaks und Seafood. Der kleine See am Haus liefert die akustische Untermalung: Im Schilf quaken die Frösche, in den Baumkronen rasseln die Zikaden. $$–$$$

The Library
1212 N. Kings Hwy.
Myrtle Beach, SC 29577
✆ (843) 448-4527
www.thelibraryrestaurantsc.com
Tägl. außer So ab 17 Uhr
Fine dining bei Kerzenlicht und französischen Gerichten, umfangreicher Weinauswahl und aufmerksamem Service. $$–$$$

Sea Captain's House
3002 N. Ocean Blvd. & 30th Ave.
Myrtle Beach, SC 29577
✆ (843) 448-8082
www.seacaptains.com
Tägl. 6.30–10.30, 11.30–14.30 und 16.30 –22 Uhr
Strandnah gelegen mit Ozeanblick: frische Meeresfrüchte, Gerichte mit *low country flavour,*

Myrtle Beachs Seaside Amusement Park

Südstaaten-Ambrosia: Was die Margarita oder Piña Colada für den Südwesten, das ist die Mint Julep für die Südstaaten – ein tückischer Drink, gemixt aus Pfefferminze, Eis und Bourbon. Wie stark das Ergebnis werden kann, verrät ein Barkeeper aus New Orleans: »We make'm strong here. Never get a second order.«

z.B. *she crab soup*, eine mächtige Suppe, die, anders als ihre Cajun-Variante, nicht auf Tomatenbasis gemacht wird. $–$$$

Pirates Voyage
8901 N. Kings Hwy.
Myrtle Beach, SC 29577
✆ (843) 497-9700, 1-800-433-4401
www.piratesvoyage.com
Tickets $ 35/19
Familien-Dinner mit Seejungfrauen- und Artisten-Show. Eine Geschäftsidee von Countrymusic-Veteranin Dolly Parton. Reservierung empfehlenswert.

Legends in Concert
2925 Hollywood Dr.
Myrtle Beach, SC 29577
✆ 1-800-960-7469
www.legendsinconcert.com/myrtle-beach, Tickets ab $ 39/14
Look-alikes von Elvis, den Blues Brothers, Marilyn, Jerry Lee Lewis, Liza Minelli u.a.

2001 Entertainment Complex
920 Lake Arrowhead Rd. (Restaurant Row), Myrtle Beach, SC 29572
✆ (843) 449-9434
www.2001nightclub.com
Do–Sa ab 20 Uhr
Drei beliebte Tanzclubs und Super-Discos mit Live-Entertainment.

Barefoot Landing
4898 Hwy. 17 S.
North Myrtle Beach, SC 29582
✆ (843) 272-8349
www.bflanding.com
Ein Boardwalk über dem Wasser verbindet Shops, Cafés und Restaurants. Auch für Musik und anderes Entertainment ist hier gesorgt (vgl. Alabama Theatre).

Alabama Theatre at Barefoot Landing
4750 US 17 S.
North Myrtle Beach, SC 29582
✆ (843) 272-1111, 1-800-342-2262
www.alabama-theatre.com
Showtime mit 2250 Sitzen: choreografisch, musikalisch und ausstattungsmäßig – mit Hightech-Effekten. Reservierung erforderlich.

The Carolina Opry
8901 N. Kings Hwy.

Goldmännlein im Walde: Brookgreen Gardens

Myrtle Beach, SC 29572
✆ (843) 913-4000, 1-800-843-6779
www.thecarolinaopry.com
Mo–Sa um 20 Uhr, Tickets $ 35–50
Musik- und Varieté-Shows mit Südstaatenthemen.

Medieval Times Dinner & Tournament
2904 Fantasy Way
Myrtle Beach, SC 29579
✆ (843) 236-8080, 1-866-543-9637
www.medievaltimes.com
Tickets $ 54/27
Eine europäische Burg als Zeitmaschine – zurück ins 11. Jahrhundert! Virtuelles Mittelalter mit Ritterkämpfen und Gastronomie. Reservierung erforderlich.

Ausflugsziele:

Brookgreen Gardens
1931 Brookgreen Dr./US 17
Murrells Inlet, SC 29576
✆ (843) 235-6000, 1-800-849-1931
www.brookgreen.org
Tägl. 9.30–17 Uhr
Eintritt $ 15/7
Skulpturenpark aus den 1930er Jahren auf dem Gelände einer ehemaligen Reisplantage. Am Eingang des skulpturenbestückten Parks begrüßt der »Spirit of American Youth« den Besucher, eine wuchtige Bronzeplastik eines kraftvoll-dynamischen jungen Mannes zum Gedenken an die Toten in der Normandie im Zweiten Weltkrieg – gleichzeitig wohl auch ein heroisches Gegenbild zur geballten Langeweile der Beach Boys in Myrtle.

Die botanischen Gärten sind ein lohnender Stopp – wegen des reizvollen Landschaftsbezugs der einen oder anderen unter den 500 plastischen Figuren aus dem 19. und 20. Jh., der immergrünen Eichen mit den verfilzten moosigen Bärten und des kleinen Zoos. Brookgreen Gardens: auch eine Variation des Typus *Hortus conclusus*, der die Südstaaten prägt.

Huntington Beach State Park
16148 Ocean Hwy.
Murrells Inlet, SC 29576
✆ (843) 237-4440
www.southcarolinaparks.com
Tägl. 6–22 Uhr, im Winter kürzer
Eintritt $ 5/3
Top-Strand, Lagune, Salzmarschen, maritime Wälder und großer Vogelreichtum. Camping (186 Plätze), Picknick- und Angelplätze, Wanderwege.

Golfparadies Myrtle Beach

⑩ PAWLEYS ISLAND/MURRELLS INLET

Pawleys Island und **Murrells Inlet**, die weiter vorn am Wasser das Südende vom Grand Strand bilden, gleichen im Gegensatz zu Myrtle Beach Refugien ländlicher Ruhe. Es sind stille Regionen des *low country* mit alten Eichen und sehr gefragt bei Sportanglern. Das waren sie schon in alter Zeit, als sich der gefürchtete Blackbeard und andere finstere Piraten hier verkrochen und die Gegend zur Quelle mysteriöser Legenden und Geistergeschichten machten. Wetter und Wasser, knorrige Bäume und Küstennebel halten viele lokale Geister dieser *misty marshes* bis heute lebendig.

Praktisch sind dagegen die hervorragenden, weil selbst gemachten Hängematten *(hammock)*, die hier zu haben sind – in der Shoppingoase der **Hammock Shops**, wo es außer Modischem feine Delikatessen gibt.

SERVICE & TIPPS

Bistro 217 Restaurant and Bar
10707 Island Hwy.
Pawleys Island, SC 29585
✆ (843) 235-8217
www.bistro217.com
Tägl. außer So 11–16 und 17–22 Uhr
Speisekarte mit dem Geschmack

Region 5
South Carolina

Sunset über Pawleys Island

des *South Carolina low country*: vor allem Steak-, Fisch- und Nudelgerichte. $$–$$$

Roz's Rice Mill Cafe
10880 Ocean Hwy. (US 17)
Hammock Shops
Pawleys Island, SC 29585
✆ (843) 235-0196
www.rozsricemillcafe.com
Mo 11–14.30, Di–Sa 11–21 Uhr
Ideal für ein Gourmet-Lunch oder -Dinner. $$

Carolina Gourmet at Pawleys
10880 Ocean Hwy. (US 17)
Pawleys Island, SC 29585
✆ (843) 237-1999, 1-800-822-7741
www.carolinagourmet.biz
Leckereien und geschmackvolle Küchenaccessoires. Schön gelegen im Ensemble der Hammock Shops.

⓫ SPARTANBURG

Die besten Pfirsiche der Welt sollen angeblich in Spartanburg (37 600 Einwohner) gedeihen. Vielleicht ein Ansporn für **BMW**, die hier vor nicht allzu langer Zeit ein US-Werk errichtet haben. Die bayrischen Motorenbauer stehen hier nicht allein: Zahlreiche andere europäische Unternehmen haben hier Fuß gefasst. In Sachen Niederlassung von internationalen Firmen hat man hier die Nase vorn.

SERVICE & TIPPS

Spartanburg Convention & Visitors Bureau
105 N. Pine St.
Spartanburg, SC 29302
✆ (864) 594-5000
www.visitspartanburg.com

BMW Zentrum
1400 Hwy. 101 S., Exit 60 von I-85, 29 km westl. von Spartanburg
Greer, SC 29651
✆ (864) 989-5297, 1-888-TOUR-BMW
www.bmwusfactory.com
Mo–Fr 9.30–17.30 Uhr, Werkstou-

ren $ 10/5, Zeiten siehe Homepage Besucherzentrum und Museum.

Beacon Drive In
255 John B. White Sr. Blvd.
Spartanburg, SC 29306
✆ (864) 585-9387
www.beacondrivein.com, Mo–Sa 6.30–21.30/22, So 11–20 Uhr
Seit 1946 weist der Leuchtturm den Weg zu den angeblich besten Hamburgern weit und breit. $

Ausflugsziel:

Walnut Grove Plantation
1200 Ott's Shoal Rd.
Roebuck, SC 29304
✆ (864) 576-6546
www.spartanburghistory.org/walnut-grove-plantation
April–Okt. Di–Sa 11–17, So 14–17, Nov. und März, Sa 11–17 Uhr
Eintritt $ 6/3
Von aristokratischen Herrschaftsvillen und unabsehbaren Reisfeldern keine Spur. Stattdessen ein bescheidenes Ensemble funktionsgerechter Häuser, ein Brunnen-, ein Küchenhaus und so weiter, allesamt auf einem Grundstück, das ein irischer Schulmeister im 18. Jh. von König George II. geschenkt bekam, und der es daraufhin mit seiner Familie und sechs bis acht Sklaven bewirtschaftete.

Die Küche ist, wie meist im Süden, nicht im Hause, sondern wegen Hitze und Feuergefahr in gebührender Distanz zu ihm in einem eigenen Gebäude untergebracht. Die Trennung führte dazu, dass die (weiße) Dame des Hauses vom (schwarzen) Koch getrennt war. Diese Arbeitsteilung setzte sich später fort und hatte unter anderem zur Folge, dass aus den ehemaligen Sklaven die erste Generation schwarzer Küchenchefs wurde.

Auf Walnut Grove wurde vor allem Getreide angebaut, das man nach England verkaufte, aber auch Mais, den man bei den Cherokee-Indianern kennen gelernt hatte. Typisch auch die Architektur der Vorratskammern, die sich in nahezu allen frühen Bauten der Region wiederfindet – schließlich gab die Abgeschiedenheit des Wohnens allen Grund zur Vorsorge.

Anschaulich ist die kleine Führung allemal. Die Häuser und die meisten Einrichtungsgegenstände sind authentisch: der Tisch, die Bibel, ja, sogar die danebenliegende Brille des Schulmannes, die Kinderbetten, die unter dem der Eltern hervorgezogen werden, und das deutsche Türschloss, dessen Klinke man mit dem Ellenbogen öffnen kann, ohne dabei die Milchkrüge abstellen zu müssen. An den Wänden hängen farbige Bilder von prächtigen Vögeln, die geschossen wurden, um die Saat zu schützen. Nur der Sherry auf dem Tisch ist nicht echt, sondern gefärbtes Wasser.

Adrett konserviert: Walnut Grove Plantation

Region 6
Florida
Panhandle

FLORIDA PANHANDLE

Das nördliche Florida, der *Panhandle,* setzt sich durch stillere Töne deutlich vom Mickey-Mouse-Image, dem Klischee des »Sunshine State«, ab. Er hängt mit den Südstaaten enger zusammen als mit dem typischen Florida. So überwiegen reizvolle Lagunenlandschaften, die helle Küste des Golfs von Mexiko, das schimmernde Blau der Buchten und die meist weißen Puderzuckerstrände. Der Herkunft nach sind es Quarzsteine, die, aus dem Appalachengebirge herangeschafft und aufgeschüttet, vom Golf ausgewaschen wurden.

»Catch of the day«: Hochseefischen im Gulf of Mexico

Doch es gibt auch Ausnahmen. Rummel ist zum Beispiel am Miracle Strip in Panama City Beach gefragt, dem Zentrum des Vergnügungs-Strips der *redneck riviera,* dem Naherholungsgebiet der kleinen Leute und großen Familien aus der Umgebung.

Die Bezeichnung *redneck* geht auf die Arbeitsbedingungen der überwiegend weißen Landbevölkerung, die kleinen Farmer zurück, die sich keine Sklaven leisten konnten und sich deshalb selbst auf dem Feld der Sonne aussetzen mussten. Dort holten sie sich den roten Nacken, der ihnen den Spitznamen einbrachte. Noch heute leben kaum Schwarze in dieser Region nördlich der Golfküste. Gerade deshalb, so hört man vielfach, sei hier die Mentalität der *good ol' boys* besonders verbreitet – das Eine-Hand-wäscht-die-andere-Prinzip, das die gegenseitige Begünstigung demokratischen Spielregeln vorzieht und das in den Südstaaten ohnehin weit verbreitet ist.

Zu den verlockendsten Badezielen zählen die Strände der State Parks von St. Joseph, St. Andrew's und St. George sowie die komplett naturgeschützte Gulf Islands National Seashore, Pensacola Beach und Perdido Key eingeschlossen. Jacksonville, Tallahassee und Pensacola zählen zu den größeren Städten, im Hinterland kann man zwei Bilderbuchplantagen bewundern (Pebble Hill und Eden Gardens State Park), ja, und ein Bad in der Naturquelle von Wakulla Springs sorgt für Erfrischung.

Entspannung auf Amelia Island, Floridas nördlichster Insel

1 AMELIA ISLAND/FERNANDINA BEACH

Auf Amelia Island, in der äußersten Nordostecke Floridas, überrascht das Badeörtchen **Fernandina Beach** durch sein hübsches Zentrum. An der **Centre Street** reihen sich Restaurants und Shops. Weder der knapp 9000 Einwohner zählende Ort, in dem »Pippi Langstrumpf« verfilmt wurde, noch die ganze Insel wirken touristisch, eher familiär und bescheiden. Am **Main Beach** kann man auf der Terrasse nahe der Brandung sitzen. Fletcher Avenue führt zu den feinen weißen Quarzstränden von **Peter's Point**. Weiter südlich, auf Fort George Island (via A1A, dem beschaulichen Buccaneer Trail durch Marschland, über Brücken und Creeks), liegen der **Talbot Island State Park** mit schönem Strand und die sehenswerte **Kingsley Plantation**.

SERVICE & TIPPS

i Amelia Island/Fernandina Beach Chamber of Commerce
102 Centre St. (Bahnhof)
Fernandina Beach, FL 32034
✆ (904) 277-0717
www.ameliaisland.com
Mo–Fr 9–17, Sa/So 10–16 Uhr
Viele Informationen über das schöne Eiland.

Fort Clinch State Park
2601 Atlantic Ave.
Fernandina Beach, FL 32034
✆ (904) 277-7274
www.floridastateparks.org/fortclinch
Tägl. Park ab 8, Fort 9–17 Uhr
Eintritt $ 6 pro Auto
Wehrhafter Backsteinbau an der Nordspitze der Insel: Camping, Naturpfade, Radwege, Fishing Pier.

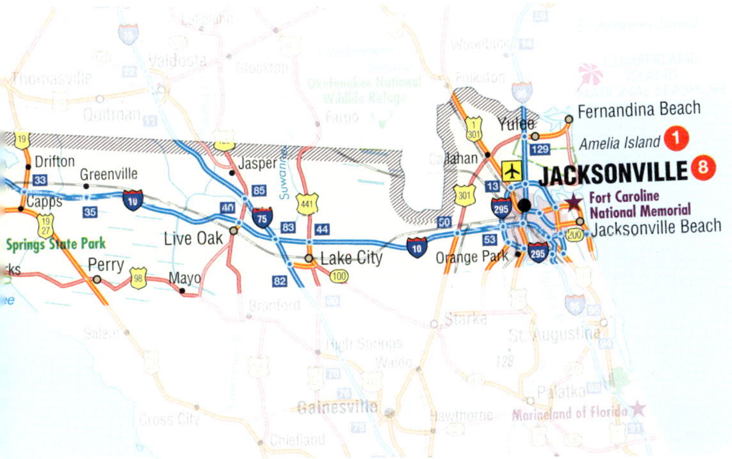

Beech Street Bar and Grill
801 Beech St., Fernandina Beach, FL 32034, ✆ (904) 572-1390
www.beechstreetbarandgrill.com
Di–Do 17–22, Fr/Sa 17–2, So 11–20 Uhr
Einfallsreiche Gerichte (bevorzugt Fisch) in einer viktorianischen Villa in der Altstadt. $$–$$$

Joe's 2nd Street Bistro
14 S. 2nd St., Fernandina Beach, FL 32034, www.joesbistro.com
Tägl. außer Di 11–15 und 17.30–21.30 Uhr
Auch zum Draußensitzen. $$–$$$

Brett's Waterway Cafe
1 Front St.
Fernandina Beach, FL 32034
✆ (904) 261-2660
Tägl. 11.30–14.30 und 17.30–20.30, Fr–So bis 21.30 Uhr
Frischer Fisch und Blick auf den Hafen. Man kann drinnen oder draußen sitzen. Weinkarte, Cocktailbar. $–$$

Palace Saloon
117 Centre St.
Fernandina Beach, FL 32034
✆ (904) 491-3332
www.thepalacesaloon.com
Tägl. 12–2 Uhr
Beliebte Bar mit langer Geschichte (seit 1878) – oft mit Livemusik. Einfache Gerichte. $

Hoyt House English Tea Experience
804 Atlantic Ave.
Amelia Island, FL 32034
✆ (904) 277-4300, 1-800-432-2085
www.hoythouse.com/the-inn/english-tea
Subtropisches Ambiente und englische Tea Time ($–$$) im herrlich luxuriösen, viktorianischen Hoyt House, das auch ein Bed & Breakfast ($$$$) mit 10 Zimmern und einer Yacht ist.

Little Talbot Island State Park/Big Talbot Island State Park
12157 Heckscher Dr.

Jacksonville, FL 32226
✆ (904) 251-2320
www.floridastateparks.org/park/Little-Talbot-Island
Tägl. 8 Uhr bis Sonnenuntergang
Eintritt $ 3 (Big Talbot Island S.P.), $ 5 (Little Talbot Island S.P.)
Strände, Salzmarschen, Dünen und maritime Wälder. Paddelbootverleih.

Kingsley Plantation
11676 Palmetto Ave. (Fort George Island), Jacksonville, FL 32226
✆ (904) 251-3537
www.nps.gov/timu, tägl. 9–17 Uhr, Eintritt frei
Floridas ältestes erhaltenes Plantagenhaus, Anfang des 19. Jh., mit Resten der Sklavenunterkünfte.

Bojen der Austernboote

2 APALACHICOLA

Das rund 2600 Einwohner zählende Apalachicola war einmal ein wohlhabender Baumwollhafen und genießt heute den Ruf, die Austern-Metropole von Florida zu sein. Ein Museum widmet sich der kühlenden Tat eines gewissen John Gorrie, der hier die Klimaanlage erfand. Wie meist im Süden bestimmt hier nicht gerade Eiltempo den Gang der Dinge. »Wenn New Yorker hier irgendwo reinkommen und in ungeduldigem Ton Fragen stellen, laufen sie gewöhnlich erst mal auf und blitzen ab. So was mag der Süden nicht.« Die vorgelagerten Barrier Islands **St. George Island** und 4 **St. Joseph Peninsula** besitzen Traumstrände.

SERVICE & TIPPS

Apalachicola Bay Chamber of Commerce
122 Commerce St.
Apalachicola, FL 32320
✆ (850) 653-9419
www.apalachicolabay.org
Auskünfte und Reservierungen.

John C. Gorrie Museum State Park
46 6th St. & Ave. D
Apalachicola, FL 32320
✆ (850) 653-9347
Do–Mo 9–17 Uhr, Eintritt $ 2
Dr. med. John Gorrie suchte seinen Malaria-Patienten durch die Erfindung der Raumkühlung zu helfen.

Apalachicola Seafood Grill
100 Market St.
Apalachicola, FL 32320
✆ (850) 653-9510
Tägl. geöffnet, So nur Lunch
Fisch und Meeresfrüchte sowie Steaks auf viele verschiedene Arten preiswert und gut zubereitet. $$

The Gibson Inn
51 Ave. C
Apalachicola, FL 32320

***Gemächlicher Süden:** Vieles im Süden läuft nicht gerade im Eiltempo. »Wenn New Yorker hier irgendwo reinkommen und in ungeduldigem Ton Fragen stellen, laufen sie gewöhnlich erst mal auf und blitzen ab. So was mag der Süden nicht«, erzählt eine Barfrau aus Apalachicola.*

Geschützte Dünen und Puderzucker-Sand: die Strände an der Florida Panhandle

✆ (850) 653-2191
www.gibsoninn.com
Do, So/Mo 17–21, Fr/Sa bis 22 Uhr
Historisches Hotel am östlichen Stadteingang. Empfehlenswertes Cajun-Restaurant.
$$

Boss Oyster
123 Water St.
Apalachicola, FL 32320
✆ (850) 653-9364
www.bossoyster.com
Hafenbar für Austernfans. Auch hervorragende Krebse, Shrimps und andere Meeresfrüchte. Tägl. Lunch und Dinner.
$–$$

Ausflugsziele:

4 **St. Joseph Peninsula State Park**
8899 Cape San Blas Rd.
Port Saint Joe, FL 32456
✆ (850) 227-1327
www.floridastateparks.org/stjoseph
Tägl. 8 Uhr bis Sonnenuntergang
Eintritt $ 6 pro Auto
Schutzgebiet mit Zuckerstränden vom Feinsten. Rangierte in der Hitliste *Top Ten 2002 America's Best Beaches* auf Platz eins! Auf der Wattseite: Bootsrampe, Kanuverleih, Camping (ca. 120 Plätze, telefonische Reservierung möglich), Angeln, Naturpfade, Picknicktische und Duschen.

Indian Pass Raw Bar
8391 County C 30 (Ecke der Straße nach Indian Pass), Port St. Joe, FL 32456, ✆ (850) 227-1670
www.indianpassrawbar.com
Tägl. 12–21 Uhr
Nicht auf Freundlichkeiten, aber auf frische Meeresfrüchte spezialisiert!

St. George Island State Park
1900 E. Gulf Beach Dr.
Saint George Island, FL 32328
✆ (850) 927-2111
www.floridastateparks.org/stgeorge island
Tägl. 8 Uhr bis Sonnenuntergang
Eintritt $ 6 pro Auto
Schmal, wie die meisten Barrier Islands, etwa 45 km lang, still und naturgeschützt zwischen Golf und Marsch: Dünen, Strände, schattiger Campingplatz, Bootsrampen, Naturpfade, Picknicktische, Duschen.

3 CARRABELLE

Dass **Carrabelle** eine *fishing community* ist, erkennt man an den kleinen Werften und Krabbenkuttern, die hier dümpeln oder ein- und auslaufen. Wer den Boden betritt, hört den eigenen Schritt besonders gut, denn es prickelt und knackt unter der Schuhsohle. An der Golfküste gibt es keine Schottersteine oder Kies auf den Wegen, sondern nur Muscheln. »No gravel around«, sagen die Einheimischen.

Doch nicht der Blick auf die Fußspitzen, sondern der zum Horizont eröffnet die *vistas* und Perspektiven des Golfpanoramas; davon liefern die malerischen Aussichten von der in ihren Abmessungen nicht eben kleinlichen Brücke über den Carrabelle River eine Kostprobe. Vorn am Wasser hocken Kormorane, Pelikane und – nicht weit davon – die Badegäste, denn die Strände zwischen **Carrabelle Beach** und **East Point** sind beliebte Ausflugsziele, was die vielen Campingplätze und Bootsanleger bestätigen.

SERVICE & TIPPS

Crooked River Grill
151 Lughing Gull Lane
Carrabelle
FL 32322
✆ (850) 697-9606
www.stjamesbay.com
Di–So 11–15, Fr/Sa 17–21 Uhr
Steak- und Seafood-Restaurant im St. James Bay Golf Resort. Sonntags Frühstücksbüffet. $$

❹ DESTIN

Entlang der Straße werden alle Register des *beach front entertainment* gezogen. Aztekische Großköpfe mit Riesensonnenbrillen und grüne Ritterfiguren versprechen Wochenendgaudi. Da möchte eine Fastfoodkette nicht nachstehen. Lapidar preist sie ihre »Tripleburger« auf einer Reklametafel an: FILL YOUR TANK. Magen oder Benzintank, Speise oder Sprit – was macht das schon für einen Unterschied! All das aber heißt nicht, dass der Strand zu verachten wäre. Destin zählt landesweit zu den beliebtesten Stränden.

SERVICE & TIPPS

Hog's Breath Saloon
541 Harbor Blvd., Destin, FL 32541
✆ (850) 837-5991
www.hogsbreath.com
Tägl. ab 11 Uhr
Gut besuchte Partykneipe im Nightlife-Viertel Shanty Town, häufig Livemusik. $

❺ EDEN GARDENS STATE PARK

Plantagenvilla von 1897, Garten und stiller Picknickplatz am Tucker Bayou. Ein Schmuckstück südstaatlicher Bau- und Gartenkunst. Was heute von Staats wegen gepflegt und für jedermann zur Erholung offen steht, gehörte von den 1890er Jahren bis zum Ersten Weltkrieg einer Holzfirma, die die Wälder der Golfküste verwertete. Sägewerk und andere Bauten brannten ab. Nur die mit weißen Säulen umstellte Villa der Familie Wesley überlebte – in leicht abgewandelter Form, denn ursprünglich stand sie wegen der Hochwassergefahr durch die Tucker und Choctawhatchee Bay auf Stelzen.

SERVICE & TIPPS

Eden Gardens State Park
181 Eden Gardens Rd., County Rd. 395, nördl. US 98
Santa Rosa Beach, FL 32459
✆ (850) 267-8320, www.floridastateparks.org/edengardens
Tägl. 8 Uhr bis Sonnenuntergang
Führungen stündl. Do–Mo 10–15 Uhr, Eintritt $ 4 pro Auto, $ 2 für Fußgänger

Erlesene Bau- und Gartenkunst: Wesley House im Eden Gardens State Park

6 FORT WALTON BEACH

Hübscher Badeort umgeben von schönen Salzmarschen, unberührten Dünen und Stränden. Wo die Flüsse in die **Choctawhatchee Bay** münden, entfaltet sich ein tierreiches Dschungelleben mit Alligatoren unter Magnolienbäumen.

SERVICE & TIPPS

Emerald Coast Convention and Visitors Bureau
1540 Miracle Strip Pkwy.
Fort Walton Beach, FL 32548
✆ (850) 651-7131
www.emeraldcoastfl.com

Heritage Park & Cultural Center
139 S. E. Miracle Strip Pkwy.
(Hwy. 98)
Fort Walton Beach, FL 32548
✆ (850) 833-9595, www.fwb.org
Juni–Aug. Mo–Sa 10–16.30, sonst ab 12 Uhr, Eintritt $ 5/3
Dokumente der in Nordwest-Florida ansässigen prähistorischen Bewohner der Paleo-, Archaic-, Woodland- und Mississippi-Kulturen.
Der Erdhügel *(mound)* datiert um 1400. Der Tempel selbst ist eine Nachbildung.

Pandora's Steak House
1226 N. Santa Rosa Blvd.
Fort Walton Beach, FL 32548
✆ (850) 244-8669
So–Do 17–22, Fr/Sa bis 22.30 Uhr
Gute Steaks und frische Meeresfrüchte. Cocktail Lounge – meist mit Livemusik. $–$$

7 GRAYTON BEACH

Durch die naturgeschützten Lagunen und Dünen im **Grayton Beach State Park** führen Wanderwege. Der flache Strand am grünen Wasser lädt zum Laufen und Picknicken.

SERVICE & TIPPS

Grayton Beach State Park
357 Main Park Rd.
Santa Rosa Beach, FL 32459
✆ (850) 267-8300
www.floridastateparks.org/graytonbeach
Tägl. 8 Uhr bis Sonnenuntergang
Eintritt $ 5 pro Auto
Breiter, traumhafter Puderzuckerstrand und tolle Dünen. Mit Campingplatz, Duschen und Bootsrampe auf der Wattseite. Kanuverleih.

Ideale Bedingungen: Surfen am Fort Walton Beach

8 JACKSONVILLE

Jacksonville, vom St. Johns River in zwei Hälften geteilt und flächenmäßig eine der größten US-Städte und die größte Floridas, liegt immer noch weitgehend im touristischen Windschatten. Die meisten fliegen darüber weg, fahren einfach durch oder vorbei. Die Industrie- und Hafenstadt erfreut sich seit Längerem eines beträchtlichen Wachstumsbooms, nicht zuletzt durch die hier stationierten militärischen Einrichtungen wie Küstenwache und U-Boot-Basis. Derzeit leben in der Stadt rund 843 000 Einwohner, im städtischen Einzugsgebiet sogar über eine Million. Im historischen Riverside-Avondale District hat sich noch einiges von der alten Bausubstanz erhalten, darunter ein wah-

Möwenfütterung am Strand von Jacksonville

res Schmuckstück, das opulent ausgestattete Florida Theater, in dem schon Eddie Cantor und Elvis Presley auftraten. Shopping-Freunde schätzen **Jacksonville Landing** an der Uferpromenade am St. Johns River, und kulturhistorisch Interessierten bietet die Stadt zwei erstklassige Institute. Zwei attraktive Strände steigern den Erholungswert der Stadt beträchtlich: **Jacksonville Beach** und Ponte Vedra Beach.

SERVICE & TIPPS

Jacksonville and the Beaches Convention & Visitors Bureau
208 N. Laura St., Suite 102
Jacksonville, FL 32202
✆ 1-800-733-2668
www.jaxcvb.com, Mo–Fr 9–17 Uhr

The Cummer Museum of Art & Gardens
829 Riverside Ave., Jacksonville, FL 32204, ✆ (904) 356-6857
www.cummermuseum.org
Di 10–21, Mi–Sa bis 16, So 12–16 Uhr, Eintritt $ 10/6
Klassische und präkolumbische Kunst, Rubens und Meißener Porzellan. Schöne Gartenanlage zwischen Museum und Fluss.

Museum of Contemporary Art Jacksonville
333 N. Laura St., Jacksonville, FL 32202, ✆ (904) 366-6911
www.mocajacksonville.org
Di–Sa 11–17, Do bis 21, So 12–17 Uhr, Eintritt $ 8/5
Zeitgenössische, klassische (einige Picassos), lokale und präkolumbische Kunst.

Museum of Science & History
1025 Museum Circle
Jacksonville, FL 32207
✆ (904) 396-6674
www.themosh.org
Mo–Sa 10–17, Fr bis 20, Sa bis 18, So 13–18 Uhr, Eintritt $ 10/8
Natur- und Landesgeschichte, interaktive Ausstellungen.

Fort Caroline National Memorial
12713 Fort Caroline Rd.
Jacksonville, FL 32225
✆ (904) 641-7155
www.nps.gov/foca, Eintritt frei
Reizvolle Küstenlandschaft. Visitor Center, Führungen.

Wine Cellar
1314 Prudential Dr.
Jacksonville, FL 32207
✆ (904) 398-8989
www.winecellarjax.com
Mo–Fr 11–14.15, Mo–Sa 17–22.30 Uhr
Fisch- und Fleischgerichte in Bestform; schickes Ambiente.
$$$–$$$$

Bistro Aix
1440 San Marco Blvd.
Jacksonville, FL 32207
✆ (904) 398-1949
www.bistrox.com
Mo–Do 11–22, Fr/Sa 11–16 und 17–23, So 17–21 Uhr
Gutbürgerliches in innovativer

Aufmachung und erfrischendem Ambiente. Die Bio-Schweinekoteletts z.B. stammen von einer der ökologisch orientierten Niman Ranches (www.nimanranch. com). Gute Weinkarte. $$–$$$

Juliette's Bistro
245 Water St. (Omni Jacksonville Hotel), Jacksonville, FL 32202
✆ (904) 741-4819
www.omnihotels.com/hotels/jacksonville/dining/juliettes-bistro
Tägl. 6.30–14 und 17.30–22 Uhr
Luftiger, eleganter Platz im Atrium, amerikanisch-italienische Geschmacksmelange. Cocktail Lounge. $$–$$$

River City Brewing Company
835 Museum Circle Dr. (Southbend Riverwalk), Jacksonville, FL 32207
✆ (904) 398-2299
www.rivercitybrew.com
Mo–Fr 11–15 und 16–21, Fr bis 22, Sa 11.30–15 und 16–22, So 10.30–14.30 Uhr
Sandwiches, Salate und viel Fisch zum frisch gebrauten Bier. Terrasse mit Blick auf den Fluss. Am Wochenende Livemusik. $–$$$

Jacksonville Landing
2 W. Independent Dr.
Jacksonville, FL 32202
✆ (904) 353-1188
www.jacksonvillelanding.com
An der Main Street Bridge (US 1) auf der nördlichen Seite des Flusses: Spezialgeschäfte und Restaurants.

Ausflugsziele Jacksonville Beach:

Azurea Restaurant
1 Ocean Blvd.
Atlantic Beach, FL 32233
✆ (904) 249-7402, 1-800-874-6000
www.oneoceanresort.com
Mo–Do 15–24, Fr/Sa 12–1, So 12–24 Uhr
Eklektische Küche mit karibischen, europäischen und amerikanischen Einflüssen. Elegantes, von der Kunst inspiriertes Ambiente. Jeder Tisch mit Meeresblick hier am Rande des Atlantischen Ozeans. Im Ocean Resort. $$–$$$

Florida Caverns State Park
5 km nördl. von Marianna an SR 167, 3345 Caverns Rd.
Marianna, FL 32446
✆ (850) 482-1228
www.floridastateparks.org/park/Florida-Caverns, tägl. 8 Uhr bis Sonnenuntergang, Führungen $ 8/5, Eintritt $ 5 pro Auto
720 ha großes Parkgelände mit Naturpfaden, Kanutrail und *sinkholes*. Die große Attraktion aber sind die Kalksteinhöhlen mit vielen Stalagmiten und Stalaktiten.

9 PANAMA CITY BEACH

Die gar nicht heimliche Hauptstadt des Panhandle (12 000 Einwohner) funktioniert als Freizeit-Dorado, randvoll mit billigem Entertainment. An der **Miracle Mile** reiht sich ein Fun Park an den anderen, da locken Pappmaché-Dschungel und Aquaparks mit Riesenkraken und künstlichen Wasserfällen, Mini-Golfplätze, Tanz- und Souvenirbuden. Der Geräte-Strip ebenso wie die dazu passenden Hotelkästen erheben sich über einem sehr schmalen Stück Land. Gleich hinter den Kulissen glänzen (vorn) der türkisfarbene Golf und (hinten) die grünen Riedgräser im Swamp.

SERVICE & TIPPS

Panama City Beach Convention & Visitors Bureau
17001 Panama City Beach Pkwy.
Panama City Beach, FL 32413
✆ (850) 233-5070
✆ 1-800-PC-BEACH
www.visitpanamacitybeach.com

Captain Anderson's Glass Bottom Boat Cruises
5550 N. Lagoon Dr.
Panama City Beach, FL 32408

✆ (850) 234-3435, 1-800- 874-2415
www.captandersonsmarina.com
Dreistündige Minikreuzfahrten nach **Shell Island**; abends Dinner und Tanzfahrt in der Bucht.

Museum of Man in the Sea
17314 Panama City Beach Pkwy. (US 98), Panama City Beach, FL 32413, ✆ (850) 235-4101
www.maninthesea.org
Mi–Sa 10–17 Uhr, Eintritt $ 5
Historische Druckanzüge und Ausstellungen zur Unterwasserforschung.

Boar's Head Restaurant
17290 Front Beach Rd.
Panama City Beach, FL 32413
✆ (850) 234-6628
www.boarsheadrestaurant.com
Tägl. ab 16.30 Uhr
Ruhig und rustikal, vor allem gekonnt zubereiteter Fisch, Steaks und Hummer. Ansehnliche Weinkarte. $$–$$$$

Captain Anderson's Restaurant
5551 N. Lagoon & Thomas Drs.
Panama City Beach, FL 32408
✆ (850) 234-2225, 1-888-878-6750
www.captanderson.com
Tägl. außer So ab 16.30 Uhr
Populäres Fischrestaurant an der Bay. $–$$$$

Angelo's Steak Pit
9527 Front Beach Rd. (US 98A)
Panama City Beach, FL 32407
✆ (850) 234-2531
www.angelos-steakpit.com
Tägl. außer So ab 17 Uhr
Großes Familienrestaurant mit herzhaften Steaks, Meeresfrüchten, Geflügel und hausgemachtem *key lime pie*. $$–$$$

Sharky's Beach front Restaurant
15201 Front Beach Rd.
Panama City Beach, FL 32413
✆ (850) 235-2420
www.sharkysbeach.com
Tägl. 11–2 Uhr
Volles Club-Programm: Dinner, Bar, Live-Entertainment, Karaoke, Pool-Billard, Darts, Pool. $–$$

Spinnaker's Beach Club
8795 Thomas Dr.
Panama City Beach, FL 32408
✆ (850) 234-7882
Mo–Do 11–22, Fr–So 11–4 Uhr
www.spinnakerbeachclub.com
Beliebter Nachtclub mit Restaurant. Tagsüber Beach-Volleyball, abends Livemusik. $–$$

Ausflugsziele:

St. Andrews State Park
4607 State Park Lane (am Ostende von Thomas Dr.)
Panama City Beach, FL 32408
✆ (850) 233-5140, www.floridastateparks.org/park/St-Andrews
Tägl. 8 Uhr bis Sonnenuntergang, Eintritt $ 8 pro Auto, $ 2 für Fußgänger
Wanderwege, Bootsrampe, Angeln, Camping, schattige Picknickplätze. Dünen, feine Strände, türkisfarbenes bis blaues Wasser – ideal zum Schwimmen!

Riverboat Cruise in der Saint Andrew Bay vor Panama City Beach

Sunset über Panama City Beach

Mexico Beach

Das ganz und gar auf Badefreuden kaprizierte Örtchen ist so strandfixiert, dass es hier nicht nur eine BEACH BAPTIST CHAPEL gibt, sondern auch eine Badestunde gratis für alle, die in Ost-West-Richtung reisen – der Ort liegt an der Zeitgrenze zwischen Eastern und Central Time.

Die Beachfront Public Parks laden zum Verweilen – mit BBQ- und Picknickeinrichtungen, Liegestühlen, Duschen und Toiletten. Die zahlreichen Beach Hotels und Campingplätze erst recht. (www.mexicobeach.com)

Sunnyside

Sunnyside kommt ohne den sonst üblichen Honky-Tonk-Spuk der Küstenstraße aus. Ruhige Strände laden den Besucher zum Baden und Bleiben ein, und wunderschöne Wasserlandschaften schaffen weitere Augenweiden. Nur gelegentlich sorgt ein pfiffiges *billboard* für ein Schmunzeln: Eine Elektronikfirma verweist auf ihren flächendeckenden Vertrieb mit dem Slogan WE COVER THE PANHANDLE BETTER THAN KUDZU.

10 PENSACOLA

***Pensacola, lapidar** Eine ehemalige Polizistin und angehende Rechtsanwältin: »Umweltschutzabgabe? Wieso denn das? Ich gebe mein Geld für eine Gasmaske aus, aber doch nicht für die Umwelt.«*

PENSACOLA, THE CRADLE OF NAVAL AVIATION behauptet ein Werbespruch am Wasserturm. Er trifft den Lebensnerv dieser Hafenstadt mit 52 700 Einwohnern. Seit Anfang des 19. Jahrhunderts hat die (Kriegs-)Schiffsindustrie bzw. die Marine in der Bay das Sagen und Pensacola zur »Schwiegermutter der Marine« gemacht. Leider ist vom spanischen Erbe nicht mehr viel zu sehen. Nur in der Altstadt entdeckt man noch einige viktorianische Villen und mit Gazebos geschmückte Plätze. Der **Palafox District** lohnt einen Rundgang. Abends, wenn die Marineflieger zum Amüsement ins **Seville Quarter** einfallen, kommt Stimmung auf.

SERVICE & TIPPS

Pensacola Convention & Visitor Center
1401 E. Gregory St.
Pensacola, FL 32502
✆ (850) 434-1234, 1-800-874-1234
www.visitpensacola.com
Mo–Fr 8–17, Sa 9–16, So 10–16 Uhr

Historic Pensacola Village
120 E. Church St.
Pensacola, FL 32501
✆ (850) 595-5993
www.historicpensacola.org
Di–Sa 10–16 Uhr, Eintritt $ 6/3
Museum mit mehreren Altstadthäusern aus der Zeit von 1780 bis 1870. Auch das Florida State Museum im alten Rathaus gehört dazu.

Ausstellungshalle im National Museum of Naval Aviation in Pensacola

National Museum of Naval Aviation
1750 Radford Blvd. (Pensacola US Naval Air Station)
Pensacola, FL 32508
✆ (850) 452-2311
www.naval-air.org
Tägl. 9–17 Uhr, Eintritt frei
Louvre der Marineflieger. Beeindruckende Flugzeugsammlung. IMAX-Kino ($ 6.50).

T. T. Wentworth Jr. Florida State Museum
330 S. Jefferson St.
Pensacola, FL 32502
✆ (850) 595-5990
www.historicpensacola.org
Di–Sa 10–16 Uhr, Eintritt frei
Viel lokale Geschichte im stattlichen ehemaligen Rathaus im Zentrum.

Pensacola Lighthouse
2081 Radford Blvd.
Pensacola, FL 32508
✆ (850) 393-1561
www.pensacolalighthouse.org
Tägl. 10–17.30 Uhr, Eintritt $ 6/4
Historischer Leuchtturm auf dem Gelände der Pensacola Naval Air Force. Turmbesteigung, Aussicht, Leuchtturmwärterhaus.

Atlas Oyster House
600 S. Barracks St.
Pensacola, FL 32502
✆ (850) 470-0003
www.atlasoysterhouse.com
Tägl. Dinner, So Brunch
Familienrestaurant mit Terrasse an der Pensacola Bay. Fisch, Meeresfrüchte, vor allem Austern in allen Variationen: roh, gebacken, gekocht ... Auch Steaks, Burger, Huhn und Pasta. $–$$$

Cottage Café
203 W. Gregory St.
Pensacola, FL 32502
✆ (850) 437-0730, 1-800-370-8354
www.pensacolavictorian.com
Mo–Fr 11–14 Uhr
Café-Restaurant im historischen Pensacola Victorian Inn mit vier Zimmern ($$–$$$). $

McGuire's Irish Pub
600 E. Gregory St. (zwischen Brücke & Civic Center)
Pensacola, FL 32502
✆ (850) 433-6789
www.mcguiresirishpub.com
Institution in Pensacola: bierselig, deftig und gut gelaunt. Selbst gebraute *Ales, Stouts, Porters*. Und der Himmel hängt voller Dollars: An der Decke baumeln (angeblich) 125 000 signierte Dollarnoten ... Steaks und Live-Entertainment. Lunch $–$$, Dinner $$–$$$

Palace Oyster Bar at Seville Quarter
130 E. Government St.
Pensacola, FL 32501
✆ (850) 434-6211, www.rosies.com
Tägl. ab 16 Uhr
Munterer Bar-, Restaurant- und Entertainment-Komplex (Tanz, Pool-Billard, Sport-TV, Computerspiele) – spezialisiert auf alles, was aus dem Golf gefischt wird, aber auch *blackened chicken quesadilla* und Fassbier. $–$$

Ausflugsziel Big Lagoon/Perdido Key:

Wer in der **Big Lagoon State Recreation Area** Dünen und Strand vermisst oder das Watt satt hat, der sollte sich nach **Perdido Key** aufmachen. 1693 von den Spaniern entdeckt, schien Perdido, die westlichste Insel Floridas, lange wirklich *perdido* – verloren, vergessen, futsch. Dann aber, vor etwa 20 Jahren, vollzog sich der Anschluss an den Rest von Florida und das bedeutete: *development took over*. Seither ist das Immobiliengewerbe auf dem schmalen Sandstreifen rastlos tätig und beschert einen Condo-Komplex, ein Eigenheim mit oder ohne Stelzen nach dem nächsten.

Biegt man dagegen Richtung **Johnson Beach** ab, erlebt man immer noch sein weißes, grünes, türkisfarbenes und blaues Wunder. Ungestört rollen hier die Wellen an den Zuckerstrand, und zwischen den grünen Halmen auf den Dünen staksen *Great Blue Herons*, graue Eminenzen, die ihr prinzipielles Misstrauen menschlichen Wesen gegenüber mit Würde zur Schau tragen.

Wer die Einrichtungen (Duschen, Umkleidekabinen, bewachter Badestrand, Picknick-Pavillon) nicht nutzen will, fährt auf der Stichstraße einfach ein Stück weiter und parkt irgendwo, denn überall finden sich wunderbare Strände zum Laufen, Faulenzen und Schwimmen.

Boardwalk am Strand von Pensacola

Big Lagoon State Park
12301 Gulf Beach Hwy.
Perdido Key, FL 32507
✆ (850) 492-1595, www.floridastateparks.org/park/Big-Lagoon
Eintritt $ 6 pro Auto, $ 2 pro Fußgänger
Erholsame Lagune am Gulf Intracoastal Waterway. Keine Dünen, kein Sandstrand, eher etwas für Eltern mit kleinen Kindern, die zum Picknick möchten.

***Florida State Parks:* Alle State Parks sind täglich von 8 Uhr bis Sonnenuntergang geöffnet. Weitere Informationen unter www.floridastateparks.org.**

Perdido Key State Park
12301 Gulf Beach Hwy.

Westl. von Pensacola, FL 32507
✆ (850) 492-1595, www.florida stateparks.org/park/Perdido-Key
Eintritt $ 3 pro Auto, $ 2 pro Fußgänger
Eine gute halbe Stunde (ca. 15 Meilen) fährt man von Downtown Pensacola (entweder über Garden oder Main St.) über die Ziehbrücke und den Intracoastal Waterway hierher, linker Hand geht es zum Johnson Beach, einem Teil der Gulf Islands National Seashore.

Ausflugsziel Gulf Islands National Seashore:

Das Naturschutzgebiet der **Gulf Islands National Seashore** besteht aus meist völlig unberührten Dünenketten und meilenweiten Zuckerstränden. **Pensacola Beach** bildet darin eine Art Enklave, d.h. hier darf sich die private Bauwut austoben. Aber ein Stück weiter östlich, auf **Santa Rosa Island** und Navarre Beach, bleiben Dünen und Strände sich selbst überlassen.

Navarre Beach präsentiert sich als ein Potpourri aus Stelzenhäusern, Kuppelbauten und vom Bauhaus-Stil angehauchten Villen. Gute Bademöglichkeiten und Snacks gleich am Pier.

Gulf Islands National Seashore
1801 Gulf Breeze Pkwy., Santa Rosa Island, Gulf Breeze, FL 32563
✆ (850) 934-2600
www.nps.gov/guis, Eintritt $ 15 pro Auto oder $ 7 pro Person
Die 240 km lange Kette vorgelagerter Inseln und Halbinseln reicht von Florida über Alabama bis nach Mississippi. Camping, Angeln, Wanderwege.

Pensacola Beach Visitors Information Center
735 Pensacola Beach Blvd.
Pensacola Beach, FL 32562
✆ (850) 932-1500, 1-800-635-4803
www.visitpensacolabeach.com

**Fort Pickens/
Gulf Islands National Seashore**
1801 Gulf Breeze Pkwy.
Gulf Breeze, FL 32563
✆ (850) 934-2600
Im Sommer tägl. ab 7 Uhr
Festung von 1834, nach dem Bürgerkrieg auch mal Knast. Apachenhäuptling Geronimo saß hier ein.

11 SEASIDE

Ein Ort wie im pastellfarbenen Zuckerbäckerland – eine *Designer Beach Community* der teuren Sorte. Makellose Sandstrände laden zum Baden, in den hölzernen Gazebos und Pavillons kann man am Meer sitzen und träumen. Oder man mietet ein Fahrrad. Im *town centre* konzentrieren sich die Snackadressen, Boutiquen und ein kurioses Mini-Postamt. Das 1981 gegründete hölzerne Villen-Ensemble ist inzwischen in die Jahre gekommen, deshalb grünt es inzwischen überall heftig. Hier und da surren Elektroautos mit Putzstreitkräften durch die 2000-Seelen-Siedlung, und oft genug lockern Kreissägen und Power-Bohrer die Ferienstille auf, denn die Neuzuzüge nehmen nicht ab und die, die bereits hier wohnen, wollen verschönern oder erweitern, um-, anbauen oder beides.

Seaside ist nicht nur ein Refugium betuchter Genießer, sondern auch ein Arbeitsplatz lärmender Handwerker. So etwas gilt in den USA allerdings nie als anstößig. Im Gegenteil: je lauter, je lieber!

Apachenhäuptling Geronimo saß hier ein: Fort Pickens National Park nahe Pensacola

SERVICE & TIPPS

Bud & Alley's Restaurant
2236 E. County Hwy 30A (gegenüber vom Postamt von Seaside)
Santa Rosa Beach, FL 32459
✆ (850) 231-5900
www.budandalleys.com
Tägl. 11–23 Uhr
Beliebte Adresse – teils drinnen, teils draußen, direkt am Wasser.
$$$–$$$$

Alt und neu: die beiden State Capitols in Tallahassee

⓬ TALLAHASSEE

Tallahassee, die gemütliche Stadt mit 186500 Einwohnern und seit 1823 das Verwaltungszentrum von Florida, verdankt seine Hauptstadtehre kurioserweise einer Verlegenheit und einer Rechenaufgabe. Weil man sich für keine der beiden ältesten Stadtgründungen (Pensacola und Saint Augustine) als Hauptstadt entscheiden konnte, suchte man nach einem Standort in der geografischen Mitte der beiden Städte.

Mit seinem alten **State Capitol** (Sitz des sehenswerten **Museum of Florida History**), von Säulen umstandenen Herrenhäusern und meist vermoostem Baumbestand unterhält Tallahassee engere Beziehungen zum Alten Süden als zum palmenträchtigen Florida.

SERVICE & TIPPS

Tallahassee Area Convention & Visitors Bureau
106 E. Jefferson St.
Tallahassee, FL 32301
✆ (850) 606-2305, 1-800-628-2866
www.visittallahassee.com

Museum of Florida History
500 S. Bronough St.
✆ (850) 245-6400
www.museumoffloridahistory.com
Mo–Fr 9–16.30, Sa ab 10, So ab 12 Uhr
Eintritt frei
Alles, was man immer schon über die Geschichte des Sonnenscheinstaates wissen wollte.

Tallahassee Museum
3945 Museum Dr. (rund 10 km südwestl. am Lake Bradford)
Tallahassee, FL 32310
✆ (850) 576-1636
www.tallahasseemuseum.org
Mo–Sa 9–17, So 11–17 Uhr
Eintritt $ 10/7
Natur- und Kulturgeschichte Nordfloridas: Ausstellungen, ein Lehrpfad durch den Zypressensumpf, eine Farm von 1880 und andere bauliche Zeugen der lokalen Vergangenheit. Picknickeinrichtungen sind ebenfalls vorhanden.

Alfred B. Maclay Gardens State Park
3540 Thomasville Rd.

Tallahassee, FL 32309
✆ (850) 487-4556
www.floridastateparks.org/maclay gardens
Tägl. Park 8 Uhr bis Sonnenuntergang, Gärten 9–17 Uhr
Eintritt $ 6 pro Auto, Jan.–April Gärten zusätzlich $ 6/3
Prächtige Gartenanlage um das alte Herrenhaus eines New Yorker Bankiers. Besonders schön ist im Frühjahr die Azaleenblüte. Reit-, Rad- und Wanderwege.

San Luis Mission
2100 W. Tennessee St.
Tallahassee, FL 32304
✆ (850) 245-6406
www.missionsanluis.org
Di–So 10–16 Uhr
Eintritt $ 5/2
Freilichtmuseum, teilweise rekonstruiertes Indianerdorf von 1656–1704, an Wochenenden häufig mit kostümierten »Kolonisatoren« bevölkert.

Florida State Capitol Complex
400 S. Monroe St. & Apalachee Pkwy.
Tallahassee, FL 32301
✆ (850) 488-6167
Großer Regierungskomplex mit Senat und Parlament des Staates; zum Gelände gehören außerdem ein modernes Science Museum und ein Kunstmuseum. Der klassizistische Bau des alten Kapitols ist heute Museum, das alte Archivgebäude das **Museum of Florida History**.

Im neuen **Kapitol**, einem recht hässlichen Turmbau, bietet sich von der Aussichtsterrasse im 22. Stock ein weiter Blick über die Stadt (Mo–Fr 8–17 Uhr, Eintritt frei).

Vogelbeobachtung: Ibisse im Edward Ball Wakulla Springs State Park

Barnacle Bill's
1830 N. Monroe St.
Tallahassee, FL 32303
✆ (850) 385-8734
http://barnaclebills.com
Tägl. Lunch und Dinner
Beliebtes Fischrestaurant, viel frisches Gemüse, Räucherfisch. Pasta- und Austernbar. $–$$

Joe Mama's Wood Fired Pizza
1307 N. Monroe St.
Tallahassee, FL 32303
✆ (850) 577-1231
www.joemamaspizza.com
Tägl. 17–22 Uhr
Leckere Pizza fast wie bei Mama: nur mit marktfrischen Zutaten im Holzofen gebacken. $–$$

Old Town Café
1415 Timberlane Rd.
Tallahassee, FL 32308
✆ (850) 893-5741
www.old-town-cafe.com
Tägl. außer So 11–21 Uhr
Familienfreundliches Restaurant. Solide Südstaatenkost mit Hackbraten, Kartoffelpüree und grünen Bohnen. Außerdem Burger, Salate, Sandwiches. $–$$

Nick's Restaurant
1431 S. Monroe St.
Tallahassee, FL 32301
✆ (850) 222-0371
Mo–Fr 7–14.30, Sa 7–11 Uhr
Tallahassees ältester und beliebtester Diner. $

The Moon
1105 E. Lafayette St.
Tallahassee, FL 32302
✆ (850) 878-6900
www.222moon.com
Großer Rockclub mit guten Bands, Fr ist Stetsons Ladies Night.

⓭ WAKULLA SPRINGS

Saint Marks Lighthouse

Dass **Wakulla Springs** eine wahre Oase ist, erfährt man spätestens beim Bad im klaren Quellwasser des Flusses, mitten in einem Naturschutzgebiet von beträchtlicher Größe, in dem seit 50 Jahren kein Baum mehr gefällt wurde, einem Urwald, an dem Johnny Weissmuller seine Freude gehabt hätte. Die erholsame, mit Moos drapierte Südstaaten-Oase hat in den letzten Jahren etwas gelitten. Das einst so klare Quellwasser ist oft trüb. Die Hurrikane wühlen es auf, vor allem aber trägt die zunehmende Erschließung ringsum zur Trübung bei.

SERVICE & TIPPS

Edward Ball Wakulla Springs State Park
465 Wakulla Park Dr. (Kreuzung SR 61 & 267)
Wakulla Springs, FL 32327
✆ (850) 561-7276, www.floridastateparks.org/wakullasprings
Tägl. 8 Uhr bis Sonnenuntergang
Eintritt $ 6 pro Auto, Bootstour $ 8/5
Naturpark um eine große artesische Quelle, Bademöglichkeit, Fahrten mit Glasbodenbooten zur Tierbeobachtung (Vögel, Alligatoren). Lodge und Restaurant (✆ 850-421-2000).

Ausflugsziele:

Saint Marks National Wildlife Refuge
1255 Lighthouse Rd., Saint Marks, FL 32355, ✆ (850) 925-6121
www.fws.gov/saintmarks
Eintritt $ 5
Winterquartier für Zugvögel, aber auch Habitat für rund 2000 Alligatoren, die die Marschen und Swamps bevölkern. Außerdem leben hier und in den Wäldern Otter, Raccoons, Truthähne, Wildschweine und Schlangen. Der kleine (lohnende) Abstecher zum Leuchtturm (**Saint Marks Lighthouse** von 1829) führt mit Sicherheit zu zahlreichen Begegnungen!

St. Marks Outfitters
719 Port Leon, St. Marks, FL 32355
✆ (850) 510-7919
www.stmarksoutfitters.com
Kajaks für Touren entlang der Küste, mit oder ohne Führer (halbtags $ 25, ganztags $ 45). Angeln, Tierbeobachtungen im und am Wildlife Refuge.

Riverside Cafe
69 Riverside Dr.
Saint Marks, FL 32355
✆ (850) 925-5668
www.riversidebay.com
Mo–Fr 11–22, Sa/So 10–22 Uhr
Stärkung am Schilf: ein schönes Stück verwahrloste Karibik. Abends oft Livemusik. $$

Heimisch im Edward Ball Wakulla Springs State Park: das Gürteltier (Armadillio)

NEW ORLEANS

HAUPTSTADT DES AMERIKANISCHEN SÜDENS

»New Orleans, eine Kurtisane … Anmutig lehnt sie sich zurück auf ihrer Chaiselongue von verschossenem Brokat, ein feiner Duft nach Räucherwerk ist um sie und der Faltenwurf ihrer Umhänge sehr korrekt. Sie lebt, umgeben von der Atmosphäre einer vergangenen graziöseren Zeit.« (William Faulkner)

The Big Easy – so heißt nicht nur der Longdrink, die *frozen concoction* aus Orangensaft und Pfirsichlikör, sondern auch die generös-gelassene Lebensart der unumstrittenen Hauptstadt des Südens. Hier kulminieren viele ihrer Merkmale: die Art zu essen und zu trinken, zu wohnen und zu bauen, ans Höhere zu glauben und den Tag auszuleben. »Es ist der einzige Ort«, schrieb Henry Miller, »wo man nach einem ausgedehnten Essen, begleitet von einem guten Wein und einem guten Gespräch, in der Altstadt spazieren gehen kann und sich fühlt wie ein zivilisierter Mensch.«

Kein Zweifel, das Herz von New Orleans schlägt im Vieux Carré, in der historischen Mitte der von Jean-Baptiste le Moyne, Sieur de Bienville, 1718 gegründeten französischen Kolonie, die so ordentlich aufgeteilt ist wie eine karierte Tafel Schokolade.

Das Vieux Carré, die berühmte Altstadt, kehrt ihre *French Connections* gern hervor, obwohl die Architektur – bedingt durch verheerende Feuer – im Grunde eher spanisch aussieht. Die idyllischen Patios zum Beispiel, die Innenhöfe, sind spani-

schen Ursprungs. Auch die bunten Fliesen an den Hauswänden tragen spanische Straßennamen.

Der baulichen Vielfalt entspricht der *ethnic mix* dieser Stadt, diese ethnische *gumbo,* die kreolische Gemüsebauern, deutsche Handwerker, Trapper irischer Herkunft, akadische Reisfarmer und schwarze Baumwollpflücker in einer Bevölkerung zusammenrührt, die, rechnet man alle Nachbargemeinden mit dazu, vor Hurrican »Katrina« 2005 die Millionengrenze weit überschritten hat. Die soziale Toleranz ist vergleichsweise immer noch sprichwörtlich. Sie lässt Spielraum auch für Minderheiten; für die Schwulen zum Beispiel. Sie lieben New Orleans kaum weniger als San Francisco oder Atlanta.

Volles Rohr: Straßenmusikerin in New Orleans

Unweigerlich drängen die ersten Schritte durch die Altstadt über den Moonwalk zum Fluss, der schon eine längere Reise hinter sich hat, nämlich 2300 Meilen von der kanadischen Grenze – nicht schnurstracks, sondern gemächlich mäandernd. »Wirft man sich eine lange geringelte Apfelschale über die Schulter, so wird sie ziemlich gut die Gestalt einer durchschnittlichen Strecke des Mississippi annehmen«, meinte Mark Twain. Träge wie massenhafter Café au Lait wälzt sich die braune Brühe seiner Schlammmassen mit ganzen elf Kilometern pro Stunde Richtung Golf und krümmt sich vor den Augen der Stadt wie ein gewaltiges Crois-

sant. Das brauchte man dann nur noch ins Englische zu übersetzen: »Crescent City« – so nennt sich die Stadt gern.

Wo der *misi sipi* fließt, das »große Wasser«, da dürfen natürlich die Schaufelraddampfer nicht fehlen. Also auch nicht die »Natchez«, die täglich Romantiker an Bord hat. Von einem Ausflugdampfer erscheinen die Dimensionen des Flusses noch gewaltiger als vom Ufer aus. »Fünfundzwanzigmal so viel Wasser wie der Rhein« führe der Mississippi, notierte Mark Twain.

Abends übernehmen die Neons die Lichtregie für ein Nachtleben ohne Sperrstunde. Sie inszenieren den Gourmet- und Musik-, Kneipen- und Strip-Tourismus im Quadrat, das **French Quarter**, und dort insbesondere Bourbon Street, die reine T-Shirt-, Sex-Show- und Klangmeile. Die vereinzelten Einheimischen, die sich zu dieser Zeit noch vor die Tür wagen, um noch ein paar letzte Einkäufe zu erledigen, sind die eigentlich Fremden hier.

Die Stadt liegt hart an der Grenze – zwischen öffentlicher Lebenskunst und Neppbetrieb. Viele Fassaden täuschen. Unversehens können die Annehmlichkeiten kreolischer Mansardenhäuser, spanischer Arkaden und viktorianischer Pfefferkuchenhäuser umschlagen in Versatzstücke einer großen Desillusion – die Spielkasinos der jüngsten Vergangenheit eingerechnet. Also, man muss schon ein bisschen wählerisch sein, um im aufgeblasenen Kuchen eines ausgefuchsten Nachtlebens die Rosinen zu finden, kulinarische ebenso wie musikalische. Schließlich rühmt sich New Orleans nicht von ungefähr, die Wiege des Jazz zu sein, seit sich Sklaven von den Westindischen Inseln sonntags auf dem Congo Square (im heutigen Louis Armstrong Park) treffen durften und dort um die Jahrhundertwende afrikanische Rhythmen und Tänze praktizierten, die als Jazz um die Welt gingen.

Der Stadtrundgang ist auf den Karten S. 138 und S. 139 eingezeichnet.

Preservation Hall ist heute nur eine der unverwüstlichen Adressen, wo dieses Erbe weiterlebt – Dixieland, Ragtime und Blues. Wer (tagsüber) Glück hat, erwischt ein Jazz-Begräbnis, eine Art Echternacher Springprozession. Während die Blech-Band auf dem Weg zum Friedhof respektvoll Trauermusik anstimmt, synkopiert sie den Rückweg durch beschwingtere Töne.

Stadtrundgang

Der **French Market** eignet sich als Startpunkt, dort, wo die Stadt ihren Anfang nahm, wo die Choctaw-Indianer Handel trieben. Seit Ende des 18. Jahrhunderts der wichtigste Basar für exotische Früchte und lange ein Sklavenmarkt, reihen sich am French Market heute Straßencafés aneinander, touristisch-mondäne und solche für die arbeitende Bevölkerung, die in aller Herrgottsfrühe öffnen. Um diese Zeit kurven die Gabelstapler und Sackkarren zwischen Melonenhaufen, Zwiebeltürmen und Knoblauchbergen.

Die Hallen mit den grünen Eisenträgern wölben sich zwischen Ursulines und Barracks Street. Auf **Decatur Street**, zwischen St. Philip und Dumaine, werden die besten Spezialitäten aus Italien, Griechenland und Spanien angeboten – europäisches Flair im Kolonialwarenladen.

Ein paar Blocks weiter sitzt das **Old Ursuline Convent**. In dem französischen Kolonialbau lebten seit 1734 die Ordensfrauen, die aus Frankreich nach New Orleans gesandt wurden, um sich der Gesundheit und Schulbildung der Kolonisten anzunehmen. Sie folgten den Sträflingen, die das unwirtliche Sumpfland entwässern sollten, um dem Ruf von Louisiana als einem Paradies Genüge zu tun. Ein knappes Jahrhundert spä-

Balkon-Kultur à la New Orleans

ter verkauften die Nonnen an den Erzbischof, der es zu seiner Residenz machte. Heute hat sich hier das Archiv der Erzdiözese eingerichtet.

Gegenüber dem Konvent prangt die gefällige Fassade des **Beauregard-Keyes House**, das mit seinem Bindestrich zwei Namen unterschiedlicher Provenienz zusammenschließt: den eines Südstaatengenerals und den einer Schriftstellerin. Drei Häuser weiter schließt sich das **Soniat House** an, eine feine Herberge, deren Fassade mit einem kunstvollen »Eisenvorhang« am Balkon *(gallery)* überzogen ist.

An der Ecke Governor Nichols und Royal Street liegt ein kleiner Deli-Laden, und er ist nicht der einzige im French Quarter. Im Gegenteil. Trotz touristischer Inflation hat sich die Altstadt als ein sozial weitgehend intaktes Viertel erhalten, in dem Tante-Emma-Läden, die rund um die Uhr geöffnet haben, Drogerien, Wäschereien (z.B. eine »LaunDRYteria«) und voll gepackte Kioske überleben.

Das Grün der Baumkronen greift auf das üppige Rankenwerk und die Topfpflanzen-Idyllen der Balkone über. Manchmal sieht man bunte Perlenketten in den Behängen verwoben – Reminiszenzen an die karnevalistischen Paraden des Mardi Gras, wenn solche Perlengebinde unters Volk geworfen werden wie die »Kamelle« (Bonbons) im Kölner Rosenmontagszug. Die Balkonkultur von New Orleans hat viele praktische Seiten. Mal kann man sich unter ihnen vor der Sonne, mal vor dem Regen retten, der die Touristen oft scharenweise in Klarsichtfolien hüllt und sie wie muntere Müllsäcke zum Hüpfen bringt – von einem Balkonvorsprung zum nächsten.

Linker Hand folgt das **Gallier House Museum**, die Residenz von James Gallier Jr., dem einst berühmtesten Architekten in New Orleans. Bemerkenswert ist der die Hausfront überziehende eiserne Vorhang aus ornamentalen Balkongittern. Mehr und mehr entpuppen sich die Mansarden und »Gingerbread«-Häuschen an Royal Street als Länden für Antiquitäten und alte Bücher, in denen man vielerorts bis Mitternacht stöbern kann.

Maiskolben wachsen eisern am **Cornstalk Fence**, einem der prächtigen Eisenzäune der Stadt, in Philadelphia gefertigt. Er schützt den Vorgarten einer wahren Hochzeitstorte, des ehemaligen Hauses eines Richters, den Harriet Beecher-Stowe einst besuchte, von der es heißt,

Gastlichkeit hinter Gittern: Cornstalk Fence Hotel

dass sie sich beim Anblick der nahe gelegenen Sklavenbörse (Ecke Royal und St. Louis Street) zu ihrem Roman »Uncle Tom's Cabin« habe inspirieren lassen. Kurz vor der Ecke Royal Street und Dumaine kann man eines der vielen Holztreppchen sehen, die, ob nun aus Holz oder Stein, zur entsprechend höher gelegenen Haustür führen – eines der vielen Anzeichen für die Überschwemmungsängste.

Zu den ältesten Bauten der Stadt zählt das schlichte **Haus von Madame John's Legacy** (632 Dumaine St.) im französischen Kolonialstil und dem Typus nach ein *raised cottage* (Neubau von 1788) – mit überhängenden Dächern und hohen Mansardenfenstern, das heute zum Louisiana State Museum gehört. Ebenfalls an Dumaine Street liegt das **Voodoo Museum**, das ebenso historisch wie praxisnah den geheimnisvollen Riten und Zeremonien huldigt, die Ende des 18. Jahrhunderts die Sklaven aus Afrika mitbrachten.

Zurück zur **Royal Street**. Zwischen Antik-Shops, Maskenläden, Galerien, Büchern und Kunstgewerblichem offenbart sich der eine oder andere sehenswerte Innenhof, wie etwa am Ende der alten Kutscheneinfahrt des Hauses Nr. 821 oder, jenseits von St. Ann Street, die Nr. 731 (Maison Montegut), den ein anmutiger Cupido-Brunnen schmückt, den man, wenn das Tor geschlossen ist, freilich nur erblinzeln kann.

Die stille **Pirate's Alley** ist ein hübsches Gässchen, in dem William Faulkner Mitte der 1920er Jahre seine erste Prosa schrieb, unter anderem die Genrestudien der »New Orleans Sketches« und »Soldiers Pay«, seinen ersten Roman. In dem zitronengelben Haus (Nr. 624) befindet sich eine Buchhandlung. Faulkner war nicht der einzige prominente Autor, der New Orleans zeitweise zum *Genius loci* der Literatur machte. Mark Twain besuchte verschiedentlich die Stadt, und Sherwood Anderson und Tennessee Williams lebten hier in den 1920er Jahren.

Tennessee Williams machte die Straßenbahn weltberühmt

Die dreigliedrige **Saint Louis Cathedral** verkörpert die städtische Hochburg des Katholizismus. New Orleans und der Süden von Louisiana sind überwiegend katholisch, während im Norden die Baptisten und Methodisten das Sagen haben. Die verschiedenen Glaubensrichtungen unterhalten eine Menge lokaler Kontroversen, zum Beispiel beim Thema Glücksspiel (die Katholiken sind dafür, die Baptisten strikt dagegen), beim Thema Abtreibung (die Katholiken lehnen sie ab, die Baptisten sind eher dafür). Generell halten die moralisch meist strengen Louisianer New Orleans für viel zu liberal. Allerdings mag man sich mit der Kritik auch nicht allzu weit aus dem Fenster lehnen, schließlich kommt das meiste Steuergeld des Landes aus der Stadt. Die Kathedrale grenzt mit ihrer ästhetisch nicht gerade überwältigenden Breitfront ganz an den **Jackson Square**, den ehemaligen Place d'Armes – Parade- und Exerzierplatz.

Statt Drill sorgen heute Schnellzeichner, Gaukler und Feuerschlucker für ein munteres Durcheinander. Die Porträtmaler bringen ein Stückchen Montmartre an den Mississippi – vielleicht die letzten Nachwehen einer Visite von Edgar Degas, der 1873 hier Verwandte besuchte und auch malte. Dennoch: trotz Action, üppiger Bananenstauden und General Andrew Jacksons scheuendem Pferd – so richtig offen ist der Platz nicht. Durch den Eisenzaun werden die meisten nur um ihn herumgeschleust.

Flankiert wird die Kathedrale von zwei baulichen Zwillingen, dem **Cabildo** und dem **Presbytere**, in dem die Sammlungen des **Louisiana State Museum** untergebracht sind. Dessen historische Schatzkammern verteilen sich auf mehrere Gebäude in der Innenstadt, unter anderem auch auf die am Ende des French Market aufragende Old Mint. Denkt man sich die nachträglich hinzugefügten Mansardengeschosse weg, trägt der Cabildo typisch spanische Züge.

An zwei Seiten wird der Jackson Square von den Pontalba Apartments begrenzt, den ältesten Mietshäusern in den USA, aufgelockert durch schattige Arkaden und feingliedrige Eisengrills an den Balkonen der ersten und zweiten Etage. Innerhalb dieses Komplexes kann man das **1850 House** besichtigen, dessen edle Einrichtung viel vom Lebensstil der kreolischen Aristokratie jener Zeit erhalten hat.

Wer beim originellen **Pharmacy Museum** noch ein paar Schritte in gleicher Richtung weitergeht, endet an der Ecke am **Napoleon House**, das der Legende nach von Napoleon-Fans dazu bestimmt gewesen sein soll, dem exilierten Herrscher ein komfortables Versteck zu bieten. Aber Napoleon starb vor dem Angebot. So blieben Bar und Restaurant dem Volk erhalten, das hier gern für eine *gumbo* und ein Gläschen einkehrt und unter den schwingenden Ventilatoren die Pause genießt, in einem Raum, dessen orangefarbenes, halbdunkles Interieur jede »Bohème«-Aufführung bereichern würde. Ob abgewetzte Innenräume oder abblätternder Putz draußen – theatralische Patina haben viele Bauten in New Orleans angesetzt.

St. Charles Avenue Streetcar

In der **Historic New Orleans Collection** (533 Royal St.) sollte man einen Blick auf die gerade gezeigte Ausstellung, in den Museumsshop und den hübschen Innenhof werfen. Der lohnt sich auch gegenüber, hinter dem Eingang Nr. 520: Brunnen und Bänke, Töpfe und Blumenkübel möblieren diesen kühlen *Hortus conclusus*.

Auf Toulouse stehen noch ein paar tapfere, schöne alte Häuser aus dem 18. Jahrhundert, die Casa Hove (Nr. 723, leider oft mit verschlossener Tür zum kleinen Patio), und gegenüber (Nr. 722) das **Louis Adams House** von 1788, in dem Tennessee Williams einmal wohnte und das jetzt die Manuskriptsammlung der Historic New Orleans Collection beherbergt.

Unumgänglich ist die **Bourbon Street**, die berühmteste und berüchtigtste, auf jeden Fall aber bekannteste Straße von New Orleans. Vielleicht hat es Vorteile, dass diese Honky-Tonk-Meile existiert, denn sie zieht Nachtfalter und Pornofreaks, T-Shirt-Fans und Bierselige an und gibt der Nachbarschaft ein wenig Ruhe. Morgens freilich herrscht auf Bourbon Street gewöhnlich Ausnüchterung. Müll wird abgeräumt,

Region 7
New Orleans

Bürgersteige werden abgespritzt, die dekorierten Schuppen gelüftet. Samuel Hermann, jüdischer Immigrant aus Frankfurt am Main und in Louisiana im Schiffs- und Kreditgewerbe zu Reichtum gekommen, ließ sich das **Hermann-Grima House** bauen, das sich heute in wohl erhaltenem Zustand befindet und eindrucksvoll die üppige Wohnkultur von New Orleans vor dem Bürgerkrieg spiegelt. Als Hermanns Finanzimperium verfiel, musste er das Haus an die kreolische Familie von Alex Grima verkaufen.

Jäh endet Bourbon Street an Iberville Street, und damit lässt man schnell das gesamte French Quarter hinter sich. An Canal Street, der breitesten Main Street in den USA, hängt die erste Ampel des heutigen Vormittags. Vor lauter Schreck, so scheint es, lassen die Straßen jenseits von Canal ihre Namenshüllen fallen. Aus Bourbon wird Carondelet, aus Straßen werden Schneisen, aus Häusern Bürokästen, aus New Orleans eine normale amerikanische Großstadt.

Die Route ist auf der Karte S. 139 eingezeichnet.

Damit nicht alles in Desillusion endet, wartet an der Ecke eine altmodische Straßenbahn, die für ein paar Cents neuen Regionen entgegenrumpelt und -rasselt. Die **St. Charles Avenue Streetcar** wird von *locals* und Touristen gleichermaßen benutzt. Ein Ahne von ihr erlangte literarischen Weltruhm mit Tennessee Williams' »A Streetcar Named Desire«, der »Endstation Sehnsucht«. Durch den Business District der Hochhausschluchten, Parkplätze und Schnellstraßen strebt die olivgrüne Tram Stadtbezirken zu, die zeigen, dass New Orleans nicht nur aus dem French Quarter besteht.

Da ist zunächst der **Friedhof Lafayette** (Lafayette Cemetery No 1), der im Gegensatz zu den berühmten Verwandten St. Louis I und St. Louis II als »sicherer« Friedhof gilt, weil er an kein ethnisches Wohnviertel grenzt, das heißt an keine der Kehrseiten der schönen Medaille der Stadt, die sich in einer beängstigenden und vergleichsweise hohen Kriminalität ausdrückt.

Dabei zählt New Orleans noch zu den integriertesten Großstädten der USA. Das hat Gründe, die weit in die Geschichte reichen, als die Häuser der Schwarzen in unmittelbarer Nähe der Stadthäuser der Weißen lagen. Aber seit der fortschreitenden Ghettobildung hat sich das geändert; die kriminelle Drogenszene hat, wie auch sonst in den USA, inzwischen horrende Ausmaße angenommen.

Die Steine im Karree von Lafayette tragen auch deutsche Namen und Texte, die verraten, woran diese Menschen einst gestorben sind: zum Beispiel an Gelbfieber oder Cholera.

Grabhäuser auf dem Friedhof Lafayette

Sollte der Friedhof geschlossen sein, kann man über den Zaun blicken und hat mehr Zeit, sich im **Garden District** umzusehen, der, im Gegensatz zum europäisch-westindischen Charakter des Vieux Carré, ein gepflegter Spielraum viktorianischer Bau-Fantasie ist.

Beim Mardi Gras, dem Superfest in New Orleans, gehören zünftige Kapellen zum Umzug

Das Viertel verleugnet sein vordringlich amerikanisches Siedlungserbe keineswegs. Was hier als Nachlass eleganter Residenzen ehemaliger Zuckerpflanzer, Kaufleute und Zeitungsverleger vorkommt, könnte man getrost als eine Art Beverly Hills von New Orleans bezeichnen, wäre da nicht ein kleiner Unterschied. Denn im Gegensatz zur kalifornischen Gepflogenheit baute man in New Orleans nicht wie man wollte, sondern wie es sich gehörte. Dabei wurden die gängigen Stilformen des 19. Jahrhunderts verwendet, alles, was aus dessen abgeleitetem Formenschatz verfügbar war und Ansehen genoss. Statt kreolischer Innenhöfe beherrschen großzügige Gärten mit Brunnen, Statuen und Pavillons die stille Wohnszene.

Zurück zur Elektrischen. Der weitläufige **Audubon Park** ist nach Amerikas berühmtestem Ornithologen benannt, nach John James Audubon, der hier als junger Mann, um sich etwas nebenher zu verdienen, Musik- und Malunterricht gab und der viele seiner später bekannten Zeichnungen für die »Birds of America« Anfang des 19. Jahrhunderts in New Orleans anfertigte.

Im **Audubon Zoo**, unter altehrwürdigen Eichen oder in tropischer Vegetation, zwischen Wasserfällen und Lagunen, leben über tausend exotische Tiere und im Areal der Louisiana Swamp Exhibit das Nonplusultra: kleine weiße Alligatoren mit blauen Augen.

Nach dem Besuch des Zoos geht es mit der Streetcar wieder zurück zum Ausgangspunkt im French Quarter.

SERVICE & TIPPS

i New Orleans Metropolitan Convention & Visitors Bureau
2020 St. Charles Ave.
New Orleans, LA 70130
✆ (504) 566-5011, 1-800-672-6124
www.neworleanscvb.com

i Information Center
529 St. Ann St. (Jackson Sq.)
New Orleans, LA 70116
✆ (504) 568-5661
Tägl. 9–17 Uhr

i French Quarter Visitor Center
419 Decatur Blvd., New Orleans, LA 70130, ✆ (504) 589-2636
Tägl. 9–17 Uhr, tägl. 9.30 Uhr einstündiger *Riverfront History Walk* zum Mississippi
Informiert über die Geschichte und Traditionen der Stadt.

Saint Charles Avenue Streetcar
Endhaltestelle Canal & Carondelet Sts. (bzw. Canal St. & St. Charles Ave.) New Orleans, LA 70130
www.norta.com
Tägl. alle 10–15 Min.
Seit 1835 gibt es Straßenbahnen in New Orleans, seit 1923 fährt diese Elektrische. Kleingeld möglichst passend *(exact change)* bereithalten (einfache Fahrt $ 1.25, Umsteigen $ 0.25). Wenn man unterwegs aussteigt und später weiterfahren will, muss man erneut bezahlen. Deshalb lohnt sich evtl. ein *1-Day Jazzy Pass* für $ 3 oder der 3-Tage-Pass für $ 9, mit dem man auch die Busse benutzen kann. Wer einen Fens-

terplatz ergattern möchte, steigt an der Haltstelle Carondelet ein.

Gray Line Hurricane Katrina Tour
600 Deactur St.
New Orleans, LA 70130
✆ (504) 569-1401, 1-800-233-2628
www.graylineneworleans.com
März–Dez tägl. 13 Uhr, Tickets $ 49/31, im Gray Line Ticket Office Toulouse St. direkt am Fluss
Dreistündige, von Augenzeugen begleitete, informative Bustour durch die 2005 von »Katrina« und den Überschwemmungen betroffenen Viertel der Stadt.

»Natchez« – New Orleans Steamboat Company
400 N. Peters St.
New Orleans, LA 70130
✆ (504) 569-1401
www.steamboatnatchez.com
Für Schaufelrad-Romantiker: tägl. 11.30 und 14.30 Uhr zweistündige Hafenrundfahrten ($ 29,50/12,25); 19 und 21 Uhr *Dinner Jazz Cruise* ($ 77/34).

Blaine Kern's Mardi Gras World
1380 Port of New Orleans Place
New Orleans, LA 70130
✆ (504) 361-7821
www.mardigrasworld.com
Tägl. 9.30–17.30 Uhr
Führungen $ 19.95/12.95
Mardi-Gras-Museum am Ostufer des Mississippi. Alles über die Geschichte und die Traditionen des Karnevals in New Orleans. Man kann den Künstlern bei der Arbeit an den Wagen und Skulpturen zuschauen.

Blauäugig: weißer Alligator im Audubon Zoo

Gallier House Museum
1132 Royal St.
New Orleans, LA 70116
✆ (504) 525-5661
www.hgghh.org
Führungen Mo, Do/Fr 10–14, Sa 12–15 Uhr, Mi nach Vereinbarung, Führung $ 15/12 mit Hermann-Grima House $ 25/20
Strenger und solider Bau von ca. 1860. Das Innere kombiniert viktorianische Dekorfülle mit den Segnungen des technischen Fortschritts (Sanitäres, Belüftung etc.).

The Historic New Orleans Collection
533 Royal St.
New Orleans, LA 70130
✆ (504) 523-4662
www.hnoc.org, Di–Sa 9.30–16.30 Uhr, Eintritt frei
Im Merieult House von 1792: Archiv mit historischen Landkarten, Büchern und Fotos. Wechselnde thematische Ausstellungen zur Stadtgeschichte. Museumsshop.

New Orleans Museum of Art (NOMA)
1 Collins C. Diboll Circle (City Park)
New Orleans, LA 70124
✆ (504) 658-4100
www.noma.org
Di–Do 11–18, Fr bis 21, Sa/So 11–17 Uhr, Eintritt $ 10/6
Vor allem europäische und amerikanische Kunst mit Schwerpunkten in der französischen (17.–19 Jh.), niederländischen, flämischen (17. Jh.) und italienischen Malerei (15.–18. Jh.). U.a. Werke von Pissarro, Renoir, Monet, Gauguin, Degas (der anlässlich eines Verwandtenbesuchs 1871/72 nicht weit vom Museum entfernt gemalt hat), Sisley, Braque, Vlaminck, Modigliani, Kandinsky, Picasso, Ernst, Magritte, Schwitters, Man Ray, Miró, Chagall und Dubuffet.

Außerdem angewandte Kunst und schöne Prunkeier von Peter Carl Fabergé (1846–1920), dem Hofjuwelier des letzten russischen Zaren. – Außer städtischen Zuschüssen erhält das Institut Unterstützung von Sponsoren wie Exxon, Chevron, Hyatt, Amexco

Region 7
New Orleans

Präsentation im Voodoo Museum, New Orleans

und Saks Fifth Avenue. Museumsshop, Café mit Blick auf Lagunen und Magnolien.

Pharmacy Museum
514 Chartres St.
New Orleans, LA 70130
✆ (504) 565-8027
www.pharmacymuseum.org
Di–Sa 10–16 Uhr, Eintritt $ 5/4
Hübsche Apotheke von 1823 mit alten Heilmittelchen und Rezeptbüchern, mundgeblasenen Flaschen, Flakons und Voodoo-Zaubermitteln.

Voodoo Museum
724 Dumaine St., zwischen Bourbon & Royal Sts.
New Orleans, LA 70116
✆ (504) 680-0128
www.voodoomuseum.com
Tägl. 10–18 Uhr, Eintritt $ 5
Zaubermittel, Praxis und Geschichte des Voodoo-Kults. Vermittelt auch Shows der Rituale und Rundgänge zu den Friedhöfen.

Beauregard-Keyes House
1113 Chartres St.
New Orleans, LA 70116
✆ (504) 523-7257
www.bkhouse.org
Führungen stündlich Mo–Sa 10–15 Uhr, Eintritt $ 10/4
Klassizistische Residenz und schöner magnolienbestandener Garten von 1826.

The Cabildo
701 Chartres St. (Jackson Sq.)
New Orleans, LA 70116
✆ (504) 568-6968, 1-800-568-6968
www.louisianastatemuseum.org/museums/the-cabildo
Tägl. außer Mo 9–16.30 Uhr, Führungen $ 6/5
Französischer, spanischer, konföderierter und US-Regierungssitz; jetziges Gebäude von 1795. In einem Raum des ersten Stocks wurde 1803 über den »Louisiana Purchase« verhandelt. Teil des Louisiana State Museum.

Hermann-Grima House
820 St. Louis St.
New Orleans, LA 70112
✆ (504) 525-5661
www.hgghh.org
Mo/Di und Do/Fr 10–14, Sa 12–15 Uhr, Mi nach Vereinbarung, Führung $ 15/12, mit Gallier House $ 25/20
Aufwendig möbliertes Haus von 1831: korinthische Säulen, Kristallleuchter, üppige Stuckdecken und interessante Trompe-l'oeil-Effekte. Außerdem kann man den Stall und die Sklavenquartiere besichtigen.

Donnerstags wird zwischen Oktober und Mai kreolische Kochkunst demonstriert.

Lafayette Cemetery No. 1
Washington Ave. (Garden District)
New Orleans, LA 70115
www.lafayettecemetery.org
Mo–Fr 7–14.30, Sa 7–12 Uhr
Sehenswerter historischer Friedhof.

Old Ursuline Convent
1112 Chartres St.
New Orleans, LA 70116
✆ (504) 529-3040
Führungen Mo–Sa 10–16 Uhr
Eintritt $ 5/3
1745 für die aus Frankreich kommenden ursulinischen Nonnen errichtet.

Saint Louis Cathedral
615 Pere Antoine Alley (Jackson Sq.) New Orleans, LA 70116
✆ (504) 525-9585
www.stlouiscathedral.org
Tägl. 8.30–17 Uhr
Eintritt frei
New Orleans bekannte Kathedrale am Jackson Square. Bau von 1724, abgebrannt 1788, wieder aufgebaut 1794.

Audubon Aquarium of the Americas
1 Canal St. (Woldenberg Riverfront Park), New Orleans, LA 70130
✆ (504) 581-4629, 1-800-774-7394 (auch für Zoo)
www.audubоninstitute.org
Tägl. 10–17 Uhr
Eintritt $ 23.95/17.95, mit IMAX $ 28.95/22.95, mit Zoo, IMAX und Butterfly Garden $ 41.95/29.95
Die Vielfalt der Tiere und Pflanzen vor der Küste Louisianas wird wirkungsvoll im 1,5 Mio. Liter fassenden Gulf of Mexico Exhibit präsentiert. Riesige Schaufenster, 180-Grad-Panoramen und transparente Tunnel simulieren karibische Korallenriffe, das Mississippi-Delta, den tropischen Regenwald am Amazonas. IMAX-3-D-Kino.

Audubon Zoo
6500 Magazine St.
New Orleans, LA 70118
✆ (504) 581-4629, 1-800-774-7394
www.audubоninstitute.org
Mo–Fr 10–17, Sa/So 10–18 Uhr
Eintritt $ 18,95/13,95, Kombitickets siehe Aquarium
Der Park mit seinen schattigen Lagunen, Golfplatz und Schwimmbad entstand in den 1870er Jahren aus einer Zuckerrohrplantage. Von St. Charles Ave. fährt in Höhe der Haltestelle Nr. 36 (25-Minuten-Spaziergang) ein Shuttlebus kostenlos zum Zoo. Viele bedrohte Spezies wohnen hier. Der Louisiana Swamp ist von besonderem Interesse; für Kinder vermutlich der Ritt auf einem Elefanten. Fahrradverleih.

Antoine's
713 St. Louis St., New Orleans, LA 70130, ✆ (504) 581-4422
www.antoines.com
Mo–Sa 11.30–14, 17.30–21, So 11–14 Uhr
Ältestes (seit 1840), namhaftes Restaurant, das seine französische Herkunft nicht verleugnet. Kreolische Gerichte, serviert in hellen Speisesälen, lockere Atmosphäre.

Viele der schwarzberockten Ober sind schon jenseits der

Sonderangebot: French Market

Pensionsgrenze und versehen ihren Dienst mit dem Charme emeritierter Professoren. Reservierung empfohlen. So Jazz-Brunch. $$$–$$$$

Bon Ton Café
401 Magazine St.
New Orleans, LA 70130
✆ (504) 524-3386
www.thebontoncafe.com
Mo–Fr 11–14 und 17–21 Uhr
Cajun-Küche nach Familienrezepten. Besonders beliebt zum Lunch. $$–$$$$

Galatoire's Restaurant
209 Bourbon St. New Orleans, LA 70130
✆ (504) 525-2021
www.galatoires.com
Di–Sa 11.30–22, So 12–22 Uhr
Helles, elegantes Bistro – für die *locals*. Küche: *French creole*. Keine Reservierungen, aber Warten lohnt. $$–$$$$

The Court of Two Sisters
613 Royal St.
New Orleans, LA 70130
✆ (504) 522-7261
www.courtoftwosisters.com
Das französisch-kreolische Jazz-Brunch-Büfett (tägl. 9–15 Uhr) im hinreißenden Innenhof ist die Ouvertüre zu New Orleans – kulinarisch und musikalisch. Tagsüber mit grün-bewachsenem Baldachin, abends (17.30–22 Uhr) mit Sternenzelt. Kein Wunder, dass sich hier schon Mark Twain wohlfühlte. $$$

Bayona
430 Dauphine St.
New Orleans, LA 70112
✆ (504) 525-4455, So geschl.
www.bayona.com
Mi–Sa 11.30–13.30, Mo–Do auch ab 18, Fr/Sa ab 17.30 Uhr
Speisen mit mediterranem Flair in einem alten kreolischen Haus. $–$$$

Mulate's
201 Julia St., New Orleans, LA 70130, ✆ (504) 522-1492
www.mulates.com
So–Do 11–22, Fr/Sa bis 23 Uhr
Bekömmliches Arrangement: Cajun-Musik, Tanz und Cajun-Küche. $$–$$$

Palm Court Jazz Café Inc.
1204 Decatur St., New Orleans, LA 70116, ✆ (504) 525-0200
www.palmcourtcafe.com
Mi–So 19–23 Uhr, Juni–Mitte Sept. geschl.
Live-Jazz zu französisch-kreolischen Speisen. $$

Felix's Restaurant & Oyster Bar
739 Iberville St.,
New Orleans, LA 70116
✆ (504) 522-4440, www.felixs.com
So–Do 11–22, Fr/Sa bis 23 Uhr
Beliebt sind Austern und andere kreolische Delikatessen in diesem seit über 70 Jahren existierenden Restaurant. $–$$

Fiorella's Café
45 French Market Place
New Orleans, LA 70116
✆ (504) 523-2155
So–Do 11–23, Fr/Sa bis 24 Uhr
Zünftige Imbissstube für Marktarbeiter. $–$$

Gumbo Shop
630 St. Peter St.
New Orleans, LA 70116
✆ (504) 525-1486
www.gumboshop.com
So–Do 11–22, Fr/Sa bis 23 Uhr
Traditionelle kreolische Küche in einem restaurierten Haus von 1795 mit hübschem Patio. Äußerst beliebt. Tipp: *Seafood gumbo!* Große Auswahl an offenen Weinen. $–$$

Huck Finn's Café
135 Decatur St., New Orleans LA 70130, ✆ (504) 529-8600
www.huckfinnscafe.com
So–Do 8–22, Fr/Sa bis 23 Uhr
Preiswertes, legeres Restaurant im French Quarter. $–$$

Café du Monde
800 Decatur St. (French Market)
New Orleans, LA 70116
✆ (504) 525-4544, 1-800-772-2927
www.cafedumonde.com
Mo–Fr 8.30–17 Uhr
Seit 1862 führend für Café au Lait und *beignets*. Rund um die Uhr geöffnet. $

Mother's Restaurant
401 Poydras St. (Tchoupitoulas St.)
New Orleans, LA 70130
✆ (504) 523-9656

Der kulinarische Dauerbrenner der Cajun-Küche ist die Gumbo, die Bouillabaisse der Südstaaten – eine dicke Klunkersuppe, in der der tierische Reichtum der Region inmitten saftiger Gemüse-Kombos aus Zwiebeln, Stangensellerie und Cayennepfeffer Geschmack annimmt. Die Gumbos – mit Fisch, Schalentieren oder Fleisch – entstehen in Eisentöpfen, in denen die Schwitze (»roux« aus Okra oder Mehl und Butter) behutsam auf kleiner Flamme gebräunt wird, bevor die klein gehackten Gemüse, Kräuter und schließlich die übrigen Zutaten darin zu köcheln beginnen.

Preservation Hall

www.mothersrestaurant.net
Tägl. 7–22 Uhr
Populäre Cafeteria mit herzhafter kreolischer Küche. $

Napoleon House Bar & Café
500 Chartres St. (St. Louis)
New Orleans, LA 70130
✆ (504) 524-9752
www.napoleonhouse.com
Mo 11–17.30, Di–Do 11–22, Fr/Sa bis 23 Uhr
Bar, Café, Restaurant. Exzellente *Seafood gumbo* (mit *roux*, Tomatensoße und *ocra*) unter quirlenden Ventilatoren bei rollenden Impromptus oder appetitanregendem Rossini. $

Old Absinthe House
240 Bourbon St. (Bienville St.)
New Orleans, LA 70130
✆ (504) 523-3181
www.ruebourbon.com/oldabsinthehouse
Tägl. 9.30–24 Uhr
Populärer alter Kasten von 1798–1806. Restaurant und Bar. $

Lafitte's Blacksmith Shop Bar
941 Bourbon St.
New Orleans, LA 70116
✆ (504) 593-9761
www.lafittesblacksmithshop.com
Tägl. 10.30–3 Uhr
Der Bruder des legendären Piraten ging hier seinem Handwerk nach. Das spelunkige, windschiefe Haus passt in jeden Seeräuberfilm. Schon Tennessee Williams soll hier häufig an der Bar gestanden haben.

Preservation Hall
726 St. Peter St.
New Orleans, LA 70116
✆ (504) 522-2841
www.preservationhall.com
Tägl. 20–23 Uhr, Eintritt $ 15–20
Musikalisch-archäologisches Museum mit traditionellem Jazz in Reinkultur: Zuhören ist alles – im Stehen oder auf dem Boden. Meist lange Warteschlangen, da keine Reservierung möglich. Kinder aller Altersstufen sind willkommen! Seit 1961.

Tipitina's
501 Napoleon Ave.
New Orleans, LA 70115
✆ (504) 895-8477
www.tipitinas.com
Live-Entertainment, gute Stimmung: Jazz, R&B, Zydeco, Cajun, Reggae, Rock 'n' Roll. Unter gleichem Namen auch im French Quarter: 233 N. Peter St.

Snug Harbor Jazz Bistro
626 Frenchmen St. (nordöstl.

Straßenmusik im French Quarter

Mardi-Gras-Umzug in New Orleans

vom French Market)
New Orleans, LA 70119
✆ (504) 949-0696
www.snugjazz.com
Musikclub für Jazz-Kenner, auch R&B; Restaurant (ab 19 Uhr, $$).

Mardi Gras
Das Superfest von New Orleans findet am Karnevalsdienstag statt, aber die Festivitäten beginnen schon am Wochenende davor. Bei aller Ausgelassenheit spiegelt es die Hierarchie der städtischen Sozialstruktur wider. Mitglied in einem der mehr als 60 mächtigen Karnevalsvereine *(krewes)*, die Bälle und Paraden organisieren, wird man nur als alteingesessener *New Orleanian* – mit viel Geld (www.mardigrasneworleans.com)!

Ausflugsziele:

Honey Island Swamp Tours
41490 Crawford Landing Rd.
Slidell, LA 70461
✆ (985) 641-1769
www.honeyislandswamp.com
Fahrpreis $ 23/15
Durch die Sümpfe im Mündungsbereich des Pearl River. Tags zuvor telefonisch anmelden; entweder wird man am Hotel abgeholt (dann dauert die Tour alles in allem 4 Std.) oder man fährt selbst zum Anleger (Bootstour: 2 Std.): I-10 nach Osten über den Lake Ponchartrain, Exit 266 in Slidell, rechts die US 190 (Gause Blvd.), 2 Meilen bis zur Ampel an der Kreuzung mit Military Rd. (S 1090), dort links und Schildern folgen, über die I-10 hinweg und gleich dahinter rechts in die Service Rd. bis zu deren Ende am Fluss (ca. 3/4 Std. Fahrt von New Orleans).

Destrehan Plantation
13034 River Rd. (SR 48)
Destrehan, LA 70047
✆ (985) 764-9315, 1-877-453-2095
www.destrehanplantation.org
Tägl. 9–16 Uhr
Eintritt $ 18/7
Diese 1787 im westindischen Stil gebaute Pflanzervilla ist die älteste noch intakte im unteren Mississippi-Tal und typisch für die Plantagen an der »Côte d'Allemands«. Sie liegt in einem großen, eichenbestandenen Garten zusammen mit alten Sklavenhütten.

Barataria Preserve/Jean Lafitte National Historical Park
Südl. von New Orleans, via Hwy. 45 S.
Park Visitor Center: 6588 Barataria Blvd., Marrero, LA 70072
✆ (504) 689-3690
www.nps.gov/jela/barataria-preserve.htm
Visitor Center Mi–So 9.30–16.30 Uhr
Stege und Wasserwege durch eine der ursprünglichsten Sumpflandschaften Louisianas, auch Bayous und Marschland, mit vielen Tieren und Pflanzen. Kajak- und Kanutouren möglich.

Region 8
Louisiana

CAJUN COUNTRY
LOUISIANA

»Es gibt Leute auf dem Land, die abends ins Bett gehen und nicht wissen, ob sie morgens als Farmer oder Fischer wieder aufwachen«, erzählt der Mann aus Kraemer am Bayou Lafourche im südlichen Louisiana. Er hat mit Überschwemmungen so seine Erfahrungen gemacht. Den Wasserreichtum dieses Staates könnte man kaum besser beschreiben, es sei denn, man setzt sich ins Flugzeug. Dann sieht das golfnahe Louisiana wie eine zersplitterte Glasscheibe aus. Allein der Mississippi hatte sieben Deltas, die er im Laufe der Zeit aufgegeben hat. Das wirkte wie eine Sprinkleranlage in einem Riesengarten. Heute, nach der Eindeichung, sind die Sümpfe trockener geworden, zumal die Kanäle für die Schifffahrt und die Pipelines der Gas- und Ölgesellschaften dies vorantreiben.

Dennoch: Die Wasserlandschaft des Deltas besteht zu 40 Prozent aus Sumpf und deren »Hauptstadt« New Orleans liegt zum

Sabberbärte, Engelshaar, Lametta – das Spanische Moos hat viele Namen

größten Teil rund anderthalb Meter unterhalb des Meeresspiegels. Das hat sogar Auswirkungen auf die Bestattungsriten des Landes und diese wiederum auf die Gräber. Die Verstorbenen werden über der Erde in steinernen Totenhäusern begraben. Normalerweise existiert ein Grab in New Orleans nur ein Jahr, dann wandern die Überreste in einen Holzkasten, werden verbrannt, und ein neuer Toter rückt nach.

Zwischen den labyrinthischen Flüssen, Seen und Bayous: Hausboote, Teppiche aus grünen Sumpfgräsern und Entengrütze, Zieh- und Drehbrücken – ein Hauch von Holland? Nein, das Schild PARISH stellt klar, was Sache ist. In Louisiana unterteilt man das Land in kirchliche Bezirke und nicht, wie sonst in den USA, in Counties.

An den River Roads von Mississippi und Bayou Teche verbreiten die *plantation homes* die Aura des Alten Südens. Nirgendwo hat der Pflanzer-Mythos weißere und tragendere Säulen gefunden als in diesen Herrschaftsarchitekturen aus der Feudalzeit vor dem Bürgerkrieg. Kultur, Sozialstruktur und Glaubensordnung waren in dieser aus England exportierten »Nobility«-Welt aufs Engste und Selbstverständlichste verschränkt. Ehre, Status und Unterwerfung schufen klare Hierarchien und Rollenverteilungen zwischen den Plantation Masters und ihren Söhnen über Frauen und Töchter bis zu den weißen Abhängigen und schwarzen Sklaven.

Thema Einäscherung: »Uncle Henry«, erzählt ein wenig zimperlicher Local, »wog lebend immerhin 180 Pfund. Nach einem Jahr Totsein füllte er gerade noch eine halbe Einkaufstüte. So schnell geht das bei uns. Die Jungs in den Krematorien sind wahre Schnellköche. Sie führen bald Mikrowellenherde ein.«

Der nördliche Landesteil des »Pelican State und Sportsman's Paradise« – so der Spitzname von Louisiana – trägt andere Züge. Maisbrot, *bisquits, catfish* und *hush puppies, pecan pie* mit Kaffee und *beans-and-greens* als Gemüse-Dinner zählen hier zu den Spezialitäten. Shreveport und Bossier City am Ufer des Red River gelten als Vertreter des »anderen« Louisiana, das heißt als Finanz-, Kultur- und historische Zentren des nordwestlichen Landesteils. Besucher, die aus dem südlichen Flachland hierherkommen, treffen auf eine hügelige Landschaft mit hoch gewachsenen Nadelbäumen.

❶ ALEXANDRIA

Alexandria, geografisches Zentrum des Staates Louisiana und Hafenstadt am Red River, lange prosperierend durch Baumwoll-, Zucker und Holzhandel, wurde im Bürgerkrieg sehr gebeutelt und weitgehend niedergebrannt. Heute leben die knapp 48 400 Alexandriner insbesondere von den Bildungseinrichtungen und vom Militär.

SERVICE & TIPPS

Alexandria/Pineville Area Convention & Visitors Bureau
707 Second St.
Alexandria, LA 71301
✆ (318) 442-9546, 1-800-551-9546
www.alexandriapinevillela.com

Alexandria Museum of Art
933 Second St.
Alexandria, LA 71301
✆ (318) 443-3458
www.themuseum.org
Di–Fr 10–17, Sa 10–16 Uhr
Eintritt $ 5/4
Präsentiert seit 1977 moderne Kunst und Kunsthandwerk Nord-Louisianas in einem historischem Gebäude von 1898.

Cracker Barrel
6108 W. Calhoun Dr.
Alexandria, LA 71301
✆ (318) 767-0500
www.crackerbarrel.com
Frühstück, Lunch und Dinner
Populär und preisgünstig, Country Style. Mit bunt sortierten **Cracker Barrel Country Store**. $

Outlaw's Bar-B-Q
818 MacArthur Dr.
Alexandria, LA 71303
✆ (318) 443-8723
www.outlawsbarbecue.com
Tägl. 11–22 Uhr
Richtige Adresse für gutes BBQ: Steaks und Geflügel. Das Sortiment der Bar beschränkt sich auf Bier. $

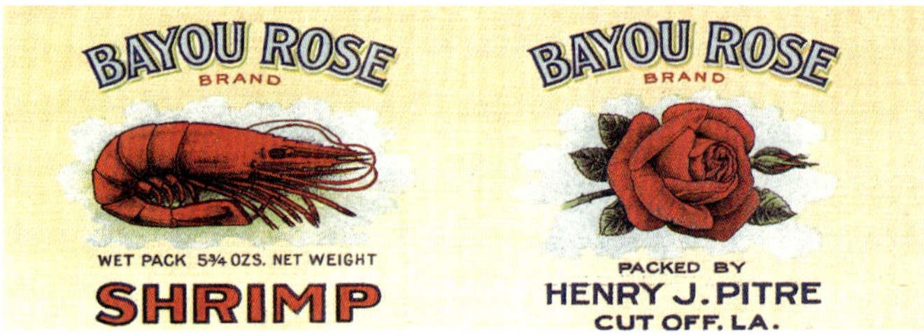

❷ AVERY ISLAND

Die Quelle der **Tabasco-Soße**, die seit Mitte des 19. Jahrhunderts hier produziert wird, erreicht man über eine mautpflichtige Brücke. Der Ort sitzt auf einem riesigen Salzdom, dessen Salz im Süden lange Zeit als Konservierungsmittel diente.

SERVICE & TIPPS

Jungle Gardens & Bird Sanctuary
Nähe SR 329 (Avery Island Rd.)
Avery Island, LA 70513
✆ (337) 369-6243
www.junglegardens.org
Tägl. 9–17 Uhr, Eintritt $ 8/5
Üppiger botanischer Garten mit subtropischer Flora – ein Blütenmeer zwischen Nov. und Juni. Vogelhaus, Alligatoren und Wild.

McIlhenny Company
Nähe SR 329
Avery Island, LA 70513
✆ (337) 365-8173, 1-800-643-9599
www.tabasco.com, tägl. 9–16 Uhr
Touren kostenlos
Seit 1868 wird hier die feurige Tabasco-Soße hergestellt.

❸ BATON ROUGE

Über der Hauptstadt von Louisiana, Baton Rouge (ca. 230 000 Einwohner), flatterten schon sieben diverse Flaggen: von Frankreich, England, Spanien, West Florida, vom Sovereign State of Louisiana, der Konföderation und den USA. Dennoch, die Ursprünge (1699) der bedeutenden Hafenstadt sind französisch, allem voran der Name. Der »Rote Stock« spielt auf geschälte Zypressenstöcke an, mit denen man erlegte Tiere aufspießte, um die Grenze zwischen zwei indianischen Jagdgründen zu markieren.

Heute mildern Zypressen und hübsche Antebellum-Villen den Eindruck, Baton Rouge sei letztlich nichts anderes als eine Chemiemetropole am Nordende der petrochemischen Goldküste, die sich von New Orleans am Mississippi entlangzieht.

Das neugotische, aus dem Jahre 1847 stammende **Old State Capitol** (100 North Blvd./River Rd.), von Mark Twain einst als »Ungeheuer vom Mississippi« bezeichnet, das neuere **Louisiana State Capitol** (State Dr./Third St.) und die restaurierte **Old Governor's Mansion** (502 North Blvd.) setzen sehenswerte Akzente in der Innenstadt. Die neueren Spielkasinos folgen dem Trend vieler Südstaaten, sich so zusätzliche Einnahmequellen zu verschaffen. Sie umgehen dabei geschickt die Anti-Kasino-Gesetze, die an Land gelten, indem sie die Kasinos in Schiffen unterbringen, auf den Flüssen oder vor der Küste im Golf.

Baton Rouge, mitten in der »Sugar Bowl of America«, ist eine Großstadt mit scharfen Gegensätzen, denn neben der bizarren Industrie blühen die Magnolienbäume, reihen sich Seen und Bayous, kurvige Sträßchen und Erinnerungen an den Bürgerkrieg. In den ausgedehnten Hafenanlagen ankern riesige Ozeankähne, und am anderen Ufer des Mississippi erstrecken sich die großen Zuckerplantagen.

Im Burgen-Look: das Old State Capitol in Baton Rouge, Louisiana

SERVICE & TIPPS

Louisiana Visitor Information Center
1051 N. 3rd St.
Baton Rouge, LA 70804
✆ (225) 342-7317, 1-800-994-8626
www.louisianatravel.com

Baton Rouge Area Convention & Visitors Bureau
359 3rd St., Baton Rouge, LA 70801
✆ (225) 383-1825, 1-800-LAROUGE
www.visitbatonrouge.com

LSU Rural Life Museum
4600 Essen Lane (Exit 160 von I-10), Baton Rouge, LA 70808
✆ (225) 765-2437
http://sites01.lsu.edu/wp/rurallife
Tägl. 8–17 Uhr, Eintritt $ 9/8
Das auf dem Gelände der Burden Gardens gelegene Freilichtmuseum widmet sich der Kulturgeschichte des ländlichen Louisiana.

Juban's Restaurant
3739 Perkins Rd. (Acadiana Shopping Center)
Baton Rouge, LA 70808
✆ (225) 346-8422
www.jubans.com
Di–Fr 11–14, Mo–Do 17.30–21.30, Fr/Sa 17.30–22, So 10.30–15 Uhr
Erstklassiges Bistro an einer Stelle, wo man so etwas nicht vermutet – am Parkplatz eines Supermarkts. Probieren Sie die Shrimps-Ravioli. $$$

Beauregard Gallery & Bistro
715 Europe St.
Baton Rouge, LA 70802
✆ (225) 383-1932
www.beauregardgallery.com
Mo–Fr 11–14 Uhr
Cajun-Küche mit Zutaten vom Meer, Sumpf und Land. Hier speist man umgeben von den Werken lokaler und regionaler Künstler. $$

Ralph & Kacoo's
6110 Bluebonnet Blvd.
Baton Rouge, LA 70809
✆ (225) 766-2113
www.ralphandkacoos.com
So–Do 11–21.30, Fr/Sa bis 22.30 Uhr
Regionale Küche, hauptsächlich Meeresfrüchte. $–$$

***Shotgun Houses:* Im LSU Museum gibt es auch ein »shotgun house« zu besichtigen: ein im Süden allgemein verbreiteter Wohnhaustyp aus Holz, der so schmal gebaut ist, dass eine Gewehrkugel das Haus komplett durchschlagen kann.**

»Louisiana Crawfish«

❹ BREAUX BRIDGE

Breaux Bridge besitzt eine originelle Backsteinkirche, deren Türme wie rote runde Mützen aussehen. Da jede zweite amerikanische Kleinstadt sich als Mittelpunkt der Welt fühlen möchte, hat sich Breaux Bridge auch etwas überlegt: »Crawfish Capital of the World«. Jedes Jahr im Mai wird dies auf einem Festival ausgelassen gefeiert.

SERVICE & TIPPS

ℹ Bayou Teche Visitors Center/ Breaux Bridge Area Chamber of Commerce
314 E. Bridge St.
Breaux Bridge, LA 70517
✆ (337) 332-8500, 1-888-565-5939
www.breauxbridgelive.com

✕ Café Des Amis
140 E. Bridge St.
Breaux Bridge LA 70517
✆ (337) 332-5273
www.cafedesamis.com
Di 11–14, Mi/Do 11–21, Fr/Sa 7.30–21, So 8–14 Uhr
Treff der *locals* zu Frühstück. $$

✕♫ Pont Breaux Cajun Restaurant
325 Mills Ave. (südl. I-10, Exit 109)
Breaux Bridge, LA 70517
✆ (337) 332-4648, 1-800-422-2586
www.pontbreauxscajunrestaurant.com
Mo–Do 11–14 und 17–21, Fr 11–22, Sa 17–22, So 11–21 Uhr
Populäres Cajun-Restaurant. Leger und beliebt, manchmal etwas touristisch. Cajun- und Zydeco-Musik, abends Tanz. $–$$

✕ Angelle's Ice Creak Shoppe & Grille
110 E. Bridge St.
Breaux Bridge, LA 70517
✆ (337) 442-6046
Tägl. außer Mo 10.30–17.30 Uhr
Nostalgischer Imbiss mit Burgern in vielen Varianten. Außerdem: köstliches Eis! $

❺ BURNSIDE

Auf ehemaligem Land der Houmas-Indianer errichtete 1840 John Burnside, der »Zuckerprinz von Louisiana«, sein Haus auf der größten Zuckerrohrplantage des Staates. Die heutige eigentliche Attraktion von Burnside, **Houmas House Plantation & Gardens**, war nur eine von zwölf Pflanzungen und 3000 Sklaven, die John Burnside gehörten. Nach seinem Tod 1881 setzten die Nachfolger weiter auf Zuckerrohr, doch um die Jahrhundertwende wurde das Land verkauft und die Häuser verkamen. Seit 1940 befindet sich die Villa wieder in Privatbesitz und nähert sich seither ihrem Originalzustand von 1840.

Unter ihresgleichen nimmt sie eine Sonderstellung ein, denn die Inneneinrichtung ist weitgehend authentisch. Es lohnt sich also, der freundlichen Einladung der verkleideten Schönen, der *Southern Belles*, zu folgen. Verbunden durch kunstvoll angelegte Treppen, entfaltet sich der innere Reichtum des Hauses auf Schritt und Tritt. Da gibt es wahre Museumsstücke früher lokaler Handwerkskunst zu sehen, unter anderem eine bemerkenswerte Sammlung hölzerner Kleiderständer. Aufschlussreich sind außer den diversen Zimmern auch der Musikraum, die Bibliothek und die noch komplett ausgestattete koloniale Küche mit ihrem Messing- und Kupferhausrat, ein Arbeitsplatz, der sogar noch in Betrieb ist.

In den vorzüglich gepflegten Gärten sorgen Magnolienbäume, Oliven, Eichen und Azaleen für Abwechslung. Eine kleine Rarität bilden die hübschen Garçonnièren, sechseckig gemauerte Gasthäuschen für Besucher und Durchreisende, die einst mit Pferd oder Boot in Houmas Station machten.

Hausputz im Houmas House, Burnside

SERVICE & TIPPS

Houmas House Plantation & Gardens
40136 River Rd. (SR 942)
Darrow, LA 70725
✆ (225) 473-9380, 1-800-979-3370
www.houmashouse.com
Führungen tägl. 9–20 Uhr
Eintritt Haus und Garten $ 24, nur Garten $ 15
Stattlicher Landsitz aus dem Jahr 1803 mit Belvedere *(cupola)*. Filmkulisse für »Hush, Hush, Sweet Charlotte« mit Bette Davis und Joseph Cotton (1964).

The Cabin Restaurant
Kreuzung Hwy. 44 & 22
Gonzales, LA 70737
✆ (255) 473-3007
www.thecabinrestaurant.com
Mo–Mi 11–15, Do bis 21, Fr/Sa bis 22, So bis 18 Uhr
Restaurant in der historischen Sklavenhütte einer ehemaligen Plantage. Hier kann man noch sehen, wie früher Wände isoliert wurden (mit Lagen von Zeitungen, die mit Mehlpampe geklebt wurden). Früher kochte man draußen, heute drinnen: *gumbo, catfish, crab, po-boys.* $

»Hush, Hush, Sweet Charlotte«
Eine Leserin berichtet von einer Tour durch das Houmas House: »Wir hatten Glück und bekamen eine wunderbar intensive Führung mit allerlei Geschichten und sogar Gesang ...«

6 EUNICE

Fruchtbarer Boden lockte die Akadier, sich hier gegen Ende des 19. Jahrhunderts niederzulassen. Noch heute spürt man in der Kleinstadt (10 300 Einwohner) ihren französischen Einfluss.

SERVICE & TIPPS

Eunice Tourist Information Center
200 S. C.C. Duson Dr., Eunice, LA 70535, ✆ (337) 457-2565
www.eunice-la.com
Auskünte und Reservierungen.

Cajun Music Hall of Fame and Museum
240 South C.C. Duson Dr., Eunice, LA 70535, ✆ (337) 457-6534
www.cajunfrenchmusic.org/halloffame.html, tägl. außer So im Sommer 9–17, sonst 8.30–16.30 Uhr
Bewahrt die Erinnerungen an die Cajun-Musik und ihre Musiker.

Jean Lafitte Prairie Acadian Cultural Center
250 W. Park Ave., Eunice
LA 70535, ✆ (337) 457-8499
www.nps.gov/jela, tägl. 8–17 Uhr
Eintritt frei, Spenden erwünscht
Teil des Jean Lafitte National Historic Park. Beschäftigt sich mit dem Leben der Cajuns in Louisianas Präriegebieten. Samstags 18–19.30 Uhr Live Radioshow

7 FRANKLIN

Dass die Altstadt von Franklin, die Zucker-(Raffinerie)-und-Salz-(Abbau)-Stadt mit 7500 Einwohnern, wie ein Bilderbuch der Südstaatenarchitektur wirkt, merkt man bei einem Bummel über die **Main Street**. Die gute Verfassung verdankt der nach Benjamin Franklin benannte Ort der Tatsache, dass die Yankees so von ihm beeindruckt waren, dass sie die Stadt im Bürgerkrieg verschonten.

Louisiana zählt zu den fischreichsten Staaten der USA

SERVICE & TIPPS

Cajun Coast Visitors & Convention Bureau
15307 Hwy., 90 W. Frontage Rd.
Franklin, LA 70538
✆ (337) 828-2555, 1-800-256-2931
www.cajuncoast.com
Mo–Sa 8.30–16.30 Uhr

Oaklawn Manor
3296 Oaklawn Dr., Franklin, LA 70538, ✆ (337) 828-0434
Tägl. außer Mo 10–16 Uhr
Eintritt $ 15/10
Greek-Revival-Villa von 1837 auf einer der ersten Zuckerplantagen Louisianas. Erlesene Audubon-Grafiken schmücken das Interieur, schöne Gärten seine Umgebung.

8 GRAND COTEAU

Der kleine, hübsche Ort ist eine richtige ästhetische Freude, mit alten vermoosten Eichen, kreolischen Cottages und stillen Enklaven – Schulen und Seminarien, die von alters her der inneren und praktischen Weiterbildung dienen. Gleich neben dem schönen Holzbau der Church of St. Charles tagen mitunter die Jesuiten in ihrem Kolleg, und das Schild BITTE NICHT STÖREN lässt die Intensität ihres Trainingsprogramms ahnen. Um die Ecke liegt die weithin gerühmte **Academy of the Sacred Heart**, ein altehrwürdiges katholisches Mädchenpensionat mit einer hinreißenden Eichenallee.

SERVICE & TIPPS

Academy of the Sacred Heart
1821 Academy Rd.
Grand Coteau, LA 70541
✆ (337) 662-5275
www.sshcoteau.org
Führungen nach Absprache Mo–Fr 9–14 Uhr, Eintritt $ 5
1821 gegründet und damit die zweitälteste Schule westlich des Mississippi. Schöner Garten.

Creola Cafe
284 Martin Luther King Jr Dr.
Grand Coteau, 70541
✆ (337) 662-3914
Mi–So 11–15 Uhr
Kleine, aber feine Küche. $

Schildkröte in den Bayous von Louisiana

9 HOUMA

Houma (34000 Einwohner) gehört zur Terrebonne Parish, die vor allem wegen ihres Austern- und Krabbenreichtums bekannt ist. Das wundert nicht, wenn man weiß, dass neben einem Kanal und dem Intracoastal

Waterway hier sieben Bayous zusammenfließen. Dementsprechend gibt es jede Menge Brücken (über 50) und Ausgangspunkte für **Bootstouren in die Swamps**.

Region 8
Louisiana

SERVICE & TIPPS

Houma Area Visitors Bureau
114 Tourist Dr., Gray, LA 70359
✆ (985) 868-2732, 1-800-688-2732
www.houmatravel.com

A Cajun Man's Swamp Cruise
Über SR 182 15 Meilen westl. von Houma 251 Marina Dr., Gibson, LA 70356, ✆ (985) 991-0141
www.cajunman.com
Zwei Stunden durch den Swamp (Mo–Sa) $ 25/15.

Mandalay National Wildlife Refuge
3599 Bayou Black Dr., 10 km südwestl. von Houma, LA 70360
✆ (985) 853-1078
www.fws.gov/mandalay
Das Naturschutzgebiet ist nur per Boot zugänglich und die Heimat von Alligatoren und Weißkopfseeadlern (Letztere halten sich Okt.–Mai im Refuge auf). Öl- und Gasquellen sowie Deiche und Kanäle koexistieren als Spuren menschlicher Eingriffe in den Naturhaushalt.

Wildlife Gardens
5306 N. Bayou Black Dr.
Houma, LA 70356
✆ (985) 575-3676
www.wildlifegardens.com
Tägl. geöffnet
Eintritt $ 8/3.25
Kleiner Tierpark mit Flora und Fauna der Sümpfe. Dazu vier urige Trapperhütten mitten im Sumpf ($).

Dave's Cajun Kitchen
6240 W. Main St., Houma, LA 70360, ✆ (985) 868-3870
Mo 11–14, Di–Sa 11–21 Uhr
Beliebt und gemütlich: schmackhafte Cajun-Küche und Cocktails.
$–$$

Von Mai bis Oktober zu beobachten: Bald Eagles im Mandalay National Wildlife Refuge

10 KRAEMER

In Kraemer, dem abgelegenen Cajun-Dorf, sitzen die Frauen auf den Veranden oder vor dem Haus und schwatzen. Jedes Mal, wenn Fremde vorbeikommen, wechseln sie die Sprache, hören plötzlich auf, Englisch zu sprechen, und verfallen in ihr *Cajun*, einen akadischen Dialekt, der zum Teil auf altem Französisch beruht. Jedenfalls hatte Simone de Beauvoir bei ihrem Besuch nach dem Zweiten Weltkrieg hier alle Mühe, ihre »Landsleute« zu verstehen. In Kraemer starten Boote durch den **Bayou Lafourche**, der ein wenig Amazonas-Dschungel vor die Haustür bringt – durch die Vegetation, die Schwüle, die unbändigen Lianen und das satte Grün der Zypressenkronen. Kein Wunder, dass hier die ersten Tarzanfilme gedreht wurden. Der Bayou liegt inmitten reicher Jagdgründe. Die gut getarnten Schlangen, Schildkröten und Alligatoren kann man vom Boot aus sehen. Den Rest meist nicht: Biber, Nerze, Waschbären und Otter.

Terrebonne Parish heißt in der Sprache der Cajuns »God's Country« – wegen der wild wachsenden Orchideen in den Swamps und des Reichtums an Wildvögeln und Fischen. Die Hauptstadt Houma schmückt sich wegen ihrer zahlreichen Wasserstraßen mit dem Titel »Venice of America«. Fischfabriken und Ölindustrie tun dem Stolz keinen Abbruch.

SERVICE & TIPPS

Torres' Cajun Swamp Tours
101 Torres Rd. (SR 307)
Kraemer, LA 70301
✆ (985) 633-7739
Tägl. 9–17 Uhr
www.torresswamptours.net
Fahrtdauer 1 gute Std., Preis $ 20
Durch den Bayou Lafourche mit erfahrenem Trapper.

Zam's Bayou Swamp Tours & Restaurant
141 Kraemer Bayou Rd.
Thibodeaux, LA 70301
✆ (985) 633-7881, tägl. 9.30–16 Uhr
Touren in die Sümpfe.

⑪ LAFAYETTE

Lafayette, das bis zur Ankunft der Eisenbahn in den 1880er Jahren Vermilionville hieß und noch am gleichnamigen Bayou liegt, ist heute mit seinen knapp 124 300 Einwohnern das Zentrum des *Cajun Country* und seiner Öl-Industrie. Bei der Ankunft machen sich freilich erst einmal *Nowhere*-Gefühle breit. Das liegt daran, dass die Stadt trotz ihres Slogans »The Capital of French Louisiana« typisch amerikanisch ist, also beherrscht vom Prinzip des *urban sprawl*, durch den alles auf eine dezentralisierte Mall rausläuft und nicht auf ein vitales Zentrum. Daran ändert auch die Tatsache nichts, dass die meisten Straßen der Innenstadt nicht nach dem *grid system* gebaut sind, sondern mehr oder weniger krumm. Und verschiedene Abschnitte derselben Straße tragen auch noch verschiedene Namen.

Die alte Hauptstraße in Lafayette heißt Rue Jefferson und sie führt natürlich vorbei am neuromanisch, eigenwillig-filigranen Backsteinbau der **St. John's Cathedral**, ihrem hübschen Friedhof und ihrer uralten Eiche. Sonntags, wenn Downtown im Tiefschlaf ruht, ist dies der einzige Ort, an dem was los ist. Um die Ecke, im **Alexandre Mouton House**, liegt das kleine Lafayette Museum. Ansprechend zeigt sich auch die gegliederte Fassade der Old City Hall, in der heute das Center for French Studies untergebracht ist. Wen die akadische Siedlungs- und Kulturgeschichte interessiert, der hat die Qual der Wahl, denn es gibt gleich drei Stellen, wo man einiges dazu erfährt: das **Jean Lafitte Acadian Cultural Center**, das nachgebaute **Vermilionville** oder das 5 **Acadian Village**.

SERVICE & TIPPS

ℹ **Lafayette Convention & Visitors Bureau**
1400 N. W. Evangeline Thruway (zwischen Cameron & Willow)
Lafayette, LA 70501
✆ (337) 232-3737, 1-800-346-1958
www.lafayettetravel.com
Mo–Fr 8.30–17, Sa/So 9–17 Uhr

🏛 **Alexandre Mouton House**
1122 Lafayette St., Lafayette, LA 70501, ✆ (337) 234-2208
www.lafayettemuseum.com
Di–Sa 10–16 Uhr, Eintritt $ 5/2
In diesem Haus mit ansehnlicher Cupola ist das Lafayette Museum untergebracht. Seine Baugeschichte reicht bis ins Jahr 1800 zurück, als Jean Mouton, der Gründer von Lafayette, sich hier als einer der ersten Siedler im Westen Louisianas niederließ. Sein Sohn Alexandre wurde der erste demokratische Gouverneur des Staates.

🏛 **Jean Lafitte Acadian Cultural Center**
501 Fisher Rd., Lafayette, LA 70508
✆ (337) 232-0789
www.nps.gov/jela
Di–Fr 9–16.30, Sa ab 8.30 Uhr
Eintritt frei
Ausstellung und Filme dokumentieren die Besiedlungsgeschichte der Akadier in den Prärien, Bayous und Marschen von Süd-Louisiana. Teil des Jean Lafitte National Historic Park.

🏛 **Vermilionville**
300 Fisher Rd., Lafayette, LA 70508
✆ (337) 233-4077
www.vermilionville.org
Di–So 10–16 Uhr
Eintritt $ 10/6
Replikate, aber auch einige Originalbauten, die die akadische und Cajun-Kultur der Jahre 1765–1890 nachstellen, während kostümierte Künstler und Handwerker für historisches Entertainment sorgen.

👁 🏛 5 **Acadian Village**
200 Greenleaf Dr. (LA 342)
Lafayette, LA 70506
✆ (337) 981-2364
www.acadianvillage.org
Tägl. außer So 10–16 Uhr
Eintritt $ 8/6
Das nachgebaute Bayou-Dorf

erinnert an das Leben der Akadier im frühen 19. Jh. Das ebenfalls hier befindliche Mississippi Valley Museum verfolgt die Geschichte bis in indianische Zeiten zurück. (Johnston St. stadtauswarts, an W. Broussard Rd. rechts, den Schildern folgen.)

Cathedral of St. John the Evangelist
914 St. John St.
Lafayette, LA 70501
✆ (337) 232-1322
www.saintjohncathedral.org
Niederländisch filigrane Backsteinkirche, 1913–16, Sitz der Diözese Lafayette. Die mächtige Eiche nebenan ist älter: über 500 Jahre. Auf dem schönen alten Friedhof liegen neben zahlreichen Gründervätern der Stadt auch zwei Bürgerkriegsgeneräle.

Café Vermilionville
1304 W. Pinhook Rd.
Lafayette, LA 70503
✆ (337) 237-0100
www.cafev.com
Mo–Fr 11–14, Mo–Sa 17.30–21 Uhr
Hervorragende Fischgerichte mit Cajun-Geschmack. Hübsches Häuschen. $–$$$$

Randol's Restaurant & Cajun Dancehall
2320 Kaliste Saloom Rd.
Lafayette, LA 70508
✆ (337) 981-7080, 1-800-YO-CAJUN
www.randols.com
Tägl. ab 17 Uhr
Herzhaftes Essen und gute Cajun-Musik in einer lebhaften und deftigen Holzscheune. Karierte Plastiktischdecken bilden die Grundlage für Hummerklopfer und Krabbenpuler. Stärken der Speisekarte: Seafood und *Voodoo Chicken.* Während Babys, unrasierte Gesichter mit Baseball-Kappen, Großfamilien, Senioren und junge Pärchen munter futtern, wiegen sich im *Salle de danse* die louisianischen Herzen im Dreivierteltakt.
$–$$

⓬ LAKE CHARLES

Franzosen gründeten diese heutige Industrie- und Hafenstadt. In jüngster Zeit sollen die Kasinobauten (z.B. Harrah's oder Isle of Capri) vor allem texanisches Geld in die Stadt locken.

SERVICE & TIPPS

Southwest Louisiana/Lake Charles Convention & Visitors Bureau
1205 N. Lakeshore Dr.
Lake Charles, LA 70601
✆ (337) 436-9588, 1-800-456-7952
www.visitlakecharles.org
Mo–Fr 8–17, Sa/So bis 15 Uhr
Infos über Stadt und Region.

La Truffe Sauvage
815 W. Bayou Pines Dr.
Lake Charles, LA 70601
✆ (337) 439-8364
www.thewildtruffle.com
Di–Fr 11–14, Di–Sa 18–22 Uhr
Das edle Speiselokal trumpft mit ungewöhnlichen Geschmackskombinationen mediterraner und louisianischer Herkunft auf.
$$–$$$$

⓭ MORGAN CITY

Zwei Ereignisse pointieren die Stadtgeschichte von Morgan City (12 100 Einwohner) am Atchafalaya River: eine erfolgreiche Ölbohrung 1947 (sie verdrängte die Jumbo-Shrimp-Industrie) und der erste »Tarzan«-Film, der hier 1917 gedreht wurde.

Cajun Jambalaya
(für 4–6 Personen)
Zutaten:
125 g in Scheiben geschnittener Schinkenspeck
1/2 Tasse klein gehackte Zwiebeln
2 mittelgroße grüne Paprikaschoten (gewürfelt)
1 Tasse roher Reis
1 Teelöffel klein gehackter Knoblauch
1 gutes Pfund gehäutete Tomaten (wahlweise eine große Dose Tomaten)
1/2 Teelöffel getrockneter Thymian
1 1/2–2 Tassen gekochtes Hühnerfleisch (zerkleinert)
250 g geräucherte Wurst (in Scheiben geschnitten)
1 Pfund rohe, geschälte Shrimps
2 Teelöffel frische Petersilie (gehackt)
Salz, Tabasco (ca. 1/2 Teelöffel) oder Cayennepfeffer Wasser nach Bedarf

Zubereitung:
Speck in einer Kasserolle auslassen; Wurst und Paprika anbraten (nicht zu braun). Tomaten, Zwiebeln, Knoblauch hinzugeben und zum Kochen bringen. Danach Reis und alle übrigen Zutaten (außer Petersilie) hinzufügen. Bei schwacher Hitze ca. 30 Minuten köcheln lassen (bis der Reis gar ist). Vor dem Anrichten Petersilie dazugeben.

SERVICE & TIPPS

Cajun Coast Visitors & Convention Bureau
900 Dr. Martin Luther King Blvd.
Morgan City, LA 70380
✆ (985) 380-8224, 1-800-256-2931
www.cajuncoast.com

Parries Louisiana Grill
615 Brashear Ave.
Morgan City, LA 70380
✆ (985) 330-3003, www.parries louisianagrill.com, Mo–Do 10.30–22, Fr/Sa bis 23, So bis 20 Uhr
Steaks, Fisch und Meeresfrüchte »Southern Style«. $$–$$$

14 NAPOLEONVILLE

Zwei Meilen südlich des 650-Seelen-Örtchens liegt die prächtige Madewood Plantation.

Madewood Plantation
4250 Hwy. 308 (Bayou Lafourche)
Napoleonville, LA 70390
✆ (985) 369-7151
www.madewood.com
Tägl. 10–16 Uhr
Eintritt $ 10 für geführte Touren
Greek Revival Mansion von 1846 auf einer ehemaligen Zuckerrohrplantage – mit einem seltenen Spiegel aus Meißen. Auch Dinner und Übernachtung ($$–$$$).

Madewood Plantation in Napoleonville

15 NATCHITOCHES

Im Jahre 1714 als französischer Handelsposten gegründet, ist Natchitoches (18 300 Einwohner) heute die älteste europäische Siedlung, die durch den »Louisiana Purchase«, den gigantischen Landkauf von Thomas Jefferson, 1803 an die USA fiel. Ihr Name stammt von Caddo-Indianern, aber man schert sich wenig um seine komplizierte Schreibweise, man spricht ihn einfach »NÄK-a-tish« aus.

Zwischen dem 18. und 19. Jahrhundert war Natchitoches eine bedeutende Handelsstadt. Doch als der Cane River 1825 völlig unerwartet aufgrund diverser Überschwemmungen sein Bett um fünf Meilen weiter östlich verlegte, blieb der Hafenstadt nur noch ein See. Und das ausgerechnet im Zeitalter der Dampfschiffe! Bis dahin stellte der Fluss die lebenswichtige Schiffsverbindung zum Golf von Mexiko her: Er floss in den Red River und dieser in den Mississippi.

Seine Mischung aus *Southern Comfort* und kreolischem Charme hat das Städtchen bewahrt – als eine Art französisch geprägtes Fossil. Nirgendwo merkt man das besser als bei einem Bummel über die Front Street in der Altstadt, die parallel zum attraktiven Cane River

Lake verläuft. Die eisernen Balkongitter erinnern an New Orleans. Das handwerklich vielleicht gelungenste schmiedeeiserne Beispiel ist eine verzierte Wendeltreppe im Hof von **Luckey's Store** im 700er-Block.

Wo man heute am Seeufer im Schatten mächtiger Eichen sitzen kann, standen früher die Werften. Heute klappern im Sommer die Pferdehufe der Kutschen über die mit Klinker gepflasterten Straßen unter dem Spanischen Moos der Eichen. Viele der historischen Häuser dienen inzwischen als Bed & Breakfast Inns oder Boutiquen. Verständlich, dass sich das pittoreske Städtchen wiederholt als Kulisse für Hollywoodfilme anbot. Zu den Highlights gehören der alte Kramladen **Kaffie-Frederick General Mercantile** (758 Front St.) sowie der alte **Friedhof** (American Cemetery) an der Second Street.

SERVICE & TIPPS

Natchitoches Visitors Information Center
780 Front St., Suite 100
Natchitoches, LA 71457
✆ (318) 352-6894, 1-800-259-1714
www.natchitocheschamber.com

Fort St. Jean Baptiste State Historic Site
155 Rue Jefferson
Natchitoches, LA 71457
✆ (318) 357-3101, 1-888-677-7853
www.crt.state.la.us/louisiana-state-parks/historic-sites/fort-st-jean-baptiste-state-historic-site
Mi–So 9–17 Uhr, Eintritt $ 4/0
Rekonstruktion des französischen Forts und Trading Post von 1732.

Natchitoches National Historic Landmark District
www.nps.gov/nr/travel/caneriver/nhd.htm
Denkmalgeschütztes Viertel mit Originalarchitektur, kleinen Geschäften, zahlreichen Restaurants und schönen Bed & Breakfasts.

The Landing Restaurant & Bar
530 Front St.
Natchitoches, LA 71457
✆ (318) 352-1579, www.thelandingnatchitoches.com
Di–Sa 11–22, So bis 21 Uhr
Munteres Bistro: regionale Küche in der Altstadt. Cocktails.
$–$$$$

Mariner's Restaurant
5948 Hwy. 1 Bypass
Natchitoches, LA 71457
✆ (318) 357-1220
www.marinersrestaurant.com
Mo–Do 16.30–21.30, Fr/Sa 16.30–22, So 11–15 Uhr
Mitten im Wasser: beliebtes Familienrestaurant mit Cajun-Küche und Seeblick. Steaks und Meeresfrüchte dominieren den Speisezettel. Cocktail Lounge.
$$–$$$

Lasyone's Meat Pie Restaurant
622 2nd St., Natchitoches,
LA 71457
✆ (318) 352-3353
www.lasyones.com
Tägl. außer So 7–15 Uhr
Cajun- und kreolische Küche: lange schon berühmt für seine saftigen, mit Fleisch gefüllten Teigwaren *(meat pie)*, die nach einem alten Rezept hergestellt werden – neben anderen regionalen Gerichten. $–$$

Merci Beaucoup
127 Church St.
Natchitoches, LA 71457
✆ (318) 352-6634
www.mercibeaucouprestaurant.com
Mo–Sa 10.30–15, So bis 14 Uhr
Cajun- und kreolische Gerichte, die auch draußen serviert werden. Zahlreiche Weine. $–$$

Ausflugsziel:

Melrose Plantation
3533 Hwy. 119
Melrose, LA 71452
✆ (318) 379-0055
www.explorernatchitoches.com
Tägl. außer Mo 10–17 Uhr
Eintritt $ 10/5
Die Plantage am Cane River besteht aus neun restaurierten Gebäuden (z.B. Yucca House von 1796, das African House von 1800 oder Big House von 1833). William Faulkner und John Steinbeck zählten zu den Gästen.

Marie Therese Coin-Coin aus dem Kongo war Sklavin bei Claude T.P. Metoyer. Mit seinem Tod wurde sie frei und bekam das Land von der französischen Krone. Geschäftstüchtig baute sie später mit ihrer Familie das Herrenhaus Melrose.

Romantisch gelegenes Herrenhaus: Shadows-on-the-Teche

⑯ NEW IBERIA

In dem 1779 von spanischen Siedlern gegründeten und von den aus Nova Scotia geflohenen französischen Akadiern besiedelten New Iberia (30 800 Einwohner) wirft eine der elegantesten Villen des Südens ihren Schatten auf den Bayou: **Shadows-on-the-Teche**, seit 1830 Wohnsitz eines Zuckerbarons. Daher der Beiname »Zuckerschüssel« *(sugar bowl)* für die Region um den Bayou Teche. »Teche« heißt in der Sprache der Indianer »Schlange«.

SERVICE & TIPPS

Iberia Parish Convention & Visitors Bureau
2513 Hwy. 14
New Iberia, LA 70560
✆ (337) 365-1540, 1-888-942-3742
www.iberiatravel.com
Mo–Fr 9–16.45, Sa 9.30–15.45 Uhr

Shadows-on-the-Teche
317 E. Main St. (SR 182)
New Iberia, LA 70560
✆ (337) 369-6446, 1-877-200-4924
www.shadowsontheteche.org
Touren tägl. 9–17 Uhr
Eintritt $ 10/6,50
Traumhaus von 1834 in romantischer Lage am Bayou.

Theriot's Deli
330 Julia St.
New Iberia, LA 70560
✆ (318) 369-3871
www.theriotslunches.com
Mo–Fr 10–17, So 10–14 Uhr
Kleines Restaurant-Café mit typischen Cajun-Gerichten. $

⑰ OPELOUSAS

Die nach den Opelousas-Indianern (in ihrer Sprache heißt *Opelousas* »Schwarzbein«) benannte und 1720 als Trading Post gegründete Stadt (Einwohner 16 500) ist vor allem stolz auf ihren bekanntesten Sohn: auf Jim Bowie, Erfinder des nach ihm benannten Messers, der nach Texas ging, nachdem seine Familie durch eine Cholera-Epidemie ums Leben kam, und der im Kampf um The Alamo 1836 starb. Das zweite besondere Kennzeichen Opelousas ist seine Verbundenheit mit der Tradition der **Zydeco-Musik**. Prompt hat man daraus einen werbeträchtigen Spitznamen für die Stadt geformt: »Zydeco Capital of the World«.

SERVICE & TIPPS

Opelousas Visitor Center
828 E. Landry St.
Opelousas, LA 70570
✆ (337) 948-6263, 1-800-424-5442
www.cityofopelousas.com/visitors/tourist-center
Mo–Fr 8–16.30, So 9–16 Uhr

Opelousas Museum & Interpretive Center
315 N. Main St., Opelousas
LA 70570, ✆ (337) 948-2589
www.cityofopelousas.com/visitors/attractions
Mo–Fr 8–16.30 Uhr, Eintritt frei
Heimatmuseum der einstigen Hauptstadt des konföderierten Lousiana: Dokumente der Ur- und Früh-, Landwirtschafts-, Kultur- und Bürgerkriegsgeschichte.

Palace Cafe
135 W. Landry St.
Opelousas, LA 70570
✆ (337) 942-2142
Mo–Fr 6–21, Sa 7–21 Uhr
Alteingesessener Diner. $

Zydeco-Festival
Am Labor-Day-Wochenende Anfang September steigt in Opelousas das Southwest Louisiana-Zydeco-Music-Festival (www.zydeco.org).

18 RESERVE

Fünf Kilometer flussaufwärts liegt die schöne San Francisco Plantation.

San Francisco Plantation
2646 Hwy. 44 (River Rd.)
Garyville, LA 70051
✆ (504) 535-2341, 1-888-509-1756
Eintritt $ 17/10
www.sanfranciscoplantation.org
April–Okt. tägl. 9.30–16.30, sonst 9–16 Uhr
Authentisch restauriertes Herrenhaus von 1856.

19 SAINT FRANCISVILLE

In Saint Francisville, 40 Kilometer nördlich von Baton Rouge auf US 61, lebte im 19. Jahrhundert beinahe die Hälfte aller US-Millionäre. Die Kleinstadt mit knapp 1700 Einwohnern, lang gezogen und äußerst schmal, hat ein paar historische Leckerbissen zu bieten, die sich mühelos zu Fuß erschließen lassen. Und die schönen Gärten der nahe gelegenen **Plantage Rosedown** sind etwas ganz Besonderes.

Das vorzüglich restaurierte Bauensemble mit klassizistischem Herrenhaus, separatem Wohntrakt, Küchenhaus etc. und nach Versailler Vorbild angelegten (schattigen) Gärten stammt aus dem Jahr 1835. Bald nach seiner Fertigstellung stieg das Anwesen zum gesellschaftlichen Mittelpunkt der riesigen Baumwollplantage von Mr. und Mrs. Turnbull auf. In den 1840er Jahren machte sich Rosedown einen Namen wegen seiner üppigen Gala-Dinners, Hochzeitsfeiern, Bälle und Jagdausritte. Zu dieser Zeit brachten Schiffe die rohen Stoffe nach New Orleans und kehrten mit feinen Sachen zurück: mit kostbaren Möbeln und Kunstwerken, eleganten Wandtapeten aus Paris, Silber- und Marmorstatuen aus Italien. Gleichzeitig lebte das kunstsinnige Pflanzer-Ehepaar seine Sammelleidenschaft gleich vor Ort aus, in Europa, wo man neben den (vor allem transportablen) schönen Künsten die Gärten von Versailles, Italien und England bewunderte.

Die Folge war, dass die Gartenbaukunst der Alten Welt auch in der Zypressenwildnis des Mississippi zur Blüte kam – im französischen Stil des 17. Jahrhundert. Wer heute den Garten durchstreift, kann sich je nach Jahreszeit an den blühenden Nachkommen jener Kamelien und Azaleen erfreuen, die seinerzeit als erste Exemplare importiert wurden.

Garten der Rosedown Plantation

SERVICE & TIPPS

West Feliciana Parish Tourist Commission
11757 Ferdinand St. (Hauptstraße u. Hwy. 10)
Saint Francisville, LA 70775
✆ (225) 635-4224, 1-800-789-4221
www.stfrancisville.us
Mo–Sa 9–16, So 13–16 Uhr
Freundliche Damen stehen Rede und Antwort zum historischen Saint Francisville.

Rosedown Plantation State Historic Site
12501 Hwy. 10 (800 m östl. US 61)
Saint Francisville, LA 70775
✆ (225) 635-3332, 1-888-376-1867
www.crt.state.la.us/parks/irosedown. aspx
Tägl. 9–17 Uhr, Eintritt $ 10/4

Magnolia Cafe
5689 E. Commerce St.
Saint Francisville, LA 70775
✆ (225) 635-6528, www.themagnoliacafe.net, So–Mi 10–16, Do–Sa bis 21, Fr bis 22 Uhr
Nett, einfach und beliebt: Pizza, Salat, *muffaletta* und andere Südstaaten-Snacks. Livemusik. $–$$

20 SAINT MARTINVILLE

Saint Martinville (6100 Einwohner) hält sich zugute, der Schauplatz von Romeo und Julia der Südstaaten zu sein, denn hier steht (am Ende von Port Street) eine malerische Eiche, die **Evangeline Oak**. Darunter traf in Longfellows Gedicht »Evangeline« die literarische Heldin ihren Liebhaber wieder, nachdem beide in Nova Scotia getrennt worden waren. Eine zutiefst romantische Sache also. Sie macht denn auch den Baum zu den meistfotografierten in den USA. Außerdem besitzt der kleine Ort einen reizvollen zentralen Square.

SERVICE & TIPPS

Saint Martinville Tourist Information Center
215 S. New Market St.
Saint Martinville, LA 70582
✆ (337) 394-2233, 1-888-565-5939
www.stmartinville.org
www.cajuncountry.org

Die Romero Brothers spielten oft in Saint Martinville, Louisiana

Longfellow-Evangeline State Historic Site
1200 N. Main St. (LA 31, am Bayou Teche), Saint Martinville, LA 70582
✆ (337) 394-3754, 1-888-677-2900
www.crt.state.la.us/louisiana-state-parks/historic-sites/longfellow-evangeline-state-historic-site
Mi–So 9–17 Uhr, Eintritt $ 4
Museum, das die Siedlungsgeschichte der Akadier am Bayou Teche erzählt und einige historische Gebäude (wie das Maison Olivier) mit den typischen Baustoffen im schattigen parkähnlichen Garten platziert hat: Zypressenstämme, zusammengehalten von einer Mischung aus Spanischem Moos, Lehm *(moss and mud)* und Ziegel.

St. John Restaurant
211 E. Bridge St.
St. Martinville, LA 70582
✆ (337) 394-9994
Mo/Di 10.30–14, Mi–Fr 10.30–14 und 17–21, Sa 17–21 Uhr
Nettes, kleines Restaurant mit Cajun-Küche – *Seafood gumbo, crawfish etoufée* etc. $

㉑ SHREVEPORT

Viele Planwagen, die während der amerikanischen Westwärtsbewegung unterwegs waren, zogen durch Shreveport. Und zwar genau dort, wo heute Texas Street und Texas Avenue verlaufen. Der Name des Wanderpfads: *Old Texas Trail*. Auch das Gangsterpärchen Bonny und Clyde ist in die Stadtgeschichte eingegangen, nachdem es 1934 von Texas Rangern in einen Hinterhalt gelockt und erschossen wurde, östlich von Shreveport beim Ambrose Mountain.

Der **Red River** war länger als andere Wasserläufe im Süden unbefahrbar, was die Entwicklung dieses Gebiets beträchtlich hemmte. Seine Wasseroberfläche war völlig mit Baumstämmen zugedeckt, die über 165 Meilen von Arkansas bis südlich von Campti alles blockierten. An vielen Stellen konnte man sogar trockenen Fußes über den Fluss gelangen. Daraufhin wurde 1833 Captain Henry Miller Shreve von der Regierung beauftragt, den Holzstau, den man das »große Floß« nannte, abzuräumen. Der Captain erfand ein eigenes Boot für diese Aufgabe, das *snag boat*. Fünf Jahre lang »schnappte« es auch zu und fischte die Baumstämme aus dem Wasser. Aus Dankbarkeit benannte man die Stadt nach dem erfolgreichen Captain.

Heute gilt Shreveport (200 300 Einwohner), zusammen mit seiner Schwesterstadt Bossier City, als ein kulturelles Zentrum im Norden Louisianas, zu dessen Finanzierung nicht zuletzt die Spielbanken auf dem Fluss beitragen.

SERVICE & TIPPS

Shreveport-Bossier Convention & Vistors Bureau
629 Spring St.
Shreveport, LA 71101
✆ (318) 222-9391, 1-800-551-8682
www.shreveport-bossier.org

R. W. Norton Art Gallery
4747 Creswell Ave.
Shreveport, LA 71106
✆ (318) 865-4201, www.rwnaf.org
Di–Fr 10–17, Sa/So 13–17 Uhr
Eintritt und Führungen kostenlos
Neben europäischen und amerikanischen Tafelbildern, Plastiken und angewandter Kunst sowie flämischen Tapeten bedeutende Western Art.

Anthony's Steak and Seafood
7504 Mansfield Rd.
Shreveport, LA 71108
✆ (318) 688-6830, www.anthonyssteakandseafood.com
Mo–Fr 11–14, Mo–Do 17–22, Fr/Sa 17–23
Steaks, Fisch und Meeresfrüche.
$$–$$$

㉒ THIBODAUX

Trotz der hiesigen Vorkommen an Öl und Erdgas lebt Thibodaux (gesprochen: TIP-o-dou) in erster Linie vom Zuckerrohr.

SERVICE & TIPPS

Bayou Lafourche Visitor Center
4484 SR 1
Raceland, LA 70394
✆ (985) 537-5800, 1-877-537-5800
www.visitlafourche.com

Flanagan's Creative Food & Drink
1111 Audubon Dr.
Thibodaux, LA 70301
✆ (985) 447-7771
www.flanagansthibodaux.com
Mo–Do 11–21, Fr 11–22, Sa 17–22, So 10–14 und 17–21 Uhr
Gehobenes amerikanisches Grillrestaurant mit Cajun-Touch. Große Auswahl, freundlicher Service. Cocktail Lounge. $–$$

Maisbrot, »hot bisquits«, »catfish« und »hush puppies«, »pecan pie« mit Kaffee und »beans-and-greens« als Gemüse-Dinner: Das sind die Spezialitäten von Nord-Louisiana. Shreveport und Bossier City am Ufer des Red River gelten als Vertreter des »anderen« Louisiana, d. h. als Finanz-, Kultur- und historische Zentren des nordwestlichen Landesteils. Besucher, die aus dem südlichen Flachland hierher kommen, treffen auf eine hügelige Landschaft mit hoch gewachsenen Nadelbäumen. Der Kalender der gesellschaftlichen Ereignisse ist gewöhnlich reich gespickt: Pferderennen, Paraden, Kunstmarkt und Country-music-Events.

Texaco Country: Louisiana strotzt vor ölverarbeitender Industrie

23 VACHERIE

Der kleine Ort wurde, anders als sein Name erwarten lässt, am Anfang des 18. Jahrhunderts von deutschen Siedlern gegründet, ihnen folgten später Akadier.

Highlight in Vacherie und die Ikone von Louisiana überhaupt ist 6 **Oak Alley**, ein Herrenhaus von 1837–39 mit klassizistischem Säulendekor. Auf geradezu märchenschlossartige Weise scheint der Baukörper mit einer herrlichen Eichenallee verwachsen zu sein. Daher konnte sich auch sein ursprünglicher Name (»Bon Sejour«) nicht halten. Er musste den grandiosen Eichen weichen.

Meist heißen Mädchen in Antebellum-Kostümen den Besucher willkommen und laden zu einer Führung durchs Haus ein. Man kann aber auch entspannt durch den Garten laufen, vor allem durch das vielblättrige Längsschiff der Eichen, vorbei an Büschen und Bäumen, die das Jahr über verschieden blühen.

Dogwood macht im Frühjahr den Anfang, dann folgen die Magnolien, im Herbst bleiben die weißen Blüten der Myrte übrig. Die Blütenfülle verdankt die Nachwelt Monsieur Jacques Telesphore Roman, dem reichen französischen Zuckerpflanzer, der sie für seine Frau inszenierte. Mit Präzision ließ er ihr diese Heimstatt bauen, die Anzahl der 28 dorischen Säulen korrespondiert exakt mit der Zahl der Eichen, die er bereits vorfand. Das prächtige Anwesen überstand den Bürgerkrieg, nicht aber eine Auktion von 1866. Oak Alley verkam.

Für lange Zeit. Erst 1925 fand sich ein neuer Besitzer, dessen Angestellte noch heute hier tätig sind und die Gäste betreuen. An den Rändern des Besitztums kann man gut erkennen, wie säuberlich Oak Alley aus den sie umlagernden Zuckerrohrfeldern herausgeschnitten ist, deutlich getrennt von ihrem industriellen Pendant, der Zuckerfabrik von St. James.

SERVICE & TIPPS

6 **Oak Alley Plantation**
3645 LA Hwy. 18
Vacherie, LA 70090
✆ (225) 265-2151, 1-800-442-5539
www.oakalleyplantation.com
Führungen tägl. 9–17 Uhr
Eintritt $ 20/7.50
Auch B & B-Übernachtungen in Cottages ($$$$), Frühstück und Lunch im Restaurant ($$–$$$).

Die herrliche Eichenallee bei Vacherie gab der Plantage ihren Namen: Oak Alley Plantation

Einer der hinreißendsten Baukörper im Süden: Nottoway Plantation bei White Castle

24 WHITE CASTLE

Hier steht mit **Nottoway Plantation** die wohl grandioseste und größte Plantagenvilla des Südens von 1859. Sie genoss nach ihrer Fertigstellung den Ruf des »Weißen Schlosses von Louisiana«. Harmonisch eingebettet in einen Eichenhain, oberhalb eines soliden Souterrains und gestützt von rund zwei Dutzend viereckigen Holzsäulen aus Zypressenholz, wirkt das weiß getünchte Ziegelhaus rundum fast beschwingt, eine eklektische Mischung aus Stilelementen des Greek-Revival- und des Italianate-Stils.

Auch das Innenleben der 64 Räume schöpft aus dem Vollen. Ob Marmorverkleidungen, Gipsmedaillons, Kristalllüster oder Porzellan-Türgriffe aus Dresden – nirgendwo hat der Zuckerbaron John Randolphe bei der Ausstattung gespart.

Warum Nottoway den Bürgerkrieg unbeschadet überstand, erklärt eine Anekdote. Ein Kanonenboot-Offizier der Yankees ließ Gnade walten, weil er schon mal im Haus übernachtet hatte. Später verfiel die weiße Pracht am Mississippi wie die meisten ihrer Artgenossen.

Erst in den 1980er Jahren fiel sie einem Allround-Talent aus Bauunternehmer, Kunstfreund und Makler in die Hände, der sich darauf spezialisiert hatte, heruntergekommene Mansions sorgfältig instand zu setzen und anschließend wieder zu verkaufen.

SERVICE & TIPPS

Nottoway Plantation
31025 LA 405, etwa 3 km nördl. von White Castle, LA 70788
✆ (225) 545-2730, 1-866-527-6884
www.nottoway.com
Tägl. 9–17 Uhr
Eintritt $ 12/6, Führung $ 20/6

Nach dem Rundgang gibt es im **Le Cafe** eine Kleinigkeit zu essen. Dient auch als Bed & Breakfast. Im Restaurant **The Mansion** kann man stilvoll in historischem Ambiente und mit aufmerksamem Service speisen (tägl. Frühstück, Lunch und Dinner, So Brunch, $$–$$$).

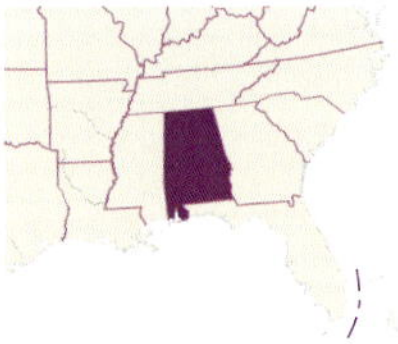

THE HEART OF DIXIE

ALABAMA

Der »Goldammer-Staat« ***(Yellowhammer),*** **wie der Spitzname Alabamas lautet, gibt sich alle Mühe, es touristisch vielen recht zu machen: dem gestressten Stadtmenschen und dem Geschichtsfan, dem Sports- ebenso wie dem Architekturfreund (Eufaula, Selma). Von den Stränden der Golfküste bis zum Appalachengebirge und den Wasserflächen des Tennessee River im Norden (Lake Guntersville), von den mysteriösen Tempelhügeln aus grauer Vorzeit (Moundville) bis zum Skylab des Raumfahrtzeitalters (Huntsville) beheimatet Alabama so ziemlich alles, was zu einer Südstaatenreise gehört.**

Das sind die pittoresken Baptistenkirchen, die alten Friedhöfe der ersten Siedler und späteren Bürgerkrieger, Baumwollfelder und blühende Azaleen, aber auch Brathähnchen im Stil des ***down-home southern cooking*** **und jede Menge Shrimps – im oder auch ohne Schlafrock. Und natürlich die Antebellum-Paläste, wo verspiegelte Ballsäle die Kristalllüster reflektieren und der süßliche Duft der Magnolien durch die offenen Verandatüren weht.**

P.S.: Alabama besitzt die weltweit größte Kette an Golfplätzen – allein 60 liegen auf der Strecke zwischen Huntsville und Mobile.

1 BIRMINGHAM

Birmingham mit fast 212 100 Einwohnern ist die größte Stadt Alabamas und zugleich auch eine seiner jüngsten. Seit ihrer Gründung 1871 mutierte sie sozusagen von null auf Boom zu einer blühenden Stahlstadt, denn Kohle, Eisen und Kalkstein gab es ringsum im Überfluss. So erwarb sich Birmingham für eine Zeit lang den Ruf eines Pittsburghs des Südens. Doch das Stahlgeschäft lief nach dem Zweiten Weltkrieg aus. Außerdem machten Rassenunruhen der Stadt seit den 1960er Jahren zu schaffen. Heute sind die meisten Probleme der Vergangenheit gelöst. Die Industrie hat sich auf viele Branchen verteilt, vor allem auf das Gesundheitswesen, und die Verwaltung hat Repräsentanten der ethnischen Minderheiten integriert. Wer Zeit mitbringt, der sollte das beachtliche **Museum of Art** und die hübschen **Arlington Antebellum Home and Gardens** nicht auslassen.

Alabama – an die Stelle von Baumwolle sind Sojabohnen und Rinderzucht gerückt

SERVICE & TIPPS

Greater Birmingham Convention & Visitors Bureau
2200 Ninth Ave. N.
Birmingham, AL 35203
✆ (205) 458-8000, 1-800-458-8085
www.birminghamal.org

Birmingham Civil Rights Institute
520 16th St. N.
Birmingham, AL 35203
✆ (205) 328-9696, 1-866-328-9696
www.bcri.org
Di–Sa 10–17, So 13–17 Uhr
Eintritt $ 12/6
Geschichte der Bürgerrechtsbewegung in Birmingham.

Birmingham Museum of Art
2000 Rev. Abraham Woods Jr. Blvd. N.
Birmingham, AL 35203

N
HUNTSVILLE
BIRMINGHAM
MONTGOMERY
MOBILE
ALABAMA
FALL LINE HILLS
Florence
Sheffield
Athens
Decatur
Leighton
Moulton
Hartselle
Russellville
Red Bay
Hamilton
Haleyville
Cullman
Arab
Guntersville
Albertville
Collinsville
Fort Payne
Bridgeport
Sequoyah Caverns
Gadsden
Piedmont
Anniston
Anniston Army Depot
Pell City
Springville
Garden City
Warrior
Jasper
Winfield
Sulligent
Fayette
Fairfield
Bessemer
Hoover
Homewood
Leeds
Childersburg
Alabaster
Sylacauga
Cheaha Mtn. 2408
De Soto Caverns
Wedowee
Roanoke
Alexander City
Horseshoe Bend National Military Park
Lanett
Opelika
Auburn
Phenix City
Tuskegee
Tuskegee Institute National Hist. Site
Union Springs
Midway
Eufaula
Clayton
Clio
Abbeville
Ozark
Dothan
Fort Rucker
Enterprise
Hartford
Troy
Pike Pioneer Museum
Luverne
Opp
Florala
Tuscaloosa
Reform
Aliceville
Eutaw
Moundville Archaeological Site
Centreville
Clanton
Prattville
Marion
Demopolis
Selma
Browns
Cahawba Ruins
Benton
Livingston
York
W. "Bill" Dennelly Res.
Nanafalia
Butler
Camden
Fort Deposit
Greenville
Pine Apple
Thomasville
Coffeeville
Grove Hill
Jackson
Monroeville
Georgiana
Evergreen
State Line
William Weatherford Monument
Brewton
Flomaton
Atmore
Citronelle
Saraland
Bay Minette
Prichard
Wilmer
Theodore
Fairhope
Bellingrath Gardens and Home
Bayou la Batre
Fort Gaines
Dauphin I.
Fort Morgan
Gulf Shores
Mobile Bay
Pensacola
Warrington
Santa Rosa I.
GULF ISLANDS NATIONAL SEASHORE
Gonzales
Milton
McDavid
Eglin Air Force Base
Fort Walton Beach
De Funiak Springs
Bonifay
Cottondale
Blue Springs
Marianna
Bristol
Ebro
Youngstown
Lynn Haven
Pascagoula
Ocean Springs
Horn I.
Lucedale
Palestinian Gardens
Waynesboro
Meridian
Electric Mills
Columbus
Aberdeen
Amory
Tupelo
Booneville
Corinth
Pickwick L.
Wilson L.
Wheeler L.
Lewis Smith L.
Weiss L.
L. Martin
Mitchell L.
West Point L.
Tombigbee R.
Alabama R.
Conecuh R.
Pea R.
Escambia R.
Chattahoochee R.
Dismals Canyon
Natural Bridge
Ave Maria Grotto
La Grange
Newnan
Carrollton
Bremen
Cedartown
Franklin
Columbus
Seale
Cusseta
Lumpkin
Cuthbert
Blakely
Macon
0 25 50 75 100 km
0 25 50 miles

Dokumentation zum Ku-Klux-Klan im Birmingham Civil Rights Institute in Birmingham, Alabama

✆ (205) 254-2565
www.artsbma.org
Di–Sa 10–17, So 12–17 Uhr
Eintritt frei
Amerikanische und europäische Malerei, darunter auch die Sammlung Kress (Werke aus der Renaissance). Außerdem afrikanische und indianische Kunst sowie kunstgewerbliche Exponate.

Alabama Jazz Hall of Fame
1631 4th Ave. N., Birmingham, AL 35203, ✆ (205) 327-9424
www.jazzhall.com, Di–Sa 10–17 Uhr, Führungen, Eintritt $ 2
Dokumentation der Jazz-Größen von Alabama, u. a. Ella Fitzgerald, Nat King Cole, Duke Ellington, Lionel Hampton. Manchmal gibt's auch Konzerte.

Arlington Antebellum Home and Gardens
331 Cotton Ave. S.W., Birmingham, AL 35211, ✆ (205) 780-5656
www.arlingtonantebellumhomeandgardens.com
Di–Sa 10–16, So 13–16 Uhr, Führungen, Eintritt $ 5/3
Villa im Greek-Revival-Stil der 1840er Jahre, historische Inneneinrichtung.

Café Dupont
113 20th St. N.
Birmingham, AL 35203
✆ (205) 322-1282
www.cafedupont.net
Di–Fr 11–14 und 17–22, Fr bis 22.30, Sa 17.30–22.30 Uhr
Feines Restaurant mit urbanem Flair und rustikalen Elementen im historischen North End. $$–$$$$

John's City Diner
112 Richard Arrington Jr. Blvd.
Birmingham, AL 35203
✆ (205) 322-6014
www.johnscitydiner.com
Di–Fr 11–14.30 und 17–21, Fr bis 21.30, Sa 17.30–21.30 Uhr
Beliebt und solide, amerikanische Gerichte, frische Fische und Gemüse. Cocktail Lounge. $–$$

Bottle Tree Café
3719 3rd Ave. S.
Birmingham, AL 35222
✆ (205) 533-6288
www.thebottletree.com, Di–Sa 9–21 Uhr, Bar auch Mo und länger
Café-Restaurant mit einer abwechslungsreichen Küche. Viele jahreszeitlich wechselnde vegetarische Gerichte mit Gemüse aus der Region. Livemusik. $

2 CULLMAN

Die Gründung von Cullman (14 800 Einwohner) basiert auf der fixen Idee des deutschen Siedlers John G. Cullman, der 1872 hier »Die Deutsche Kolonie von Nord Alabama« ins Leben rief und damit eine autonome Siedlung plante. Was die fünf Gründerfamilien zustandebrachten, erwies sich anfangs als so erfolgreich, dass Alabama dieses Experiment offiziell genehmigte. Leider zerrüttete der Erste Weltkrieg den Traum von einer eigenständigen Gemeinde. Heute gedenkt man alljährlich beim Oktoberfest der utopischen Gründung. Das **Cullman County Museum** zeigt Dokumente dieser deutschen Gründungsphase. Die nahe gelegene **Ave Maria Grotto** zählt zu den touristischen Highlights von Alabama.

SERVICE & TIPPS

Cullman Area Chamber of Commerce, Convention & Tourism Bureau
301 2nd Ave. S.W.
Cullman, AL 35055
✆ (256) 734-0454, 1-800-313-5114
www.cullmanchamber.com

Cullman County Museum
211 2nd Ave. N.E.
Cullman, AL 35055
✆ (256) 739-1258, 1-800-533-1258
www.cullmancountymuseum.com
Mo–Fr 9–12 und 13–16, So 13.30–16.30 Uhr
Eintritt $ 5/3
In der Nachbildung des Hauses

von Stadtgründer John G. Cullman wird die Geschichte der Landwirtschaft und des deutschen Siedlungserbes dargestellt.

Ave Maria Grotto
1600 St. Bernard Ave. S.E.
Cullman, AL 35055
✆ (256) 734-4110
www.avemariagrotto.com
Tägl. 9–17 Uhr
Eintritt $ 7/4.50
Mehr als 40 Jahre brauchte der Benediktiner Joseph Zoettl, um die Grotte (auf dem Grundstück einer Abtei) zu einem kuriosen Gesamtkunstwerk zu gestalten – mit biblischen Szenen und Miniaturen berühmter Kirchen.

Johnny's Bar-B-Q
1401 4th St. S.W.
Cullman, AL 35055
✆ (256) 734-8539
www.johnnysbarbq.com
Di–Sa 10–21 Uhr
Solide BBQ-Gerichte (Fleisch und Fisch), freundlicher Ton. $

3 DEMOPOLIS

Erntereife Baumwolle

Die Kolonie Demopolis entstand 1817 auf Indianerland. Heute ist sie auf 7500 Einwohner angewachsen. Anfangs waren es verbannte Anhänger Napoleons, die am Zusammenfluss des Tombigbee mit dem Black Warrior River Land zugesprochen bekamen, mit der Auflage allerdings, eine Oliven- und Weinproduktion ins Werk zu setzen. Aber die französischen Offiziere und ihre Damen erwiesen sich in landwirtschaftlichen Belangen nicht nur als standesgemäß hilflos, auch Böden und Klima spielten nicht mit. Enttäuscht zogen die edlen Siedler wieder ab. Erst als in den 1830er Jahren die Baumwolle (und mit ihr die entsprechende Herrschaftsarchitektur) erblühte, kam die Stadt richtig auf die Beine.

Main Street vermittelt einen guten Eindruck vom gehobenen Wohnstil der (weißen) Demopolitaner, deren wirtschaftliche Grundlage heute diversifiziert ist: durch Papier-, Zement- und Holzindustrie. An die Stelle der Baumwolle sind Sojabohnen und Rinderzucht gerückt, denen die Böden des »Black Belt« besonders förderlich seien sollen. Die Bezeichnung für dieses Flachland, das sich von der Mitte Alabamas und dem Norden Mississippis bis nach Tennessee hinzieht, leitet sich von dessen dunklen fruchtbaren Böden ab.

Unter den Antebellum-Palästen belegt das imposante **Gaineswood** zweifellos den Spitzenplatz. Der Bauherr, ein eigenwilliger General, war Architekt, Ingenieur, Vorarbeiter und Handwerker in einer Person. Die ebenso raumgreifende wie strahlende klassizistische Anlage ent-

Einst Zentrum im »Black Belt«: Gaineswood, Demopolis

Der Bürgermeister von Demopolis: Seine Sorgen kreisen stets um Naheliegendes, z.B. um die beunruhigenden Ergebnisse der letzten Volkszählung (census), die natürlich auch diese Kleinstadt erfasst hat. »Die sagen, die Einwohnerzahl von Demopolis sei gesunken. Das kann aber nicht sein, denn die Zahl der Neuanmeldungen für Wasseranschlüsse ist gestiegen. Deshalb gehe ich jetzt die Häuser zählen. Die staatlichen Zuschüsse für die Gemeinden bemessen sich nämlich per capita.«

wickelte sich ursprünglich aus einer simplen Holzhütte, die ein Agent der Choctaw-Indianer hier gebaut hatte. Sie wurde zu einer Art sozialem Zentrum des ehemals an Baumwolle reichen *Black Belt*.

Oberhalb der weißen Kreideufer eröffnet **Bluff Hall** schöne Aussichten auf die Biegung des Tombigbee River, der den Hafen von Mobile mit dem schiffbaren Teil des Tennessee River verbindet. Die schweren Schubschiffe, meist beladen mit Chemikalien, Kohle, Öl und Agrarprodukten, können natürlich mit den spritzigen Wasserski-Cracks nicht mithalten. Zur Vorweihnachtszeit ist auf dem Fluss noch mehr los. Dann bitten die Herrenhäuser zu stimmungsvollen Candle-Light-Touren und der Tombigbee schmückt sich mit festlichen Paraden und buntem Feuerwerk.

SERVICE & TIPPS

i Demopolis Area Chamber of Commerce
102 E. Washington St.
Demopolis, AL 36732
✆ (334) 289-0270
www.demopolischamber.com
Mo–Fr 8.30–17 Uhr

🏛 Gaineswood Antebellum House Museum
805 S. Cedar Ave.
Demopolis, AL 36732
✆ (334) 289-4846
www.preserveala.org/gaineswood.aspx
Im Sommer Führungen stündlich
Di–Sa 9–16 Uhr, Eintritt $ 5/3
Edel ausgestattete Vorzeigevilla im klassizistischen Stil (1843–61).

👁 Bluff Hall
405 N. Commissioners Ave. (Monroe St.), Demopolis, AL 36732
✆ (334) 289-9644
www.ruralswalabama.org
Di–Sa 10–17, So 14–17 Uhr
Führungen, Eintritt $ 5/1
Der zunächst 1832 errichtete, kompakte und rechteckige Ziegelbau (ein Hochzeitsgeschenk) erhielt 1850 einen säulenbestückten Portikus. Dann wurde die gesamte Außenhaut weiß getüncht: eine Koketterie mit dem neoklassizistischen Geschmack der Zeit.

Die Villa und ihre aparten Empire- und viktorianischen Einrichtungen stehen unter Denkmalschutz und sind daher in gutem Zustand.

4 EUFAULA

Der Ort (12 900 Einwohner) verdankt seinen poetisch klingenden Namen den Eufaula-Indianern, einem Stamm der Creek, die hier zuerst lebten. Unzählige Barsche tummeln sich im Lake Eufaula, Grund genug für die Bürger, ihre Stadt »Bass Capital of the World« zu taufen. Das schön gelegene Städtchen gibt sich Mühe, seine Besucher ohne Umschweife gleich in den Salon zu führen – in seinen historischen Kern. Unter den Villen fällt vor allem die **Shorter Mansion** ins Auge, ein mit korinthischen Säulen gestützter Prachtbau mit einem mit Blattwerk ornamentfreudig geschmücktem Fries.

SERVICE & TIPPS

i Eufaula Barbour County Visitors Center
333 E. Broad St.
Eufaula, AL 36027
✆ (334) 687-6664, 1-800-524-7529
www.eufaulachamber.com
Mo–Fr 8.30–16.30, Sa 9–12 Uhr

i Historic Chattahoochee Commission
211 N. Eufaula Ave. (Hart-Milton House), Eufaula, AL 36072
✆ (334) 687-9755, 1-877-766-2443
www.hcc-al-ga.org
Infos zu allen Attraktionen des Chattahoochee Trace, des mit historischen, kulturellen und

erholsamen Highlights gespickten Grenzlandes zwischen Alabama und Georgia entlang dem gleichnamigen Fluss.

Couric-Smith Home
325 N. Eufaula Ave.
Eufaula, AL 36027
Ein Schmuckstück im Greek-Revival-Stil von ca. 1854. Der Fries sitzt auf sechs quadratischen dorischen Säulen.

Dean-Page Hall
539 N. Randolph Ave.
Eufaula, AL 36027
Feingliedrige Villa von 1850 im *Italianate Style* mit neugotischem Dachhäubchen *(Cupola)*.

Fendall Hall
917 W. Barbour St., Eufaula
AL 36027, ✆ (334) 687-8469
www.eufaulapilgrimage.com
Tägl. außer Mi 10–16 Uhr
Eintritt $ 5/3
Im *Italianate Style* 1854–60 erbaut, diente das Haus als Hospital für Konföderierte. Bemerkenswert ist die handbemalte Eingangshalle (siehe auch Eufala Pilgrimage).

Kendall Manor Inn
534 W. Broad St.
Eufaula, AL 36027
✆ (334) 687-8847
Antebellum-Haus (ca. 1860) unter Denkmalschutz; im *Italianate Style* mit besonders zierlichen Säulchen und Ausguck. Steht auch als gastfreundlicher B & B offen ($$–$$$).

Shorter Mansion
340 N. Eufaula Ave.
Eufaula, AL 36027
✆ (334) 687-3793
Mo–Sa 10–16 Uhr
Eintritt $ 5/3
Neoklassizistische Villa (ursprünglich von 1884) eines Baumwollpflanzers, die 1906 erweitert und erheblich umgebaut wurde. Heute residieren hier das Stadtmuseum und die Eufaula Heritage Association, die u.a. Auskunft über die jährliche Pilgrimage and Antique Show gibt (www.eufaulapilgrimage.com).

River City Grill
209 E. Broad St.
Eufaula, AL 36027
✆ (334) 616-6550
www.rcgrill.com
Tägl. 11–14, auch Mo–Do 16.30–21, Fr/Sa 16.30–21.30 Uhr
Kleines Steak- und Seafood-Restaurant in der Innenstadt. Große Weinliste. $$–$$$

Eufaula Pilgrimage
Alljährlich im April feiert Eufaula sich selbst auf diversen **Pilgrimage**-Touren. Zur Azaleen- und Dogwood-Blüte führen reifberockte *Southern Belles* durch viele der fast hundert erhaltenen Häuser und Gärten – ergänzt durch ein buntes Rahmenprogramm mit Musik, Antiquitätenshows, romantischen Touren bei Kerzenlicht, viel Käse und Wein (www.eufaula prilgrimage.com).

Eufaula feiert die Azaleenblüte im Frühjahr

Filigran: Kendall Manor, Eufaula

❺ GULF SHORES

Das Seebad (10 800 Einwohner) südöstlich von Mobile bietet gute Bedingungen für Wassersportarten wie Schwimmen, Segeln oder Parasailing und zum Angeln. Sein Trumpf sind die schneeweißen, schier endlosen Sandstrände und die hervorragende touristische Infrastruktur.

Strandspaziergang am Golf von Mexiko

SERVICE & TIPPS

Gulf Shores & Orange Beach Tourism
3150 Gulf Shores Pkwy.
Gulf Shores, AL 36542
✆ (251) 968-7511, 1-800-745-7263
www.gulfshores.com

Fort Morgan
110 SR 180 W.
33 km westl. von Gulf Shores, AL 36542, ✆ (251) 540-5257
www.fort-morgan.org
Museum tägl. 9–16.30 Uhr, Fort tägl. 8–17 Uhr
Eintritt $ 7/4
Strategisch gut für den Schutz der Mobile Bay gelegenes Bürgerkriegsfort. Die Konföderierten mussten es 1864 aufgeben. Nahe der Fähre nach Dauphin Island.

Bon Secour National Wildlife Refuge
12295 SR 180
Gulf Shores, AL 36542
✆ (251) 540-7720
www.fws.gov/bonsecour
Strände, Salzmarschen, Sümpfe u. a. Biotope bieten ein dichtes, grünes Refugium für die Meeres- und Küstenbewohner Alabamas, darunter verschiedene Seeschildkrötenarten, die *Alabama Beach Mouse* u. a. zahlreiche Vogelarten.

»Adirondack Chair« in Gulf Shores

Alabama Gulf Coast Zoo
1204 Gulf Shores Pkwy.
Gulf Shores, AL 36542
✆ (251) 968-5732
www.alabamagulfcoastzoo.org
Tägl. 9–16 Uhr
Eintritt $ 11/8, bis 2 J. frei
Kleiner, aber feiner Zoo.

Gulf State Park Pier
20800 SR 135
Gulf Shores, AL 36542
✆ (251) 967-3474, Eintritt $ 3
Der mit 469 m zweitlängste Pier an der Golfküste, der gern von Spaziergängern und Anglern genutzt wird, ersetzt den 2004 durch Hurricane »Ivan« zerstörten, kürzeren Pier.

Cobalt's
28099 Perdido Beach Blvd.
Orange Beach, AL 36561
✆ (251) 923-5300
www.cobaltrestaurant.net
So–Do 11–21.30, Fr/Sa 11–22, Frühstück Mo–Sa 7.30–10 Uhr
Trendiges Restaurant westlich von Gulf Shores an der Perdido Bay. Auf der Speisekarte stehen *Zydeco Chicken, Gulf Shrimps* und andere Spezialitäten der Südstaatenküche, vor allem Austern. $$–$$$

Lucy Buffet's Lulu's
200 E. 25th Ave.
Gulf Shores, AL 36542
✆ (251) 967-5858
www.lulubuffett.com
Tägl. ab 10.30 Uhr
Lulu Buffetts (ja, die Schwester des Sänger Jimmy Buffett!) populäres Restaurant unterhalb der Hwy.-59-Brücke, mit luftiger Terrasse direkt am Intracoastal Waterway. Fabelhafte Burger und Fischgerichte, dazu *Fried Okra, Fried Green Tomatoes* u. a. Südstaatenleckereien. Tägl. Livemusik, dazu ein großer Souvenirshop und ein Sandstrand für die Kinder. $$

The Wharf
4830 Main St.
Gulf Shores, AL 36561
✆ (251) 224-1000, 1-877-942-7325
www.alwharf.com
Beliebtes Vergnügungsviertel am Intracoastal Waterway. Livemusik, Geschäfte, Restaurants, Apartments, Amphitheater, Jachthafen, Golfplatz und das wohl größte Riesenrad der Südstaaten.

Ausflugsziel Dauphin Island:

Die Fähre in der Nähe von Fort Morgan setzt zur Insel über, einem Eiland voller gepflegter Villen und parkähnlicher Avenues. Keine Frage, die Mobilianer haben sich ihren ebenso adretten wie stillen Zweitwohnsitz etwas kosten lassen! Ein großer Teil der Insel bleibt dennoch einem Vogelschutzgebiet vorbehalten.

Dauphin Island Welcome Center
1101 Bienville Blvd.
Dauphin Island, AL 36528
✆ (251) 861-5524, 1-877-532-8744
www.dauphinislandchamber.com
Tägl. außer So 10–14 Uhr

Lighthouse Bakery
919 Chaumont Ave., am kleinen Leuchtturm
Dauphin Island, AL 36528
✆ (251) 861-2253
Mi–Fr 6–15, Sa 6–16, So 9–15 Uhr
Frisches auf die Hand: Sandwiches, Backwaren, Kaffee.

Ausflugsziel Bellingrath Gardens:

Im Frühjahr blühen u. a. Azaleen, im Sommer Rosen und Hibiskus, im Herbst und Winter Chrysanthemen und Poinsettias. 200 Vogelarten leben dauerhaft in den Gärten oder haben hier ihr Winterquartier.

Bellingrath Gardens and Home
12401 Bellingrath Gardens Rd.
Theodore, AL 36582
✆ (251) 973-2217, 1-800-247-8420
www.bellingrath.org
Haus und Gärten tägl. 8–17 Uhr
Eintritt Haus und Gärten
$ 20.50/12.50

Ausflugsziel Bayou La Batre:

1786 im Zuge der französischen Besiedlung gegründetes, reizvolles Dorf mit 3200 Einwohnern, das am 29. August 2005 von dem Wirbelsturm Katrina verwüstet wurde. Von der Ziehbrücke an der Hauptstraße sieht man die Kutterflotte, die alljährlich Anfang Mai gesegnet wird. Sie spielte auch eine Rolle in dem Film »Forrest Gump«, wo Bubba davon träumt, in seiner Heimatstadt Bayou La Batre nach dem Vietnamkrieg die »Bubba Gump Shrimp Company« aufzubauen.

Bayou La Batre Chamber of Commerce
12745 Padgett Swith Rd.
Bayou La Batre, AL 36544
✆ (251) 824-4088
www.cityofbayoulabatre.com

Reminiszenzen an »Forrest Gump«: Shrimp-Kutter-Flotte in Bayou La Batre, Alabma

6 HUNTSVILLE

Huntsville (186 300 Einwohner) zu besuchen sollte zumindest für Raumfahrtfans selbstverständlich sein, denn hier steht das 7 **U.S. Space and Rocket Center**, eins der bedeutendsten Raketen- und Raumfahrtmuseen der USA. Schließlich ist Huntsville die Wiege der amerikanischen Raumfahrt – was ihr den Namen »Space City« beschert hat. Hier wurde unter anderem die Saturn V Mondrakete gebaut – von Wernher von Braun und seinem Team von 147 deutschen Wissenschaftlern und Technikern aus Peenemünde. Als dann 1960 die NASA hier ihre Arbeit aufnahm, bekam das kleine Baumwollstädtchen Auftrieb. Heute kann sich der Besucher von Huntsville über eine gepflegte Innenstadt ebenso freuen wie über den erholsamen glasklaren **Lake Guntersville** in der Nähe, einem aus dem Tennessee River aufgestauten See, der für Bade-, Segler-, Angler- und Wasserskifreuden sorgt.

SERVICE & TIPPS

Huntsville/Madison County Convention & Visitors Bureau
500 Church St. N.W.
Suite 100
Huntsville, AL 35801
✆ (256) 551-2270, 1-800-772-2348
www.huntsville.org
Mo–Sa 9–17, So 12–17 Uhr

U.S. Space and Rocket Center
One Tranquility Base (off I-565)
Huntsville, AL 35805
✆ 1-800-637-7223
www.spacecamp.com
Tägl. 9–17 Uhr
Eintritt $ 20/15, Kombiticket inkl. Film $ 25/20, nur IMAX $ 8/7
Größtes Weltraum-Hardware-Museum der Welt: Raketensammlung, simulierte Raumflüge, Laser Light Show und »Space Dome«, ein IMAX-Kino, in dem auf einer riesigen Rundprojektionsfläche Weltraumfilme gezeigt werden, und eine NASA-Tour.

Rosie's Mexican Cantina
6196 University Dr.
Huntsville, AL 35816
✆ (256) 922-1001
www.rosiesmexicancantina.com
Mo–Do 11–21.30, Fr/Sa 11–22.30 Uhr
Lebhaft und lecker: *fajitas, chile rellenos* und *mexican lasagne*.
$–$$

Little Paul's-Gibson Barbecue
815 Madison St., Huntsville, AL 35801, ✆ (256) 536-7227
Mo–Fr 8–17, Sa 9–13 Uhr
Herzhaftes BBQ und freundliche Atmosphäre. $

7 MOBILE

An der Mündung des gleichnamigen Flusses gelegen, war Mobile bis 1722 Hauptstadt des französischen Territoriums Louisiana. Sehenswert: das historische Viertel zwischen Canal, Aater, Broad und Bearegard Street – mit Architektur aus besseren Zeiten. Auch die mit schönen alten Eichen bestandene und von Parks gesäumte **Government Street** blättert die wechselvolle Geschichte der Hafenstadt (195 000 Einwohner) auf. Besonders hoch geht es hier heute bei den Mardi-Gras-Feiern her.

Ausgemustert: die »USS Alabama« am Pier in Mobile, Alabama

SERVICE & TIPPS

Mobile Bay Convention & Visitors Bureau
One S. Water St.
Mobile, AL 36602
✆ (251) 208-2000, 1-800-566-2453
www.mobilebay.org

Mobile's Historic Districts
Das architektonische Erbe von Mobile umfasst **Church Street East** (zwischen Water und Broad Sts.), **De Tonti Square, Lower Dauphin Street Commercial District** (zwischen Water und Broad Sts.), **Oakleigh Garden District** (umfasst **Oakley Mansion** und Washington Square), **Old Dauphin Way** und **Spring Hill**. Infos im **Fort Condé Welcome Center**, 150 S. Royal & Church Sts.

History Museum of Mobile
111 S. Royal St., Mobile, AL 36602
✆ (251) 208-7569
www.museumofmobile.com
Di–Sa 9–17, So 13–17 Uhr
Eintritt frei
300 Jahre Stadtgeschichte unterhaltsam und informativ präsentiert: u.a. indianische Besiedlung, Seefahrt, Industrie und Technik, Freizeitgestaltung in und um Mobile.

Mobile Museum of Art
4850 Museum Dr. (Langan Park)
Mobile, AL 36608
✆ (251) 208-5200
www.mobilemuseumofart.com
Tägl. außer Mo 10–17, Do bis 21 Uhr, Eintritt $ 5/3
Attraktiver Neubau mit umfangreicher Sammlung angewandter Kunst aus Amerika und Afrika.

Gulf Coast Exploreum Science Center
65 Government St.
Mobile, AL 36602
✆ (251) 208-6893
www.exploreum.com
Mo–Do 10–17, Fr/Sa 10–18, So 12–17 Uhr
Eintritt Museum $ 12/10, IMAX $ 8.75/6.50, Kombiticket $ 16/13.50
Vielseitiges Wissenschaftsmuse-

um für Kinder, in dem aber auch Erwachsene ihren Spaß finden.

USS »Alabama«
Battleship Pkwy. (US 90)
Mobile, AL 36601
✆ (251) 433-2703
www.ussalabama.com
April–Sept. tägl. 8–18, sonst 8–17 Uhr, Eintritt $ 15/6
Ausgemustertes und historisch detailgetreu aufgearbeitetes Kriegsschiff der US-Marine aus dem Zweiten Weltkrieg. Im USS Alabama Memorial Park am Ufer der Mobile Bay.

The Harbor Room
64 S. Water St. (Renaissance Riverview Plaza Hotel)
Mobile, AL 36602
✆ (251) 438-4000
Tägl. 6–14 und 17–22 Uhr
Alles, was der Golf zu bieten hat, kommt auf den Tisch – mit Blick auf die Bay. $–$$$

Dauphin Street Taqueri
661 Dauphin St., Mobile, AL 36602
✆ (251) 432-2453, tägl. 11–14 Uhr
Tacos, burritos u. a. mexikanische Speisen. Zusammen mit einer Bar im alten Gebäude der Old Bike Factory. $

Ausflugsziel Fairhope:

Das hübsche Ausflugsstädtchen mit Altstadtcharakter schmiegt sich an das östliche Ufer der Mobile Bay. Es gewinnt vor allem durch seine Strandnähe und die historische Atmosphäre mit den vielen kleinen Geschäften und Stöberläden.

Fairhope Welcome Center
20 N. Section St.
Fairhope, AL 36532
✆ (251) 928-5095
www.cofairhope.com

Page and Palette
32 S. Section St.
Fairhope, AL 36532
✆ (251) 928-5295
www.pageandpalette.com
Mo–Fr 8–18, Sa 9–18, So 12–17 Uhr
Hier trifft man sich: gemütlicher Buchladen mit legerem Café.

8 MONTGOMERY

In Montgomery wurde 1861 die »Confederacy« gegründet. Doch die Karriere der ersten Hauptstadt der Konföderierten dauerte nicht lange, denn der Regierungssitz wechselte ins strategisch besser gelegene Richmond. Dennoch erinnert heute vieles noch an den Krieg, immerhin begann er ja auch hier, als Südstaatenpräsident Jefferson Davis den Befehl zum Angriff auf Fort Sumter bei Charleston gab.

Das alte **State Capitol** von 1851 (600 Dexter Ave.) tut seinen Dienst als Parlamentssitz der Regierung von Alabama und auch das **First White House of the Confederacy** steht noch. Weil es von Kriegszerstörungen weitgehend verschont blieb, erfreuen sich Montgomery und seine rund 201 300 Einwohner heute der angenehmen Stadt mit viel Grün und guten Restaurants – dank der Präsenz der Politiker und der über 6000 Studenten des Alabama State College.

Nicht weniger bedeutsam war die Rolle der Stadt im Zusammenhang mit der amerikanischen Bürgerrechtsbewegung. Martin Luther King Jr. predigte in der **Dexter Avenue Baptist Church** – unweit des Regierungskomplexes, in dem die rassistischen Probleme des Staates unter Gouverneur Wallace hochkochten. Auch **Rosa Parks** wurde 1955 nach ihrem sogenannten Bus-Boykott zum Symbol des Widerstands der Schwarzen gegen die Segregation: Sie weigerte sich, im Bus ihren Sitzplatz für einen weißen Fahrgast zu räumen. Seit dem Jahr 1989 erinnert das **Civil Rights Memorial** an die Opfer der Auseinandersetzungen.

State Capitol in Montgomery, Alabama

Außer von bürgerkriegerischen Erinnerungen lebt Montgomery aber auch von musikalischen und literarischen Reminiszenzen. Hank Williams ist hier begraben, das **Hank Williams Museum** und ein lebensgroßes Standbild erinnern an den in Alabama geborenen Countrysänger (Perry St., gegenüber vom Rathaus). Ja, und die Autorin Zelda Fitzgerald wurde 1900 in Montgomery geboren, wuchs hier auf und lebte später mit ihrem Mann F. Scott Fitzgerald in der Stadt (919 Felder Ave.).

»We shall overcome ...«: In der Dexter Avenue Baptist Church in Montgomery predigte Martin Luther King Jr.

Harry Belafontes Erinnerung an Rosa Parks:
»Eine schwarze Frau saß in einem Bus in Montgomery, Alabama, und man kann nicht tiefer in das Herz der Rassentrennung und der Unterdrückung vordringen als in Montgomery, Alabama. Es war der schwierigste Ort in den ganzen USA. Niemals hätte jemand erwartet, dass dort die Revolution starten würde oder die Mini-Revolution, wie wir sie nennen. Aber dieser schwarzen Frau taten die Füße weh, und sie weigerte sich, hinten im Bus zu sitzen, wie es das Gesetz vorschrieb, und wo ihr Vater schon saß und ihr Großvater. Sie sagte nur, meine Füße tun mir weh, und ich will das alles nicht mehr.«

SERVICE & TIPPS

Alabama Bureau of Tourism and Travel
401 Adams Ave.
Montgomery, AL 36103
✆ (334) 242-4169, 1-800-252-2262
www.touralabama.org

Montgomery Area Chamber of Commerce/Union Station
300 Water St.
Montgomery, AL 36104
✆ (334) 262-0013, 1-800-240-9452
www.montgomerychamber.com
Im prächtig restaurierten Bahnhof (Union Station).

Hank Williams Museum
118 Commerce St., Montgomery, AL 36104, ✆ (334) 262-3600
www.thehankwilliamsmuseum.net, Mo–Fr 9–16.30, Sa 10–16, So 13–16 Uhr, Eintritt $ 10/3
Zur Ehre und Erinnerung an den berühmten Country-Musiker.

Old Alabama Town
301 Columbus St.
Montgomery, AL 36104
✆ (334) 240-4500, 1-888-240-1850
www.oldalabamatown.com
Mo–Sa 9–16 Uhr, Eintritt $ 10/5
Freilichtmuseum mit Dutzenden restaurierten Gebäuden und Werkstätten, die Leben und Arbeit in Alabama im 19. und beginnenden 20. Jh. illustrieren.

Rosa Parks Museum
252 Montgomery St.
Montgomery, AL 36104
✆ (334) 241-8615
www.troy.edu/rosaparks/museum
Mo–Fr 9–17, Sa 9–15 Uhr
Eintritt $ 7.50/5.50
Museum zu Rosa Parks und der Geschichte des Bus-Boykotts.

Civil Rights Memorial
400 Washington Ave.
Montgomery, AL 36104
✆ (334) 956-8200
www.splcenter.org/civil-rights-memorial, rund um die Uhr geöffnet, Eintritt frei
Denkmal der Bürgerrechtsbewegung.

Dexter Avenue King Memorial Baptist Church
454 Dexter Ave., Montgomery, AL 36104, ✆ (334) 263-3970
www.dexterkingmemorial.org
Führungen Di–Fr 10–15, Sa 10–13 Uhr (Voranmeldung erbeten, $ 2)
Hier wirkte Martin Luther King Jr. 1954–60 als Pastor.

First White House of the Confederacy
644 Washington Ave.
Montgomery, AL 36104
✆ (334) 242-1861
www.firstwhitehouse.org
Mo–Fr 8–16.30, Sa 9–16 Uhr
Eintritt frei
In diesem Haus (gebaut 1832–35) residierte Jefferson Davis, als Montgomery die Hauptstadt der Konföderierten war. Historische Möbel, Kriegsdokumente, Gegenstände aus dem Besitz von Davis.

Jubilee Seafood
1057 Woodley Rd. (Cloverdale Plaza), Montgomery, AL 36106
✆ (334) 262-6224
www.ubileeseafoodrestaurant.com, Di–Sa 17–22 Uhr
Angenehmes kleines Lokal für frische und delikat zubereitete Meeresfrüchte. Cocktail Lounge. Nur Dinner. $–$$

New South Bookstore
105 S. Court St.
Montgomery, AL 36104
✆ (334) 834-3556
www.newsouthbooks.com
Mo–Fr 10–18 Uhr
Kleiner Buchladen in Downtown. Gute Auswahl an lokaler und regionaler Geschichte.

9 SELMA

In Selma (19900 Einwohner) hat die überwiegend schwarze Bevölkerung Südstaaten-Geschichte geschrieben, die von der Ära der Plantagen bis zur Bürgerrechtsbewegung reicht. Glaubt man indianischen Quellen, dann wurde Selma auf der Stelle eines alten Indianerdorfs (Piachee) errichtet, genau dort, wo einst der Häuptling Tuskaloosa mit Hernando de Soto zusammentraf. Wie dem auch sei, zuerst wurde Selma 1732 als Ecor Bienville, später dann (1815) als die Siedlung von Moore's Bluff kodifiziert und 1820 als Stadt gegründet. Ihr Name bedeutet »Hochsitz« oder »Thron«, allem Anschein nach wegen der überragenden Lage oberhalb des Alabama River.

Schiffs- und Waffenbau machten Selma im Bürgerkrieg zu einem militärischen Versorgungszentrum der Konföderierten, was sich freilich blutig rächte, als Unionsgeneral Wilsons Truppen den Arsenalen und Teilen der Stadt den Garaus machten. Dennoch überlebten einige Antebellum-Villen ebenso wie deren Kontrapunkte, die Shotgun-Häuser der Schwarzen.

Schauplatz der Märsche von Selma nach Montgomery im März 1965: die Edmund Pettus Bridge über den Alabama River in Selma

Im Umkreis der Kreuzung Broad Street und Water Avenue hat man sich in den letzten Jahren erfolgreich um die Pflege einer Reihe von historischen Bauten gekümmert, die aus der Blütezeit der Stadt stammen, als die Eisenbahn kam und Selma zu jenem landwirtschaftlichen Handelszentrum heranwuchs, das es heute noch ist. Auf dem schönen alten Friedhof **Live Oak Cemetery** ist unter anderem das Grab von Benjamin S. Turner, einem ehemaligen Sklaven aus Selma, der 1870 als erster Schwarzer Kongressabgeordneter von Alabama wurde.

Zu den weiteren Highlights der Stadt zählen die elegante **Sturdivant Hall** aus der guten alten Pflanzerzeit und **Brown Chapel**, ein bedeutendes Memorial des *Civil Rights Movement*, der amerikanischen Bürgerrechtsbewegung. Die Kirche geriet in die nationalen Schlagzeilen, als Martin Luther King sie zu seinem Hauptquartier machte. Nicht, dass Selma eine besonders rassistische Stadt gewesen wäre. Doch King und seine Freunde hatten den Ort bewusst gewählt, weil dort ein ausgesprochen reaktionärer Sheriff das Sagen hatte, was viel Publicity in den Medien versprach.

Und tatsächlich kam es schlimm an jenem 21. März 1965, einem Sonntag, als eine Demonstration niedergeknüppelt wurde. Der Tag ging als »Bloody Sunday« in die Stadtgeschichte von Selma ein. Drei Wochen später setzte sich abermals eine Demonstration in Bewegung: 25000 Schwarze, angeführt von King (unter ihnen auch der jugendliche Jesse Jackson) marschierte nach Montgomery.

Re-enactment der Schlacht von Selma (1864, Battle of Selma) während des Amerikanischen Bürgerkriegs

SERVICE & TIPPS

Selma Welcome Center
132 Broad St., Selma, AL 36701
✆ (334) 874-4764
Mo–Fr 10–16, Sa 11–15 Uhr

Selma-Dallas County Chamber of Commerce
912 Selma Ave., Selma, AL 36701
✆ 1-800-457-3562
www.selmaalabama.com

National Voting Rights Museum and Institute
6 US 80 E., Selma, AL 36701
✆ (334) 418-0800, http://nvrmi.com
Mo–Do 10–16, Fr–So nach Vereinbarung, Eintritt $ 6.50/4.50
Veranschaulicht den Kampf und die Erfolge der Bürgerrechtsbewegung beim Erwerb und der Ausführung des Stimmrechts für Afroamerikaner.

Sturdivant Hall
713 Mabry St., Selma, AL 36701
✆ (334) 872-5626
www.sturdivanthall.com
Führungen Di–Sa 10–16 Uhr
Eintritt $ 5/2
Die 1852/53 errichtete Villa ist heute ein Museum.

Brown Chapel A.M.E. Church
410 Martin Luther King St.
Selma, AL 36703
✆ (334) 874-7897, www.nps.gov/nr/travel/civilrights/al2.htm
Keimzelle der Bürgerrechtsbewegung von Martin Luther King Jr. und dessen Hauptquartier, wo die Namen jener Toten in Stein gehauen sind, die im Namen seines »Traums« starben. Besichtigung nach Voranmeldung.

Live Oak Cemetery
110 W. Dallas Ave. (zwischen Pettus St. und Valley Creek)
Selma, AL 36701, ✆ (334) 874-4764
Friedhof mit dem Grab von Benjamin S. Turner.

Tally-Ho Restaurant
509 Mangum Ave. (von US 80 nördl. auf die Summerfield Ave.)
Selma, AL 36701
✆ (334) 872-1390
www.tallyhoselma.com
Mo–Do 17–21, Fr/Sa bis 22 Uhr
Alte Blockhütte, spezialisiert auf Fisch und Steaks. $$–$$$

Golden Ranch BBQ and Grill
2003 W. Highland Ave.
Selma, AL 36701
✆ (334) 874-1777
Di–Sa 10.30–21.30 Uhr
Steaks und Rippchen, Burger und Pommes, Salate und Co. sind hier sehr beliebt. $–$$

Side Porch Sandwiches
1124 Water Ave., Selma, AL 36703
✆ (344) 782-8600
Mo–Sa 11–14.30 Uhr
Einfaches, aber populäres Lunchrestaurant mit Südstaatenkost und Blick auf den Alabama River nahe der Edmund Pettus Bridge. $

Historic Selma Pilgrimage
✆ (334) 412-8550
www.selmapilgrimage.com
Mitte/Ende März: Tag der offenen Tür für ein Dutzend viktorianische und Antebellum-Häuser. Zum Rahmenprogramm gehören eine Antiquitätenschau und andere Festivitäten.

Battle of Selma
www.battleofselma.com
Ende April wird die Schlacht um Selma noch einmal geschlagen, begleitet von Schiffskorso, Paraden und Bällen.

»Pumpkin Power« in Selma, Alabama

⑩ TUSCALOOSA

In dem Namen Tuscaloosa fließen zwei Wörter aus der Sprache der Choctaw-Indianer zusammen, *tusko* »Krieger« und *loosa* »schwarz«. 1909 wurde die Stadt der »Schwarzen Krieger« gegründet. Die Indianer wurden vertrieben, als weiße Siedler aus dem Süden nachrückten, die die Stadt Tuscaloosa tauften. Heute haben sich noch einige Villen erhalten, vor allem in der Nähe der Queen City Avenue im Druid City District.

Die Universitätsstadt (95 300 Einwohner) machte 1997 durch die Ansiedlung einer Mercedes-Benz-Fabrik Schlagzeilen. Fast kostenloses Bauland, schwache Gewerkschaften, finanzielle Zuschüsse und langfristige Steuervorteile begründeten die Ortswahl. In der Nähe, an der I-59, heißt die zum Werk führende Autobahnabfahrt 89 »Mercedes Drive«.

Relikte der Geschichte: Capitol Park in Tuscaloosa

SERVICE & TIPPS

Tuscaloosa Convention & Visitors Bureau
1900 Jack Warner Pkwy.
Tuscaloosa, AL 35401
✆ (205) 391-9200, 1-800-538-8696
www.tuscaloosa.com/visitor-services

Cypress Inn
501 Rice Mine Rd. North
Tuscaloosa, AL 35406
✆ (205) 345-6963
www.cypressinnrestaurant.com
Tägl. 11–14 und Mo–Do 16.30–21, Fr/Sa 17–22, So 17–20 Uhr
Reiche Auswahl an Meeresfrüchten. $–$$

Ausflugsziel:

Moundville Archaeological Park
Westlich von SR 69 am Stadtrand von Moundville, AL 35474
✆ (205) 371-2234
www.moundville.ua.edu
Park ab 9 Uhr, Museum tägl. 9–17 Uhr, Eintritt $ 8/6
Mehr als ein Dutzend gut erhaltene Tempelhügel und Museum. Die Indianerkultur der *Mound Builders* (Hügelbauer) erreichte ihren Höhepunkt zwischen 1200 und 1600 n. Chr. Sie hinterließen mächtige Erdhügel, die als Terrassen für Tempelbauten dienten. Picknickplätze am Flussufer. Campingplatz.

⑪ TUSKEGEE

Das 9000-Einwohner-Kreisstädtchen von Macon County hat seinen Namen von einem Indianerdorf geerbt, das *Taskigi* hieß. Heute verbindet man seinen Namen mit dem 1881 gegründeten **Tuskegee Institute**, das eine bedeutende Rolle in der Erziehung und Lehrerausbildung der Schwarzen spielte. Booker T. Washington und George Washington Carver gehörten zu seinen renommierten Präsidenten.

SERVICE & TIPPS

Tuskegee Area Chamber of Commerce
121 S. Main St., Tuskegee, AL 36083
✆ (334) 727-6619
www.tuskegeeareachamber.org

Carver Museum
1212 West Montgomery Rd.
Tuskegee, AL 36088, ✆ (334) 727-3200, www.nps.gov/tuin, tägl. außer So 9–16.30 Uhr, Eintritt frei
George Washington Carver – Künstler, Lehrer und Wissenschaftler.

Tuskegee Institute National Historic Site
1212 West Montgomery Rd. (SR 126)
Tuskegee, AL 36088
✆ (334) 727-3200 (National Park Service Headquarters)
www.nps.gov/tuin
Eintritt frei
Ein Rundgang durch den historischen Campus und die Universitätskapelle zeigt die Wirkungsstätten des ehemaligen Sklaven, berühmten Lehrers und Rektors Booker T. Washington.

Region 10
Mississippi

MISSISSIPPI

DER FLUSS, DAS DELTA, DIE KÜSTE

»Mississippi«, das indianische Wort für »Vater der Gewässer«, schmückt Fluss und Land zugleich. Wer als Kind Mark Twains »Tom Sawyer« oder »Huckleberry Finn« gelesen hat, entwickelte damals seine Vorstellung vom Mississippi: einem breiten, unendlich breiten Fluss, eher einem länglichen See, der träge dahinfließt, zerfranst, mit Inselchen durchsetzt und umgeben von sumpfigen Uferwäldern. Folglich wird jeder, der über die Wassermassen des Mississippi schaut, erwarten, im nächsten Moment einen alten Raddampfer oder gar das Floß Huck Finns am Horizont auftauchen zu sehen.

Meistens aber sind es heute Lastschlepper – bis zu 400 Meter lang und fähig, etwa 22500 Tonnen Gewicht zu transportieren. Doch man sieht sie selten. Meist wirkt der Fluss wie ein ruhiger, riesiger Badesee. Es folgen immer wieder einzelne Anlegestellen, einige kleine sandige Strände, die zum Baden einladen, und Wiesen, Weiden, Wälder.

Im Nordwesten des Staates, zwischen Memphis und Vicksburg, weitet sich das an *catfish*, Baumwolle und Bluesmusik reiche Delta, während Vicksburg und an erster Stelle Natchez die glorreiche Vergangenheit der Pflanzerkultur bewahren – zwei regelrechte Antebellum-Hochburgen der Südstaaten.

Pomp und Posen sind keine Fremdwörter für die Southern Belles

Beflügelt wurde der Mythos auch durch literarische Vorbilder. Schon Twain kritisierte den verheerenden Einfluss von Walter Scott auf die Menschen im Süden. »Die alte, gesunde Zivilisation des 19. Jahrhunderts merkwürdig vermischt und verwirrt mit der falschen Zivilisation des Mittelalters von Walter Scott«, schreibt er in »Leben auf dem Mississippi« und fährt fort: »so dass man praktischen, gesunden Menschenverstand, fortschrittliche Ideen und fortschrittliche Taten vermischt mit Duellen, schwulstigen Reden und der leeren Romantik einer albernen Vergangenheit findet ... Ohne die Walter Scottsche Krankheit wäre die Einstellung des Südstaatlers vollständig modern statt modern mittelalterlich vermischt und der Süden wäre jetzt um eine ganze Generation weiter.« Scott sei es letztlich auch gewesen, schreibt er, der »den Herren diese Schwindelarchitektur wertvoll« gemacht habe.

Dass der Hang zur Erfindung ritterlicher Vergangenheiten noch heute lebendig ist, entspricht vielleicht dem ungestillten Bedürfnis vieler Südstaatler nach Trost für die erlittene Niederlage. Manche bilden sich nur allzu gern ein, zu nobel

N
Forrest City
West Memphis
MEMPHIS
Brinkley
Marianna
Helena
Lula
White River National Wildlife Refuge
De Witt
Arkansas Post National Memorial
Dumas
McGehee
Dermott
Montrose
Eudora
Oak Grove
Lake Providence
Delhi
Tallulah
Mississippi R.
Corinth
Walnut
Fort Robinette
Iuka
807
Holly Springs
Ripley
Booneville
Senatobia
New Albany
Sardis L.
Brices Cross Roads National Battlefield Site
Red Bay
Oxford
Tupelo
Tombigbee R.
Hamilton
Batesville
Pontotoc
Tupelo National Battlefield
Clarksdale
Water Valley
Amory
Oakland
Sulligent
Houston
FALL LINE HILLS
Grenada
Calhoun City
Aberdeen
Ruleville
Cleveland
Columbus
Reform
Greenwood
Eupora
Mathiston
Winona
Starkville
Leland
Indianola
Noxubee National Wildlife Refuge
Greenville
Big Black R.
Ackerman
Aliceville
Tchula
Macon
Belzoni
Durant
Kosciusko
Louisville
Hillside Nat'l. Wildlife Refuge
Pearl R.
Rolling Fork
Yazoo City
Philadelphia
Electric Mills
Panther Swamp Nat'l. Wildlife Refuge
Carthage
Canton
Lauderdale
Livingston
York
Vicksburg National Military Park
371
Ross Barnett Res.
Meridian
Ridgeland
Clinton
JACKSON
Forest
Newton
Vicksburg
Pelahatchie
Brandon
Raymond
489
Crystal Springs
MISSISSIPPI
Butler
Bay Springs
Tensas River National Wildlife Refuge
Natchez Trace
Mendenhall
Shubuta
Heidelberg
St. Joseph
Port Gibson
Hazlehurst
Laurel
Waynesboro
Lorman
Clayton
Fayette
Collins
Brookhaven
Prentiss
Pascagoula R.
State Line
Vidalia
Springfield Plantation
Monticello
Natchez
Bude
Richton
Hattiesburg
Summit
Columbia
Beaumont
Citronelle
Doloroso
McComb
John Ford Pioneer House
Shaw
Gloster
Brooklyn
Palestinian Gardens
Tylertown
Lucedale
Rosemont Plantation
Woodville
Lumberton
Clinton
Kentwood
Poplarville
Wilmer
Franklinton
Bogalusa
Wiggins
St. Francisville
Amite
Zemurray Gardens
Bogue Chitto Nat'l. Wildlife Refuge
Saucier
Pass Christian
Ocean Springs
Theodore
Baker
Denham Springs
Hammond
Picayune
Stennis Space Center
Gulfport
BATON ROUGE
Covington
Ponchatoula
Long Beach
Biloxi
Pascagoula
L. Maurepas
West Ship I.
Plaquemine
Gonzales
Slidell
Bay St. Louis
Horn I.
Pontchartrain
Mississippi Sound
Historic Old Fort Massachusetts
NEW ORLEANS
Donaldsonville
La Place
Kenner
Chandeleur I.
0
25
50
75
100 km
0
25
50 miles
Des Allemands
METAIRIE
Marrero
Chandeleur Sound
Reggio
Franklin
Thibodaux

und gut gewesen zu sein, um die industriellen Wogen aufzuhalten. Auch diese Einstellung fand ihre literarischen Niederschläge – von Faulkners »Absalom, Absalom« bis zu Mitchells »Gone With the Wind«. Faulkner (neben Elvis Presley) zählt zur den größten Söhnen des »Magnolia State«.

Und so werden heute in Natchez oder Vicksburg Schlachten nachgestellt, rauschende Ballnächte in historischen Kostümen durchtanzt, und vor den edlen Plantagenhäusern warten wieder die Primadonnen des Südens, die *Southern Belles*, um die Yankee-Gäste mit ihrer Wohnkultur ins Staunen zu versetzen. »Step back« nennt sich dieser Trick mit der Zeitmaschine.

Anders der durch zahlreiche Casinos ermunterte Küstenzipfel am Golf: die schönen Strände von Pass Christian, Gulfport oder Biloxi. Dazwischen malen Buchten und Bayous mitunter eine Art Holland der Karibik – mit zahllosen Kanälen, Ziehbrücken und Zypressen, Entengrütze und Spanischem Moos. Ja, diese Bärte! Matratzenfüllung oder Melancholie? Weihnachtsbaumschmuck oder schmutzige Wäsche?

1 BAY SAINT LOUIS

Das kleine Artsy-craftsy-Nest gilt als Schickimicki-Geheimtipp. Es heißt, viele prominente Musiker und Künstler aus New Orleans hätten sich hier in aller Stille einquartiert.

SERVICE & TIPPS

Hancock County Tourism Development Bureau
1928 Depot Way
Bay Saint Louis, MS 39520
✆ (228) 463-9222, 1-800-466-9048
www.mswestcoast.org

Cypress Café
300 S. Second St.
Bay Saint Louis, MS 39520
✆ (228) 466-4877
www.cypresscafebsl.com
Mo, Sa 10–14, Di–Fr 10–16 Uhr
Das Frühstücks- und Lunchcafé findet sich im ehemaligen Rathaus von 1905 nahe dem historischen Depot District. Verkauf von kleinen Geschenkartikeln, regionalen Spezialitäten und Gewürzen. $

Letzte Feinheiten, ehe die Preisrichter kommen: Sandskulpturen-Wettbewerb in Biloxi

An der Küste des Golfs von Mexiko: Biloxi

2 BILOXI

Ob Gold, Silber, Öl oder Gambling: Bonanza-Runs haben in den USA allenthalben Spuren hinterlassen. Schon vor »Katrina« hatten monströse Kasinobauten – allen voran das strahlende Palace Casino Resort und das gigantische Beau Rivage Resort – den Küstenort (44800 Einwohner) gründlich verändert und ihn zum Monte Carlo des Südens gemacht. Zusammen mit der Golfküste von Mississippi rangiert das Spielerparadies von Biloxi mit insgesamt elf Kasinos inzwischen auf Platz fünf in den USA.

Im Bürgerkrieg wurde in Biloxi noch jede Ankunft von Yankee-Schiffen boykottiert – die Gaslichter wurden einfach nicht entzündet. Doch schließlich wurde die Stadt von den Unionstruppen eingenommen. Weit heftiger und später als der Krieg schlugen 1969 Hurricane »Camille« und 2005 »Katrina« zu.

Im Biloxi Visitor Center am Leuchtturm tun freundliche Damen und Herren alles, um ihre Stadt – 1699 von Pierre d'Iberville gegründet und damit eine der ältesten der USA – ins beste Licht zu rücken. »Was ist noch da, was ist übrig geblieben, was ist neu, was stand dort … und dort …?« – noch Jahre, nachdem »Katrina« die Küste Mississippis grundlegend verwüstet und ihr Antlitz verändert hat, hören sie ständig diese Fragen der Touristen. Verwunderlich ist das nicht, stehen doch die Besucher unter dem Eindruck, den die unglaublichen Fernsehbilder von der Zerstörung in ihre Wohnzimmer geliefert hatten.

Längst geht das Leben weiter in Biloxi und Umgebung, so wie es hier immer war. Die Menschen – wenn sie nicht weggezogen sind, um ihr Glück woanders zu suchen – schauen vorwärts, packen an, bauen auf und sind stolz auf das, was sie seit 2005 geschafft haben. Nie wieder wird es so sein wie vorher, aber das wiederauferstandene Biloxi wartet in neuem Glanz und mit gewohnter Gastfreundlichkeit der Südstaaten auf seine Gäste. Architekturbüros, Anwaltspraxen residieren in den historischen oder neu erbauten Häusern, auserwählte Berufsgruppen, die sich die (noch immer) noblen Adressen leisten können: Denkmalpflege und Wertsteigerung, das passt nun mal gut zusammen. An die Naturkatastrophe am 29. August 2005 erinnert still das **Katrina Memorial** am Town Green, dem Hauptplatz der Stadt. Als weitere stumme Denkmäler prägen die **Chainsaw Sculptures** das Stadtbild, eindrucksvolle Skulpturen, die durch den künstlerischen Einsatz von Kettensägen aus den vom Sturm zerfetzten alten Live Oaks herausgearbeitet wurden.

Die Glitzerwelten der Kasinos haben längst wieder ihre Pforten geöffnet, größer und moderner als je zuvor. Neue und alte Restaurants servieren Südstaatenküche vom Feinsten. Manche Lokale sind noch da, viele in anderer Umgebung, in neuen Gebäuden, und manche gibt es einfach nicht mehr. Das historische **Magnolia Hotel** etwa wurde im Jahr 2012 wiedereröffnet. Sein nostalgisches Flair erinnert an die touristischen Sternstunden von Biloxi, an eine Zeit, als die Stadt ein beliebtes Seebad war.

Von jeher warten die feinen weißen Sandstrände aufgeräumt und gepflegt auf Badegäste. **The Old Lighthouse,** Biloxis alter Leuchtturm von 1848, hat die Stürme der Zeit überstanden, neu erbaut streckt sich der Pier dem Meer entgegen.

Ein Blickfang am US-Highway 90, dem zugegeben nicht besonders schönen, aber praktischen Beach Boulevard, der immer dem Strandverlauf folgt, ist das avantgardistische **Ohr-O'Keefe Museum of Art**, dessen Bauten schon einmal kurz vor ihrer Vollendung standen, als sie 2005 von »Katrina« weggefegt wurden. Nunmehr erstrahlt das Museum endlich in seinem innovativen Design, entworfen vom Stararchitekten Frank O. Gehry. 2012 eröffnet mit dem **City of Biloxi Center for Ceramics** der letzte Teil des vielseitigen Museumskomplexes.

Am westlichen Ortsende liegt **Beauvoir**, ein im Jahr 1850 von einem Pflanzer erbautes und wegen seines beneidenswerten Blicks auf den Golf so getauftes Haus, in dem Südstaaten-Präsident Jefferson Davis (1861–65) die letzten zwölf Jahre seines Lebens zubrachte. Er nutzte Beauvoir als kreatives Refugium nach zwei Jahren Gefangenschaft in Virginia. Hier schrieb er seine Werke »Aufstieg und Fall der Konföderierten-Regierung« und »Geschichte der Konföderierten Staaten von Amerika«.

Gumbo, Shrimp-Cocktails und Salate in Biloxi

SERVICE & TIPPS

Mississippi Gulf Coast Visitor Center
2350 Beach Blvd., Biloxi, MS 39531
✆ (228) 896-6699, 1-888-467-4853
www.gulfcoast.org, tägl. 8–17 Uhr
Nahe dem Leuchtturm. Mit einem kleinen Museum zur Geschichte der Stadt und ihrer Verbundenheit mit dem Meer.

Biloxi Schooners
367 Beach Blvd., Biloxi, MS 39530
✆ (228) 435-6320
www.maritimemuseum.org
Tickets $ 30/15, Zeiten erfragen
Die zwei, historischen Austernfischerbooten nachgebildeten Zweimaster am neuen Schooner Pier Complex sind Teil des **Maritime & Seafood Industry Museum** und fahren ganzjährig auf den Golf hinaus.

Ohr-O'Keefe Museum of Art
386 Beach Blvd. & Kuhn St.
Biloxi, MS 39530, ✆ (228) 374-5547
www.georgeohr.org
Di–Sa 10–17, So 13–16 Uhr
Eintritt $ 10/5
Vom Starachitekten Frank O. Gehry designte, ultramoderne Museumsbauten als Blickfang am US-Hwy. 90. Ein Tribut an George E. Ohr (1857–1918), den selbsternannten »Mad Potter of Biloxi«, und an seine bizarren, oft abstrakten Kunst- und Gebrauchsgegenstände aus dem Lehm und Ton Mississippis. Museumsshop und Café im Mississippi Welcome Center.

Beauvoir (Jefferson Davis Home)
2444 Beach Blvd. (US 90)
Biloxi, MS 39531
✆ (228) 388-4400
www.beauvoir.org
Tägl. 9–17 Uhr, Eintritt $ 12.50/7.50
Letzter Wohnort von Jefferson Davis, der 1889 in New Orleans starb. Museum mit Konföderierten-Memorabilien und Friedhof. Gründlich renoviert seit 2005.

Infinity at NASA Stennis Space Center
Nahe I-10, westl. des Mississippi Welcome Center
Stennis Space Center, MS 39529
✆ (228) 533-9025, 1-800-237-1821
www.visitinfinity.com
Mo–Sa 10–16 Uhr, Eintritt $ 8/6
Neu seit 2013: modernes, interaktives Wissenschafts- und Raumfahrtmuseum am Stennis Space Center. Mit Erd- und Weltraumgalerien, 3-D-Kino, interaktiven Experimenten etc. Bustour.

Mary Mahoney's Old French House
138 Rue Magnolia & Beach Blvd.

The Old Lighthouse, Biloxis alter Leuchtturm von 1848

Biloxi, MS 39530
✆ (228) 374-0163
www.marymahoneys.com
Tägl. außer So 11–22 Uhr
Südstaatenambiente par excellence: Gemütlich, aus diversen Wohnzimmern zusammengesetzter, verschachtelter Fuchsbau in einem der ältesten Häuser des Landes (1737) – dazu eine hervorragende Küche mit exzellenten Fischgerichten! $–$$$$

Half Shell Oyster House
125 Lameuse St., Biloxi, MS 39530
✆ (228) 432-5050
www.halfshelloysterhouse.com
So–Do 11–22, Fr/Sa bis 23 Uhr, Bar länger
Frische Austern – ob naturbelassen, gegrillt, überbacken oder nach Rockefeller-Art – sind Namengeber und Spezialität des Hauses. Doch auch *Shrimp and Grits, Chicken Alfredo* und andere Köstlichkeiten der Speisekarte sind empfehlenswert. In einem historischen Bankgebäude im Innenstadtbereich. $$–$$$

Palace Casino Resort
154 Howard Ave., Biloxi, MS 39530
✆ 1-800-PALACE-9
www.palacecasinoresort.com
Luxuriöses Kasinoresort mit 1100 Spielautomaten und 26 Tischen, Restaurants, Cafés und Bars. Steak- und Fischgerichte sowie exzellente Weine und Desserts serviert das elegante Dinnerrestaurant **Mignon's** (Di–So, $$$$). Legerer geht es zu im **Palace Café & Bakery** ($–$$) und eine riesige Speisenauswahl bietet das **Palace Buffet** ($$–$$$).

Biloxi Shrimping Trip
693 Beach Blvd. & Main St.
Biloxi, MS 39530
✆ (228) 392-8645, 1-800-289-7908
www.biloxishrimpingtrip.com
Mitte März–Anfang Aug. tägl. 10.30, 13.30 und 15.30 Uhr, Dez.–Mitte Feb. geschl., im Frühjahr und Herbst tägl. 10.30 und 13.30 Uhr, Tickets $ 16/11
70 Minuten lang geht die »Sailfish« auf Krabbenfang. Der Captain erklärt alles, was ins Netz geht. Abfahrt vom Small Craft Harbor.

Ausflugsziel Ocean Springs:

Ein hübsches, freundliches Städtchen mit viel Grün breitet sich abseits der all-amerikanischen Betriebsamkeit des US Highway 90 aus. Unter schattigen Bäumen spaziert man vorbei an Kunstgalerien und kleinen Läden, freundlichen Cafés und Restaurants mit subtropischem Flair und köstlichen regionalen Gerichten auf der Speisekarte. Eine Fülle von farbenprächtigen regionalen Kunstschätzen zeigt das von außen eher unscheinbar wirkende **Walter Anderson Museum of Art**.

Einen kurzen Abstecher widmen sollte man dem kunstvollen Mosaik an der Ostseite der Biloxi-Ocean Springs Bridge. In idyllischer Umgebung gedenkt das aus unzähligen Kachelsplittern zusammengefügte Wandbild der Zerstörungen der Küstenregion durch »Katrina«. Seinerzeit waren von der Brücke mit der Hauptverkehrsstraße nur die Pfeiler im Wasser stehen geblieben.

Alligatorbaby

Naturliebhaber zieht es zum **Davis Bayou** und seinem vegetationsreichen Küstengebiet mit den so zauberhaft verschlungenen Wasserwegen, an denen zahlreiche Wasservögel und -tiere ihre Heimat haben. Das Visitor Center mit seinen informativen Ausstellungen und Filmen ist Ausgangspunkt für zahlreiche Aktivitäten wie Reiten, Wandern, Angeln, Kajakfahren, Camping etc.

Ocean Springs Chamber of Commerce
1000 Washington Ave.
Ocean Springs, MS 39564
✆ (228) 875-4424
www.oceanspringschamber.com
Mo–Fr 9–16, Sa 9–13 Uhr

Walter Anderson Museum of Art
510 Washington Ave.
Ocean Springs, MS 39564
✆ (228) 872-3164
www.walterandersonmuseum.org
Mo–Sa 9.30–16.30, So 12.30–16.30 Uhr, Eintritt $ 10/5
Leben und Schaffen Walter Inglis Andersons (1903–65): Aquarell- und Ölgemälde, Zeichnungen, Drucke, Keramiken u. a. Kunstwerke mit Pflanzen und Tieren. Visueller Höhepunkt im angrenzenden **Ocean Springs Community Center:** ein farben- und formenreiches Ganzraum-Wandgemälde mit dem Zyklus der Jahreszeiten.

Davis Bayou/Gulf Islands National Seashore
3500 Park Rd.
Ocean Springs, MS 39564
✆ (228) 875-9057
ww.nps.gov/guis
Wunderbare natürliche Küstenlandschaft bei Ocean Springs, mit Bayous und einem hervorragenden Visitor Center. Gehört zu den Inseln und Küstenbereichen des Meeresnationalparks an der Golfküste. Schwimmen, Angeln, Camping, geführte Wanderungen, Reit- und Wanderwege. Eine hübsche Kurzwanderung ist der Davis Bayou Trail über 1,5 km. (Vgl. auch West Ship Island, S. 191.)

Bayview Gourmet
1010 Robinson St.
Ocean Springs, MS 39564
✆ (228) 875-4252
www.bayviewgourmet.com
Tägl. außer Mo 7.30–14.30 Uhr
Frühstücks- und Lunchcafé: bunt, tropisch, floridianisch …, so beginnt ein guter Urlaubstag! $

The Shed – Barbecue & Blues Joint
7501 Hwy. 57 (I-10, Exit 57)
Ocean Springs, MS 39565
✆ (228) 297-2628
www.theshedbbq.com
So–Do 11–21, Fr/Sa bis 22 Uhr
Rustikales Lokal mit brutzelnden Burgern u.a. leckeren Gerichten und allerlei Zierrat an den Wänden. Geheimtipp: die regelmäßigen Blues-Abende. $–$$

Ausflugsziele Gulfport/ West Ship Island:

Das geruhsame Gulfport (68 000 Einwohner) schließt sich westlich an Biloxi an. Wie auch in Biloxi und im benachbarten kleineren Ort **Pass Christian** sind Wohn- und Geschäftsanlagen vis-à-vis vom Golf begehrt.

Vor der Küste von Biloxi: »Shrimp boat« im Golf von Mexiko

Seit 1926 bringt Ship Island Excursions seine Passagiere sicher von Gulfport auf die wunderschöne Strandinsel knapp 20 km vor der Küste. Schon unterwegs sind häufig Delfine und Pelikane zu sehen. Hurricane »Camille« war es, der 1969 West Ship Island in eine östliche und eine westliche Insel teilte.

Glasklares, bis zu 30 Grad warmes Meerwasser und ein strahlend weißer Sandstrand samt Dünengürtel empfangen die Besucher auf der baumlosen Insel, die zur streng geschützten, dem Festland vorgelagerten Inselkette der Gulf Islands National Seashore gehört. Inklusive der Besichtigung des gut erhaltenen **Fort Massachusetts** von 1868 kann man hier einen geruhsamer Strandtag verbringen, bis Captain Louis um Punkt 14.30 Uhr bzw. im Hochsommer noch mal um 17 Uhr sein Schiff wieder zurück zum Festland steuert.

Mississippi Gulf Coast Visitor Center
Vgl. Biloxi, S. 188.

Ship Island Excursions
Gulfport Yacht Harbor (Kreuzung US 90 & US 49)
✆ (228) 864-1014, 1-866-466-7386
www.msshipisland.com
Mitte März–Mitte Mai und Mitte Aug.–Ende Okt. Abfahrten Mi–Fr 9, Sa 9 und 12, So 12 Uhr; Mitte Mai–Mitte Aug. Abfahrten tägl. 9 und 12 Uhr; Rückfahrten jeweils 14.30 und 17 Uhr
Tickets $ 27/17 hin und zurück
Optionale Miete von Sonnenschirm und 2 Strandstühlen $ 25
Einstündige Fährfahrt nach West Ship Island. Weiße Sandstrände, glasklares, warmes Wasser und Fort Massachusetts. Umkleiden, Toiletten und Duschen in Strandnähe.

8 **West Ship Island/ Gulf Islands National Seashore**
3500 Park Rd.
Ocean Springs, MS 39564
✆ (228) 875-9057
www.nps.gov/guis
West Ship Island ist Teil der Inselkette und Küstenbereiche der Golfküste in Florida, Alabama und Mississippi. (Vgl. auch Davis Bayou, S. 190, Ocean Springs, S. 189 f.)

Lynn Meadows Discovery Center
246 Dolan Ave.
Gulfport, MS 39507
✆ (228) 897-6039
www.lmdc.org
Di–Sa 10–17, So 12–17 Uhr, Ende Mai–Sept. auch Mo, Eintritt $ 9, Mi nachmittags $ 3, So $ 5
Interaktives Museum für Kinder und Erwachsene. Zum Lernen und Lachen: Experimente aus Wissenschaft, Ökologie, Technik etc.

Koi Sushi Japanese Steak House & Hibachi Grill
9415 US 49
Gulfport, MS 39503
✆ (228) 868-9588
www.koisushigulfport.com
Mo–Fr 11–14.30 und 17–22, Sa 11–22, So 11–21 Uhr
Japanisches Steakrestaurant. Gegrillt wird über dem offenen Feuer: Steaks, Fisch und Meeresfrüchte. $$–$$$

Lookout Steakhouse
1301 26th Ave.
Gulfport, MS 39501
✆ (228) 248-0555
www.lookoutsteakhouse.com
Mo–Do 11–19, Fr/Sa 11–22, So 11–20 Uhr
Steak- und Seafood-Restaurant in einem 1903 erbauten ehemaligen Bankgebäude in Historic Downtown Gulfport. $$–$$$

3 CLARKSDALE

Tennessee Williams besuchte zwar häufig seinen Großvater in Clarksdale, aber der Rede wert ist der 17 300-Einwohner-Ort wegen seines Beitrags zur Geschichte des Blues. Viele der Musikpioniere wurden hier geboren: unter anderem Muddy Waters, John Lee Hooker, Charlie Patton und W.C. Handy.

SERVICE & TIPPS

Clarksdale-Coahoma County Chamber of Commerce
1540 De Soto Ave.
Clarksdale, MS 38614
✆ (662) 627-7337
www.clarksdale-ms.com

Delta Blues Museum
1 Blues Alley
Clarksdale, MS 38614
✆ (662) 627-6820
www.deltabluesmuseum.org
März–Okt. Mo–Sa 9–17, sonst 10–17 Uhr
Eintritt $ 10/8
Dokumentation der Musik des Deltas: auf Video, Fotos u.a.

The Dutch Oven
100 Blues Alley Lane
Clarksdale, MS 38614
✆ (662) 621-9766
Mo–Fr 10–15 Uhr
Kleines Bistrorestaurant mit gemütlicher Atmosphäre und Essen wie daheim in den Südstaaten. $

4 GREENVILLE

Ob Ragtime oder Blues, in den Clubs oder Parks: Von jeher hat die Musik bei den Schwarzen eine bedeutende Rolle gespielt – von den Arbeitsliedern der »cane songs« auf den Zuckerrohrfeldern in Mississippi und Louisiana über die Voodoo-Zeremonien bis zu Gospels und Spirituals.

Früher wegen der fruchtbaren Böden entlang des Mississippi reich an Baumwolle, später durch Überschwemmungen des Flusses heftig gebeutelt, hat sich Greenville nach dem Bau der Deiche heute als bedeutende Hafenstadt mit 33 200 Einwohnern positioniert.

SERVICE & TIPPS

Greenville and Washington County Convention and Visitors Bureau
216 S. Walnut St., Greenville, MS 38701, ✆ 1-800-467-3582
www.visitgreenville.org

Doe's Eat Place
502 Nelson St.
Greenville, MS 38701
✆ (662) 334-3315
www.doeseatplace.com
Tägl. außer So 17–21 Uhr
Eingang durch die Küche: einfache Gerichte, weithin berühmt für üppige Steaks und *tamales*. $$–$$$

Ausflugsziel Leland:

13 km östlich von Greenville auf der US 82, liegt die Kleinstadt Leland, in der 2002 in einem alten Kino das **Blues Museum** eröffnete.

Highway 61 Blues Museum
400 N. Broad St.
Leland, MS 38756
✆ (662) 686-7646
www.highway61blues.com
Di–Sa 10–17 Uhr
Das Museum zeigt Ausstellungsstücke bekannter Delta-Blues-Musiker wie Jimmy Reed, Willie Foster, B. B. King und Sam Chatmon und veranstaltet Blues-Festivals.

5 INDIANOLA

Die US-Highways 49 und 82 durchqueren die weiten Landstriche des Mississippi-Deltas, des Lands zwischen Yazoo und Mississippi River, dessen meilenlange Baumwollfelder nur von gelegentlichen Baumreihen und Zypressensümpfen unterbrochenen werden. Die Highways sind wie ein langes Band, als hätten sie es überaus eilig, weiter und schnell von hier wegzukommen. Wie einst B. B. King (1925–2015), der weltberühmte Bluesmusiker, der in diesem Landstrich das Licht der Welt erblickte und schon früh den Traum hatte wegzugehen, am besten nach Memphis, wo man etwas erreichen konnte, wenn man Bluesmusiker werden wollte.

So umgehen die Highways Indianola und seine 10300 Einwohner ohne viel Federlesen und lassen den Autofahrer im Glauben, hier gäbe es weiter nichts zu sehen. Doch fasst man sich ein Herz und folgt dem unscheinbaren Straßenschild nach Downtown, eröffnet sich allmählich ein Kaleidoskop von Straßen, Geschäften, Kneipen und Menschen einer Kleinstadt, die ihre gelebte Geschichte gerade wiederzufinden beginnt. Mitten durch den Ort zieht sich der malerische, grüne **Indian Bayou** mit seinen moosbehangenen Zypressen im Wasser.

Im 2008 eröffneten B. B. King Museum in Indianola sind auf 20000 Quadratmeter Ausstellungsfläche unter anderem sechs Originalgitarren des Meisters ausgestellt

Am Ortsrand eröffnete 2008 das **B. B. King Museum** seine Pforten und ehrt den großen Sohn der Region mit einer abwechslungsreichen, interaktiven Ausstellung, in der vor allem die Musik, die Herkunft und die Weggefährten Kings dargestellt werden. Dieses Museum gleicht einem Juwel in einer scheinbar vergessenen Landschaft, über die man sinnieren kann, während man im **Blue Biscuit** gegenüber sitzt.

SERVICE & TIPPS

B. B. King Museum and Delta Interpretive Center
400 Second St.
Indianola, MS 38751
✆ (662) 887-9539
www.bbkingmuseum.org
April–Okt. Di–Sa 10–17, So/Mo 12–17 Uhr, Eintritt $ 15/10
Empfehlenswertes Museum, das auf 20 000 qm mit Musik, in Bildern und Worten vom Leben und Schaffen des legendären Bluesmusikers (1925–2015) und seiner Heimat, dem Mississippi-Delta, erzählt. Unter anderem sind sechs Originalgitarren des Meisters ausgestellt.

The Blue Biscuit
501 Second St.
Indianola, MS 38751
✆ (662) 645-0258
www.thebluebiscuit.com
Mo 11–14 und 17–21, Fr/Sa 17–1, So 17–21 Uhr
Blueskneipe und Restaurant gegenüber dem B. B. King Museum. Regelmäßig finden hier Blues- und andere Live-Konzerte statt.

Auf der Speisekarte stehen neben Burgern und *catfish* auch Barbecue sowie *Peach Cobbler* und anderes typisches *Soulfood* der Südstaaten. Übernachtungen sind möglich in den **Blue Biscuit Bungalows**. $$

6 JACKSON

Aus dem ehemaligen Trading Post mit dem Namen *Le Fleur's Bluff* hat sich eine Großstadt mit rund 172 600 Einwohnern entwickelt: Jackson, die Hauptstadt des Staates. Nachdem sie im Bürgerkrieg niedergebrannt wurde und nur noch Schornsteine aus Schutt und Asche ragten, hatte Jackson kurzfristig (1863) seinen dritten Namen weg: *Chimneyville.*

Heute steht die Stadt im ärmsten US-Bundesstaat vergleichsweise gut da. Dank ihrer zentralen Lage bewährt sie sich als ein wichtiges Handels- und Distributionszentrum im Tiefen Süden. Gastfreundlich lockt sie vor allem mit einer interessanten Museumspalette.

SERVICE & TIPPS

Metro Jackson Convention & Visitors Bureau
111 East Capitol St., Suite 102
Jackson, MS 39201
✆ (601) 960-1891, 1-800-354-7695
www.visitjackson.com

Mississippi Agriculture and Forestry Museum
1150 Lakeland Dr.
Jackson, MS 39216
✆ (601) 432-4500
www.msagmuseum.org
Mo–Sa 9–17, Eintritt $ 5/4
Sehenswert präsentierte Geschichte der regionalen Landwirtschaft und der Siedlungskultur von den frühen Ureinwohnern bis heute. Neben Geräten, Werkzeugen und Maschinen gibt es Dioramen früherer Arbeitsbedingungen zu sehen und kunstvolle Stillleben, in denen historische Haushalte, Läden, Schulen und Arztpraxen originalgetreu nachgebildet sind. Attraktiv für Kinder: ein nachgebautes altes Dorf, eine Zuckermühle und ein kleiner Zoo.

Mississippi Children's Museum
2145 Museum Blvd.
Jackson, MS 39202
✆ (601) 981-5469, 1-877-793-5437
www.mississippichildrensmuseum.com, Di–Sa 9–17, Mi 12–17, So 13–18 Uhr, Eintritt $ 8
Lernen mit Spaß: interaktives Museum für Kinder und Erwachsene gleichermaßen. Dynamische Ausstellungsbereiche zu Kultur, Wissenschaft und Technik.

Mississippi Museum of Art
380 South Lamar St.
Jackson, MS 39201
✆ (601) 960-1515, 1-866-843-9278
www.msmuseumart.org
Di–Sa 10–17, So 12–17 Uhr
Eintritt frei
Zu den Glanzpunkten der permanenten Sammlung gehören u.a. Werke von Renoir, Picasso, Rauschenberg und Georgia O'Keeffe sowie die Ausstellung »The Story of Mississippi« mit diversen Werken von und aus Mississippi.

Mississippi Museum of Natural Science
2148 Riverside Dr.
Jackson, MS 39202
✆ (601) 576-6000
www.mdwfp.com/museum.aspx
Mo–Fr 8–17, Sa 9–17, So 13–17 Uhr
Eintritt $ 6/4
Mississippis naturwissenschaftliches Museum mit Aquarien, Teichen, Gartenanlagen und Gewächshäusern mit vielen Tier- und Pflanzenarten. Spazierwege verbinden die zahlreichen Ausstellungsbereiche.

The Oaks House Museum
823 N. Jefferson St.
Jackson, MS 39202
✆ (601) 353-9339
www.theoakshousemuseum.org
Di–Sa 10–15 Uhr, Eintritt $ 4.50/3.50
In diesem 1846 errichteten klassizistischen Haus wohnte einst General Sherman. Beachtliche Renovierung, zeitgenössisches Mobiliar.

Old Capitol Museum of Mississippi History
100 S. State St., Jackson, MS 39201
✆ (601) 359-6920
http://mdah.state.ms.us/oldcap
Di–Sa 9–17, So 13–17 Uhr
Eintritt frei
Der eindrucksvolle Bau – einer der

Jackson: The Mississippi State Capitol

wenigen, der die Zerstörung der Stadt im Bürgerkrieg unbeschadet überlebte – diente zwischen 1839 und 1903 als Regierungssitz des Staates. Historische Ausstellungen zu den Themen Baumwolle, Bürgerkrieg und Bürgerrechtsbewegung.

Caet
3100 N. State St.
Jackson, MS 39216
✆ (601) 321-9169
www.caetwinebar.com
Mo–Do 16–23, Fr/Sa bis 24 Uhr
Modernes Dinnerrestaurant mit Weinbar. Auch Bier und Cocktails. $–$$$$

Bravo!
244 Highland Village
Jackson, MS 39211
✆ (601) 982-8111
www.bravobuzz.com
Di–Sa 11–22, So bis 21 Uhr
Preisgekröntes, munteres italienisches Restaurant. Ergiebige Weinkarte. $–$$$

Primos Café & Bake Shop
2323 Lakeland Dr. (östl. von Downtown, Richtung Flughafen)
Flowood, MS 39232
✆ (601) 936-3398
www.primoscafe.com
Tägl. außer So 6.30–21 Uhr
Gemütlicher, alteingesessener Familienbetrieb, gute amerikanische Küche. Drinnen und draußen. $–$$

Sal & Mookie's
565 Taylor St., Jackson, MS 39216
✆ (601) 368-1919
www.salandmookies.com
Di–Do 11–21.30, Fr/Sa bis 22, So bis 21 Uhr
Populäres Familienrestaurant für Lunch und Dinner. Große Dessertauswahl an der Eistheke. $–$$

7 LORMAN

Eigentlich ist das verschlafene Nest nicht der Rede wert – aber *einen* Stopp sollte man sich gönnen, und zwar beim

Old Country Store
18801 US 61 & C 522, Lorman, MS 39096, ✆ (601) 437-3661
www.natcheztracetravel.com
So–Do 10–16, Fr/Sa 10–18 Uhr
Seit 1875 ein altmodischer Tante-Emma-Laden, heute ein *All you can eat Grocery Store*. $

8 MERIDIAN

Meridian hat seinen Namen weg, seit sich hier zwei Eisenbahnlinien kreuzten. Die verkehrsgünstige Lage brachte ihm dennoch auf die Dauer wenig. Erst legten Unionstruppen es in Schutt und Asche, dann machten eine Gelbfieberepidemie und ein Hurrikan das Wiederaufgebaute erneut zunichte. Immerhin: Heute profitiert Meridian (41 000 Einwohner) von seinem Andenken an den »Vater der Countrymusic« und Eisenbahner Jimmie Rodgers, der hier geboren wurde.

SERVICE & TIPPS

Meridian/Lauderdale Country Tourism Bureau
212 Constitution Ave.
Meridian, MS 39301
✆ (601) 482-8001, 1-888-868-7720
www.visitmeridian.com

Jimmie Rodgers Museum
1725 Jimmie Rodgers Dr.
Meridian, MS 39307
✆ (601) 485-1808
www.jimmierodgers.com
Di–Sa 10–16 Uhr, Eintritt $ 10/5
Führung nach Vereinbarung
Dem Country-Star gewidmet: Zu sehen gibt es seine Gitarre, persönliche Memorabilien, Kostüme.

Dentzel Carousel
41st Ave. (Highland Park)
Meridian, MS 39301
✆ (601) 485-1802
www.visitmeridian.com
Juni/Juli tägl. 13–17, Aug.–Okt. und April/Mai nur Sa/So, Nov.–März nur So, Tickets $ 1/0.50
Buntes und eins der ältesten Karussells *(merry-go-round)* in den USA, vom deutschen Emigranten Gustav Dentzel 1896 für die Weltausstellung in St. Louis in siebenjähriger Arbeit geschnitzt (28 Holzpferde) und bemalt.

Weidmann's Restaurant
210 22nd Ave. (Downtown)
Meridian, MS 39301
✆ (601) 581-5770
www.weidmanns1870.com
Mo–Do 11–21.30, Fr/Sa 11–23, So 10–14 Uhr
Alteingesessenes Speiselokal (seit 1870) mit traditioneller lokaler Küche – Flunder und Krebse, Filets und Hochrippen. Außerdem Balcony Bar für Cocktails. $–$$$

Kudzu – der Konföderierten-Knöterich: Diese fleischige Pflanze aus der Familie der Bohnen überzieht den Süden wie ein grüner Pullover. Wider Erwarten, denn Tempo und Ausmaß der Überwucherungen waren nicht vorauszusehen. Die Japaner brachten die grünen Blätter Ende des 19. Jahrhunderts eher zufällig ins Land – als Deko-Material für eine Ausstellung. Später pflanzte man sie hier und da zur Beschattung der Veranden. Aber seit in den 1930er Jahren das Agrarministerium Kudzu im großen Stil importierte, um die Bodenerosion zu stoppen, verselbstständigt sich der »grüne Würger« im Zeitraffertempo und verleibt sich alles ein, was im Weg steht: Bäume und Autos, Schuppen und Schilder. Sein loses Blattwerk modelt und rundet, verformt und verhüllt – und legt dabei eine plastische Gestaltungskraft an den Tag, deren vegetabile Ergebnisse oft unterhaltsam wirken (vgl. Foto S. 67).

9 NATCHEZ

Natchez (15 500 Einwohner), die älteste Siedlung am Mississippi, ist ein offenes Nachschlagewerk der Antebellum-Residenzen. Keine andere Stadt der Südstaaten hat einen reicheren Fundus an Symbolen der glorreichen Vergangenheit. Nirgendwo sonst wurde der Formenkanon der Antike versierter ausgespielt und erfüllt mit den Baustoffen vor Ort, dem Holz aus den Zypressenwäldern und dem Lehm von den Ufern des Mississippi.

Also kommen die Besucher von weit her, vor allem aus dem Norden. Reisebusse und Kränzchen neugieriger Yankee-Omas freuen sich auf einen Blick zurück auf ehemaliges Feindesland – zumindest darauf, was davon übrig geblieben ist. Während es die männlichen Pilger eher zu den Schlachtfeldern zieht, geraten die Damen bei den Highlights verflossener Pracht schier aus dem Häuschen.

Da steht **Stanton Hall**, ein spätes, klassizistisch dekoriertes Beispiel des Greek Revival und vom damaligen Hausherrn Frederic Stanton, einem betuchten Baumwollmakler, durch eigens aus Europa eingeführte Schätze nicht minder opulent eingerichtet. Eher zurückhaltend dagegen **Twin Oaks** mit seiner weiten Vorhalle und den quadratischen Säulen. **Dunleith**, die elegante Fassung eines sogenannten *raised cot-*

tage – wegen der Feuchtigkeit erhöht über dem Boden errichtet und rundum von Säulen umstellt –, zeichnet sich durch den umliegenden Englischen Garten und seine französischen Antiquitäten aus. **Longwood** (1859-61) gehört wohl zu den schönsten Palästen des Südens, schon durch seine oktogonale Grundform, in erster Linie aber durch seine zwiebelturmähnliche Kuppel, die einen Hauch von Orient verbreitet. Den lichten Bau von **The Elms**, ebenfalls noch im 18. Jahrhundert in spanischer Zeit mit weiten, umlaufenden Veranden erbaut, umgeben Zisterne, Gazebo und altmodisch schöne Gärten voller Immergrün und Blütenfarben. Er gehört zu den umschwärmtesten Adressen.

Magnolia Hall, die jüngste Villa in der Runde, kurz vor Ausbruch des Bürgerkriegs erbaut und währenddessen heftig beschädigt, dient heute als Museum. Ein Schlenker zum **National Cemetery** (41 Cemetery Rd.) lässt sich anschließen.

Zur Happy Hour zieht es viele Besucher abwärts, das heißt zum Anleger, wo der Mississippi am romantischsten aussieht, in die Bars und Restaurants an der **Silver Street**, *down by the riverside*. Schon zu Mark Twains Zeiten galt diese tief gelegene Gegend als das »Sodom of the Mississippi«, denn hier machten die Männer von den Flusskähnen, Outlaws und Desperados gewöhnlich Station. »Sie waren starke Trinker, die rohe Vergnügungen liebten, wie man sie damals in den Spelunken von Natchez-Under-the-Hill fand ...«, schreibt Twain in seinem »Leben auf dem Mississippi«.

Heute ankert hier ein hübsches Kasinoschiff, *die* **Isle of Capri Casino**, außerdem legen wieder die beiden luxuriösen Schaufelraddampfer an, die »Mississippi« und die »Delta Queen«.

Der Stadtrundgang ist auf der Karte S. 198 eingezeichnet.

SERVICE & TIPPS

Natchez Visitor Center
640 S. Canal St.
Natchez, MS 39120
✆ (601) 446-6345, 1-800-647-6724
www.natchezontheriver.com
www.visitnatchez.org
März–Okt. tägl. 8.30–18, Nov.–Feb. tägl. 8.30–17 Uhr
Zur **Natchez Pilgrimage** vgl. www.natchezpilgrimage.com.

Kutschfahrten
Natchez Southern Carriage Rides
✆ (601) 442-2151
Bietet Kutschfahrten durch das historische Städtchen an.

Magnolia Hall
215 S. Pearl St., Natchez, MS 39120
✆ (601) 442-6672
www.natchezontheriver.com/2008/10/13/magnolia-hall
Do–Sa 10–15 Uhr, Touren halbstündlich, Eintritt $ 15/10
1858 erbaut und vom Natchez Garden Club in alter Pracht wiederhergestellt. Beachtliche Sammlung früher Möbel, Textilien und Kostüme.

Dunleith
84 Homochitto St.
Natchez, MS 39120
✆ (601) 446-8500, 1-800-433-2445
www.dunleith.com

Palast mit acht Ecken: Longwood Plantation, Natchez

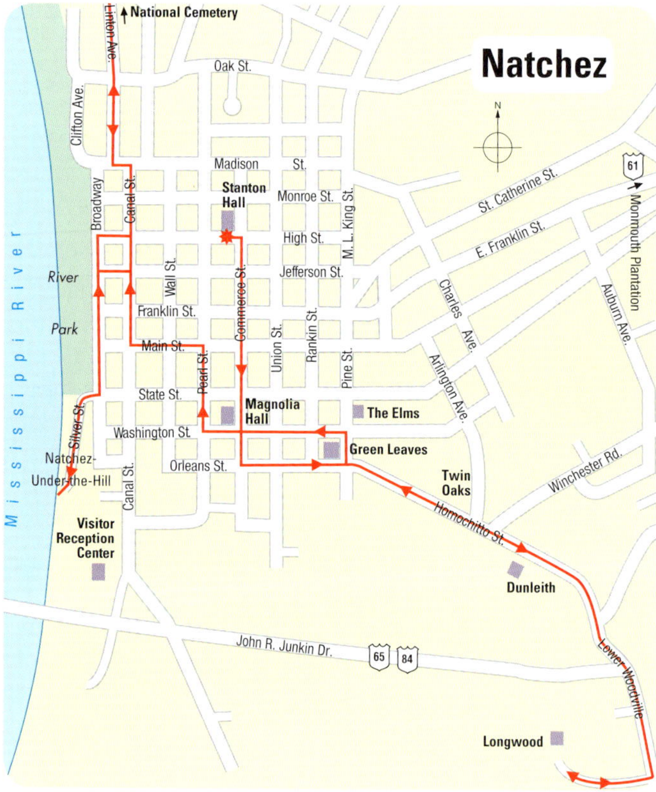

Tägl. 9–12 Uhr
Eintritt $ 12
Eine der schönsten Greek-Revival-Residenzen überhaupt (ca. 1856), rundum von Park umgeben, berühmt für ihre französischen Antiquitäten des 18. und 19. Jh. Mit Restaurant **The Castle** ($$).

The Elms
801 Washington St.
Natchez, MS 39120
www.theelms-natchez.com
Kreolisches Landhaus von ca. 1782 mit geräumigen Veranden. Heute ein B&B. Nur während der Pilgrimage zugänglich (März/April und Sept./Okt.).

Longwood
140 Lower Woodville Rd.
Natchez, MS 39120
✆ (601) 446-6631
www.natchezpilgrimage.com
Tägl. 9–16.30 Uhr, Führungen alle 30 Min., Eintritt $ 15/10
Größter oktogonaler Baukörper (1860/61) in den USA.

Monmouth Historic Inn and Gardens
36 Melrose Ave. (am John A. Quitman Pkwy.), Natchez, MS 39120
✆ (601) 442-5852, 1-800-828-4531
www.monmouthhistoricinn.com
Eintritt $ 15/10
Die Plantagenvilla von 1818 dient heute als romantische Herberge mit eleganten Räumen und Suiten im Herrenhaus und in sieben Nebengebäuden. Man kann durch den Park spazieren und im **Restaurant 1818** stilecht in Antebellum-Ambiente speisen ($$–$$$).

Stanton Hall
401 High & Pearl Sts.
Natchez, MS 39120
✆ (601) 442-6282, 1-800-647-6742
www.stantonhall.com
Tägl. 9–16.30 Uhr, Führungen jede halbe Std., Eintritt $ 15/10

Die Villa (1857), die den Ruf der Queen unter ihresgleichen in Natchez genießt, gehört dem örtlichen Pilgrimage Garden Club und ist denn auch das Hauptquartier der Plantagen-Pilger. Mit **Carriage House Restaurant** ($).

Natchez National Historical Park
1 Melrose-Montebello Pkwy.
Natchez, MS 39120
✆ (601) 446-5790
www.nps.gov/natc
Nationalpark zur Geschichte von Natchez. Mit **William Johnson House** (freier Eintritt) und **Melrose Plantation** ($ 10), beide tägl. 9–17 Uhr.

Magnolia Grill
49 Silver St.
Natchez-Under-the-Hill, MS 39120
✆ (601) 446-7670
www.magnoliagrill.com
Di–Do, So 11–21, Fr/Sa bis 22 Uhr
Angenehmes Lokal am Mississippi-Ufer. Gute Fischgerichte! Designer-Sandwiches. $–$$$

Uptown Grocery
531 S. Canal St., Natchez, MS 39120, ✆ (601) 445-9111
www.uptowngrocery.com
Mo–Fr 11–18, Sa 11–15 Uhr
Zum Lunch Pizza, Salat und Eistee o. Ä., auch zum Mitnehmen aus dem kleinen Laden. $

Natchez Coffee Company
509 Franklin St., Natchez, MS 39120, ✆ (601) 304-1415
Mo–Sa 7–17.30, So bis 14 Uhr
Kleines Café-Restaurant gegenüber dem Turning Pages Bookstore. $

Under The Hill Saloon
25 Silver St., Natchez, MS 39120
✆ (601) 446-8023
www.underthehillsaloon.com
Nette Kneipe am Fluss mit Live-Entertainment – auch bei den Locals beliebt.

Turning Pages Books & More
520 Franklin St.
Natchez, MS 39120
✆ (601) 442-2299, 1-866-246-2269
www.turningpagesbooks.com
Mo–Sa 10–17.30, So 13–Uhr
Gemütlicher kleiner Buchladen. Stöbern ist ausdrücklich erwünscht.

Isle of Capri Casino
53 Silver St., Natchez, MS 39120
✆ (601) 445-0605, 1-800-722-5825
www.natchez.isleofcapricasinos.com
Kasinoschiff tägl. 24 Std.

Ausflugsziele:

Mammy's Cupboard
555 US 61 S., südl. von Natchez, MS 39120

Abends am Fluss: Kasinodampfer in Natchez-under-the-Hill

Blickfang: Mammy's Cupboard südlich von Natchez

✆ (601) 445-8957
Im Umkreis der weiß schimmernden Baumwollfelder setzt die knallrote »Mammy« ihren unübersehbaren Farbakzent, eine Imbissbude am Straßenrand in Form einer Schwarzen-Mammy, die unter ihrem roten Backsteinrock Schutz und Lunch (Di–Sa) für unterwegs bietet.

Dieser Oldtimer (eine Art versteinerte Nachbildung der »Mammy« aus »Vom Winde verweht«) zählt zu den wenigen noch erhaltenen Beispielen von Gebäuden »in Form von«, die in den frühen Jahren der amerikanischen Autokultur für Entertainment sorgten. $

Rosemont Plantation
1 Meile östl. der US 61 am Hwy. 24
Woodville, MS 39669
✆ (601) 888-6809
www.rosemontplantation1810.com
März–Dez. Di–Sa 10–16.30 Uhr
Eintritt $ 10/5
Elternhaus von Jefferson Davis (1808–1898), das er oft besuchte. Fünf Generationen seiner Familie lebten hier. Übernachtungsmöglichkeit in einem hübschen Cottage auf der Plantage.

⑩ NATCHEZ TRACE

Die historische Handelsstraße, der **Natchez Trace Parkway**, führte einst von New Orleans nach Nashville und verband das Mississippi-Territorium mit dem Rest der Nation. Mit kleinen Unterbrechungen hat man sie inzwischen wieder rekonstruiert. Wer die grüne Route heute mit dem Auto befährt, kann sich schwer vorstellen, wie lange es einst dauerte, sie zu Fuß zurückzulegen – so wie die Indianer und auch der Entdecker des Mississippi, Hernando de Soto, der dieses Gebiet bereits Mitte des 16. Jahrhunderts kartografierte. Später waren hier Händler unterwegs, die nach dem Verkauf der Ladung ihrer Schiffe diese in New Orleans zerlegten und als Bauholz verhökerten, weil sie für die Rückfahrt flussaufwärts nichts taugten.

Der Weg durch das Land der Choctaw- und Chickasaw-Indianer war nicht immer ohne böse Überraschungen, so dass um 1800 die Armee die Sicherung der Straße übernahm. Mit der Einführung des Dampfboots 1812 erlosch die Funktion des Trails, denn für Transport und Reisen begann eine neue Ära. Heute führt der Pfad an indianischen Hügelgräbern *(mounds),* Schlachtfeldern des Bürgerkriegs und hübschen Kleinstädten vorbei, Elvis Presley's Geburtsstadt Tupelo eingeschlossen. Er bietet außerdem schöne Wanderwege, hervorragende Campingplätze und ein reiches Angebot für Kanufreunde.

Kudzu-Canyon bei Natchez

SERVICE & TIPPS

Natchez Trace Parkway
2680 Natchez Trace Pkwy.
Tupelo, MS 38804
✆ (662) 680-4025, 1-800-305-7417
www.nps.gov/natr
Visitor Center, Tourenprogramme, Angel-, Picknick- und Campingplätze, Reit- und Wanderwege, Schwimmen, Bootfahren. Länge: 714 km/444 mi. Reisedauer: mind. 2–3 Tage; am besten vom späten März bis April wegen der Blumenblüte und Sept./Okt. wegen des Herbstlaubs.

⓫ OXFORD

90 Kilometer südöstlich von Memphis, 80 Kilometer östlich von Tupelo. Mit Speck fängt man Mäuse, dachten die hiesigen Stadtväter, als sie sich Mitte des 19. Jahrhunderts den Namen Oxford (20900 Einwohner) aussuchten. Man wollte sich als Universitätsstandort empfehlen, und das klappte sogar. 1848 öffnete hier die University of Mississippi (kurz *Ole Miss* genannt) ihr Pforten.

Aber nicht die Universität, sondern die Literatur William Faulkners machte den im leicht hügeligen Terrain des nördlichen Mississippi gelegenen Ort berühmt, den er *Jefferson* nannte – den Mittelpunkt in seinem fiktiven »Yoknapatawpha County«. Auf dem Courthouse Square sitzt er in Bronze auf der Bank. Auch wer kein Kenner oder Fan des Autors ist, wird an dem freundlichen College-Städtchen Gefallen finden – an seiner historischen Architektur, seinen schattigen Straßen (etwa South Lamar Blvd.) oder einem Glas Wein auf dem Balkon der City Grocery.

Rowan Oak: Hier wohnte William Faulkner

SERVICE & TIPPS

Oxford Convention & Visitors Bureau
415 S. Lamar Blvd.
Oxford, MS 38655
✆ (662) 232-2477, 1-800-758-9177
www.visitoxfordms.com

Rowan Oak
Old Taylor Rd., 1/2 Meile südl. von Oxford, MS 38655
✆ (662) 234-3284
www.rowanoak.com
Di–Sa 10–16, So 13–16 Uhr
Eintritt $ 5
Hier wohnte der Nobelpreisträger William Faulkner und schrieb die meisten seiner Romane. Er kaufte das 1844 errichtete Haus und lebte hier bis zu seinem Tod 1962.

Square Books
160 Courthouse Sq.
Oxford, MS 38655
✆ (662) 236-2262, 1-800-648-4001
www.squarebooks.com, Mo–Do 9–21, Fr/Sa bis 22, So bis 18 Uhr
Bekannte Buchhandlung mit regionaler Literatur.

City Grocery
152 Courthouse Sq., Oxford, MS 38655, ✆ (662) 232-8080
www.citygroceryonline.com
Mo–Sa 11.30–14.30 und Mo–Mi 18–22, Do–Sa18–22.30, So 11–15 Uhr
Baskisches Geflügel, Peking-Enten und andere eklektische Gerichte lockern die Standardangebote von Steaks und Meeresfrüchten auf. Cocktails auf dem Balkon. $–$$

Oxford: Regionale Literatur findet man bei Square Books

⓬ PORT GIBSON

Dass Port Gibson (ca. 1600 Einwohner) vom Feuer verschont blieb, verdankt das Städtchen dem Nordstaaten-General Grant. »Zu schön zum Niederbrennen«, fand er. Heute bedeutet das praktisch Denkmalschutz. Eine unübersehbare Rarität des ohnehin kirchenreichen Städtchens (allein acht stehen an Church Street) bietet die **First Presbyterian Church** an der Hauptstraße. Auf ihrer Turmspitze deutet eine goldene Hand streng zum Himmel wie ein Finger Gottes. Die Erdenbürger können ihn durch das Grün der Bäume blinken sehen. Warnt er? Und wenn ja, wovor? Etwa vor den Gefahren des nahen Atomkraftwerks, das als gar nicht so sicher gilt? Wie auch immer, im Innern der Kirche leuchtet es, denn die Lüster des Mississippi-Dampfschiffs »Robert E. Lee« haben hier eine neue Bleibe gefunden.

Zwischen Natchez und Port Gibson geht es so richtig wildwüchsig zu. Kudzu de luxe, ein fleischiger Urwald aus hölzernen Tanzbären mit grünem Pelz. Das hört auch westlich von Port Gibson nicht auf, nicht bis zu den 23 Säulen der **Windsor Ruins**, einer malerisch ausgebrannten Residenz, die, zumindest für kurze Zeit, zu den verwegensten im Süden gehört haben muss. Sie überlebte die Attacken der Unionstruppen, nicht aber die lodernden Folgen der achtlos weggeworfenen Zigarette eines Partygastes um 1890, 30 Jahre nach ihrer Fertigstellung. Literarisch fand die Residenz Windsor Beachtung bei dem Mississippi-Lotsen Mark Twain, der die Säulen, wie er berichtet, als Orientierungspunkt nutzte. Auch filmisch kam der Ort zu Ehren: als Kulisse für den 1957 gedrehten Streifen »Raintree Country«, in dem Liz Taylor in die Rolle einer *Southern Belle* im Bürgerkrieg schlüpfte.

SERVICE & TIPPS

Port Gibson/Claiborne County-Chamber of Commerce
1601 Church St.
Port Gibson, MS 39150
✆ (601) 437-4351, www.portgibsononthemississippi.com
Mo–Fr 8–16, Sa 9–16, So 12–16 Uhr

Windsor Ruins
Hwy. 522 W., westl. von Port Gibson, MS 39150
✆ (601) 437-4351
Tägl. von Sonnenauf- bis Sonnenuntergang
Ruinöse Reste von 23 Säulen einer 1860 von rund 600 Sklaven erbauten, einst berühmten, weil besonders aufwendigen Villa, die den Bürgerkrieg überstand, aber 1890 abbrannte. Um sie zu finden, muss man inzwischen genau hinsehen, denn sie sind fast zugewachsen.

13 TUPELO

Kleinstadt mit ca. 35 800 Einwohnern, in der Elvis Presley am 8. Januar 1935 in einem einfachen Shotgun-Haus geboren wurde. Die Eltern: Vernon und Gladys Presley. 1948 zog die Familie nach Memphis. Im August 1999 veranstaltete die Stadt zum ersten Mal ein Elvis-Festival unter dem Motto A HOMETOWN TRIBUTE TO THE KING OF ROCK & ROLL.

SERVICE & TIPPS

Tupelo Convention & Visitors Bureau
399 E. Main St., Tupelo, MS 38802
✆ (662) 841-6521, 1-800-533-0611
www.tupelo.net, Mo–Fr 8–17 Uhr

Tupelo Automotive Museum
1 Otis Blvd., Tupelo, MS 38804
✆ (662) 842-4242, www.tupeloauto.com, Mo–Sa 9–16.30, So 12–16.30 Uhr, Eintritt $ 10/5
Über ein Jahrhundert Automobilgeschichte: Chronologisch geordnet vereint dieses Automuseum über 100 Oldtimer.

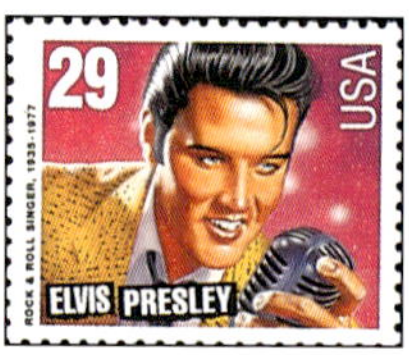

Elvis Presley Birthplace
306 Elvis Presley Dr., Tupelo MS 38801, ✆ (662) 841-1245
www.elvispresleybirthplace.com
Mo–Sa Mai–Sept. 9–17.30, Okt.–April 9–17, So immer 13–17 Uhr
Eintritt $ 16/7
Museum, Gedächtniskapelle, Souvenirladen. Ausstellung und *Story Wall*.

Sonic Drive-In
3375 N. Gloster St., Tupelo MS 38804, ✆ (662) 680-9115
www.sonicdrivein.com
Typisch amerikanisches Drive-in-Restaurant. Burger, Hot Dogs, *Onion Rings* etc. $

Tupelo Hardware Store
114 W. Main St., Tupelo, MS 38804, ✆ (662) 842-4637
www.tupelohardware.com
Mo–Fr 7–17.30, Sa 7–12 Uhr
Kleiner Bau- und Heimwerkermarkt von 1926. Hier kaufte Mutter Gladys im Januar 1945 ihrem Sohn Elvis die erste Gitarre – Preis $ 7.75!

⑭ VICKSBURG

Üppiger Kudzu und viele Baumwollfelder umrahmen Vicksburg. Am besten begibt man sich gleich zu den Kanonen, um die Ecke des Mississippi Welcome Centers, oberhalb des Mississippi, von wo aus man nicht nur die beiden Brücken und das Flusspanorama überblicken, sondern auch nachvollziehen kann, warum Vicksburg im Bürgerkrieg strategisch so wichtig war. Wegen der überragenden Lage am Fluss galt die Stadt als uneinnehmbare Festung, als »Gibraltar der Konföderierten«. Letztendlich aber musste Vicksburg sich doch General Grants Armee und Admiral Porters Panzerschiffen ergeben.

An den Kanonen kann auch eine Stadtrundfahrt beginnen, denn die Vicksburger Tourismusverwaltung hatte die geniale Idee, die Ampeln an den Straßenkreuzungen zu nummerieren. Afroamerikaner bilden die Mehrheit dieser knapp 23 500-Seelen-Stadt. Baumwolle, Sojabohnen und Holz sind Vicksburgs wichtige Wirtschaftsgüter, aber an erster Stelle steht die Tourismusindustrie.

Das **Cedar Grove Mansion** gehört zu ihren hervorragenden Leistungsträgern – eine grüne, von Vögeln bezwitscherte Villen-Oase mit adretten Klinkerwegen und alter Zisterne. Nach dem Regen durchzieht der schwüle Duft der Magnolienbäume den kleinen Paradiesgarten. Wie bei den meisten Museumshäusern ist man auch hier stolz darauf, dass noch ein paar Kugeln der Yankees in den Wänden stecken. Vicksburg hat wegen seiner spezifischen Rolle in der Kriegsgeschichte überhaupt den Kanonenboot-Tourismus gepachtet. Stundenlang fahren die Nostalgiker der Konföderation im weitläufigen **Vicksburg National Military Park** herum.

Jenseits der Bahnlinie treiben träge die braunen und grün gesäumten Fluten des **Yazoo River** vorbei. Er brachte die Stadt wieder ans Wasser zurück, nachdem der Mississippi kurz nach dem Bürgerkrieg für einige Zeit seinen Lauf geändert und damit Vicksburg *high and dry* gelegt hatte. Durch den Bau des Yazoo Canal gelang es den Technikern, den Yazoo

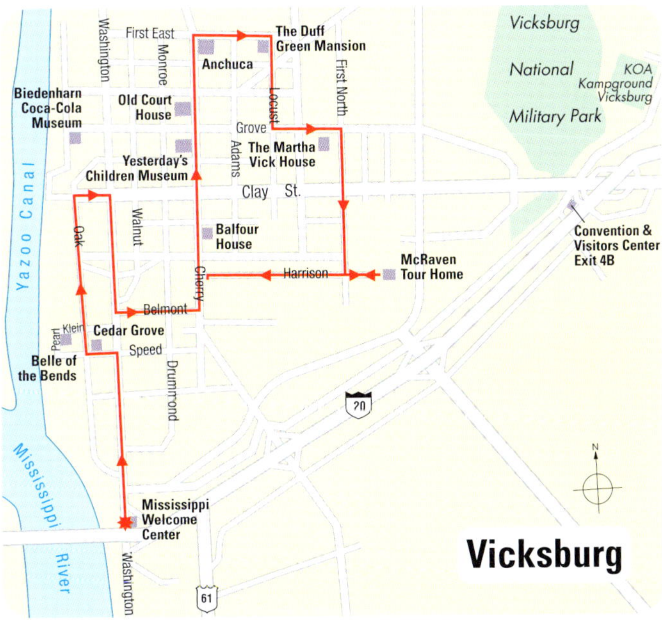

Baumwollernte in Mississippi

River praktisch ins alte Mississippi-Bett umzuquartieren und Vicksburg den Status einer Hafenstadt zurückzugeben.

Spätestens auf Cherry Street merkt man, wie hügelig die Stadt ist, in deren Steilufer sich einst die Menschen eingruben und in Höhlen versteckten, um während der 47-tägigen Belagerung dem Kugelhagel der Blauröcke zu entgehen. »Es waren eher Löcher, Tunnels, die in die senkrechten Lehmwände getrieben worden waren und sich dann Y-förmig im Innern verzweigten«, schreibt Mark Twain in »Vicksburg in der Kampfzeit«.

Dabei waren die Einwohner eigentlich eher widerwillige Rebellen, denn Vicksburg war eine Stadt der Händler und ein Sammelbecken für sehr unterschiedliche Nationalitäten, also von konföderiertem Starrsinn weit entfernt. Als der Staat Mississippi sich von der Union lossagte, war Vicksburg dagegen. Die Yankees beschossen sie trotzdem. Das brachte die Wende.

Als Vorzeigestück gilt das **Balfour House**, ein schlichter und wohlproportionierter Backsteinbau, dessen zierlicher Eingang eher wie ein Understatement wirkt, weil es auf die häufig pompöse Portikus-Dramaturgie verzichtet. Das Haus diente, als Vicksburg kapitulierte, den Siegern als Hauptquartier.

Unübersehbar auf dem höchsten Hügel der Stadt thront das klassizistische **Old Court House** (1858) mit Glockenturm und Cupola, das auf eine lange Liste prominenter Besucher (Präsidenten, Generäle) zurückblickt und heute ein durchaus sehenswertes und kurzweiliges Stadtmuseum beheimatet. Das hübsche **Anchuca** wirkt nicht nur gastlich, sondern ist es auch – eine feine Country-Inn-Adresse und ein Vergnügen für Antiquitätenfreunde. Wahrscheinlich würde man am **Martha Vick House** (1300 Grove St.) achtlos vorbeifahren, wäre da nicht ein wichtiges Stück Stadtgeschichte untergebracht. Der unscheinbare Ziegelbau trägt den Namen der Tochter von Newit Vick, dem Methodistenpfarrer und Stadtgründer zu einer Zeit, als die Baumwolle noch im Kurs stand und Vicksburg zum bedeutenden Baumwollhafen machte. Die Nähe von Mississippi und Natchez Trace, der 1803 eröffnet wurde, steigerten seinen Standortvorteil noch.

Lebendigen Geschichtsunterricht möchte auch das **McRaven Tour Home** erteilen und kann es auch, weil nämlich seine einzelnen Bauabschnitte die verschiedenen Perioden der Siedlungsgeschichte widerspiegeln. Im weitläufigen Garten der Residenz, wo einst die heimischen Truppen kampierten, werden heute die alten Schlachten noch einmal geschlagen. Diesmal ohne Verlierer.

SERVICE & TIPPS

i Vicksburg Info Center
52 Old Hwy. 27
Vicksburg, MS 39183
✆ (601) 636-9421, 1-800-221-3536
www.visitvicksburg.com
Auskünfte und Reservierungen.

i Mississippi Welcome Center
4210 S. Washington St.
Vicksburg, MS 39183
✆ (601) 636-9421, 1-800-221-3536
www.visitmississippi.org
Tägl. 8–17 Uhr
Infos über die Regionen, Veranstaltungen etc.

🏛 Biedenharn Coca-Cola Museum
1107 S. Washington St.
Vicksburg, MS 39180
✆ (601) 638-6514

www.biedenharncoca-cola museum. com
Mo–Sa 9–17, So 13.30–16.30 Uhr
Eintritt $ 3.50/2.50
Joseph A. Biedenharn zog 1894 als Erster Coca-Cola auf Flaschen.

Old Court House Museum
1008 Cherry St.
Vicksburg, MS 39180
✆ (601) 636-0741
www.oldcourthouse.org
Im Sommer Mo–Sa 8.30–17, So 13.30–17 Uhr, sonst kürzer
Eintritt $ 5/3
Nach dem Unionssieg nahm General Grant vom Portikus eine Militärparade ab. Innen gibt es Artefakte der Mississippi-Indianer, des Bürgerkriegs und der Dampfer-Ära zu sehen.

Anchuca
1010 First East St.
Vicksburg, MS 39183
✆ (601) 661-0111, 1-888-686-0111
www.anchucamansion.com
Do–So 12–16 Uhr
Führungen $ 6
Stattliche Greek-Revival-Villa von ca. 1830. (*Anchuca* heißt »glückliches Haus« in der Sprache der Indianer.) Mit Café-Restaurant (Mo–Sa 16–20.30, So 11–14 Uhr; $–$$).

Martha Vick House
1300 Grove St.
Vicksburg, MS 39180
✆ (601) 638-7036
Mo–Sa 9–17, So 13–17 Uhr
Eintritt $ 8
In diesem Haus von 1830 wohnte die Tochter des Stadtgründers Newitt Vick; authentische Einrichtung aus dem 18. und 19. Jh.

McRaven Tour Home
1445 Harrison St.
Vicksburg, MS 39180
✆ (601) 636 1663
www.mcraventourhome.com
Mo–Sa 9–17, So 10–17 Uhr
Eintritt $ 5, 1 ½-stündige, lohnende Führung
Im weitläufigen Garten der Residenz aus der ersten Hälfte des 19. Jh., wo einst die Konföderierten kampierten, werden heute die alten Schlachten noch einmal geschlagen. Bauphasen: 1797, 1836 und 1849.

Vicksburg National Military Park
3201 Clay St.
Vicksburg, MS 39183
✆ (601) 636-0583
www.nps.gov/vick
Tägl. 8–17 Uhr, Eintritt $ 8 pro Auto
Einfahrt von US 80: Forts, Schützengräben und Artilleriestellungen. Auch Führungen.

Cedar Grove Mansion Restaurant
2200 Oak St.
Vicksburg, MS 39180
✆ (601) 636-1000, 1-800-862-1300
www.cedargroveinn.com
Tägl. 17–21 Uhr
Vorzügliches Restaurant mit romantischem Kerzenlicht und freundlichem Service.
$$–$$$

Monsour's at the Biscuit Company
1100 Washington Ave.
Vicksburg, MS 39180
✆ (601) 638-1571
Tägl. ab 11 Uhr
Meeresfrüchte, Steaks und libanesische Küche. Dinner Mo–Sa.
$$

Main Street Market
902 Cherry St.
Vicksburg, MS 39183
✆ (601) 634-8088
www.mainstreetmarketcafe.com
Mo–Fr 11–14, Dinner nur Mo 17–20.30 Uhr mit Reservierung, Sa/So geschl.
Kleines Restaurant mit Cajun- und kreolischen Küche. $–$$

Diamond Jack's Casino
3990 Washington St.
Vicksburg, MS 39180
✆ (601) 636-5700, 1-877-711-0677
www.diamondjacks.com
Tägl. rund um die Uhr
Großes Kasinohotel am Mississippi-Ufer. Mit Steakrestaurant und dem ausgezeichneten »Legends Buffet« zu Lunch und Dinner.

Am »Bürgerkriegswochenende« Anfang Juli wird es laut in der Stadt, weil dann das kriegerische Szenario von 1863 rekonstruiert wird – mit Kanonengetöse und historischer Kostümschau (Infos unter ✆ 601-636-0583, www.nps.gov/vick).

Kasinoschiff in Vicksburg

TENNESSEE

MEMPHIS, NASHVILLE UND DAS ÖSTLICHE TENNESSEE

Tennessee und das Wasser … Land der Flüsse, Talsperren, Seen, Teiche, Wasserfälle und tropfenden Höhlen, so dass man angesichts dessen, was da so alles fließt, ruht, sich staut, gurgelt und strömt, Tennessee getrost zu den nassesten Bundesstaaten zählen darf. Vom behäbigen Mississippi im Westen bis zu den rauschenden Bächen im östlichen Bergland erhebt sich Tennessee aus den fruchtbaren Delta Plains über das sanft hügelige Cumberland Plateau in seiner Mitte weiter zu den waldreichen Höhen der Great Smoky Mountains im Osten. Vom Highway aus beeindruckt Tennessee durch liebliche Landstriche voller Baumwolle, Büsche, Hecken und gelber Wildblumenwiesen, ulkiger Kudzu-Figuren und schroffer Steinwände – und das stundenlang.

Wasser oder Musik – es fragt sich, wovon Tennessee mehr zu bieten hat. Bei der Musik hat es sich herumgesprochen, nicht nur wegen Memphis und Nashville. Schließlich geben jede Menge Newcomer und ganz und gar Unbekannte auf diversen Sessions, Festivals und Open-Air-Shows ihren musikalischen Ton an. Besonders im Frühjahr und Sommer greifen die Nachfahren der *hillbillies* in den Kaffs des Berglands zu Fiedel, Banjo und Harmonika und bringen ihre ruppigflotte Volksmusik zu Gehör, auch ohne dicke Plattenverträge und Millionenpublikum.

Wasser und Whiskey – auch die passen. Nicht zuletzt deshalb ist das pittoreske Lynchburg der Nabel der Sour-Mash-Produktion. Ein Besuch bei Mr. Jack Daniel's darf daher auf keiner Reise durch Tennessee fehlen.

Das Symboltier des Great Smoky Mountains National Park: der Schwarzbär

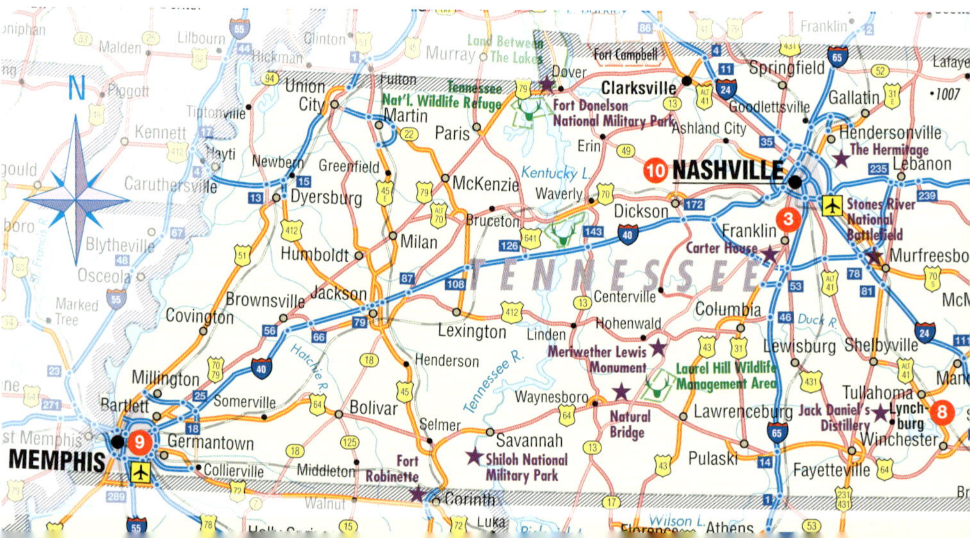

1 CHATTANOOGA

»Pardon me, boys, is that the Chattanooga Choo Choo?« Dieser Frage von Meister Miller verdankt die Stadt eine Menge. Im Zweiten Weltkrieg avancierte der Song zur zweiten Nationalhymne; prompt kamen allen GIs die Heimweh-Tränen. Bis 1970 dampfte der gleichnamige Zug tatsächlich hier entlang. Dann war Feierabend, bis ein cleverer Investor den historisch und musikalisch bewährten Bahnhof von Chattanooga wieder aufleben ließ.

Ganz so einfach war die Sache nicht. Die mit 173 400 Einwohnern viertgrößte Stadt in Tennessee machte zunächst Karriere als Stahlstadt, in den 1970er Jahren pumpten die letzten Gießereien schwarzem Qualm in die Luft, die Gewässer waren verseucht und die Innenstadt abends ausgestorben. Das war der Wendepunkt, alle Kräfte der Stadt erarbeiteten einen Plan zur Revitalisierung, der in den folgenden 30 Jahren umgesetzt wurde: Auf Brachflächen entstanden Parks, Tennessee River und Luft wurden gereinigt und größter Erfolg war, dass VW 2008 seine erste nordamerikanische Fertigungsstätte in Chattanooga baute und 5000 Arbeitsplätze schaffte.

Heute präsentiert sich die Innenstadt fußgängerfreundlich, in die alten Kontorhäuser an der neu gestalteten Riverfront mit Schiffsanleger sind Restaurants und Cafés eingezogen, die alte Eisenbahnbrücke wurde zur Radfahrer- und Fußgängerpromenade, darüber thront der Glasbau des Aquariums. Ein kostenloser elektrischer Downtown-Shuttlebus verbindet das Visitor Center im Minutentakt mit der **Chattanooga Choo Choo Station** im Southside District. Und rund 380 Meter über dem Stadtgebiet erhebt sich der mächtige bewaldete Rücken des Lookout Mountain, der mit Ruby Falls, Rock City und der Incline Railway ein beliebtes Ausflugsziel ist.

Zahlreiche Augen- und Gaumenfreunde bietet der **Bluff View Arts District** mit dem **Hunter Kunstmuseum** hoch über dem Fluss. In seiner Umgebung finden sich zahlreiche Restaurants, Cafés, Kunstgalerien, hübsche Gärten und Parkanlagen.

Glenn Miller machte den Zug weltberühmt

SERVICE & TIPPS

Chattanooga Area Convention & Visitors Bureau
215 Broad St., Chattanooga, TN 37402, ✆ (423) 756-8687
1-800-322-3344, www.chattanoogafun.com, tägl. 8.30–17.30 Uhr

»Southern Belle« – Chattanooga Riverboat Company
201 Riverfront Pkwy., Pier 2

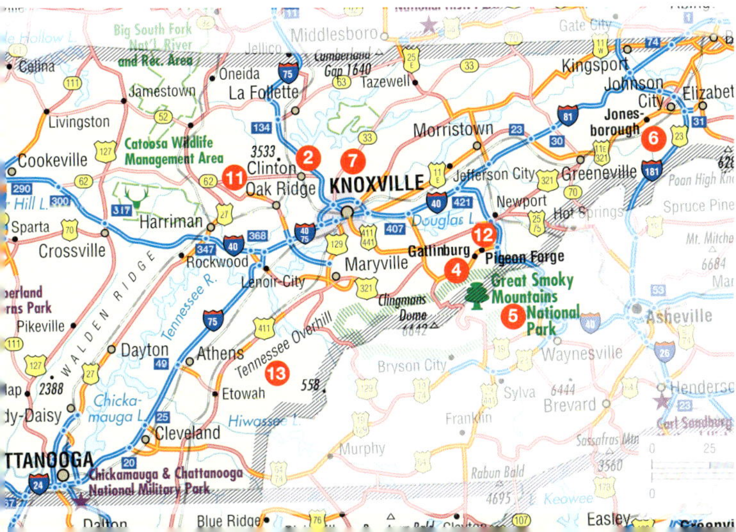

Die Blues-Sängerin Bessie Smith (1895–1937) wurde in Chattanooga geboren und verunglückte tödlich auf der Fahrt zu einem Konzert zwischen Memphis und Clarksdale. Ihr Tod inspirierte Edward Albee zu dem Theaterstück »The Death of Bessie Smith«

Chattanooga, TN 37402
✆ (423) 266-4488, 1-800-766-2784
www.chattanoogariverboat.com
Dinner Cruise $ ab 33.95/16.95
Tagsüber Sightseeing mit dem Schaufelraddampfer auf dem Tennessee River, um 19 Uhr gemütliche Dinnerkreuzfahrt. Mit Musik und Bar.

Battles for Chattanooga Electric Map & Museum
1110 E. Brow Rd.,
Chattanooga, TN 37350
✆ (423) 821-2812
www.battlesforchattanooga.com
Im Sommer tägl. 9–18, im Winter 10–17 Uhr, Eintritt $ 8/6
Museum mit nachgestellten, elektronischen Bürgerkriegsschlachten in und um Chattanooga.

Hunter Museum of American Art
10 Bluff View
Chattanooga, TN 37403
✆ (423) 267-0968
www.huntermuseum.org
Mo/Di, Fr/Sa 10–17, Do 10–20, Mi, So 12–17 Uhr, Eintritt $ 15/7.50
Hoch über dem Fluss: beachtliche Sammlung amerikanischer Malerei (u.a. Winslow Homer und Andrew Wyeth), Plastik und Fotografie vom 19. Jh. bis heute. Vom Skulpturengarten auf dem Dach hat man schöne Aussichten auf den Tennessee River.

Tennessee Valley Railroad Museum
4119 Cromwell Rd.
Chattanooga, TN 37421
✆ (423) 894-8028
www.tvrail.com, tägl. geöffnet
Eintritt $ $ 17/11 inkl. Zugfahrt
Seit über 50 Jahren: Eisenbahnmuseum mit historischen Waggons und Lokomotiven. Tägl. mehrmals Dampfzugfahrt zur Mission Ridge.

Chattanooga Choo Choo
1400 Market St.
Chattanooga, TN 37402
✆ (423) 266-5000, 1-800-872-2529
www.choochoo.com
Eintritt Modelleisenbahnmuseum $ 5/3
Bahnhof aus der Zeit um 1900, bis 1970 in Gebrauch, heute ein Hotel. Restaurierte Waggons, in denen man übernachten kann – Komfort auf dem Abstellgleis. Modelleisenbahn, Restaurant.

Tennessee Aquarium
1 Broad St.
Chattanooga, TN 37402
✆ 1-800-262-0695
www.tnaqua.org, tägl. 10–18 Uhr
Eintritt $ 25/15, plus $ 6 für den IMAX-Film und/oder plus $ 27/21 für Flussfahrten mit dem Katamaran »River Gorge Explorer«
Ein Tropen- und Subtropen-Aquarium und eins der größten Süßwasser-Aquarien der Welt mit über 4000 Tier- und Pflanzenarten. IMAX-3-D-Theater.

212 Market Restaurant
212 Market St. (gegenüber vom Aquarium)
Chattanooga, TN 37402
✆ (423) 265-1212
www.212market.com
Tägl. 11–15 und Mo–Do 17–21.30, Fr/Sa bis 22, So bis 21 Uhr
Südwest-Dekor, internationale Küche – ob Suppen oder Lachs, Wild, Lamm oder Ente. Großes Sortiment an offenen Weinen. Cocktail

Chattanooga: mit dem Schaufelraddampfer auf dem Tennessee River

Blick auf Chattanooga vom Lookout Mountain

Lounge. Zertifiziert als »Grünes Restaurant« – *Dine Green*. $–$$

Cracker Barrel Restaurant
2346 Shallowford Village Rd.
Chattanooga, TN 37421
✆ (423) 892-0997
www.crackerbarrel.com
Tägl. 6–22, Fr/Sa bis 23 Uhr
Populäres Familienrestaurant einer nationalen Kette. Mit dazugehörigem Country Store. $

Lookout Mountain Incline Railway
3917 St. Elmo Ave.
Chattanooga, TN 37350
✆ (423) 821-4224, 1-800-825-8366
www.ridetheincline.com
www.lookoutmountain.com
Tägl. 8.30–21.30 Uhr
Tickets $ 15/7 hin und zurück, Kombiticket mit Ruby Falls und Rock City $ 28.90/25.90
Der Welt steilste Standseilbahn zuckelt mit wunderbarer Aussicht und bis zu 72,7 Prozent Steigung mehrmals stündlich von St. Elmo auf den Lookout Mountain und wieder zurück.

St. Elmo Station unten (s. o.) und Lookout Mountain Station oben (827 E. Brow Rd.).

Point Park
110 Point Park Rd.
Lookout Mountain, TN 37350
✆ (423) 821-7786
www.nps.gov/chch
Tägl. 9–17 Uhr, Eintritt $ 5
Auch auf dem Lookout Mountain: Park mit weiter Aussicht auf Chattanooga und den Tennessee River. New York Peace Monument mit einem Unions- und Konföderierten-Soldaten, die sich die Hände schütteln. Teil des Chickamauga & Chattanooga National Military Park.

Ausflugsziele Ruby Falls und Rock City:

»RUBY FALLS und **ROCK CITY!«**, steht auf den Scheunendächern überall ringsum zu lesen. Der Werbegag wurde 1936 kreiert und über lange Jahre waren die PR-Leute von Rock City die erfolgreichsten Dach-Werber. »Auf dem Höhepunkt von 1956 hatten wir mehr als 800 dekorierte Schuppen in 18 Staaten. Bis rauf nach Kanada und so westlich wie Texas. Ich habe gehört, eine Scheune mit SEE ROCK CITY stände sogar an einer Straße zwanzig Meilen von San Francisco«, erzählt der heutige Manager der Touristenattraktion von Rock City.

Einen schweren Schlag für die Text-aufs-Dach-Idee brachte 1965 der *Highway Beautification Act*, ein staatliches Verschönerungsprogramm, das den Wildwuchs der Reklame an den Highways zurückstutzen sollte. Viele der SEE ROCK CITY-Zeichen verschwanden.

Ruby Falls
1720 South Scenic Hwy. (SR 148)
Chattanooga, TN 37409
✆ (423) 821-2544
www.rubyfalls.com
www.lookoutmountain.com
Ganzjährig tägl. 8–20 Uhr
Eintritt $ 18.95/10.95, Kombiticket mit Rock City und Incline Railway $ 48.90/25.90
Seit 70 Jahren eine der berühm-

Unterwegs auf einer Schwingbrücke in den Rock City Gardens

testen Touristenattraktionen im Süden: illuminierter Wasserfall (ca. 50 m hoch) in den Lookout-Mountain-Höhlen, zu dem ein Aufzug hinabfährt.

Rock City Gardens
1400 Patten Rd.
Lookout Mountain, GA 30750,
5 Meilen südwestl. von Chattanooga via SR 58 und SR 157
✆ (706) 820-2531, 1-800-854-0675
www.lookoutmountain.com
www.seerockcity.com
Im Sommer tägl. 8.30–20 Uhr
Eintritt $ 19.95/11.95, Kombiticket vgl. Ruby Falls und Lookout Mountain Incline Railway
Pfade und Schwingbrücken winden sich durch Tunnels und Höhlen der Sandsteinformationen. Schöne Aussichten vom Gipfel.

2 CLINTON

Die bekannteste Attraktion der kleinen Stadt auf dem Cumberland Plateau im Norden Tennessees ist das **Museum of Appalachia**, das die Thematik des Farmerlebens in den Bergen aufarbeitet.

SERVICE & TIPPS

Museum of Appalachia
2819 Andersonville Hwy. (I-75 N., Exit 122), Clinton, TN 37716
✆ (865) 494-7680
www.museumofappalachia.org
Juni/Juli tägl. 8.30–19 Uhr, sonst kürzer, Eintritt $ 18/10
Eintauchen in die Welt der Farmer aus den Appalachenbergen. Hier im Freilichtmuseum kann man ihre Landwirtschaftsmethoden kennenlernen, ihre Lebensweise, ihre Familienverhältnisse, ihre Gärten, ihre Gerätschaften, ihre Musik etc. Cafeteria mit typischen Speisen und guter Museumsshop.

3 FRANKLIN

68 900 Einwohner zählt der malerische Ort im Süden von Nashville, den viele von dort aus besuchen. Zu Franklins bekanntesten historischen Ereignissen zählt die Bürgerkriegsschlacht von 1864. Heute bezaubert mehr die fußgängerfreundliche, historische Innenstadt mit dem säulenbestandenen Public Square und der malerischen Main Street mit ihren kleinen Geschäften, den familienfreundlichen Restaurants und dem wunderbar restaurierten historischen Theater. Schafft man es, zu Festivitäten wie dem Pumpkin-Fest Ende Oktober in Franklin zu sein, erlebt man die volle Bandbreite des Lebens in einer liebenswerten Kleinstadt im mittleren Tennessee.

SERVICE & TIPPS

Franklin/Williamson County Visitor Center
400 Main St., Suite 130
Franklin, TN 37064
✆ (615) 591-8514, 1-866-253-9207
www.visitfranklin.com
Mo–Sa 9–17, So 12–16 Uhr

Carnton Plantation
1345 Eastern Flank Circle
Franklin, TN 37064
✆ (615) 794-0903, www.boft.org
Mo–Sa 9–17, So 12–17 Uhr, Führung $ 15/8, Kombiticket mit Lotz House und Carter House $ 30
Historisches Plantagenhaus mit Säulen und Veranda. Gärten aus dem 19. Jh., Confederate Cemetery und Museumsshop.

Carter House
1140 Columbia Ave.
Franklin, TN 37064
✆ (615) 791-1861, www.boft.org
Mo–Sa 9–17, So 11–17 Uhr
Führung $ 15, Kombiticket mit Lotz House und Carnton Plantation $ 30

Originalhaus der Carter-Familie aus Franklin. In den Wänden finden sich noch Einschusslöcher aus der Schlacht von Franklin am 30. November 1864.

Lotz House
1111 Columbia Ave.
Franklin, TN 37064
✆ (615) 790-7190
www.lotzhouse.com
Mo–Sa 9–17, So 13–16 Uhr
Eintritt $ 10/5, Kombiticket mit Carter House und Carnton Plantation $ 30
Ebenfalls ein Privathaus aus Bürgerkriegszeiten. Einblicke in den Einrichtungsstil und die Gepflogenheiten zur Mitte des 19. Jh.

Stoney River Steakhouse
1726 Galleria Blvd.
Franklin, TN 37067
✆ (615) 778-0230
www.franklin.stoneyriver.com
Mo–Do 17–21.30, Fr 17–22, Sa 16–22, So 11–21 Uhr
Vorzügliches Steakrestaurant nahe der Galleria Mall. $$–$$$$

Merridee's Breadbasket
110 Fourth Ave. S.
Franklin, TN 37064
✆ (615) 790-3755
www.merridees.com
Mo–Mi 7–15, Do–Sa 19–21 Uhr
Frühstück, Lunch und Dinner in legerem Ambiente. Seit 1981. $–$$

Puckett's Grocery & Restaurant
120 Fourth Ave. S.
Franklin, TN 37064
✆ (615) 794-5527
www.puckettsgrocery.com
Mo–Do 7–21, Fr/Sa bis 22 Uhr
Populäres Familienrestaurant mit Tradition. Aus der Küche u. a.: *Meat & Three* (Fleisch und drei Beilagen), *Sweet Potato Fries, Fried Green Tomatoes, Peach Cobbler, Hot Apple Pie* ... Livemusik. $–$$

Arrington Vineyards
6211 Patton Rd.
Arrington, TN 37014
✆ (615) 395-0102
www.arringtonvineyards.com
Mo–Do 11–20, Fr/Sa 11–21, So 12–20 Uhr
Seit 2005 werden auf dem Weingut des berühmten Countrysängers Kix Brooks (einst Teil des Duos »Brooks & Dunn«) im sanften Hügelland 15 km südöstlich von Franklin regelmäßige Weinproben angeboten.

Zu den Gratis-Jazzkonzerten »Music in the Vines« (April Sa 17–21, Mai–Nov. Fr/Sa 17–21, So 14–18 Uhr) kann vor Ort auch das eine oder andere Gläschen bestellt werden, und einen Picknickkorb darf man selbst dazu mitbringen!

Avec Moi
418 Main St., Franklin, TN 37064
✆ (615) 791-9121
www.avecmoifranklin.com
Mo–Fr 10–17.30, Sa 10–18, So 12–16 Uhr
Hübscher Kunstgewerbeladen im Herzen Franklins, gegenüber dem Franklin Theatre.

Natchez Trace Parkway
New Hwy. 96 W.
Franklin, TN 37064
✆ 1-800-305-7417
www.nps.gov/natr
Franklin liegt östlich des Parkway, der in Natchez, Mississippi, beginnt und nach 714 km kurz vor Nashville sein nördliches Ende erreicht. Sightseeing, Wandern, Radfahren, Camping, Fotografieren, Tierbeobachtungen.

Franklin Theatre
419 Main St., Franklin, TN 37064
✆ (615) 538-2076
www.franklintheatre.com
Prächtig renoviertes historisches Theater in Historic Downtown, 2010 wiedereröffnet für Konzerte, Filme und Theaterstücke.

Die Main Street von Franklin

4 GATLINBURG

Die Zeiten, in denen hier die Schaukelstühle auf den Veranden wippten und Gäste in simplen Hütten nächtigten, sind längst vorüber. Inmitten der stillen Berge kann Gatlinburg, 13 Kilometer südlich von Pigeon

Forge, einen argen Schock bewirken, nicht nur, weil man schwer einen Parkplatz findet, sondern auch wegen des Überangebots an Souvenirshops, Minigolfplätzen, Imbissbuden, Flipperhallen und 08/15-Motels. Die Shops im Chalet-Stil sorgen für die Karikatur eines Schweizer Dorfs am Eingang zum Great Smoky National Park.

SERVICE & TIPPS

Gatlinburg Convention and Visitors Bureau
811 East Pkwy.
Gatlinburg, TN 37738
✆ (865) 436-4178, 1-800-588-1817
www.gatlinburg.com

Ripley's Aquarium of the Smokies
88 River Rd., Gatlinburg, TN 37738
✆ 1-888-240-1358
www.ripleyaquariums.com/gatlinburg
Ende Mai–Anfang Sept. Mo–Do 9–22, Fr–So 9–23 Uhr, sonst kürzer
Eintritt $ 27/16, Kombitickets mit anderen Attraktionen
Größtes Aquarium in der Region mit rund 10 000 Wasserbewohnern aus aller Welt, von den Tropen bis zum Eismeer.

The Park Grill
1110 Pkwy.
Gatlinburg, TN 37738
✆ (865) 436-2300
www.parkgrillgatlinburg.com
Lunch tägl. ab 11.30, Dinner So–Fr ab 17, Sa ab 16.30 Uhr
Die als Park Ranger verkleidete Bedienung passt zum rustikalen Lodge-Charakter des Lokals ebenso wie zur Küche: Steaks, Lamm und Geflügel. Aber auch Vegetarisches, Fisch und Pizza. Bar. $$–$$$

Smoky Mountain Trout House
410 N. Pkwy., Gatlinburg, TN 37738, ✆ (865) 436-5416
www.gatlinburgtrouthouse.com
Die Zuchtforellen werden in 14 verschiedenen Varianten der Zubereitung angeboten. Nur Dinner. $$

Great Smoky Arts and Crafts Community
100 Glades Rd., US 321 und 441, 5 km östl. von Gatlinburg, TN 37738
✆ (865) 436-4178, www.gatlinburgcrafts.com, tägl. ab 10 Uhr
Kooperative von Kunsthandwerkern, die ihre Waren in den Shops und Studios zugleich herstellen und verkaufen. Restaurant.

Weißwedelhirsch im Great Smoky Mountains National Park

5 9 GREAT SMOKY MOUNTAINS NATIONAL PARK

Die **Great Smoky Mountains** am Südende des Gebirgszugs der Appalachen sind mit knapp zehn Millionen Besuchern im Jahr der meistfrequentierte Nationalpark der USA – noch vor dem Grand Canyon.

Die Cherokee-Indianer, die hier seit mehr als 10 000 Jahren ansässig sind, erfanden den Namen »Land of Thousand Smokes«. Ihre Heimat in der Berglandschaft ist inzwischen zu einem Reservat am Südrand des Nationalparks geschrumpft. Rund 12 000 Indianer leben heute in den Canyons, Bergen und auf dem umgebenden Farmland von North Carolina unter Selbstverwaltung, im größten Reservat östlich des Mississippi. Auf der landschaftlich attraktiven US 441 kann man in die Berge (Newfound Gap Rd.) fahren und parallel zu einem Teil des Appalachian Trail zum **Clingman's Dome**, der traumhafte Aussichten gewährt.

SERVICE & TIPPS

9 **Great Smoky Mountains National Park**
107 Park Headquarters Rd.
Gatlinburg, TN 37738
✆ (865) 436-1200
www.nps.gov/grsm, Eintritt frei
Reiche Flora und Fauna, Wandern, Angeln, Reiten, Camping.

Sonnenuntergang über dem Great Smoky Mountains National Park

6 JONESBOROUGH

Auf den ersten Blick zählt Jonesborough zu jenen typischen amerikanischen Kleinstädten, in denen die Welt rundum in Ordnung ist. Jeder kennt jeden und alle sind freundlich, zueinander wie zu Fremden – ein bescheidener Kosmos von rund 5200 Menschen, die nichts anderes im Sinn zu haben scheinen, als unbeirrt jene Ideale zu verkörpern, die Thornton Wilder in seinem Nachkriegsstück »Unsere kleine Stadt« so rührend auf die Bühne gebracht hat.

Die altmodische Schreibweise von Jonesborough, die der Vereinfachung von »borough« zu »boro« getrotzt hat, bestätigt diese Eindrücke nicht nur, sondern beruft sich darüber hinaus auf gute Gründe, denn schließlich ist dies die älteste Stadt von Tennessee, und sie wird respektvoll von manchen auch als dessen »Mutter« gesehen. Im Jahr 1779 gegründet, wurde Jonesborough fünf Jahre später sogar Hauptstadt des sogenannten *State of Franklin* – eine eigensinnige und von niemandem jemals anerkannte Staatsgründung auf einem von North Carolina an die Bundesregierung abgetretenen Territorium. Die Region fühlte sich daraufhin im Stich gelassen und den Drang, zu den Gründerstaaten zu gehören. Doch der Versuch, sich als 14. im Bunde mit den 13 ursprünglichen Gründerstaaten zu etablieren, war von kurzer Dauer. North Carolina nahm sich das Land gewaltsam zurück, es floss Blut, und den Bürgern von Jonesborough blieb fortan nur das nostalgische Andenken an den »Lost State of Franklin«.

An seiner Stelle entstand das heutige Tennessee; 1796 trat es als 16. Staat der Union bei. Jonesborough wurde wichtige Wegstation der Pioniere in Richtung Westen und tat sich vor allem im Presse- und Verlagswesen mit Anti-Sklaverei-Publikationen hervor. Die mehr oder weniger offenen Sympathien für die Union bescherten der Stadt vergleichsweise harmlose Visiten der Konföderierten.

Main Street, überragt vom Washington County Courthouse, dient auch Jonesborough als Aushängeschild. Wie anderswo ähnlich, präsentiert es sich als gefällige Mixtur der unterschiedlichsten Stile. Kein Wunder, denn die Baumeister waren meist keine gelernten Architekten, sondern Zimmerleute und andere Handwerker, die dem jeweils herrschenden Zeitgeschmack unbekümmert hinterherbauten. Außerdem mischten die Hausbesitzer kräftig mit. So kommt es, dass Main Street letztlich eine muntere Kombination von Versatzstücken aus dem klassizistischen und viktorianischen Baukasten darstellt. Die Läden präsentieren vorwiegend lokales Kunsthandwerk, Keramik, Bleiverglasung und immer wieder Quilts, die vor Ort gefertigt werden. Überhaupt übt das Städtchen eine starke Anziehungskraft auf die traditionellen Handwerkerberufe aus. So werden etwa in alter Manier und mit historischen Werkzeugen Möbel hergestellt.

Es passt also ins Bild, dass sich ausgerechnet Jonesborough um die Renaissance der Plaudertaschen, das *storytelling*, verdient gemacht hat. Hier treffen sich die Erzähler, um ihre Anekdoten, Legenden und Lügengeschichten zum Besten zu geben – zur Unterhaltung, aber auch, um sie vor dem Vergessen zu bewahren. Der jährliche Treff der *storyteller* basiert auf einer Tradition mündlicher Erzählkultur, deren Repertoire aus späten und insgesamt pragmatischeren Nachkommen der europäischen Märchen besteht. Den Geschichten fehlen durchweg nicht nur die übernatürlichen und fantastischen Züge, sie sind auch insgesamt kürzer, humoristischer und werden meist von Männern erzählt. *Storytelling sessions* gibt es heute vielfach im Süden, vom Okefenokee Swamp in Georgia bis zum Mississippi-Delta. Die Gebrüder Grimm hätten ihre helle Freude gehabt, und selbst Baron Münchhausen hätte noch dazulernen können.

SERVICE & TIPPS

Indianer als Geschichtenerzähler auf dem jährlichen Storytelling Festival in Jonesborough

Historic Jonesborough Visitors Center
117 Boone St.
Jonesborough, TN 37659
✆ (423) 753-1010
www.jonesboroughtn.org
www.historicjonesborough.com
Mo–Fr 8–17, Sa/So 10–17 Uhr
Informationen, Diashow, Ausstellungen zur Stadtgeschichte.

International Storytelling Center
116 W. Main St.
Jonesborough, TN 37659
✆ (423) 753-2171, 1-800-952-8392
www.storytellingcenter.net
Tägl. außer So 10–17 Uhr
Das Haus mit der hübschen Holzveranda entstand Ende des 18. Jh. und hat nicht nur zahlreiche Präsidenten beherbergt, sondern auch Charles Dickens. Heute residiert hier das Infozentrum zum Thema Storytelling; Souvenirshop. In den Sommermonaten gibt ein Erzähler Geschichten zum Besten.

Main Street Cafe
117 W. Main St.
Jonesborough, TN 37659
✆ (423) 753-2460
www.mainstreetcatering.net
Mo–Fr 11–15, Sa 11–16 Uhr, So/Feiertage geschl.
Deli im alten Postamt – auch zum Draußensitzen

The Dining Room
105 E. Main St.
Jonesborough, TN 37659
✆ (423) 753-6400
www.historicjonesborough.com
Di–Mi 11–15, Do–Sa 11–20 Uhr
Familienrestaurant mit kubanischem Flair. Sandwiches, Suppen, Salate, Kaffe und Kuchen. $

Tennessee Quilts
114 Boone St.
Jonesborough, TN 37659
✆ (423) 753-6644
www.tennesseequilts.com
Mo–Fr 9–17.30, Sa bis 17 Uhr
Regionale Quilt-Decken; Material und Anregungen zum Selbermachen. Ende Juli Quilt-Fest.

Wichtigstes Fest:
Das berühmte **National Storytelling Festival** mit über 80 Geschichtenerzählern am ersten Oktoberwochenende. Zimmerreservierung dringend angeraten (www.storytellingcenter.net/festival).

7 KNOXVILLE

Am Zusammenfluss von Holston und Tennessee River liegt Knoxville, die führende Industrie- und Handelsstadt im Osten des Staates mit 183 300 Einwohnern, Sitz auch der University of Tennessee und der **Tennessee Valley Authority** (TVA), der einzigen Behörde für koordinierte Regionalplanung in den USA. Die Gesellschaft ist für die gesamte Wasserbewirtschaftung von Tennessee zuständig und damit für die Stromversorgung und Bodenpflege, Überschwemmungen, Wiederaufforstung, industrielle Diversifikation und die Anleitung der Farmer bei der Wahl geeigneter Düngemittel.

Knoxville selbst besitzt den liebenswerten Charme einer Kleinstadt, durch seine Theater, Musikbühnen und Museen jedoch die kulturellen

Einen Rundumblick garantiert der Sunsphere Tower im World`s Fair Park

Angebote und das Flair einer Großstadt. 1982 fand in Knoxville die Weltausstellung statt, daran erinnert im **World's Fair Park** die goldglänzende Kugel des Sunsphere Tower, der einen Gratis-Rundum-Blick auf das hügelige Stadtbild bietet. In der Umgebung der College-Stadt bieten die grünen Berge der Appalachen und das Cumberland Plateau Ausflugsmöglichkeiten.

SERVICE & TIPPS

Knoxville Visitor Center
301 S. Gay St., Knoxville, TN 37902
✆ (865) 523-7263, 1-800-727-8045
www.visitknoxville.com
Tägl. außer So 8.30–17 Uhr

Tennessee Riverboats
300 Neyland Dr.
Knoxville, TN 37902
✆ (865) 525-7827, 1-800-509-2628
www.tnriverboat.com
Genaue Zeiten erfragen
Sightseeing Cruise $ 17/12.50
Schaufelraddampferfahrten auf dem Tennessee River ab Volunteer Landing. Auch Lunch- und Dinnerfahrten.

Frank H. McClung Museum
1327 Circle Park Dr.
Knoxville, TN 37996
✆ (865) 974-2144
http://mcclungmuseum.utk.edu
Mo–Sa 9–17, So 13–17 Uhr
Eintritt frei
Interessante Ausstelllungen zu Archäologie und den Ureinwohnern Tennessees, zu Geologie und Fossilien u.v.a.m.

Knoxville Museum of Art
1050 World's Fair Park Dr.
Knoxville, TN 37916
✆ (865) 525-6101
www.knoxart.org
Di–Sa 10–17, So 13–17 Uhr
Eintritt frei
Ansehnliches Gebäude: ständige Sammlung zeitgenössischer amerikanischer Kunst. Wechselausstellungen. Museumscafé und -shop.

Museum of East Tennessee History
601 S. Gay St.
Knoxville, TN 37902
✆ (865) 215-8830
www.easttnhistory.org
Mo–Fr 9–16, Sa 10–16, So 13–17 Uhr, Eintritt $ 5/0, So frei
Alles über die regionale Geschichte: die Cherokee-Indianer, den Bürgerkrieg, die Countrymusic etc. Guter Museumsladen. Große Bibliothek.

Women's Basketball Hall of Fame
700 Hall of Fame Dr.
Knoxville, TN 37915
✆ (865) 633-9000
www.wbhof.com
Mai–Aug. Mo–Sa 9–17, Sept.–April Di–Fr 11–17, Sa 10–17 Uhr
Eintritt $ 8/6
Ein riesiger orangefarbener Basketball ist das Symbol des interaktiven Museums zur Geschichte des Frauen-Basketballs, das 1999 eröffnete.

Blount Mansion
200 W. Hill Ave.
Knoxville, TN 37902
✆ (865) 525-2375
www.blountmansion.org
Di–Fr 9.30–17, Sa 10–14 Uhr
Eintritt $ 7/5
Originalhaus und Gouverneurssitz von 1792, heute umgeben von Hochhäusern der Innenstadt. Wegen seiner vielen Fenster von den Indianern einst *house with many eyes* genannt. Ausstellungen zur Geschichte des Staates.

Pete's Coffee Shop
540 Union Ave.
Knoxville, TN 37902
✆ (865) 523-2860
www.petescoffeeshop.com
Mo–Fr 6.30–14.30, Sa 7–14 Uhr
Frühstücks- und Lunchrestaurant, im Familienbesitz seit 1986. Beliebt sind vor allem die frisch zubereiteten Pancakes aller Arten. Außerdem Hamburger, Sandwiches, Salate. $

Tomato Head
12 Market Sq., Knoxville, TN 37902
✆ (865) 637-4067
www.thetomatohead.com
Mo–Do 11–22, Fr 11–23, Sa 9–23,

So 9–21 Uhr
Trendlokal am historischen Market Square. Kreative und innovative Küche mit Spezialitäten wie *Ginger Peanut Soup* und *Baked Tofu Salad*. Auch Pizza, Sandwiches, Salate, Burritos etc. $–$$

Calhoun's on the River
400 Neyland Dr.
Knoxville, TN 37902
✆ (865) 673-3355
www.calhouns.com
So–Do 11–22, Fr/Sa bis 23.30 Uhr
Schöne Lage am Flussufer, klassische BBQ-Gerichte. Auch zum Draußensitzen. $–$$

Mast General Store
402 S. Gay St., Knoxville, TN 37902
✆ (865) 546-1336
www.mastgeneralstore.com
Mo–Mi 10–18, Do–Sa 10–21, So 12–18 Uhr
Seit 1883 das Kaufhaus in der Innenstadt, und wie in alten Tagen findet man hier Haushaltswaren, nostalgische Spielsachen, Wander- und Campingzubehör etc.

Bijou Theatre
803 S. Gay St., Knoxville, TN 37902
✆ (865) 522-0832
www.knoxbijou.com
Tickets ab ca. $ 20
Seit 1909 existiert Tennessees ältestes Theater in seinem ältestem Bürogebäude. Im 19. Jh. residierten hier zuerst eine Taverne, dann ein Hotel. Konzerte und Bühnenstücke. Mit Bistro.

Tennessee Theatre
604 S. Gay St.
Knoxville, TN 37902
✆ (865) 684-1200
www.tennesseetheatre.com
Tickets ab $ 37
Prachtvoll restauriertes historisches Theater im Herzen der Stadt. Im kulturellen Angebot: klassische Musik sowie historische Filme.

8 LYNCHBURG

Lynchburg liegt an der Quelle – an der Quelle des Whiskeys, denn hier liegt die **Jack Daniel's Distillery**, wo 1866 der unter Kennern beliebte *Tennessee Sour Mash* erfunden wurde. Nüchtern und anschaulich wird den Besuchern die Genesis des Unternehmens vorgeführt. Der Whiskey-Export geht heute in mehr als 100 Länder.

Von jeher erwächst dieser Wiskey aus Mais, Roggen, Gerstenmalz und dem mineralienfreiem Wasser der Quelle der nahen Kalksteinhöhle, die Mr. Jack einst kaufte. Die Maische wird gekocht und gärt dann

Schwer fassbar: Whiskey-Versand bei Jack Daniel's

in riesigen Schüsseln, anschließend sickert das Destillat durch einen Berg zertrümmerter Holzkohle.

So erfolgreich sein alkoholisches Imperium, so traurig das Ende von Mr. Jack. Er trat gegen seinen Tresor, brach sich den Zeh, der sich entzündete, so dass trotz Amputation letztlich nichts mehr zu retten war.

Pikanterweise liegt die Brennerei in einem *dry county*, so dass man zwar ein Fläschchen mitnehmen, es aber vor Ort nicht öffnen darf. Das Auge des Gesetzes ruht überhaupt sehr streng auf den Destillateuren. An den Fabriktoren baumeln dicke Schlösser der Finanzbehörden, damit kein Tropfen das Haus verlässt, bevor er nicht in der melde- und steuerpflichtigen Flasche gelandet ist. Würde man sich der Schlösser entledigen, wären zur Strafe die Steuern für den stets vier Jahre lagernden Gesamtbestand in den dicken Fässern im Voraus fällig. Die Verkoster, die regelmäßig über die Qualität der scharfen Sachen wachen, müssen vor ihrer Einstellung bis ins dritte Glied ihres Familienstammbaums nachweisen, dass sie und die Ihren niemals Schluckspechte waren – *that they don't swallow.*

Das hübsche Lynchburg liegt bei der Brennerei um die Ecke. Sein alter Marktplatz scheint dem amerikanischen Bilderbuch entsprungen, gerade recht für einen Kaffee oder ein Sandwich.

Pittoresk: County Courthouse in Lynchburg

SERVICE & TIPPS

Lynchburg Welcome Center
10 Mechanic St.
Lynchburg, TN 37352
✆ (931) 759-4111
www.lynchburgtn.com

Jack Daniel's Distillery
Hwy. 55, Lynchburg, TN 37352
✆ (931) 759-6357
www.jackdaniels.com
Tägl. einstündige Führungen 9–16.30 Uhr
1866 gegründete und damit älteste Brennerei des Landes. Eine große Quelle in unmittelbarer Nähe entschied über die Wahl des Standorts. Die (kostenlose) Führung durch die Genesis des berühmten *Sour Mash Whiskey* umfasst weite Wege und viele Treppen.

Miss Mary Bobo's Boarding House
295 Main St., Lynchburg, TN 37352
✆ (931) 759-7394
www.jackdaniels.com
Zu Gast bei Jack Daniels Urgroßnichte Lynne Tolley: Vollgedeckte Tische für bis zu 12 Personen und die vielen Schüsseln mit den köstlichen regionalen Speisen werden jeweils immer weiter gereicht. Lunch, das hier *Dinner* heißt, gibt es Mo–Sa 11 und 13 Uhr. Unbedingt rechtzeitig reservieren! $$

W.C. Handy machte die Straße durch seinen »Beale Street Blues« unsterblich. Nach Jahren der Depression ist der Blues zurückgekehrt

9 MEMPHIS

Ausnahmsweise darf hier einmal ein Hotel den Anfang machen, denn seine Lobby gilt von alters her sprichwörtlich als der eigentliche Beginn des Mississippi-Deltas: die hinreißende Empfangshalle des **Peabody Hotels**, wo in der frohen Cocktailrunde, untermalt von dezenten Klängen des Flügels, die berühmten hauseigenen Enten sorglos im Brunnen plantschen. Tag für Tag und stets genau bis 17 Uhr. Dann erscheint der Enten-Trainer und nötigt die gefiederte Schar über den roten Teppich in Richtung Aufzug, der sie zum Nachtquartier auf dem Hoteldach befördert. Das kuriose Ritual zieht täglich Scharen an. Beim Auf- und Abmarsch der Entenparade, um 11 Uhr morgens und, wie gesagt, um 17 Uhr am Nachmittag, herrscht Gedränge am Teppichrand beim Kampf um den besten Fotowinkel.

Ja, das »Peabody«! Es ist zwar nicht gerade das Waldorf-Astoria, aber dennoch eins der Grandhotels, die zwischen Boston und San

Beale Street In Memphis, Tennessee

Francisco querbeet durch die USA konservative Eleganz auf Lager halten, die ihren auf optimale Raumausnutzung getrimmten modernen Nachfolgern fremd ist. Der Riesenkasten, seit über 100 Jahren Inbegriff südstaatlicher Gastfreundlichkeit, wurde erst in den frühen 1950er Jahren mit privaten Mitteln wieder funktionstüchtig gemacht, ein Signal, das in der damals schon totgesagten Downtown eine städtebauliche Wende einleitete.

Sie ist keineswegs abgeschlossen, denn die Mittel sind begrenzt – trotz der Dollars der Elvis-Pilger. Baumwollbörse, Holzhandel, chemische Industrie und Universität allein jedenfalls reichen nicht, um genügend Fremde in die 653 500-Einwohner-Stadt zu locken, in der übrigens mehrheitlich Schwarze leben. Unvermindert treffen daher noch hypermoderne Pyramiden-Architektur (Memphis!) und ramponierte Jahrhundertwende, Bausünden und vereinzelte Stadterneuerungen, gegenwärtige Leere und historische Schmuckstücke aufeinander. **Beale Street**, die bekannteste Straße der Stadt, bildet die Ausnahme, denn man hat sie über die Jahre ansehnlich aufgepäppelt. Der schwarze Musiker, Bandleader und »Vater des Blues«, W. C. Handy (1873–1958), machte sie mit dem »Beale Street Blues« unsterblich. Kurz zuvor erschien sein ebenfalls legendärer »Memphis Blues«, der erste Blues, der überhaupt verlegt wurde. Das war am Anfang des Jahrhunderts, als Beale Street das Zentrum der Habenichtse und armen Baumwollpflücker bildete, mit Pfandhäusern, Prostitution, Tanzschuppen und Saloons. Doch je populärer der Blues wurde, umso mehr geriet dessen Wiege ins Hintertreffen. Handy verließ Memphis und ging nach New York, und in den 1930er Jahren machte die Depression viele Läden der Straße dicht. Nachts wurde sie unsicher; 1950 bezeichnet den Tiefpunkt ihrer Geschichte.

Der Blues ist zurück. Nicht nur bei den jährlichen Musikfesten – dem **Beale Street Music Festival** oder dem **Carnival Memphis** (beide im Mai), dem Mardi Gras von Memphis. Ob Blues, Ragtime oder Dixie, Pop oder Bluegrass – viel Livemusik tönt durch die zahlreichen Clubs, Bars und Restaurants in Downtown.

Von Beale Street ist es zu Fuß nicht weit zum Fluss, vorbei an der nett hergerichteten Main Street, über die die aus Portugal importierte, putzige Straßenbahn fährt. Die alten Lagerhallen am **Cotton Row Walk** schlagen ein weiteres Kapitel der Stadtgeschichte auf. Im vorigen Jahrhundert brüstete sich Memphis nämlich mit Recht, größter Sklavenmarkt des Südens und die »Cotton Capital of the World« zu sein. Maulesel brachten die Ballen von den fruchtbaren Böden des Umlandes zu den Docks am Fluss. In diese Boom-Zeit fielen auch die berühmt-berüchtigten Dampferwettfahrten, die freilich nicht immer nur unterhaltend waren. Da explodierte auch schon mal ein Dampf-

MEMPHIS
Home of the Blues
Birthplace of Rock'n' Roll

Im National Civil Rights Museum in Memphis

kessel oder übersprühende Funken setzten die hölzernen Hochzeitstorten im Nu in Brand. Hunderte kamen dabei um.

Die Zeiten, als Memphis noch berühmter war als New Orleans, sind allerdings längst passé. Die für den Süden schlechthin traurige Periode, die *reconstruction* nach dem Bürgerkrieg, setzte der Stadt hart zu. Erst langsam hat sie sich seither erholt und zuletzt auch teilgenommen am Aufschwung im Neuen Süden. Sicher, die beiden letzten Überlebenden der Superdampfer, die »Mississippi« und die »Delta Queen«, fahren auch längst nicht mehr, doch viele Repliken ihrer Art schippern noch den Fluss entlang.

Auch der Fluss ist längst gezähmt, die Lustfahrten nicht minder. Und doch spricht nichts dagegen, am Spätnachmittag oder frühen Abend mit der **»Memphis Queen«** auf die mächtigen Fluten hinauszufahren, deren Ähnlichkeit mit dem Nil der Stadt 1819 ihren ägyptischen Namen einbrachte. Die dazu passende über 100 Meter hohe Pyramide wurde 1991 am Flussufer errichtet. Heute dient das als Veranstaltungsarena gedachte Bauwerk als Bass Pro Shop Megastore – eine markante Verkaufshalle, die noch immer die Skyline akzentuiert.

SERVICE & TIPPS

Memphis Convention & Visitors Bureau
47 Union Ave.
Memphis, TN 38103
✆ (901) 543-5300, 1-800-873-6282
www.memphistravel.com

Tennessee State Welcome Center
119 N. Riverside Dr. (Höhe Mud Island), Memphis, TN 38103
✆ (901) 543-5333, 1-888-633-9099
Im Sommer tägl. 9–18, sonst 9–17 Uhr

Memphis Queen Line Riverboats
45 S. Riverside Dr. (Ende von Monroe St., am Fluss)
Memphis, TN 38103
✆ (901) 527-2628
www.memphisriverboats.net
April–Sept. tägl. 1 1/2-stündige Sightseeing Cruises, Tour $ 20/17

Blues Hall of Fame
421 South Main St.
Memphis, TN 38103
✆ (901) 527-2583
www.blues.org
Mo–Sa 10–17, So 13–17 Uhr
Eintritt $ 10, bis 10 J. frei
Unmittelbar gegenüber des National Civil Rights Museum ist die Blues Hall of Fame beheimatet. Ob man mit dem Blues vertraut ist oder nur ein paar Takte hören will, in jedem Fall ist man hier richtig. Zahllose Hörproben, Musikstücke und Videos künden von der Bluesmusik und von den Musikern, Sängern und anderen Menschen, die den Blues ausübten, Platten aufnahmen und ihn in irgendeiner Art und Weise dokumentierten. Jedes Jahr werden neue Musiker aufgrund ihrer historischen oder aktuellen Beiträge und ihres Einflusses wegen in die Blues Hall of Fame aufgenommen.

C. H. Nash Museum Chucalissa
1987 Indian Village Dr.
Memphis, TN 38109
✆ (901) 785-3160
www.cas.memphis.edu/chucalissa
Di–Sa 9–17, So 13–17 Uhr
Eintritt $ 5/3
Aufschlussreiches anthropologisches Museum auf dem Boden einer Indianersiedlung (1000–1500 n. Chr.) mit Bibliothek und einem Dorf mit Ausgrabungen und rekonstruierten Hütten. (*Chucalissa* heißt »verlassene Häuser« in der Sprache der Choctaw-Indianer.)

Memphis Rock 'n' Soul Museum
191 Beale St., Suite 100
Memphis, TN 38103
✆ (901) 205-2533
www.memphisrocknsoul.org
Tägl. 10–19 Uhr, Eintritt $ 11/8
In Zusammenarbeit mit der Smithsonian Institution: eine Retrospektive der Ursprünge des Blues, Soul und Rock 'n' Roll.

Mark Twain im Mississippi River Museum

Mississippi River Museum
125 N. Front St. (Mud Island)
Memphis, TN 38103
✆ (901) 576-7241, 1-800-507-6507
www.mudisland.com
Mitte April–Ende Okt. tägl. außer Mo 10–17 Uhr
Eintritt $ 10/7
Der klobig wie ein betoniertes Fort wirkende Museumskomplex und Ausstellungspark liegt auf Mud Island, einer Flussinsel in Höhe von Downtown Memphis, leicht zu erreichen vom Riverside Drive aus zu Fuß oder mit der Monorail, einer Art Schwebebahn.

Neben einem aus labyrinthischen Gängen und diversen Galerien gebauten Museum, das die Siedlungs- und Kulturgeschichte der Region seit der Zeit der prähistorischen Indianer veranschaulicht, gibt es beeindruckende Schiffsmodelle zu sehen. Hauptattraktion ist jedoch das fließende Modell des Mississippi. Da man im Gegensatz zur braunen Brühe des Originals durch das Wasser des Modells hindurchblicken und dabei Grund und Untiefen erkennen kann, versteht man plötzlich die Lotsenängste eines Mark Twain besser. Nirgendwo kommt man jedenfalls dem Fluss trockenen Fußes so nah wie hier – man kann sogar über ihn springen. Und die Kinder können plantschen.

The National Civil Rights Museum
450 Mulberry St.
Memphis, TN 38103
✆ (901) 521-9699
www.civilrightsmuseum.org
Mo und Mi–Sa 9–18, So 13–18, im Winter bis 17 Uhr
Eintritt $ 15/12
Museum auf dem Grundstück des **Lorraine Motel**, wo M. L. King 1968 einem Attentat zum Opfer fiel, mit Exponaten zur Geschichte der amerikanischen Bürgerrechtsbewegung.

Stax Museum of American Soul Music
926 E. McLemore Ave.
Memphis, TN 38106
✆ (901) 942-7685, 1-888-942-7685
www.staxmuseum.com
April–Okt. Di–Sa 10–17, So 13–17 Uhr, Eintritt $ 13/10
Das 2003 eröffnete Museum dokumentiert die Geschichte der Soul-Musik auf dem Gelände der ehemaligen Stax Studios in Soulsville. Museumsshop.

Beale Street Historic District
203 Beale St., Memphis, TN 38103
✆ (901) 526-0117
www.bealestreet.com
Historischer Straßenzug mit Jahrhundertwende-Architektur, Bars, Musikkneipen und **A. Schwab Dry Goods Store** (Nr. 163, www.a-schwab.com, Mo–Do 12–18, Fr/Sa 12–21, So 11–18 Uhr) – einer Institution seit 1876!

Elvis Presley's Graceland
3765 Elvis Presley Blvd. (US 51S)
Memphis, TN 38116
✆ (901) 332-3322, 1-800-238-2000
www.graceland.com
Ende Mai–Anfang Sept., Mo–Sa 9–17, So 9–16 Uhr, sonst geringfügig anders
Eintritt je nach Tour $ $ 36–77/ 32.40–76.50, Dauer 1–3 Std.
Start- und Endpunkt der klimatisierten **Bustour** ist ein Shopping Center: klingende Andenken gegen klingende Münze. Hier, wo früher Wiesen grünten, grasen heute Touristen die Souvenirregale ab. Im August ist besonders viel los und Geduld gefragt, dann jährt sich der Todestag der Ikone, der 16. August 1977.

Doch es geht nicht nur ums Geschäft. Den meisten Fans ist auch wichtig, über *ihn* zu sprechen. Elvis hörte damals die bei Weißen verpönten schwarzen Radiosender und spielte die Musik der Ghetto-Idole auf einer billigen Gitarre nach. Erst später tauschte er sie gegen jene ein, von der man sagt, sie habe die Welt verändert. Auch das Personal lässt sich mitreißen. »Gott hat ihn uns nur geliehen. Daher sein früher Tod«, erklärt die Verkäuferin mit glänzenden Augen im Coffee Shop in der Nähe von Graceland.

Anschließend folgt die Besichtigung von Haus und Grab. Graceland Mansion: das mit Memorabilien vollgestopfte langjährige Wohnhaus von Elvis, Garten und Grab des Meisters.

Elvis' Grab in »Graceland«

Im Innern finden die Pilger reichlich Stoff. Ein goldener Konzertflügel, jede Menge Goldene Schallplatten und die von Top-Designern und Innenarchitekten ausstaffierten Räume (jeder in einem anderen Stil). Überraschend: die zahllosen Spiegel, die, wohin man sieht, Wände und Decken verkleiden und mitunter so raffiniert zueinander gedreht sind, dass sich der Betrachter wie in einem Kaleidoskop unendlich oft gebrochen sieht. Man munkelt, dass der Hausherr sie allesamt verhängen ließ, als er mit seinen leiblichen Pfunden zu wuchern begann, die auch der Squash Court im Garten nicht abbauen konnte.

Andere Installationen enthüllen Elvis als Medien- und Elektronikfanatiker: die Monitoren des perfekten Überwachungssystems ebenso wie rund 30 TV-Schirme, die innerhalb des Hauses so verteilt sind, dass es praktisch keinen fernsehlosen Winkel gibt. Draußen sind rund ums Grab bunte Votiv-Eckchen arrangiert, Blumengebinde aus Plastik und Natur, Herzen aus rotem Damast und Schmuck, mit dem man sich sonst bei wohltätigen Madonnen bedankt.

Elvis lebt! Elvis Presley Memorabilien in Graceland, Memphis

Orpheum Theatre
203 S. Main & Beale Sts.
Memphis, TN 38103-3905
✆ (901) 525-3000, 1-800-982-ARTS
www.orpheum-memphis.com
Der alte Vaudeville-Palast von 1928 erstrahlt wieder in theatralischem Glanz – bei Broadway-Stücken, Filmvorführungen und Konzerten.

Sun Studio
706 Union Ave.
Memphis, TN 38103
✆ 1-800-441-6249
www.sunstudio.com
Tägl. 10–18 Uhr, Führungen $ 12
Geburtsstätte des Rock 'n' Roll mit Original-Aufnahmegeräten und Fotos aus den 1950er Jahren, als hier der junge Elvis, Carl Perkins, Jerry Lee Lewis, Johnny Cash, Muddy Waters u.a. ihre ersten Hits aufnahmen. Kostenlose Hörproben.

Memphis Zoo
2000 Prentiss Place
Memphis, TN 38112
✆ (901) 333-6500
www.memphiszoo.org
März–Mitte Okt.
Tägl. 9–17 Uhr, sonst bis 16 Uhr, Eintritt $ 15/10
Eisbären, Pandas und rund 3500 weitere Tierarten leben im Zoo von Memphis.

Chez Philippe
149 Union Ave. (Peabody Hotel)
Memphis, TN 38103
✆ (901) 529-4188
www.peabodymemphis.com/dining
Mi/Do 13–15.30 und 18–22, Fr/Sa 13–15.30 und 17–22 Uhr
Schmackhafte klassische französische Küche, 7-Gänge-Menüs, angenehme Atmosphäre. Beeindruckende Weinkarte. $$$

B.B. King's Blues Club
143 Beale & 2nd Sts.
Memphis, TN 38103
✆ (901) 524-5464
www.bbkings.com/memphis
So–Do 11–0.30, Fr/Sa bis 2 Uhr
Zu *catfish* und *gumbo* gibt es Live-Blues. Lunch und Dinner.
$$–$$$

Paulette's
50 Harbor Town Sq.
Memphis, TN 38103
✆ (901) 260-3300
www.paulettes.net

Tägl. 7–10, 11–14 und 17–21 Uhr
Gegrillter Lachs, Forelle und hausgemachte Suppen (und die himmlischen Nachtische!) sind hier besonders beliebt. An milden Tagen wird auch auf der Dachterrasse gedeckt. Cocktail Lounge. $–$$$

Rum Boogie
182 Beale St.
Memphis, TN 38103
✆ (901) 528-0150
www.rumboogie.com
Tägl. 11–2 Uhr
Live-Blues und Tanz – dazu Leckerbissen aus der Cajun-Küche. $–$$$

Sekisui Midtown
25 S. Belvedere Blvd.
Memphis, TN 38104
✆ (901) 725-0005
www.sekisuiusa.com
So–Do 11.30–14 und 17–21.30, Fr/Sa bis 22.30
Japanische Köstlichkeiten, ergiebige Sushi-Bar. Cocktails. $–$$$

Gus's World Famous Fried Chicken
310 S. Front St.
Memphis, TN 38103
✆ (901) 527-4877
www.gusfriedchicken.com
So–Do 11–21, Fr/Sa bis 22 Uhr
Einfaches, aber überaus populäres Restaurant südlich von Downtown. Südstaaten-Küche. $$

Charlie Vergo's Rendezvous
52 S. 2nd St. (Hintereingang)
Memphis, TN 38103
✆ (901) 523-2746, 1-888-464-7359
www.hogsfly.com
Di–Do 16.30–22.30, Fr 11–23, Sa 11.30–23 Uhr
»Seit Adam war keine Rippe berühmter ...« heißt der Slogan dieses urigen und beliebten BBQ-Souterrains der trockenen, scharfen Rippchen. Dazu fließt massig Bier. $–$$

Center for Southern Folklore & Cafe
119 S. Main St. (Pembroke Sq. am Peabody Place)
Memphis, TN 38103
✆ (901) 525-3655
www.southernfolklore.com
Tägl. 10–17 Uhr
Private Non-profit-Organisation rund um die regionale Volkskunst: Livemusik, Memphis-CDs, Kunstgewerbe, Bücher, Blues-Brunch, Gospelkonzerte, Filme. Kaffee und Snacks.

Hauptstraße des Blues: Beale Street (Memphis)

Gibson Beale Street Showcase
145 Lt. George W. Lee Ave. (Downtown)
Memphis, TN 38103
✆ (901) 544-7998
www.gibson.com
Mo–Sa 11–16, So 12–16 Uhr
Führungen $ 10
Gitarren in Handarbeit. Sie gelten als die Cadillacs der Gitarren, wie z.B. die berühmte »Lucille« von B.B. King.

Peabody Place Retail & Entertainment Center
Vom Mississippi-Ufer bis zur Beale St., Downtown Memphis
www.belz.com
Teil der Stadterneuerung: Neben Büroräumen und Apartments gibt es 22 Kinoleinwände (einschließlich IMAX-3-D-Theater), Bowlingbahnen, jede Menge Boutiquen und Restaurants.

Beale Street Music Festical
Das große Musikfestival auf der Beale Street Ende April/Anfang Mai bietet Partystimmung und Rhythmen aller Arten auf mehreren Bühnen (www.memphisinmay.org/bsmf-lineup).

⑩ NASHVILLE

Nashville – schon der Name verbreitet Wohlklang, heißt es, aber so angenehm er sein mag, beim Anblick der realen Stadt (634 500 Einwohner) macht sich erst mal Nüchternheit breit. Dennoch gibt es Aufwärtstrends, der Broadway zum Beispiel. Diese einst schäbige *(seedy)* Gegend ist langsam wieder im Kommen. Auffällig über allem thront das 192 Meter hohe, mächtige AT&T Building, wegen seiner seitlichen Spitzenaufsätze im Volksmund auch Batman Building genannt, und gegenüber The Pinnacle at Symphony Place und das Schermerhorn Symphony Center. Kühn sogar und mit Glasturm: die Bridgestone Arena, eine Mehrzweckhalle für Konzerte und Sportveranstaltungen.

Auch und vor allem Lower Broad, der dem Fluss zugewandte Teil der Straße, hat sich gemausert. Hier waren ohnehin schon tapfere Oldtimer zu Hause, der **Ernest Tubb Record Store** oder **Tootsie's Orchid Lounge**. Seit einiger Zeit macht auch die auf den ersten Blick völlig unscheinbare **Robert's Western World** von sich reden, eine unnachahmliche Combo aus Bar und *boot shop*, und andere *small joints*, in denen die sogenannten »B-boys« auftreten, Musiker aus der zweiten Reihe, die sich aber durchaus hören lassen können.

Nashvilles Selbstbewusstsein war stets ausgeprägt. Lange sonnte sich die Stadt im Ruf eines Athens des Südens, einer wegen seiner zahlreichen Bildungseinrichtungen und kulturfreundlichen Gesinnung geachteten Hochburg. Dem sollte auch der Nachbau des **Parthenon** in Originalgröße Ausdruck verleihen. Seit 1931 umschließen 46 dorische Säulen den Bau, der heute vielen Kunstgalerien und wechselnden Ausstellungen einen würdigen Rahmen bietet, gelegentlich auch klassischem Theater.

Das Kulturimage wurde abgelöst durch das der Finanzen. Die Konzentration von Banken und Versicherungen machte Nashville zur *Wall Street of the South*. Die Geldinstitute führen nach wie vor die Wirt-

Nashvilles Cumberland-River-Panorama

schaft an, dicht gefolgt von der Gesundheitsindustrie und dem Druckereigewerbe, das insbesondere den religiösen Markt bedient – mit Bibeln am laufenden Band. Zusammen mit seinen sage und schreibe 700 Kirchen ist Nashville eine feste Burg der Fundamentalisten, eine Art Vatikan der Protestanten, ja, die Schnalle im Bibelgürtel. Und während man in Las Vegas zum Beispiel auf der Straße kleine Infozettel mit einschlägigen Adressen von Nude Shows oder Bordellen zugesteckt bekommt, werden in Downtown Nashville hier und da kleine Bibelsprüche verteilt, die denen der alten Pfuschlexika für die Lateinarbeit ähneln.

Ryman Auditorium in Nashville, die neugotische »Mutterkirche« der Country-Music

Ein alles in allem weiter Weg, wenn man an die bescheidenen Anfänge des **Fort Nashborough** denkt, mit dem die Stadt 1779 ihren Ausgang nahm. Wer über Broadway hinunter zum Cumberland River spaziert, trifft auf das alte Fort. Bescheiden steht es da, solide mit wehrhaftem Palisadenzaun.

Wie sich die Zeiten geändert haben! Music City USA, das Nashville von heute, hat ja ganz andere Grundlagen. Man sieht sie nicht, aber man kann sie hören. »Diese Stadt ist auf Songs gebaut«, weiß ein erfolgreicher Musikproduzent. Musiker, Plattenfirmen, Studios, Musikverleger und Agenturen – in Nashville wimmelt es davon. Hinter Los Angeles belegt die Stadt Platz zwei auf der Skala der amerikanischen Musikindustrie. Die rustikale Holzfällersiedlung schottischer und irischer Pioniere wandelte sich längst zur Großstadt des klingenden Kapitals. Dabei war das lukrative Geschäft mit den C&W-Noten keineswegs vorauszusehen. Die spröde Musik der Hinterwäldler stand nicht gerade hoch im Kurs. Was diese Leute aus den verschlafenen Bergnestern von Tennessee, Kentucky und den Carolinas vortrugen, war eben Hillbilly oder Bluegrass Sound, schlichte Klänge von Tennen und Scheunen – nichts Feines fürs Ohr und schon gar nichts für den Export. Und so lag zu der Zeit, als der Rock'n'Roll Ende der 1950er Jahre Wirkung zeigte, Nashville musikalisch noch im Tiefschlaf. Viele im lokalen Musik-Establishment waren sogar sauer auf Elvis, weil sie glaubten, sein »Heartbreak Hotel« zum Beispiel würde ihrer Musik die Schau stehlen und ihnen das Geschäft vermasseln.

Aber genau das Gegenteil trat ein. Der Rock'n'Roll leitete den bis heute ungebrochenen Boom der Country music ein. Elvis, Jerry Lee Lewis, Buddy Holly oder die Everly Brothers gewöhnten Millionen von jungen Zuhörern an einen Sound, der bis dahin allenfalls älteren Farmern das Herz erwärmte. Dieser musikalische Trittbrettfahrer-Effekt hielt in den 1960er und 1970er Jahren an, denn Bob Dylan, Linda Ronstadt oder Gruppen wie Buffalo Springfield, Creedence Clearwater Revival, The Band und The Eagles boten – instrumental und textlich – populäre Annäherungen an die C&W-Musik. Dabei leisteten Radiosendungen und TV-Shows (vor allem die von Johnny Cash) Schützenhilfe. Cash war überhaupt eine der zugkräftigsten Integrationsfiguren, weil er zwischen älterem und jüngerem Publikum vermittelte. Für die Teens und Twens spielte er mit Joni Mitchell und Bob Dylan zusammen, und den gereifteren Jahrgängen bot er Lagerfeuerromantik und todtraurige Geschichten aus den Pionierzeiten des Wilden Westens im Sprechgesang.

Seither ist C&W dick im Geschäft. Robert Altmans bissiger Hollywoodfilm »Nashville« hat daran nichts ändern können. Millionen Besucher strömen jährlich herbei, um den Nashville Sound mal am eigenen

Country Music Hall of Fame & Museum, Nashville, Tennessee

Leibe zu spüren und dabei den Stars so nah wie möglich zu sein, am liebsten natürlich bei der Radioshow **Grand Ole Opry**, dem Bayreuth der Branche. Sie ist 1974 aus dem altehrwürdigen **Ryman Auditorium** in einen aufwendigen, mit hochmoderner Elektronik ausgestatteten Konzertsaal umgezogen. Freitags- und samstagsabends geht hier die älteste Radioshow der Welt über die Bühne (Start: 1925), mit Top-Stars am laufenden Band, live für den Kanal 650 WSM: eine zwei- bis dreistündige perfekte Mischung aus mitreißender Musik, andächtigem Starkult und aggressiver Werbesendung vor der malerischen Kulisse der roten Scheune.

Wer keine Tickets bekommen hat, am »falschen« Tag in Nashville ist oder die andauernden *commercials* während der Show in der Opry nicht ertragen kann, den versorgt die Stadt auch sonst reichlich mit Musik, in den zahlreichen Bars, Tanzlokalen und Restaurants. Die meisten Aufnahmestudios konzentrieren sich an der Music Row, einer Quadratmeile im Süden von Downtown, wo die Talente und Aufsteiger Schlange stehen. »Ein guter Song«, erklärt ein Produzent, »bleibt in dieser Stadt nicht länger als fünf Minuten geheim. Die meiste Zeit suche ich nach so einem. Es ist wie in einer Diamantmine. Oft muss man erst zehn Tonnen Dreck wegschaufeln, bevor man einen Edelstein findet.« Was soll's, das Showbiz von Nashville blüht durchaus auch mit manchem Halbedelstein. Dasselbe gilt für seine unmittelbare Umgebung, wo sich die Stars, unter ihnen Roy Acuff, Barbara Mandrell, Conway Twitty, Johnny Cash und Loretta Lynn, ihre Villen oder Ranches zu ganzen musikalischen Vergnügungsparks ausgebaut haben. Musikliebe und Reiselust – auf den Punkt gebracht.

SERVICE & TIPPS

Nashville Visitor Center
150 4th Ave. N., Suite G-250
Nashville, TN 37219
✆ (615) 259-4730, 1-800-657-6910
www.visitmusiccity.com

Nashville Visitor Center
501 Broadway (im Glasturm der Bridgestone Arena)
Nashville, TN 37203
✆ (615) 259-4747, 1-866-830-4440
www.visitmusiccity.com
Tägl. 8.30–17.30 Uhr
Infos, Reservierungen, verbilligte Tickets.

Gray Line Tour »Homes of the Stars«
186 N. 1st St.
Nashville, TN 37213
✆ (615) 883-5555, 1-800-251-1864
www.graylinetn.com
Mehr als ein Dutzend verschiedene Stadtrundfahrten täglich, darunter die Tour »Homes of the Stars« (ca. 3 ½ Stunden plus Abholzeit vom Hotel). Schauen, wo die Stars wohnen! Oder die Jack Daniel's Distillery, die Grand Ole Opry etc. besuchen.

10 **Country Music Hall of Fame & Museum**
222 5th Ave. S.
Nashville, TN 37203
✆ (615) 416-2001, 1-800-852-6437
www.countrymusichalloffame.com, tägl. 9–17 Uhr
Eintritt $ 24.95/14.95
Spektakulärer, knapp 40 Millionen Dollar teurer Neubau des Mausoleums der C&W-Musikgeschichte – Kostüme, Instrumente, Filme und TV-Clips. Hörproben kann man sich auf CD brennen lassen; Chancen für neu aufgelegte, bisher vergriffene Platten. Unter den Highlights auch der *Solid Gold Cadillac* und der ebenso goldene Flügel von Elvis Presley.

Frist Center for the Visual Arts
919 Broadway, Nashville, TN 37203
✆ (615) 244-3340
www.fristcenter.org
Mo–Mi und Sa 10–17.30, Do/Fr 10–21, So 13–17.30 Uhr
Eintritt $ 12
Wechselnde Ausstellungen bedeutender lokaler, regionaler und landesweiter Kunst einerseits und internationaler Kunst andererseits.

2006 ins Leben gerufen: der Music City Walk of Fame in Nashville, der Musikerpersönlichkeiten mit in den Gehweg eingelassenen Sternen ehrt

Im früheren Hauptpostamt der Stadt, einem prächtigen Jugendstilgebäude.

The Hermitage
4580 Rachel's Lane
Hermitage, TN 37076
✆ (615) 889-2941
www.thehermitage.com
Tägl. 8.30–17 Uhr
Eintritt $ 18/8
Haus von Andrew Jackson, dem 7. US-Präsidenten, der hier zwischen 1804 und 1845 lebte. Heute Museum, umgeben von Gärten, originalen Holzhütten, Jacksons Grab, einer alten Kirche und einem Konföderiertenfriedhof. Jackson war einst der reichste Baumwollfarmer in der Umgebung von Nashville.

The Johnny Cash Museum
119 3rd Ave. S.
Nashville, TN 37201
✆ (615) 256-1777
www.johnnycashmuseum.com
Tägl. 8–19 Uhr
Eintritt $ 17/13
Interaktives Museum zum Gedenken an den »Man in Black«, dessen Songs die Welt begeistern.

The Parthenon
West End Ave. (Centennial Park)
Nashville, TN 37203
✆ (615) 862-8431
www.parthenon.org
Di–Sa 9–16.30, im Sommer auch So 12.30–16.30 Uhr, Eintritt $ 6/4
Eins-zu-eins-Nachbau des griechischen Parthenons, der heute die städtische Kunstsammlung beherbergt.

Tennessee State Museum
505 Deaderick St. (James K. Polk Cultural Center)
Nashville, TN 37243
✆ (615) 741-2692
www.tnmuseum.org
Di–Sa 10–17, So 13–17 Uhr
Eintritt frei
Breites Spektrum der Landesgeschichte – von Sam Houstons Gitarre über den Conestoga-Planwagen und Blockhütten, prähistorische Funde bis zum Bürgerkrieg und den Suffragetten.

Belle Meade Plantation
5025 Harding Pike
Nashville, TN 37205
✆ (615) 356-0501, 1-800-270-3991
www.bellemeadeplantation.com
Mo–Sa 9–17, So 11–17 Uhr
Eintritt $ 16/8
Restaurierter Landsitz eines berühmten Pferdezüchters im Greek-Revival-Stil (1853), auch bekannt als die »Queen of the Tennessee Plantations«. Verschiedene Wirtschaftsgebäude, Weingut (Weinproben nach Führung).

Fort Nashborough
170 First Ave. N. (Riverfront Park)
Nashville, TN 37201
✆ (615) 862-8400
Tägl. 9–16 Uhr
Eintritt frei
Rekonstruiertes Gründungsfort der ersten Pioniere Ende des 18. Jh.

Historic RCA Studio B
222 5th Ave. S.
Nashville, TN 37203
✆ (615) 416-2001
www.countrymusichalloffame.com/studiob
Tägl. 10.30–14.30 Uhr
Eintritt $ 40/30 inkl. Country Music Hall of Fame
Nach der Country Music Hall of Fame kann man das historische Plattenstudio, auch *Home of a 1000 Hits* genannt, besuchen. In dem 1957 eröffneten (und 1977 geschlossenen) Studio nahmen u.a. Elvis Presley, Charley Pride, Roy Orbison und Dolly Parton Platten auf.

Ryman Auditorium
116 5th Ave. N.
Nashville, TN 37219
✆ (615) 889-3060
www.ryman.com
Tägl. 9–16 Uhr
Eintritt $ 20/15, Backstage-Führungen $ 27.50/22.50
Die neugotische »Mutterkirche« der Countrymusic wurde von einem Kapitän als religiöses Tabernakel finanziert, tatsächlich aber als Konzerthalle für Livemusik genutzt (1943–74). Tagsüber Museum. Backstage-Führungen.

Cheekwood Botanical Garden & Museum of Art
1200 Forrest Park Dr.
Nashville, TN 37025

Das CMA Music Festival ist ein viertägiges Country-Music-Festival, das jährlich im Juni in Nashville stattfindet

Die berühmte Radioshow Grand Ole Opry wird seit 1925 aus Nashville übertragen

✆ (615) 356-8000, 1-877-356-8750
www.cheekwood.org
Di–So 9–17 Uhr
Eintritt $ 14/7
Üppiger Botanischer Garten und Kunstmuseum aus dem Maxwell Coffee Imperium. Jahreszeitlich wechselnde, natürliche und gestalterische Elemente in großem Park, Gemälde, Skulpturen und dekorative Kunst im Museum.

Midtown Cafe
102 19th Ave. S.
Nashville, TN 37203
✆ (615) 320-7176
www.midtowncafe.com
Lunch Mo–Fr ab 11, Dinner tägl. ab 16.30 Uhr
Intim und freundlich: frische Meeresfrüchte, Lamm, *crab cakes*.
$–$$$$

Chauhan Ale & Masala House
123 12th Ave., Nashville, TN 37202
✆ (615) 242-8426
www.chauhannashville.com
Mo–Fr 11–14.30 und So–Do 17–22, Fr/Sa 17–23, So 11–15 Uhr
Global inspirierte Küche mit indisch-amerikanischen Wurzeln. Cocktails, Bier und andere Getränke aus aller Welt. $–$$$

The Merchant's Restaurant
401 Broadway St.
Nashville, TN 37203
✆ (615) 254-1892
www.merchantsrestaurant.com
Lunch ab 11, Dinner ab 17 Uhr
Beliebtes Restaurant in historischem Hotel in Downtown. Bei gutem Wetter kann man auch draußen sitzen. Amerikanische Küche, große Auswahl an Fisch- und Fleischgerichten.
$–$$$

Pancake Pantry
1796 21st Ave. S.
Nashville, TN 37212
✆ (615) 383-9333
www.thepancakepantry.com
Mo–Fr 6–15, Sa/So 6–16 Uhr
Seit über 50 Jahren stehen hier die Nashvillians geduldig Schlange – zum Frühstück und zum Lunch. Es lohnt sich eben! Die *cheese blintzes* z. B. sind Spitze.
$

Robert's Western World
416 B Broadway
Nashville, TN 37203
✆ (615) 244-9552
www.robertswesternworld.com
Mo–Sa 11–3, So 12–3 Uhr
Combo aus Musikkneipe, Bar und Schuhladen – typisch für die Country-Szene von *Lower Broad*. So 10.30 Uhr *Sunday Morning Gospel Fellowship*.

Station Inn
402 12th Ave. S. (Downtown)
Nashville, TN 37203
✆ (615) 255-3307
www.stationinn.com
Tägl. 19–1 Uhr
Club mit Livemusik: vor allem Bluegrass. Sonntagabends kostenlose Bluegrass Jam Session.

The Bluebird Café
4104 Hillsboro Pike
Nashville, TN 37215
✆ (615) 383-1461
www.bluebirdcafe.com
Tägl. 17.30–24 Uhr
Bekannte Adresse für Konzerte: kleiner Raum, Kleinigkeiten zu essen (auch Vegetarisches).

Ernest Tubb Midnite Jamboree
2416 Music Valley Dr. (Texas Troubadour Theatre)
Nashville, TN 37214
✆ (615) 889-2474
www.etrecordshop.com/mj.htm
Sa um Mitternacht live Country Music Radio Show.

Grand Ole Opry
2804 Opryland Dr.
Nashville, TN 37214
✆ (615) 871-6779
1-800-SEE-OPRY (Tickets)
www.opry.com
Größtes Musikstudio der Welt, nachdem die populäre Radioshow 1974 aus dem Ryman Auditorium in diese moderne Konzerthalle mit 4400 Sitzen umgezogen ist. Zweieinhalb Stunden C&W-Show vor der Kulisse der berühmten Scheune.

Nashville Palace
2611 McGavock Pike
Nashville, TN 37214
✆ (615) 889-1540
www.nashville-palace.com

Mo–Sa ab 11, So ab 12 Uhr
Populär, neue Talente, Tanz. Zwischen 17 und 22 Uhr gibt es was zu essen.

Tootsie's Orchid Lounge
422 Broadway
Nashville, TN 37203
✆ (615) 726-0463
www.tootsies.net
Tägl. 10–2 Uhr
Museum und Nachtclub: berühmte Countrymusic-Bar.

Wildhorse Saloon
120 2nd Ave. N.
Nashville, TN 37201
✆ (615) 902-8200
www.wildhorsesaloon.com
Mo 16.30–24, Di–Do 11–24, Fr/Sa 11–3 Uhr
Groß und beliebt: Country Disco, Mix aus Video- und Live-Entertainment. Restaurant und Bar.

Ernest Tubb Record Shop
417 Broadway
Nashville, TN 37203
✆ (615) 255-7503
www.etrecordshop.com
So–Do 10–19, Fr/Sa 9–24 Uhr
Einschlägiger C&W-Musikladen.

Hatch Show Print
224 5th Ave.
Nashville, TN 37203
✆ (615) 577-7710
www.hatchshowprint.com
So–Mi 9.30–18, Do–Sa 9.30–20 Uhr
Druckereiladen in der Lobby der Country Music Hall of Fame. T-Shirts, Poster, Bücher und weitere Bekleidung aus »Music City USA«. Schon früh druckte der Laden die Poster für die Grand Ole Opry.

Manuel American Design
800 Broadway
Nashville, TN 37203
✆ (615) 321-5444
www.manuelcouture.com
Mo–Fr 10–18 Uhr
Sa bei Voranmeldung
Ausgefallene, oft strassbesetzte Westernkleidung für Bühnenstars und Fans.

Opry Mills
433 Opry Mills Dr.
Nashville, TN 37214
✆ (615) 514-1100
www.oprymills.com
Mo–Sa 10–21, So 11–19 Uhr
»Entertailing« oder »Shoppertainment« – eine Mischung aus Shopping und Unterhaltung, das in Opry Mills umgesetzt wird, eine neue Mega-Mall der Mills Corporation und der Gaylord Entertainment Company, der unter anderem das Grand Ole Opry, das Opryland Hotel und Opryland Productions gehörten. Auf einer Fläche, die 23 Football-Feldern entspricht, werben 200 Anbieter um die Gunst der Kunden. Der besondere Clou dabei ist *interactive shopping*: Kunden können bei der Herstellung der Produkte zusehen, mitmachen oder sie vor dem Kauf gleich vor Ort testen.

So schaut man bei der **Gibson Guitar Corporation** den Gitarrenbauern über die Schulter, beobachtet bei **Apple Barn & Cider Mill**, wie allerlei süße Verführungen produziert werden, bastelt beim **Build-A-Bear** Workshop seinen eigenen Teddybär oder testet bei **Sun & Ski Sports** neues Equipment für die Kletterwand.

RiverGate Mall
1000 Rivergate Pkwy. (I-65 N., Exit 96)
Goodlettsville, TN 37072
✆ (615) 859-3458
www.rivergate-mall.com
Mo–Sa 10–21, So 12–18 Uhr
Einkaufszentrum im Norden von Nashville. Vier Kaufhäuser, 150 Geschäfte, 15 Restaurants.

Unterwegs in The District, dem sogenannten historischen Viertel im Zentrum von Nashville

⓫ OAK RIDGE

Das 29 400 Einwohner zählende Oak Ridge, dessen Labors im Y-12-Komplex bei der Entwicklung der Atombombe im Rahmen des **Manhattan Project** mitmischten, gilt als ein Beispiel dafür, wie unbemerkt eine Gruppe von Naturwissenschaftlern unversehens in ein ursprünglich rein agrarisches Umfeld eindringen konnte. Viele Dollar aus Washington halfen beim Aufbau der im Zweiten Weltkrieg geheim gehaltenen Forschungsarbeiten. Regierungsagenten erkoren diesen abgelegenen Winkel für die Herstellung von Uran 235 aus, denn die dünn besiedelten Täler und Höhenzüge ebenso wie große Regenmengen kamen ihren Sicherheitsvorstellungen entgegen.

1949, vier Jahre nach dem Abwurf der Bombe über Japan, ließ man die Katze aus dem Sack und gab sich der Öffentlichkeit zu erkennen. Noch heute gehört in »Atomic City« das **Oak Ridge National Laboratory** zu den wichtigsten Nuklearforschungsstätten und in **Y-12** wird Uran für die Entwicklung und den Bau von Nukleargeräten, -waffen und anderen diesbezüglichen Technologien angereichert, verarbeitet und gelagert. Hochangereichertes Uran aus Oak Ridge dient beispielsweise als Treibstoff für die atomgetriebenen Flugzeugträger und U-Boote der US-Marine.

SERVICE & TIPPS

Oak Ridge Convention & Visitors Bureau
102 Robertsville Rd., Suite C
Oak Ridge, TN 37830
✆ (865) 482-7821
www.oakridgevisitor.com

American Museum of Science & Energy
300 S. Tulane Ave.
Oak Ridge, TN 37830
✆ (865) 576-3200, www.amse.org
Mo–Sa 9–17, So 13–17 Uhr
Eintritt $ 5/3
Interaktives, vielseitiges Museum zu Technik und Wissenschaft, zum Bau der Atombombe und zur Geschichte von Oak Ridge.

New Hope Visitors Center at Y-12
602 Scarboro Rd., Oak Ridge, TN 37830, ✆ (865) 574-3280
www.y12.doe.gov
Mo–Do 6–16.30 Uhr, Eintritt frei
Besucherzentrum und Museum vor den Toren des Y-12-Komplexes, einem Bereich des Manhattan Project (Urananreicherung).

Dean's Restaurant and Bakery
239 Jackson Sq., Oak Ridge, TN 37830, ✆ (865) 481-2081
www.deansrestaurantandbakery.com, Mo–Fr 11–20, Sa 16–20 Uhr
Gemütliches Café, das den Gast mit Rezepten aus der heimischen Küche verwöhnt. $

⓬ PIGEON FORGE

Dank **Dollywood** und anderen Country-Theatern ist der ehemals stille, rund 6000 Einwohner zählende Bergort regelrecht aus den Fugen geraten und zu einem Imperium der Familienunterhaltung mutiert – mit Fun Parks und Shopping Outlet Malls ohne Ende.

SERVICE & TIPPS

Pigeon Forge Welcome Center
1950 Pkwy.
Pigeon Forge, TN 37863
✆ (865) 453-8574, 1-800-251-9100
www.mypigeonforge.com
Mo–Fr 8.30–17 Uhr

Tipp: Wenn man einmal in Pigeon Forge ist, kommt man online, im Visitor Center oder im

Hotel leicht an Coupons für verbilligte Tickets der Shows. Kauft man die Tickets für zwei oder drei Shows in Pigeon Forge gleichzeitig, erhält man auch oft Rabatt.

Titanic – The World's Largest Museum Attraction
2134 Pkwy.
Pigeon Forge, TN 37863
✆ 1-800-381-7670
www.titanicpigeonforge.com
Eintritt $ 21.50/11
Die »Titanic« wurde in dem im April 2010 eröffneten Museum im Maßstab 1:2 gebaut, allerdings nur das halbe Schiff. Empfehlenswerte Ausstellung mit viel Liebe zum Detail.

Dollywood
1020 Dollywood Parks Blvd.,
1 Meile, nordöstl. von US 441
Pigeon Forge, TN 37863
✆ 1-800-365-5996
www.dollywood.com
Im Sommer tägl. 10–19 bzw. 20 Uhr
Eintritt $ 62/49
Dolly Parton entwarf und leitet diesen Themenpark, der sich des Erbes der Smoky Mountains annimmt: im Crafters' Valley Läden mit viel Folklore, Jahrmarktattraktionen, live Countrymusic und einem Museum, das Dolly Partons Karriere nachzeichnet. Dazu gehört auch der große Wasserpark **Splash Country**.

Country Tonite
129 Showplace Blvd.
Pigeon Forge, TN 37863
✆ (865) 453-2003, 1-800-792-4308
www.countrytonitepf.com
Tickets $ 28.75/23.75, genaue Zeiten erfragen
Die Nr. 1 unter den Shows der Stadt: mitreißende Countrymusic, spaßige Gags und hinterher mischen sich die Stars im Foyer unter das Publikum.

Dolly Parton's Dixie Stampede
3849 Pkwy.
Pigeon Forge, TN 37863
✆ (865) 453-4400, 1-800-356-1676
www.dixiestampede.com
Eintritt $ 50/28, genaue Zeiten erfragen
Tolle Dinnershow mit atemberau-

Old Mill Square in Pigeon Forge

bender Artistik und viergängigem Menü (auch vegetarisch).

Lumberjack Feud Dinner Show
2713 Pkwy.
Pigeon Forge, TN 37863
✆ (865) 428-8688
www.lumberjackfeud.com, Eintritt $ 55/20, ohne Dinner $ 30/10
Genaue Zeiten erfragen
Holzfällershow mit flotter Musik, unterhaltsamem Klamauk und herzhaftem Dinner.

Bullfish Grill
2441 Pkwy.
Pigeon Forge, TN 37863
✆ (865) 868-1000
www.bullfishgrill.com
So–Do 11–22, Fr/Sa bis 23 Uhr
Hervorragendes Grill- und Seafood-Restaurant an der touristischen Meile. $$–$$$

Old Mill Restaurant
175 Old Mill Ave.
Pigeon Forge, TN 37868
✆ (865) 429-3463, 1-877-653-6455
www.oldmillsquare.com/restaurant.htm, tägl. 8–21 Uhr
Neben der alten Mühle: Südstaatenküche, gemütliches Ambiente. $–$$$

13 TENNESSEE OVERHILL

Tennessee Overhill, eine gering besiedelte Region im südöstlichen Tennessee, punktet mit den bewaldeten Bergen und reizvollen Tälern, den rauschenden Flüssen und stillen Seen des **Cherokee National Forest**. Gewundene kleine Country Roads führen zu den Ausgangspunkten von Wanderwegen, zu interessanten Museen und historischen Stätten der Cherokee Nation und der europäischen Einwanderer, die diese Ecke des Landes ihre Heimat nannten. Zu den populärsten Freizeitaktivitäten zählen Wildwasser- und Floßtrips auf Ocoee und Hiwassee River (www.fs.usda.gov/cherokee).

SERVICE & TIPPS

Tennessee Overhill
L & N Depot, First Floor
727 Tennessee Ave./Hwy. 411
Etowah, TN 37331
✆ (423) 263-7232, 1-877-510-5765
www.tennesseeoverhill.com
Das südöstliche Tennessee punktet mit seinen reizvollen Landschaften, mit rauschenden Bächen, bewaldeten Bergen und stillen Seen. Gewundene kleine Country Roads führen durch Dörfer und Wälder zu feinen Museen und historischen Stätten.

Sequoyah Birthplace Museum
576 Hwy. 360, Vonore, TN 37885
✆ (423) 884-6246
www.sequoyahmuseum.org
Mo–Sa 9–17, So 12–17 Uhr
Kleines, aber feines Museum zur Geschichte der Cherokee im östlichen Tennessee anhand der persönlichen Lebensgeschichte des Sequoyah, des Sohns einer Cherokee-Häuptlingstochter und eines Pelzhändlers aus Virginia. Seqouyah hatte 1821 mit Erfolg ein Alphabet für die Cherokee-Sprache eingeführt. Guter Museumsladen.

Webb Brothers Country Store
3708 Hwy. 30, Reliance, TN 37369
✆ (423) 338-2373, 1-877-932-7238
www.webbbros.com
Seit über 75 Jahren: Ein gemütlicher Laden für Reiseverpflegung und Souvenirs sowie eine kleine Tankstelle verlocken zu einem Päuschen (innerhalb des Cherokee National Forest).

Harold Webb bietet familientaugliche Wildwasserfahrten auf Flößen, mit großen Reifen und in aufblasbaren Kajaks auf dem idyllischen Hiwassee River. Viel Erholung versprechen zudem die Übernachtungen in seinem liebevoll restaurierten, nostalgischen Bahnwärterhäuschen auf der anderen Talseite ($$).

VISTA POINT ROUTE DURCH DIE SÜDSTAATEN

Arkansas
Little Rock
Pine Bluff
Memphis
Chucalissa Indian Village
Graceland
Nashville
Jackson
Tennessee
Tennessee
Kentucky Lake
Lake Barkley
Reelfoot Lake
Obion R.
Old Hickory Lake
Lebanon
J. Percy Priest Lake
Murfreesboro
Tullahoma
Lynchburg
Winchester
Monteagle
Chickamauga
Chattanooga
Huntsville
Florence
Clarksdale
Enid L.
Grenada L.
Natchez Trace Pkwy.
Tupelo
Greenwood
Greenville
Tombigbee R.
Birmingham
Gadsden
Tuscaloosa
Noxubee R.
Tallapoosa
West Point Lake
Mississippi
Yazoo R.
Big Black R.
Monroe
Alabama
Okatibbee L.
Ross. Barnett Res.
Demopolis
Vicksburg
Jackson
Meridian
Selma
Montgomery
Louisiana
Mississippi R.
Port Gibson
Tombigbee R.
Millers Ferry Res.
Union Springs
Lorman
Eufaula
Ferriday
Natchez
Brookhaven
Alexandria
Homochitto R.
Pearl R.
Alabama R.
Walter George Res.
Atchafalaya R.
Hattiesburg
Ville Platte
Dothan
Big Creek L.
St. Francisville
New Roads
Pascagoula R.
Opelousas
Baton Rouge
Ponchatoula
Mobile
Perdido R.
Port Allen
Lake Maurepas
Gulfport
Biloxi
Navarre
Choctawhatchee Bay
Lafayette
Slidell
Pensacola
Destin
Grand Lake
Donaldsonville
Lake Pontchartrain
Bay St. Louis
Bayou La Batre
Pensacola Beach
Navarre Beach
Fort Walton Beach
Panama City
Abbeville
New Iberia
Napoleonville
Gulf Islands National Seashore
Perdido Key St. Park
Panama City Beach
Jeanerette
Labadieville
New Orleans
Apalachicola
Mexico Beach
Franklin
Thibodaux
Boutte
St. Andrew's St. Park
Raceland
Port St. Joe
Lake Salvador
St. Joseph Pen. St. Park
Marsh Island
Houma
Barataria Bay
Venice
Grand Isle
Gulf of Mexico
CANADA
USA
MEXICO
Hauptroute
Alternativrouten

Bristol
Norris L.
Cherokkee L.
Knoxville
Gatlinburg
Great Smoky Mtn. Nat'l Park
Cherokee
Franklin
Hiwassee Lake
Highlands
Clayton
Asheville
Hendersonville
Flat Rock
Greenville
Spartanburg
Anderson
Commerce
Athens
Abbeville
Green-wood
Lake Murray
Calhoun Falls
Saluda
Lexington
Columbia
Monroe
Stone Mountain
Washington
Augusta
Lake Sinclair
Georgia
Macon
Dublin
Winston-Salem
Greensboro
Durham
Hyco-Res.
Raleigh
Williamston
Washington
Smithfield
Goldsboro
North Carolina
Dunn
New Bern
Morehead City
Atlantic Beach
Charlotte
Fayetteville
Jacksonville
Wilmington
Cape Fear
Camden
Florence
Sumter
Lake Marion
South Carolina
Bamberg
Myrtle Beach
Murrells Inlet
Georgetown
Santee R.
Lake Moultrie
Summerville
Isle of Palms
Charleston
Kiawah Island
Gardens Corner
Beaufort
Edisto Beach
Fripp Island
Hilton Headm Island
Savannah
Tybee Island
Midway
Skidway Island
Ossabaw Island
St. Catherines Island
Sapelo Island
Darien
Brunswick
St. Simons Island
Jekyll Island
Cumberland Island Nat'l Seashore
Okefenokee Nat'l Wildlife Refuge and Wilderness Area
Okefenokee Swamp Park
Folkston
St. Mary's
Amelia Island
Jacksonville
Cordele
Hazlehurst
Tifton
Waycross
Valdosta
Quitman
Edith
Need-more
Tallahassee
Wakulla Springs
Perry
St. Marks
St. Augustine
Florida
Gainesville
Ocala
Orlando
Merritt Island
Brooksville
Bayonet Point
Tampa
Clearwater
Lake Wales
Yeehaw Junction
Atlantic Ocean
N
100 km
Broad R.
Catawba R.
Great Pee Dee R.
Little Pee Dee R.
Savannah R.
Ogeechee R.
Oconee River
Ocmulgee R.
Altamaha R.
Flint River
Satilla
St. Marys R.
St. Johns R.
Suwannee R.
1
2
3
4
5
6
7
8
95
40
26
20
25
85
441
78
72
501
17
170
252
121
94
10
75
4
275

❶ WILLKOMMEN UND ABSCHIED
VON ATLANTA NACH ATHENS

Route: Atlanta (Rundgang); Atlanta – Athens (110 km/68 mi)

Vormittag	In Atlanta **Peachtree Center**, mit **MARTA** zur **New World of Coca-Cola**.
Mittag	**Underground Atlanta, Georgia Aquarium.**
Nachmittag	**Ponce de Leon Ave.** (US 78 East) nach **Athens**. (Fahrzeit: ca. 2 Std.)

Einen Stadtplan und weitere Informationen zu Atlanta finden Sie auf S. 18 ff.

Ende des 15. Jahrhunderts begleitet der Spanier Ponce de León Kolumbus auf dessen zweiter Expedition nach Amerika. Er wurde später Gouverneur von Boriquen (Puerto Rico, 1510–12) und erhielt 1512 von der spanischen Krone den Auftrag, nördlich von Kuba den Jungbrunnen zu suchen. Entsprechend erwartungsvoll beginnt unsere Reise durch die Südstaaten auf der Ponce de Leon Avenue (oft liebevoll »ponzi« gesprochen) stadtauswärts nach Osten – auf jener Grenzlinie, die die Wohnviertel der Schwarzen von denen der Weißen trennt. Die Nordseite der Straße ist traditionell weiß, die Südseite schwarz. Die meisten Straßen, die Ponce de Leon kreuzen, wechseln auf mysteriöse Weise ihre Namen, weil die weißen Anwohner nicht den Eindruck erwecken wollen, im Viertel der Schwarzen zu wohnen und umgekehrt.

Mega-Thorax: Lobby im Marriott Marquis Hotel, Atlanta

Schon nach wenigen Minuten schimmern die weißen Konturen der ersten Südstaatenhäuser durch die alten Bäume, die Skulpturen aus Blattwerk ähneln, so sehr hat sie der Kudzu, der »grünen Würger«, überwuchert. Nach einer Weile taucht – wie eine Fata Morgana – plötzlich der glatzköpfige Felsdom des **Stone Mountain** (vgl. S. 31) auf, so monolithisch, als sei er der Ayers Rock von Georgia.

Die Universitätsstadt **Athens** (vgl. S. 49 f.) spielt den Part der Ouvertüre zur Reise: atmosphärisch mit ihrem geruhsamen Kleinstadtcharakter, kulinarisch durch die vielleicht erste Berührung mit *jambalaya, grits* und *gumbo.*

Alternativen: Es spricht vieles dafür, nach der Landung in **Atlanta** am Nachmittag die Stadt gleich zu verlassen und schnurstracks nach **Athens** zu fahren: Flughafen, US 85 North, US 78. Die zwei Fahrstunden bringen bereits erste typische Eindrücke vom ländlichen Georgia und den Vorteil, abends noch ein bisschen in dem kleinen Ort umherlaufen zu können – statt im klimatisierten Peachtree Center. Außerdem »spart« man noch einen ganzen Reisetag. (Für Camper bietet sich diese Lösung ohnehin an.) Atlanta kann man sich auch am Ende der Reise ansehen, vgl. Tag 17.
– Der schnellere, weil mehrspurige Weg von Atlanta nach Athens führt über die I-85 nach Norden und den Hwy. 316/US29 (wird in Athens zur Epps Bridge Rd.), allerdings nicht am Stone Mountain vorbei.

2 BLAUE BERGE
DURCH DIE BLUE RIDGE MOUNTAINS NACH ASHEVILLE, NORTH CAROLINA

Route: Athens – Franklin – Cherokee – Asheville (381 km/238 mi)

km/mi	Zeit	Route
0	8.30 Uhr	In **Athens** US 441 nach Norden über Commerce, Homer, Cornelia, **Tallulah Gorge State Park** (zum Visitor Center und kurzer Spaziergang über einen der Trails zu den Aussichtspunkten), Clayton, Mountain City (hier lohnt ein kurzer Abstecher: dem Zeichen BLACK ROCK STATE PARK etwa 5 Min. bis zum Overlook folgen), Dillard, Franklin bis
227/142	12.00 Uhr	**Cherokee**, Lunch und Museum (ca. 11/2 Std.). Über den **Blue Ridge Parkway** nach Osten (*nicht* beim ersten Hinweis auf ASHEVILLE abbiegen, sondern über den French Broad River hinwegfahren) und auf der US 25 nach Norden dem Schild zum
378/236	16.00 Uhr	**Biltmore Estate** folgen, Besichtigung (ca. 2–3 Std.). – US 25 (Asheland St.) bis Patton Ave., diese rechts und an Haywood St. links nach Downtown
381/238		**Asheville**.

***Stichwort Mücken:** Heimlich und meist unhörbar schleicht es näher: das Thema Mücken. Das bedeutet Furcht, Kampf und Leiden durch jene Mini-Vampire, die es fertigbringen, dass wir uns plötzlich um Körperteile wie Zehen und dergleichen so intensiv kümmern müssen wie sonst nie. Stehende Wasser, Schatten und milde Winter fördern diese lästige Brut, die an schlimmen Tagen abends die Kühlergrills wie Leichenwagen aussehen lässt.*

»Green, cool Asheville« – schwärmt die Dame des Hauses im schwülen Athens beim Abschied. Die Höhenlage der Stadt würde für trockenere Luft und Kühle sorgen, sagt sie: gute Aussichten auf das heutige Tagesziel.

Am Weg nach Norden liegt erst einmal das Örtchen **Commerce** mit einer Art Drive-in-Galerie für Südstaaten-Bauweise. Von pompösen Säuleneingängen bis zu verbretterten Buden gibt es hier auf engstem Raum die ganze Palette zu sehen. Das gilt auch für die Route, wo das Grün ab und zu von aufgeworfener roter Erde unterbrochen wird. Antiquitätenläden wechseln ab mit Gerümpel, Gemüsegärten mit Friedhöfen, Flohmärkte mit filigranen Viktorianern, die gut zu Hitchcocks »Psycho« passen würden.

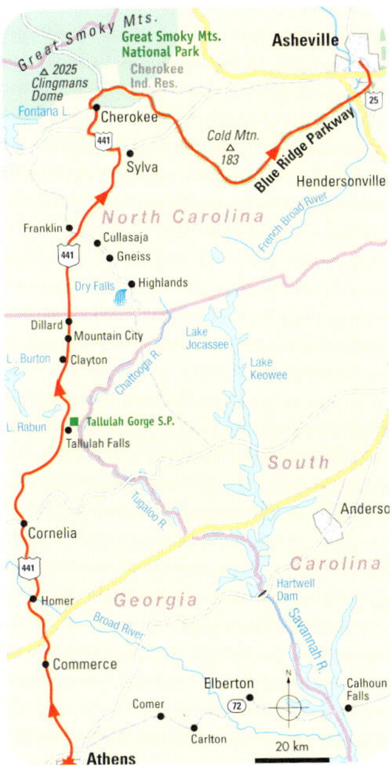

Coyote in den Great Smoky Mountains

Dann dampfen die ersten *boiled peanuts* an der Straße – in wuchtigen Eisenkesseln an schweren Ketten über offenem Feuer. Es sind ungeschälte Erdnüsse, die wie Bohnen schmecken. Mit riesigen Löffeln rühren die Köche darin herum und hoffen auf Kunden, die an ihren Ständen auf die Bremse treten. Dasselbe hoffen die Obsthändler: U PICK STRAWBERRIES ermuntert ein Schild Selbstversorger und Vitaminjäger. Dazwischen immer wieder *yard sales*, denn schließlich ist Samstag, und an diesem Tag räumt – jahraus, jahrein – ganz Amerika seine Garagen leer, um die Oldies zu verhökern.

Ab **Cornelia** gewinnen die Georgia Mountains Kontur am Horizont, jene Bergregion, die findige Prospektoren und Digger in den ersten Goldrausch der USA versetzte. Dann werden sie langsam von den höheren Blue Ridge Mountains überlagert, deren südwestliches Ende in die Great Smoky Mountains übergeht.

Nächster Stopp: **Cherokee** (vgl. S. 39 f.), gewissermaßen die Hauptstadt der gleichnamigen Indianer. Hier beginnt der landschaftlich schönste Teil der heutigen Route: über den **Blue Ridge Parkway** (vgl. S. 36). Bald nach der Auffahrt nähert sich der Highway seinem höchsten Punkt und schlängelt sich zwischen steilen grünen Baumschneisen dahin, um dabei herrliche Ausblicke auf die bewaldeten Berghänge zu eröffnen, während dicht bei der Straße possierliche Opossums seelenruhig vor sich hin mümmeln. Schöner Vista Point für Fotos: Looking Glass Rock. **Asheville** (vgl. S. 34 ff.) liegt jetzt praktisch um die Ecke – kühle Luft, gute Restaurants, komfortable Hotels.

Extras und Alternativen: Wer mehr von den Bergen haben will, der sollte eine zusätzliche Übernachtung in **Dillard** oder **Franklin** einplanen, vor allem, um durch einen kleinen Abstecher einen der schönsten Seitenwege im Grenzgebiet zwischen Georgia und North Carolina kennenzulernen: das mit schönen Wasserfällen und tollen Aussichten reichlich gesegnete »Dreieck« zwischen Dillard, Highlands und Franklin, das, weil völlig »untouristisch«, durchaus noch als ein Geheimtipp gelten darf.
Route: Von Dillard (nördlich von Clayton, an der US 441) die grenzüberschreitende S 246/106 mit den Overlooks (Osage und Blue Valley) und den **Glen Falls** (halbstündige Wanderung) bis nach **Highlands** (mit 1400 m tatsächlich der höchstgelegene Ort östlich des Mississippi). Von dort die US 64 vorbei an weiteren Wasserfällen **(Dry Falls, Cullasaja Falls)** über Gneiss und Cullasaja nach Franklin, wegen der vielen Saphire und Rubine ringsum in den Bergen auch »Gem City U.S.A.« genannt.

Zwei direkte Routen nach Charleston:

1. Von **Athens** im kühlen Dunst der dampfenden Nebel und in schönem Morgenlicht Richtung Elberton, S 29, S 72 über Colbert nach Comer, wo das Schild WATSON MILL BRIDGE zum Umweg zu einem hübschen Creek und verführerischen Badeplatz am **Broad River** lockt. Von dort über Carlton wieder auf die S 72, über Elberton, das gepflegte Calhoun Falls nach **Abbeville, SC;** weiter über Greenwood, S178 Business nach Saluda, S 387 Richtung Lexington/Columbia, S 1, I-20 und I-26 nach **Charleston**.
Gesamtstrecke inkl. Lunchpause in Abbeville: 596 km, Fahrzeit: 7Std.

2. Noch kürzer ist die Route über Washington, Augusta, Bamberg nach Charleston. Von **Athens**: US 78, I-20, US 78, US 178, I-26 (ca. 365 km, knapp 5 Std.).

Die Bald River Falls im Westen des Cherokee National Forest

❸ GRAND STRAND
MYRTLE BEACH, SOUTH CAROLINA

Route: Asheville – Hendersonville – Myrtle Beach (531 km/ 332 mi)

km/mi	Zeit	Route
	9.00 Uhr	**Asheville:** Besuch des **Thomas Wolfe Memorial** und kurzer Rundgang.
0	10.00 Uhr	Ab **Asheville** I-240 West, I-26 South, I-26 East Richtung Hendersonville/Spartanburg. Ausfahrt Hendersonville; dort an Main St. links nach
42/26		**Hendersonville**. Weiter über Main St. (US 25) nach Flat Rock, Little River Rd. rechts zum
48/30	11.00 Uhr	**Carl Sandburg Home** (ca. ½ Std.). Weiter die US 25 zur I-26. Ausfahrt Nr. 28 (US 221), dann links den Schildern folgen zur
138/86	12.30 Uhr	**Walnut Grove Plantation** (ca. 1 Std.). Zurück zur I-26 Richtung Columbia; dort I-20 Richtung Florence. Abbieger US 521 nach
323/202		**Camden**, Mittagspause (ca. 1/2 Std.). Zurück auf I-20. Vor Florence I-95 (North) bis Ausfahrt Myrtle Beach; US 76 East, S 576, US 501 bis
531/332	18.00 Uhr	**Myrtle Beach**.

Gesäumt von rotem Mohn und gelben Butterblumen zieht sich der Highway von Asheville in Richtung **Hendersonville** (vgl. S. 43). Der hübsche Ort liegt in einer landschaftlich attraktiven Umgebung, wie sich bald herausstellt, denn die bewaldete Ausfallstraße Richtung Flat Rock führt in eine der ältesten Sommerfrischen in North Carolina voll knuffiger Häuschen, Motels und Golfplätze.

Mittendrin, malerisch an See und Wald gelegen, noch eine Dichterklause, das **Carl Sandburg Home** (vgl. S. 42), ein Farmhaus mit dem klangvollen

»Low Tide« – die Atlantikküste in Myrtle Beach

Namen »Connemara«, wo der Schriftsteller Carl Sandburg (1878–1967) mit seiner Familie die letzten rund 20 Jahre seines Lebens wohnte und dichtete, während sich seine Frau, Lilian »Paula« Steichen, um die Farm kümmerte und preisgekrönte Ziegen züchtete.

Der Highway, zunächst noch dem sanften Auf und Ab der bewaldeten Hügel verhaftet, wird jenseits der Grenze zu South Carolina und vor Spartanburg – wo die besten Pfirsiche der Welt gedeihen sollen – langsam, aber merklich flacher.

Die **Walnut Grove Plantation** (vgl. S. 121) bringt eine ebenso willkommene wie lehrreiche Abwechslung auf dem Weg zum Atlantik. Dabei ist diese erste Plantage auf der Reise eine ganz und gar ungewöhnliche im Vergleich zu den noch folgenden. Dennoch ist Walnut Grove ein typisches Beispiel einer frühen Plantage des *Upcountry*.

Dem kurzen historischen Lehrstück folgen lange Passagen über den Interstate Highway. Der Abzweig nach **Camden**, der ältesten Stadt (1733) im Hinterland von South Carolina, bietet die Gelegenheit zu einer kleinen Verschnauf- und Stärkungspause: eine unscheinbare, aber hübsche Kleinstadt, die sich stolz einen **Revolutionary War Park** hält. Die Abzweigung nach Myrtle Beach bedeutet das Ende der Interstates. Im Nu weitet sich die *tunnel vision* der grünen Straßenschläuche zur freien Sicht auf das Land ringsum: Felder, einzelne markante Häuser, verrottete oder verrostete Wellblechhütten, aber stets tadellose Kirchen. Die Überquerung des fast zugewachsenen braunflüssigen **Pee Dee River** bringt jede Menge Entenflott zum Vorschein.

Dann folgt viel Jux am Highway: z.B. die zahllosen Reklameschilder für FIREWORKS. South Carolina gehört zu den Südstaaten, wo Pyromanen oder solche, die es werden wollen, Knallfrösche, Kracher und Kanonenschläge legal kaufen können.

Schlag auf Schlag geht es dem Wasser entgegen: Erst enthüllt eine Brücke über die seenartige Erweiterung des Waccamaw River eine aquatische Landschaft voller Taucher, Schwimmer, Angler und Bötchenfahrer, dann folgt die Überquerung des Intracoastal Waterway, jenes Schifffahrtswegs, der sich rund 3200 Kilometer an der Ostküste von Maine bis Miami hinzieht. Zuletzt tauchen grelle Schilder auf, dann das Grellste selbst, der Seaside Amusement Park, der Kirmesplatz in **Myrtle Beach** (vgl. S. 115 ff.), Treff der berühmt-berüchtigten Jugendkultur mitten im turbulentesten Seebad von South Carolina.

❹ URBANE KARIBIK
CHARLESTON, SOUTH CAROLINA

Route: Myrtle Beach – Georgetown – Charleston (168 km/105 mi)

km/mi	Zeit	Route
0	10.00 Uhr	Von **Myrtle Beach** US 17 nach Süden.
30/19		**Brookgreen Gardens**, Besichtigung (ca. 1 ½–2 Std.)
66/41	13.00 Uhr	**Georgetown**. Von der US 17 im Ort links am Schild DOWNTOWN HISTORIC DISTRICT bis Front St. Besichtigung des **Rice Museum** und Lunch (ca. 1 ½ Std.). – Über Screven St. wieder auf US 17 bis
150/94	15.30 Uhr	**Boone Hall Plantation**, Besichtigung (ca. 1 ½ Std.).
168/105	17.30 Uhr	**Charleston**. Ausfahrt Meeting St., Schild DOWNTOWN folgen.

Der erste Stopp: **Brookgreen Gardens** (vgl. S. 119). Dann folgen ruhigere Gefilde in der Höhe von Murrells Inlet und Pawleys Island. Die Brücke über den Intracoastal Waterway, diesen fortan treuen Reisebegleiter, öffnet den ersten Weitblick auf die schöne Marschlandschaft, die das *low country* prägt.

Doch so ganz ohne Dorn im Auge läuft die Sache nicht, denn über dem saftigen Grün qualmen bald die Papiermühlen von Georgetown, deren Geruch denn auch nicht lange auf sich warten lässt. Kein Wunder, schließlich ist der größte Teil des Landes bewaldet – Futter genug für den Papierhunger der Welt. Jenseits von Pee Dee und Black River macht der historische Kern von **Georgetown** (vgl. S. 112 f.) dieses Defizit allerdings mehr als wett.

Screven, Broad oder Queen Streets führen auf die US 17 zurück, vorbei an hübschen alten Holzvillen, luftig umhüllt von Veranden, den *porches.* Deren Möblierung trägt der Hitze Rechnung: Wippen und Schaukelstühle, Bänke und Hängematten – *to catch the breeze*.

Der Santee River markiert die Nordgrenze des **Francis Marion National Forest**, der prompt dem Highway ästhetischen Auftrieb gibt – durch Zypressendickichte und abwechslungsreiche Perspektiven. Benannt ist das Sumpfgebiet nach Francis Marion, der seinen Spitznamen (»Swamp Fox«) seiner Ortskenntnis und List verdankt, mit denen er im Unabhängigkeitskrieg die Engländer ins Schwitzen brachte.

Boone Hall Plantation (vgl. S. 105 f.) liefert einen standesgemäßen Einstieg in die Pflanzerkultur rund um Charleston. Zuletzt noch eine schmale Brücke – dann **Charleston** (vgl. S. 98 ff.).

Programm: Charleston und Umgebung

Einen Stadtplan und Informationen zu Charleston finden Sie S. 98–110.

Vormittag	**Zu den Plantagen:** Broad oder Calhoun St. führen in westl. Richtung automatisch auf die Ashley River Bridge (US 17 South); an **Ashley River Road** (S 61) rechts und weiter rechts halten (S 61 North), braunen Schildern folgen bis **Drayton Hall** (Besichtigung: 1 knappe Std.). – Weiterhin River Rd. bis **Magnolia Plantation & Gardens** (Parken am Plantation House). Rundgang durch die Gärten und auf dem Rückweg, nahe der Ausfahrt, ein Besuch des **Audubon Swamp Park** (1 gute Std.). – River Rd. nach **Middleton Place** (ca. 1 Std.). – Zurück nach
Mittag	**Charleston** (Lunch und Pause).
Spätnachmittag	**Stadtrundgang**.

Luftig umbaut wie die meisten Villen im Süden: Two Meeting Street Inn

Mond über Charleston: Hugenottenkirche

Swamp Park: Magnolia Plantation im Charleston County

Morgens, wenn es noch kühl ist und die Jogger durch die noble Welt von Charleston traben, versteht man, warum die alten Pflanzer an den nahen Flussläufen bisweilen die Stadt ihren opulenten Landsitzen vorzogen: aus merkantilen Gründen, aber eben auch aus klimatischen.

So bewegt sich unser Morgenausflug zu den Plantagen landeinwärts in umgekehrter Richtung zu dem Weg der Landbesitzer, die es einst in den Sommermonaten in ihre Stadthäuser drängte, um der schwülen Hitze und der Malariagefahr zu entrinnen – gemäß dem alten Sprichwort: »Im Frühling ist Carolina das Paradies, im Sommer die Hölle und im Herbst ein Krankenhaus.« Kurz, die Fahrt über die Ashley River Bridge führt nicht nur in die Vergangenheit, sondern auch in höhere Temperaturen.

Die von ausladenden Eichenkronen schattig überwölbte Ashley River Road zu durchfahren ist ein voller Genuss. Nicht auszudenken, dass hier einst Unionstruppen durchmarschierten und alles niedermachten, was an Plantagenkultur in mehr als anderthalb Jahrhunderten gewachsen war. Nach dem Dreiklang der Plantagen – **Drayton Hall, Magnolia** und **Middleton** (vgl. S. 107, 108 f.) – kann man zum Lunch zurück nach Charleston fahren, um sich für einen Stadtrundgang zu stärken.

6 SOUTHERN COMFORT
SAVANNAH, GEORGIA

Einen Stadtplan und Informationen zu Savannah finden Sie S. 80–88.

Route: Charleston – Beaufort – Savannah (200 km/125 mi)

km/mi	Zeit	Route
0	9.00 Uhr	Ab **Charleston:** Meeting St. stadtauswärts; Calhoun St. links, die auf die US 17 nach Südwesten führt. Bei Gardens Corner geht es über S 21 links nach Beaufort; aber zunächst kurz über diese Kreuzung hinwegfahren und gleich rechts dem Schild OLD SHELDON CHURCH folgen; kurz darauf schimmern rechts im Wald die
91/57		**Sheldon Church Ruins** (ca. ½ Std.). – Zurück zu Gardens Corner, dort US 21 rechts nach Beaufort: Schild HISTORIC DOWNTOWN folgen, Carteret St., an Bay St. rechts bis zum
125/78	11.30 Uhr	Waterfront Park in **Beaufort** (Parken). Lunch und Rundfahrt (ca. ½ Std.) im Zickzack-Kurs: Bay St. Richtung Osten, links an New St., rechts an Craven, links an East St., rechts an Federal St. am **William Fripp** und **James Robert Verdier House**, links an Pinckney, rechts an King, dann links an Short St. vorbei zum **Paul Hamilton** und zum **Edgar Fripp House** und zurück. – Abfahrt von Beaufort: Richtung Port Royal S 281, 802, 170, US 17 ALT bis nach
200/125	15.00 Uhr	**Savannah**. US 17 ALT führt direkt nach Downtown (Bay St.): **River Walk**. – Hotel-Check-in und anschließender Rundgang (ca. 2 Std.).

Die Route

Jekyll Island mischt Nordsee und Südsee, Herbes und Üppiges aufs Angenehmste

Südlich des Ashley River löst sich Charleston langsam in Creeks und Marschwiesen auf. Doch dann wachsen wieder undurchdringlich scheinende Wände aus Kiefern und Zypressen zu beiden Seiten der Straße, jede Menge Holz, wie es für den Süden typisch ist. Nur gelegentlich sorgen simple Obststände und Verkaufsbuden für ein bisschen Abwechslung. Sie breiten das Füllhorn der Landesfrüchte aus, üppige Wassermelonen oder Pfirsiche, süße Kartoffeln, Tomaten, Erd- und Walnüsse.

Man muss aufpassen, um die ruinösen Reste der **Sheldon Church** (vgl. S. 109) nicht zu verpassen, die sich hinter den Bäumen einer schön bewachsenen Seitenstraße verstecken. Hinter dem Abzweig nach Beaufort weitet sich, je näher das Meer rückt, der Blick auf Maisfelder, Marschen und den samtig grünen Schlickbewuchs des Whale Branch River, an dem frische Shrimps und Aale zu haben sind – friedliche Bilder, wie es scheint. Doch an der folgenden Militärbase, einer Marine Corps Air Station, verrät ein Schild, dass und warum es in dieser Idylle auch mal ungemütlich werden kann: THE NOISE IS THE SOUND OF FREEDOM.

Südlich des ansehnlichen **Beaufort** (vgl. S. 97 f.) folgt eine Brücke der anderen über Siele und Flüsse bis **Savannah** (vgl. S. 80 ff.).

7 JUIST IN GEORGIA
JEKYLL ISLAND

Route: Savannah – Brunswick – Jekyll Island (149 km/93 mi)

km/mi	Zeit	Route
0	10.00 Uhr	Ab **Savannah:** Abercorn St. nach Süden, S 204, I-95; US 17 über **Midway**. Später, links vom Highway, geht es zur
112/70	11.30 Uhr	**Hofwyl-Broadfield Plantation**. Besichtigung (ca. 1 Std.). – Weiter Richtung Brunswick, beim Schild DOWNTOWN rechts abbiegen und über Gloucester St. in die Innenstadt von
133/83	Mittag	**Brunswick**. Kurze Stadtrundfahrt und Lunch (ca. 1 ½ Std.): Gloucester St. bis zum Ende (Shrimp Dock), wenden und Lunch; weiter Gloucester bis Union St., dort rechts, acht Blocks bis Dartmouth St., links bis Egmont, links zurück bis Gloucester St., rechts zur US 17. Über den Ocean Hwy. (US 17, S 25), links an S 520; Schildern folgen nach
149/93	16.00 Uhr	**Jekyll Island**.

Symbol für die Bedeutung der Baumwollindustrie im Alten Süden: The Old 1886 Cotton Exchange Building in der Bay Street, Savannah

Beim Abschied entfaltet Savannah sein soziografisches Strickmuster wie die Zwiebel ihre Ringe. Abercorn Street

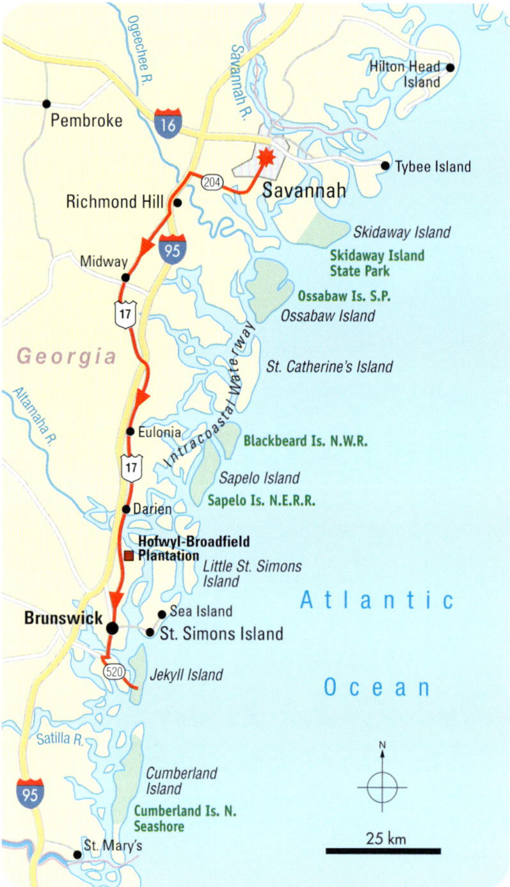

etwa, an ihrem Anfang eine der Straßen des historischen Viertels, durchzieht bald den viktorianischen und bisweilen angeschlagenen Teil von Savannah, wo in der Mehrzahl Schwarze wohnen. Kaum aber ist der Victory Drive überquert, sind die Straßenfronten wie ausgewechselt – durch prächtige Villen im Beverly-Hills-Geschmack. Wie in Charleston wohnen auch in Savannah, anders als in den US-Städten sonst, die begüterten Weißen vor allem im Stadtzentrum. In Savannah bilden die Schwarzenviertel lediglich einen Puffer zwischen der historischen heilen Welt der Oglethorpeschen Planquadrate und den neueren gepflegten Vororten. Stadtauswärts schließt sich dann die letzte Zone an, diesmal eine typisch amerikanische: die Parade der Malls und Megamärkte. Erst weiter südlich versöhnen die sich durchs Watt windenden Flussläufe das Auge wieder mit den Reizen des *tidal low country,* seinen Zypressen, Anglern und Libellen.

Die gute alte US 17 schafft willkommene Abwechslung von den immergrünen Baumkulissen entlang der Interstate 95. Das stille **Midway** – *nomen est omen* – markiert tatsächlich etwa die Hälfte der Tagesstrecke. Die Landstraße führt allerlei zerplatzte Träume vor: verrostete Wellblechdächer, windschiefe Motelruinen, verlassene oder bis auf die gemauerten Schornsteine abgebrannte Häuser, die aussehen wie Filmkulissen aus »Vom Winde verweht«. Den Kudzu kümmern Rost und Reste nicht. Im Gegenteil: Er verschlingt sie alle. Erst die Kutter gewähren vor den im Licht blinkenden Schilfgewässern und den wogenden Gräsern des Darien und Butler River schönere Aussichten. Und selbstverständlich stellt sich Glynn County als eine beschauliche Wasserlandschaft vor. Schließlich ist sie nicht eine unter vielen, sondern Heimat jener **Marshes of Glynn**, die durch die Naturlyrik von Sidney Lanier literarisch Furore machten.

Südlich von Darien bringt sich die verflossene Reiskultur durch die **Hofwyl-Broadfield Plantation** (vgl. S. 65) in Erinnerung. Im Sommer steht im Pförtnerhäuschen der Pfeil des BUG REPORT, der Moskito-Pegel, meist bedrohlich auf MISERABLE, höchste Zeit, sich den Repellentien im Reisegepäck zuzuwenden bzw. sich möglichst zugeknöpft auf den heißen Pfad zur Plantage zu begeben, der gewöhnlich auch schon mal von Schlangen und Feuerameisen mitbenutzt wird. Viele Besucher verzichten deshalb darauf, bis zu den Ruinen der Reismühle beim Deich am Rand der Süßwassermarsch des Altamaha River vorzudringen. Trotzdem: Immer Sekunden, nachdem man unter einen der Bäume tritt, setzt dort oben das Geschnarre der Zi kaden ein, als sei es eine Alarmanlage.

Keine Ampel, sondern ein prächtiges Einfahrtstor begrüßt den Reisenden unterwegs nach Jekyll. Eine praktische Funktion hat es nicht, aber wer sie kennt, der schätzt es wie die Pforte zum Paradies. In den endlosen Salzmarschen und Wattwiesen stehen die Silberreiher so unbeweglich da, als wären sie handgeschnitzt. Gleich hinter der Brücke über den Jekyll Creek heißt es STOP am Pförtnerhäuschen. Hier muss man eine kleine pauschale Parkgebühr entrichten, Kurtaxe für den Erhalt des natürlichen Charmes von **Jekyll Island** (vgl. S. 69 ff.).

Fischotter im Okefenokee Wildlife Refuge

8 REISE IN GRÜN
DURCH DEN OKEFENOKEE SWAMP NACH WAKULLA SPRINGS

Route: Jekyll Island – Valdosta – Thomasville – Wakulla Springs (429 km/268 mi)

km/mi	Zeit	Route
0	8.00 Uhr	Ab **Jekyll Island:** S 520 (US 17) links dem Schild nach Waycross folgen. Nach Unterquerung der I-95: US 17 nach Süden Richtung Spring Bluff und Waverly. Ab White Oak S 252 bis Folkston. Dem braunen Schild OKEFENOKEE WILDLIFE REFUGE folgen (S 121) zum Eingang des
102/64	10.00 Uhr	**Okefenokee Wildlife Refuge:** Swamp-Tour mit dem Boot (ca. 2 Std.). – S 121 weiter nach Süden, in St. George S 94 rechts Richtung Fargo, Statenville und
267/167	12.30 Uhr	**Valdosta**. Hinter der Ortsgrenze von Griffith Ave. halbrechts auf Patterson St., über die Hochstraße auf Ashley St., auf dieser hinter Magnolia St.

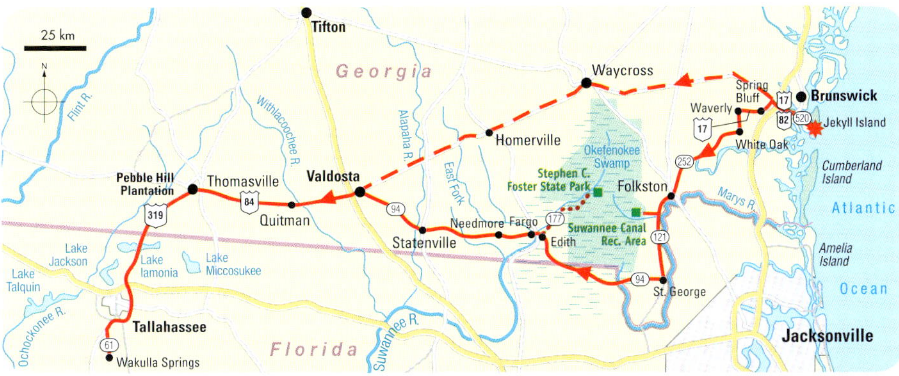

		links, an Rogers St. links und hinter dem **Barber-Pittman House** (Chamber of Commerce) parken – oder eine kurze Rundfahrt (ca. ½ Std.): Rogers St. weiter bis Patterson, dort rechts vier Blocks bis Gordon St. und links an **The Crescent** parken. Patterson St. zurück und hinter Magnolia St. (vorbei am **Converse-Dalton-Ferrell House**) an Central Ave. rechts US 84 West nach
341/213	14.00 Uhr	**Thomasville**. US 84 (Smith St.) mündet in Broad St.: Lunch in Höhe von Jackson St. – Anschließend kurze Fahrt zum **Lapham-Patterson House**, weiter über Broad, rechts an Webster, rechts an Dawson St. (Stopp), rechts an Clay zurück auf Broad St., links bis Jackson St., dort rechts US 319 zur
352/220		**Pebble Hill Plantation**, Rundgang (ca. 1 Std.). – US 319 nach Süden Richtung Tallahassee. An der 4. Ampel links einordnen und auf den Capital Circle. Beim Abzweiger S 61 links nach Süden Schild folgen zur
429/268	17.30 Uhr	**Wakulla Springs Lodge**: Bad im klaren Quellwasser.

Alternativen: Swamp-Fans, die lieber laufen als das Boot benutzen wollen, können gleich beim Picknickplatz am Parkeingang den **Swamp Island Wildlife Drive** wählen und nach kurzer Fahrt einen **Swamp Walk** über den Holzsteg machen. – Westlich von Folkston liegt der **Stephen C. Foster State Historic Park**, ein weiterer Parkeingang zum Okefenokee Swamp. Sollten beide Eingänge wegen Wasserknappheit und/oder plötzlicher Flächenbrände geschlossen sein, bleibt zum Trost die Vorfreude auf ausgedehntere Badefreuden in Wakulla Springs. – Wer ohnehin die Bootsausflüge von Wakulla Springs denjenigen auf eigene Faust in Okefenokee vorzieht, sollte gleich die Zeit sparende (weil 72 km kürzere und schnellere) Route nehmen: Jekyll – US 84 über **Waycross** nach Valdosta und weiter.

Die Marschen schimmern im Morgenlicht und die Vögel zwitschern. Eine Weile noch begleitet die gefällige Wattlandschaft die Reise nach Westen, dann schleusen Kiefernhaine den Blick nach vorn, und außer ein paar Brücken über Wasserläufe sorgen nur mächtige Holzlaster für Unterhaltung. Auf Strecken dieser Art grüßen sich die wenigen Autofahrer.

Armadillos liegen tot auf ihren gepanzerten Rücken am Straßenrand. Früher sah man diese Gürteltiere im Südosten der USA nie; erst in den letzten Jahren sind sie eingewandert. Die extrem langsamen Gesellen können den Autos nicht schnell genug ausweichen.

Bei der Annäherung an den Sumpf führt der Straßenstrang wie auf einem Deich durch die Feuchtgebiete; gerodete Flächen wechseln mit Aufforstungen ab, zerzauste alte Kiefern recken ihre langen Hälse und spärlichen Kronen über Armeen von adrettem hölzernen Jungvolk. Hier wie vielerorts im Süden ist man der kommerziellen Verführung erlegen, anstelle von Zypressen schnell wachsende und verwertbare Kiefern zu pflanzen.

Schließlich kündigt ein (gemaltes) Krokodil den Okefenokee Swamp an – genauer gesagt in **Folkston**, dessen zauberhafte Main Street hervorragend in einen alten Western passen würde oder in einen Werbespot für Designerjeans im Stil der 1950er Jahre.

Dem **Okefenokee Swamp** (vgl. S. 74 f.), seit 1936 unter Staatsschutz, geht es ökologisch besser als beispielsweise den Everglades in Florida, die unter Schwund leiden. Zwar hatten es seit Ende des 19. Jahrhunderts verschiedene Firmen durch den Bau von Sägewerken auf die Zypressen abgesehen: erst die Suwannee Canal Company, die den Sumpf durch einen Kanalbau trockenlegen wollte, und später die Hebard Lumber Company, die sogar eine Eisenbahn baute. Aber die Bäume überlebten ebenso wie die Alligatoren, denen es zeitweise so böse an den Kragen ging, dass sie auszusterben drohten.

Schnurgerade durchschneidet das Asphaltband den Wald in Richtung St. George, wo eine malerische Moosallee den engen Waldesblick lichtet. Aber nur kurz. Dann kehrt dasselbe in Grün zurück. Urwald, Kahlschlag und Neuanpflanzung: Das bleibt der dominierende Dreiklang, der sich auch beim kurzen Sprung durch Florida nicht ändert. Ab und zu übt sich ein Reiher auf einem Bein in Geduld und macht damit den Vorbeireisenden vor, was zwischen Fargo und Statenville vor allem Sache ist. Ein Flecken nennt sich Needmore. Man könnte es nicht besser ausdrücken.

Valdosta (vgl. S. 92 f.) dagegen hat seine Reize, und pastorale Perspektiven bestimmen den Weg zwischen diesem Städtchen und Thomasville. Nussbaumplantagen folgen den Baumwoll- und Tabakfeldern, alter Baumbestand den Getreidesilos. Irgendwo dazwischen liegt das propere Quitman. Je näher **Thomasville** (vgl. S. 90 ff.) rückt, umso mehr dominieren die Hügel und die ebenso fruchtbare wie mustergültig gepflegte Landwirtschaft: Erdnussfelder und ordentlich gerollte Strohballen, Schuppen und Scheunen.

Für **Tallahassee** (vgl. S. 135 f.) bleibt auf der Durchreise nur Zeit für einen Kurzbesuch der **Pebble Hill Plantation** (vgl. S. 91). Auf der Weiterfahrt blinzelt die bereits tief stehende Sonne durch den »spanischen Schwamm«, wie Simone de Beauvoir das dekorative Moos in den Bäumen des Südens einmal nannte. WELCOME TO FLORIDA. THE SUNSHINE STATE, heißt es am Rand der malerischen Straße, und zuletzt erfreuen wilde Kudzu-Wucherungen, prächtige Eichen und südstaatlich verformte englische Gärten das Auge.

8A BADEZEIT AM GOLF

Bitte nicht füttern! Vom Saint Marks National Wildlife Refuge aus erweist sich die Fahrt zum Lighthouse als wirklich schöne Strecke durch die Marschen zu beiden Seiten der Deichstraße. Hier sonnen sich die Alligatoren gern, umringt von Seerosen und Libellen. FEEDING ALLIGATORS PROHIBITED, ist zu lesen. Es gibt diverse Reiher, Enten, Füchse und Wild. Und wenn es einen von ihnen erwischt hat, sind die schwarzen Aasgeier (vulture) zur Stelle.

Alternativroute: Tallahassee – Panama City Beach – Pensacola – Biloxi (drei Extratage)

1. Tag – Route: Tallahassee – Wakulla Springs – Saint Marks – Apalachicola (St. George Island State Park, St. Joseph Peninsula State Park) – Panama City Beach (343 km/214 mi)

km/mi	Zeit	Route
0	9.00 Uhr	In **Tallahassee** S 61 nach Süden.
26/16		**Wakulla Springs Lodge**,
46/29	10.00 Uhr	Saint Marks und
61/38		**Saint Marks National Wildlife Refuge** und zum
72/45		Leuchtturm. Rückfahrt zur US 98, diese nach Westen zunächst bis
187/117	12.00 Uhr	**Apalachicola** (es sei denn, man wählt kurz zuvor den Abzweiger in Eastpoint, um es sich am Strand im St. George Island State Park bequem zu machen). – Von Apalachicola zum
243/152	12.45 Uhr	**St. Joseph Peninsula State Park**. Weiter westlich, bei Mexico Beach, gewinnt man 1 Std. Zeit (Wechsel von *Eastern Time* zu *Central Time*).
343/214		**Panama City Beach** (ca. 1 ½ Std. Fahrzeit).

Badezeit am Golf

2. Tag – Route: Panama City – St. Andrew's State Park – Seaside – Fort Walton Beach – Navarre Beach – Pensacola (155 km/97 mi)

km/mi	Zeit	Route
0	9.00 Uhr	In **Panama City Beach** erst einmal den Schildern zur **St. Andrew's State Park** folgen. Von dort auf der Front Beach Rd. (US 98) nach Westen, hinter

		dem Ortsausgang links auf die Walton County Rd. 30A (TO BEACHES) nach
43/27	10.00 Uhr	Seagrove und **Seaside**. Kurz hinter Seaside kommt der Abzweig nach **Grayton Beach**. Wer dort nicht pausieren will, fährt weiter auf der 30A und zurück zur US 98 über Destin, **Fort Walton Beach**, Navarre, **Pensacola Beach** und nach
155/97		**Pensacola** (ca. 2 Std. Fahrzeit).

3. Tag – Route: Pensacola – Perdido Key – Gulf Shores – Dauphin Island – Bayou La Batre – Biloxi (311 km/194 mi)

km/mi	Zeit	Route
0	9.00 Uhr	Downtown **Pensacola** über Main St. nach Westen, diese wird Cypress, Barrancas Ave. (SR 292 South), Gulf Beach Hwy., Sorrento Rd. Abzweig nach links über Bauer Rd. zur
22/14		**Big Lagoon State Park** (Fahrzeit ½ Std.). Von Big Lagoon zum Eingang von
33/21	10.00 Uhr	**Perdido Key State Park** (Fahrzeit 15 Min.). Von dort SR 292 weiter nach Westen, 182 West, an SR 59 rechts, dem Schild FERRY folgend, S 180 nach Westen und in Fort Morgan zur Fähre nach
199/124		**Dauphin Island** (Fahrzeit ca. 1 Std.). Über die 193 nach Norden, an S 188 nach Westen über Coden und **Bayou La Batre**, US 90, Pascagoula und gleich zweimal über den Singing River nach
311/194	17.00 Uhr	**Biloxi** (Fahrzeit 1 ½ Std., vgl. Karte S. 254).

»Big Game Fishing« im Atlantischen Ozean: Ein Blauer Marlin kann bis zu 600 Kilogramm schwer werden

❾ ZUM GOLF
NACH BILOXI

Route: Wakulla Springs – Panama City Beach – Pensacola Beach – Bayou La Batre – Biloxi (600 km/375 mi)

km/mi	Zeit	Route
0	7.30 Uhr	Von **Wakulla Springs** S 267 nach Norden, US 319 über Crawfordville, US 98 über Panacea nach
74/46		**Carrabelle**, Frühstück (ca. ½ Std.). – US 98 nach Westen über Apalachicola nach
	10.00 Uhr	**Mexico Beach**. Zeitgrenze: *Eastern Time* und *Central Time*, d.h. in dieser Fahrtrichtung **eine Stunde Zeitgewinn**. (Bei den folgenden Zeitangaben berücksichtigt.) – Westlich von
205/128		Panama City und **Panama City Beach** Abfahrt von der US 98 zum
261/163	10.30 Uhr	**Eden Gardens State Park**, Rundgang (ca. ½ Std.) und evtl. Picknick. – US 98 nach Fort Walton Beach und in Navarre links auf S 399 einordnen und über Toll Bridge ($ 1) nach Santa Rosa Island, d.h. zur
349/218	12.30 Uhr	**Gulf Islands National Seashore**. Lunch und Badepause in Navarre Beach, Santa Rosa Island oder Pensacola Beach (ca. 2 Std.). – Über den Sund, US 98 nach Westen, I-110, I-10 (North) Richtung Pensacola, I-10 West Richtung Mobile. – Westlich von Mobile: Ausfahrt Nr. 15 A (US 90) und dem Schild folgen nach
507/317	16.00 Uhr	**Bellingrath Gardens**, Besichtigung (1 knappe Std.). – S 59 nach Süden, 188 nach **Coden** und **Bayou La Batre**, US 90 über Pascagoula und Ocean Springs nach
600/375	18.00 Uhr	**Biloxi**.

Alternativen: Es spart Zeit (ca. 1 Std.) und 30 km, wenn man auf den Seitensprung zu den Bellingrath Gardens verzichtet und von Mobile über die I-10 sofort nach Biloxi fährt.

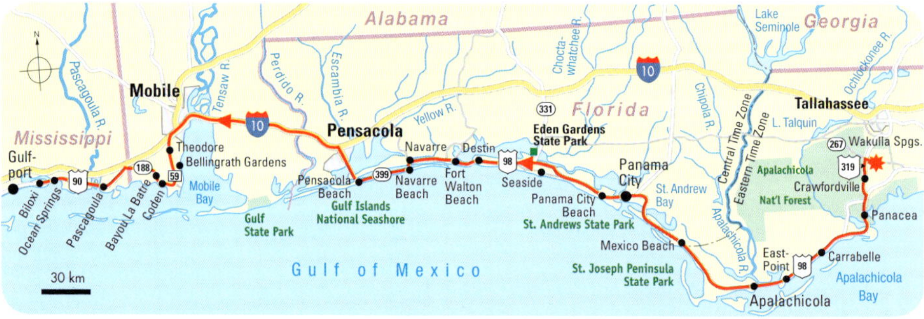

Der Griff der Pfanne Floridas ist lang. Wie sehr, das lässt die heutige Fahrt durch den Panhandle ahnen: Schon die Karte zeigt es, eine stramme Tour! Sie blättert die weniger bekannten Facetten Floridas auf, was nicht heißt, dass sich hier nicht auch einige der weltweit bekannten Merkmale dieses touristischen Superstaats wiederfänden.

Im Morgengrauen hängt der Bodennebel tief über den klaren Wassern der Wakulla-Quelle. Im Berufsverkehr auf der diesigen Landstraße nach Süden fahren alle noch mit Licht. Doch die Sonne siegt, und bald kündigen nautische Symbole die Nähe zum Golf an: Bootsschuppen, Zubehörhandlungen und Reparaturwerkstätten, Läden, wo es Shrimps, Krebse und andere Meeresfrüchte gibt. Wo es auf die Ochlockonee Bay zugeht, tauchen Tümpel und Flussläufe das Festland in Wasser, in dem sich weiße Reiher ergehen. Warum die Häuser hier – wie überall am Golf – hoch auf Stelzen stehen, leuchtet unmittelbar ein: Unter ihnen parken die Boote. Manchmal verrät ein besonderes Straßenschild, wo es langgeht, wenn die Natur die Feuchtigkeit wieder einmal bedrohlich übertreibt: EVACUATION ROUTE. Der nächste Hurrikan kommt bestimmt.

Westlich von **Carabelle** (vgl. S. 126) unterbricht die schier endlose Gorrie Bridge die Perlenkette der Seebäder, um an ihre Stelle (rechts) den Hafen von Apalachicola und (links) die leuchtend grünen Inseln der Bay zu setzen. Vom Betonband ihrer Abfahrt rollt man nach **Apalachicola** (vgl. S. 125 f.) hinunter und mündet in einer kleinen Rundfahrt durch das sehr ansprechende Städtchen.

Wie überall am Golf besteht der nicht sehr breite Strand aus blendend weißem und pudrigem Quarzsand, der beim Gehen knirscht und knurpscht. Die Tyndall Air Force Base, die größte Luftwaffenbasis der Welt, hat allerlei Kriegsgerät an die frische Luft gestellt und dadurch ein martialisches Drive-in-Museum geschaffen – ein Aspekt von Florida, den es übrigens mit den anderen Südstaaten teilt.

Nach dem Reklame-Chaos von Panama City, nach nur kurzer Unterbrechung durch die West Bay, naht **Panama City Beach** (vgl. S. 130 ff.) – eine Parade von Vergnügungsmonstern am Highway, *kitsch as kitsch can*. Durchweg harmlose, denn nur die Austern werden »oben ohne« serviert, wie am Schild TOPLESS OYSTERS an einem Restaurant zu erkennen ist.

Ein kleiner Umweg landeinwärts: zu den **Eden Gardens State Park** (vgl. S. 127). Der diensthabende Gärtner bringt die Vorzüge dieser beschaulichen Enklave auf einen kurzen Nenner: Eden State sei schön, liege nicht weit von der Straße und sei für ein schattiges Picknick am Wasser bestens geeignet.

Destin (vgl. S. 127) trumpft wieder auf mit krassem Entertainment, und erst **Fort Walton Beach** (vgl. S. 128) sorgt für ein beruhigendes Zwischenspiel. Erst recht Navarre, wo es über eine Mautbrücke hinaus zur **Gulf Islands National Seashore** (vgl. S. 134) geht, eine vorgelagerte Inselgruppe mit (meist) unberührten Dünenketten und feinen Sandstränden.

Auch **Pensacola Beach** (vgl. S. 134) kann sich sehen lassen. Hier nimmt die private Landnahme zwar wieder ihren Lauf (mit Häuschen, die mitunter so aussehen, als sei ein Ufo gelandet, neben anderen mit oktogonalem Grundriss, Bretterbuden und Spitzdächern), aber dennoch bleibt ausreichend Platz. Die Brücke über die Pensacola Bay zurück zum Festland mündet in einen Highway auf hohen Rampen, die die Fahrbahn über **Pensacola** (vgl. S. 132 f.) hinwegheben.

Bucht folgt auf Bucht, ohne Rücksicht auf Staatsgrenzen.

Am Golf von Mexiko

Kilometerlange weiße Sandstrände und türkisfarbenes Meer: Pensacola Beachfront

Die nächste heißt Mobile Bay und liegt bereits in Alabama. Ihre strategische Lage brachte ihr heiße Kämpfe ein und viele Sieger. Einer der Ersten war der Spanier Hernando de Soto, der auf seiner Goldsuche die indianische Siedlung Maubilla zerstörte, von der das heutige **Mobile** (vgl. S. 178 f.) seinen Namen geerbt hat. Nur wenig westlich der Stadt zweigt eine friedliche Landstraße zu einer weiteren bedeutenden Gartenanlage des Südens ab, den **Bellingrath Gardens** (vgl. S. 177).

Die nachfolgende Landschaft scheint ganz gut ohne große menschliche Eingriffe und Visionen ausgekommen zu sein, die alten Bäume, die betagten Häuser und die unscheinbaren und deshalb umso reizvolleren kleinen Dörfer, die so aussehen, als gäbe es sie hier seit uralten Zeiten. Die Straße nach Coden (S 188) erweist sich trotz schnurgerader Teilstrecken durch Nadelgehölz als eine schöne Landstraße, zu der das liebliche **Coden** und das ebenso reizvolle **Bayou La Batre** (vgl. S. 177) durchaus passen.

Die Rückkehr zur US 90 – dem *Old Spanish Trail* – setzt der Beschaulichkeit erst mal einen Dämpfer auf. Werften und Docks bestimmen die Szene am Singing River bei Pascagoula, wo einmal der größte Holzhafen der Welt ansässig war. Der »singende« Fluss kam zu seiner Bezeichnung wegen der manchmal seltsamen Geräusche, die man an ruhigen Nachsommer- und Herbstabenden hören kann. Sie sollen vom Todesgesang der Pascagoula-Indianer stammen, die hier einen Massenselbstmord begingen, um nicht in die Hände der Biloxi-Indianer zu fallen.

Hektischer Straßenverkehr vermiest bekanntlich jede Lust am Sightseeing. Und so geht es denn Schlag auf Schlag: noch eine lange Brücke, ein Seafood Museum, Kutter auf See, ein schöner Leuchtturm aus dem Mitte des 19. Jahrhunderts und dann: **Biloxi** (vgl. S. 187 ff.).

⑩ BAYS AND BAYOUS
VON BILOXI ÜBER BAY SAINT LOUIS NACH NEW ORLEANS

Route: Biloxi – Bay Saint Louis – New Orleans (142 km/89 mi)

km/mi	Zeit	Route
	8.30 Uhr	**Biloxi**, kurzer Stadtrundgang. Start: Beach Blvd. (US 90) beim **Visitor Center** (vgl. S. 188). Parken und zu Fuß: Lameuse, Water, Magnolia St., **Magnolia Hotel, Mary Mahoney's Old French House**, Magnolia St., **Vieux Marché Mall** und zurück.
0	9.30 Uhr	Beach Blvd. (US 90) nach Westen und Stopp bei
8/5		**Beauvoir** (ca. ½ Std.). – Über **Pass Christian** nach
43/27	11.00 Uhr	**Bay Saint Louis**, kurzer Rundgang (ca. 1/2 Std.). – US 90 nach Westen wird im Einzugsbereich von **New Orleans** zum Chef Menteur Hwy., dann zum Gentilly Blvd. Hier nach einer Weile links einordnen für Richtung Broad St., diese bis Esplanade, dort links (nur möglich via Wenden bei erstbester Gelegenheit). Esplanade bis Rampart, wo rechter Hand das
142/89	13.00 Uhr	**French Quarter** beginnt. Zum Entree: Jazz Brunch in »The Court of Two Sisters« (vgl. S. 149).

Schon wenige Minuten nach der Abfahrt von **Beauvoir** und praktisch ohne Übergang liegen das geruhsame **Gulfport** (vgl. S. 190 f.) und das nach »Katrina« wieder neu erbaute Plantagenhaus **Grass Lawn** am Weg. **Long Beach**, Sitz der University of Southern Mississippi, schmückt sich ebenfalls mit einer beneidenswerten Wohnkultur im Schatten immergrüner Eichen, ähnlich wie **Pass Christian** (vgl. S. 190), das außer Antebellum-Architektur und schönen Stränden noch eine mit Krabbenbooten vollgepackte Marina zu bieten hat.

Dann fügt sich der Highway einer Ziehbrücke nach der anderen, die ihn sicher und trocken durch die Wasserwelt der Bays und Bayous leiten, und landet, nach einem kurzen Linksabbieger, am Fuße der Brückenabfahrt, in **Bay Saint Louis** (vgl. S. 186). Whites Bayou, Hausboote, Teppiche aus grünen Sumpfgräsern, Zieh- und Drehbrücken – fast ein Hauch von Holland?

Am westlichen Ende der gewaltigen Brücke, die zwischen Lake Pontchartrain und dem Golf den Highway weiterführt, blickt man linker Hand auf die strategisch geschickte Anlage von Fort Pike. Danach wird es eng; der Straße bleibt

praktisch nur ein deichartig schmaler Landstreifen. Aber so was ist üblich in Louisiana. Wo das Wasser aufhört und das Land beginnt oder umgekehrt, ist oft schwer zu sagen.

Im Umkreis von wogendem Ried, schlingernden Booten, Piers und Marinas haben die Zweithauskolonien sichtlich Angst vor nassen Füßen und stehen auf Stelzen. Noch ein Fort, ein bisschen Vorort, ein wenig

Royal Street im French Quarter, New Orleans

Swamp – dann beginnt unwiderruflich **New Orleans** (vgl. S. 138 ff.), und zwar mit dem Wichtigsten: dem Hafen, einem der größten der USA.

Graue Vorstädte folgen. Sieht so die Traumstadt New Orleans aus? Erst **Esplanade Avenue** versöhnt mit viel Grün, Villen und Hütten, nachbarschaftlich beieinander. Esplanade ist eine der drei Straßen, die das Vieux Carré vom Rest der Welt in New Orleans trennen.

Zu den verwirrenden ersten Eindrücken der Stadt gehören unter anderem die vielen Einbahnstraßen oder auch die Tatsache, dass Bezeichnungen wie East, West, North und South ausnahmsweise nichts bedeuten (während sie in den USA sonst fast alles bedeuten), Begriffe wie *lakeside, riverside, uptown, downtown* dafür umso mehr.

Mit der französischen Sprache ist es auch so eine Sache. Wer die Gerichte in den Schlemmerlokalen der Stadt tatsächlich französisch ausspricht, hat schlechte Karten. Ihre Schreibweise dient ausschließlich der Preislegitimation. Und nur mit Mühe findet ein Taxifahrer das Hotel an der Dauphin Street oder gar Chartres Street, wenn man die Namen nicht auf Englisch über die Lippen bringt, was erst mal gar nicht so einfach ist.

Ja, und dann überhaupt die Aussprache des Wichtigsten! Von wegen: »nju orl'iiins«! Ganz unpoetisch heißt es »'nolins« oder doch so ähnlich.

Der Jazztrompeter Leroy Jones im French Quarter seiner Heimatstadt New Orleans

11 THE BIG EASY
EIN TAG IN NEW ORLEANS

Programm: New Orleans

Stadtpläne und Informationen zu New Orleans finden Sie S. 138–151.

Morgens	Rundgang im **French Quarter** (vgl. S. 140 ff.).
Mittags	Lunch. Anschließend Ecke Canal St. oder Carondelet/St. Charles Ave.: mit der Straßenbahn über **Charles Avenue** bis Stopp Washington St.; zu Fuß zum **Lafayette Cemetery** und kurzer Blick in den **Garden District**. – Weiter mit der Bahn bis **Audubon Park** (Stopp Nr. 36). Mit dem Shuttlebus oder zu Fuß (25 Min.) durch den Park zum **Zoo**.
17.00 Uhr	Von dort mit dem Taxi zurück in die Innenstadt und zu Fuß zurück ins **French Quarter**.

Dining al fresco: im Court of Two Sisters, New Orleans

Streetcar auf der Canal Street in New Orleans

11A CAJUN VISIT
NEW ORLEANS – LAFAYETTE – NATCHEZ (2 TAGE)

Cajun-Route – 1. Tag: New Orleans – Thibodaux – Napoleonville – Labadieville – Franklin – Jeanerette – New Iberia – Saint Martinville – Breaux Bridge – Lafayette (318 km/199 mi)

km/mi	Zeit	Route
0	9.00 Uhr	In **New Orleans**: I-10 nach Westen, I-310 (Richtung Houma), US 90 (demnächst I-49) West. In Raceland LA 308 nach
96/60	10.00 Uhr	Thibodaux, **Madewood Plantation** und direkt dahinter Napoleonville; dort Spitzkehre und über die S 1 und Labadieville, LA 398, US 90 und Ausfahrt nach **Franklin**/Garden City, LA 182

		(Louisiana Scenic Byway) am Bayou Teche entlang nach
264/165	14.30 Uhr	New Iberia, **Shadows-on-the-Teche** (kurzer Stopp), und
278/174	15.30 Uhr	**Saint Martinville**, LA 31 nach Breaux Bridge, dort dem Schild zur I-10 folgen (erst rechts, dann links)
318/199	17.00 Uhr	nach **Lafayette**.

Die Route

Die Reise geht am Bayou Lafourche und Teche entlang durchs *Cajun Country*, das im Wesentlichen von den Nachfahren der akadischen Farmer besiedelt ist, die sich zum großen Teil heute noch von kleinen Farmen, vom Fischen und Fallenstellen in den Swamps ernähren. Neben den Meeresfrüchten erweisen sich die Bayous als reiche Jagdgründe für Schildkröten, Biber und Nerze, Waschbären und Otter. Kenner behaupten, dass sich hier mehr als 150 verschiedene Felltiere tummeln. »Manche Leute haben in den Swamps 800 Fallen gleichzeitig liegen. Man kann einzelne Swamp-Parzellen erwerben und dort jagen«, erzählt ein Mann aus dem Cajun-Dorf Kraemer.

Viele Cajuns fühlen sich noch mit der französischen Kultur verbunden, sind zweisprachig, sprechen aber selten Französisch, sondern akadischen Dialekt, die Sprachmelange des sogenannten *Patois*, das zum Teil auf dem alten Französisch der Vorfahren beruht, die einst, weil sie sich nicht der englischen Krone beugen wollten, aus Nova Scotia vertrieben wurden und im damals spanischen Louisiana unterkamen. Dennoch gibt es eine Menge Cajuns, die besser Französisch als Englisch sprechen. Ähnliche Mischungsverhältnisse herrschen auch in den Kochtöpfen und in der Musikszene.

Grünglitzerndes Entenflott und Girlanden Spanischen Mooses begleiten den Highway von New Orleans in Richtung Des Allemands, einer Siedlung, die ausnahmsweise deutschen Ursprungs ist.

Wenn nicht Zuckerrohrfelder die Szene beherrschen, flankiert bald darauf gepflegte Wohnkultur den Bayou Lafourche. Während der Erntezeit im Herbst sind die Straßen voll der süßen Rohre, die von den Lastwagen gepurzelt sind. Es waren übrigens die Jesuiten, die um 1726 hier Land kauften und das Zuckerrohr aus Santo Domingo mitbrachten, »großes, grünes Gras«, wie sie es nannten, und das sie anfangs als Süßigkeit zum Kauen verkauften. Erst Ende des 19. Jahrhunderts gelang es einem Pflanzer, Zucker zu granulieren. Damit wuchs eine Industrie der Zuckerbarone heran, die Louisiana für mehrere Jahre zum reichsten ländlichen Gebiet Amerikas machte.

Nördlich von **Thibodaux** (vgl. S. 167) sorgt die **Madewood Plantation** (vgl. S. 162) für den ersten ungewöhnlichen Akzent durch ihre stattliche Greek-Revival-Fassade, deren weiße Säulen in vornehmer Distanz zum Highway aufragen. In **Napoleonville** (vgl. S. 162) setzt man über den Bayou, um auf der anderen Seite in Richtung Süden weiterzufahren; erst über die S 1, dann über die attraktive LA 398. Nach rund einer Stunde ist man in **Franklin** (vgl. S. 158) und **New Iberia** (vgl. S. 164), wo eine der elegantesten Villen des Südens ihre Schatten auf den Bayou wirft: **Shadows-on-the-Teche** (vgl. S. 164). Auf **Saint Martinville** (vgl. S. 166) und **Breaux Bridge** (vgl. S. 156) folgt schließlich **Lafayette** (vgl. S. 160 f.).

Die hauptsächlichen Anbaugebiete von Zucker lagen/liegen im Mississippi-Delta und am Bayou Teche. Große Zuckerkonzerne sitzen in Baton Rouge, New Iberia, Thibodaux und Plaquemine. Jesuiten, die um 1726 in New Orleans Land kauften, brachten aus Santo Domingo Zuckerrohr mit, das sie anpflanzten und als süßes Konfekt zum Kauen verkauften. Erst Ende des 19. Jahrhunderts gelang es einem Pflanzer, Zucker zu granulieren. Ein Problem war, den zähflüssigen Sirup, der oft seine Substanz und sein Aussehen veränderte, zu transportieren. Die lehmartige Masse schmeckte gut, sah aber unappetitlich aus. Mit dem erfolgreichen Granulierungsverfahren wuchs eine Industrie, die Louisiana für mehrere Jahre zum reichsten ländlichen Gebiet der USA machte. Früher wurden der Zuckeranbau, Ernte und Verarbeitung auf der Plantage durchgeführt. Das sogenannte Zuckerhaus lag gewöhnlich zwischen Herrenhaus und dem meist angrenzenden Bayou oder Swamp. Auf den alten Zuckerplantagen starben übrigens die meisten Sklaven: Es war billiger, sich neue Sklaven zu kaufen, als die alten gut zu versorgen.

Die Route

Einen Stadtplan und Informationen zu Natchez finden Sie S. 196 ff.

Cajun-Route – 2. Tag: Lafayette – Grand Coteau – Opelousas – Ville Platte – Alexandria – Natchez (325 km/203 mi)

km/mi	Zeit	Route
	Morgen	Sightseeing in **Lafayette**.
0	Mittag	Aufbruch nach Natchez (Fahrzeit ca. 4 Std.). Vom Evangeline Thruway zur I-10 West, Ausfahrt bei Exit 97 auf die LA 93 (über die LA 356 geht es kurz ab) nach
27/17		Sunset und **Grand Coteau**. Von hier zurück auf die I-49 North, Exit 23 über die LA 167 nach Ville Platte, dort S 29 zurück zur I-49 bis Alexandria, dort S 28 und US 84 über Ferryday und Vidalia nach
325/203	Spätnachmittag	**Natchez**. Happy Hour am Fluss in **Natchez-under-the Hill**.

Nördlich von Lafayette, in der sogenannten *Cajun Prairie*, ändert sich wenig am akkuraten Zustand der Rasenflächen vor den ländlichen Anwesen, dafür umso mehr im landwirtschaftlichen Bereich. Das Zuckerrohr macht Pause und überlässt die Felder dem Getreide und dem Vieh. Weil auch dies ansehnlich inszeniert werden kann, heißt der Highway denn auch *Scenic Byway*, das heißt im Einklang mit dem Frankophilen ringsum *Chemin Pittoresque de Louisiaine*. Die Schilder sind eine Weile zweisprachig. Auf dem Weg nach Sunset und **Grand Coteau** (vgl. S. 158 f.) kommen erneut die Rinderfarmen zum Zuge.

Sonnenuntergang am Lake Martin südlich von Breaux Bridge

Auf Grand Coteau folgen **Ville Platte** und die reizvolle Landstraße (S 29), die den Anschluss zur Interstate sucht und dabei zum ersten Mal zarte Andeutungen von Bodenerhebungen mit sich bringt, die sich in Richtung **Alexandria** (vgl. S. 154) fortsetzen, dem geografischen Zentrum des Staates am Red River. Zwischen den beiden Orten ein Stück weiter westlich erstreckt sich mit den Orten **Eunice** (vgl. S. 157) und Mamou das *Music Country* von Louisiana, hier vor allem ist die Cajun-Musik zu Hause. Die Richtung Mississippi führenden Highways bieten von allem im Alten Süden etwas: Baumwollfelder, die vor der Ernte so aussehen, als hätte es geschneit, COLD BEER, Swamps, rostiges Wellblech und Baptistenkirchen.

Dann geht es schnell – Jonesville, vorbei an der alten Eisenbahnbrücke über den Black River, Ferryday, durch Vidalia und über die rechte Seite des eisernen Pärchens der Riesenbrücken über den Großen Fluss – nach **Natchez** (vgl. S. 196 ff.).

⓬ TEXACO COUNTRY
VON NEW ORLEANS NACH NATCHEZ, MISSISSIPPI

Route: New Orleans – Oak Alley – Houmas House – Nottoway Plantation – Natchez (374 km/234 mi)

Die Route finden Sie in der Karte S. 266.

km/mi	Zeit	Route
0	8.30 Uhr	Abfahrt von **New Orleans:** z.B. Dauphine (wird westl. der Kreuzung mit Canal St. zu), Baronne St., unterhalb der Stadtautobahn scharf rechts, (nicht auf die I-10), sofort (an Oretha Castle Healey Blvd.) links, und dann rechts dem Schild MISSISSIPPI RIVER BRIDGE folgen, US 90 (Business) bzw. West Bank Expwy. über Westwego bis Boutte, dort LA 52 rechts und an der **Old River Road** (LA 18) links West. Über Edgard, an der **Evergreen Plantation**, und Vacherie vorbei zur
99/62	10.00 Uhr	**Oak Alley Plantation**, Rundgang (ca. ½ Std.). – LA 18 weiter Richtung Donaldsonville, LA 70 rechts über die Sunshine Bridge (einordnen nach Sorrento), am anderen Ufer gleich rechts über LA 44, LA 942 links am Deich entlang und dem Schild zur Plantage folgen:
134/84		**Houmas House**, Besichtigung (ca. 1 Std.). – Zur Kreuzung von LA 44 und LA 942 zurück, dort links etwa eine Meile bis
	12.00 Uhr	**The Cabin**, Mittagspause (ca. 1 Std.). – Zurück zur Sunshine Bridge, LA 70 nach Donaldsonville und über die LA 1 nach White Castle, dort Schild rechts folgen zur
176/110		**Nottoway Plantation**, Rundgang, Lunchmöglichkeit (ca. 1 Std.). – Weiter LA 1: Plaquemine, hinter North Port Allen einordnen: US 190 nach Westen (identis ch mit LA 1). Beim Abzweiger nach New Roads führt die LA 1 nach Norden zum **False River**. In New Roads dem Schild ST. FRANCISVILLE/FERRY folgen (an der kath. Kirche und Ampel links), Fähre über den Mississippi nach
274/171	16.30 Uhr	**Saint Francisville**. Dort US 61 nach Norden und
374/234	18.00 Uhr	**Natchez**. Auf US 61 links einordnen und dem DOWNTOWN-Schild folgen: Homochitto St., Orleans St., rechts an Pearl St. bis Stanton Hall (vgl. Stadtplan S. 198).

Alternativen und Extras: Wer auf die Mittagspause in **The Cabin** verzichten oder dort nur einen Eistee trinken möchte, kann sie auf der Nottoway-Plantage nachholen (Lunch 11–15 Uhr), wenn man Glück hat, in der Vor- und Nachsaison, ausnahmsweise im Haupthaus in stilvollem Ambiente. – Ein Besuch der **Rosedown Plantation** bei Saint Francisville verlängert die Tagesroute um zwei Meilen und mindestens eine halbe Stunde. – Die landschaftlich reizvoll gelegene **Rosemont Plantation** bietet eine Alternative zu den Hotels in Natchez; erst recht für einen geruhsamen Extratag in Natchez und Umgebung.

Im Morgendunst schwingt sich die Stadtautobahn über eine Betonrampe auf die Mississippi-Brücke. Das French Quarter bleibt in der Ferne zurück und die letzten Blicke auf New Orleans müssen sich mit den Bauklötzen von Downtown und dem Superdome begnügen, der wie eine Art steinerner Big Mac im Zentrum hockt. Wie die meisten Ausfallstraßen beschert auch die US 90 keine Augenweiden, sondern platten Kommerz auf beiden Seiten, der langsam und auch nur selten durch Entengrütze in Wassertümpeln und ein paar *egrets* beim Frühstück in diversen Pfützen unterbrochen wird. Ansonsten sieht es so aus, wie Faulkner einst in seinen »Landmäusen« schrieb: »Der Staat Louisiana sauste als grüne Ununterscheidbarkeit – an uns vorbei.«

Erfreulicherweise ändern sich die Bilder in Boutte durch eine liebliche Landstraße, die an Viehweiden und Schwarzenhütten entlang zum Fluss führt. Am Deich beginnt die berühmte **Old River Road**, jene Schnur, deren Windungen die alten Mississippi-Plantagen wie Perlen vergangener Pracht aufreihen. Baumwolle und Zuckerrohr, Indigo und Tabak sorgten hier einst für den gewaltigen Reichtum. Um 1850 lebten im unteren Mississippi-Tal zwischen New Orleans und Natchez mehr als die Hälfte aller amerikanischen Millionäre.

Man kann die Kiesrampen hochfahren (etwa bei der Auffahrt zur Fähre hinüber

Die Evergreen Plantation (1830) mit ihrem herrlich geschwungenen Treppenaufgang lädt täglich außer sonntags zu Führungen durch ihre Räumlichkeiten ein.

zur **Destrehan Plantation**) und einen Blick auf den Fluss werfen; aber mit dem Auto auf dem Deich zu fahren, das ist verständlicherweise nicht erlaubt.

Mit den frisch gemähten Deichwiesen rechter Hand korrespondieren links von der Straße kleine Ortschaften, deren Grundstücke manikürte Rasenflächen und wie aus dem Ei gepellte Häuschen zieren: **Hahnville** zum Beispiel.

Der erste Blickkontakt mit einer Plantage (Homeplace), einem frühen Kolonialbau von 1790, legt den Schluss nahe, grandiose Geschichte und nüchterne Neuzeit lebten noch in idyllischer Eintracht. Doch schon die nächste Kurve kratzt herb an diesem Wunschbild, denn sie legt das Raffineriepanorama des Chemiekonzerns Union Carbide frei. Spanisches Moos und Öltanks, Pipelines und Zuckerrohr, Terminals und alte Eichen: die River Road als Drive-in-Chemie. Und der Atomreaktor von Edgard vollendet das neue Bild vom Alten Süden. Zwischendurch Südstaaten-Nostalgie vom Feinsten: **Oak Alley Plantation** (vgl. S. 168).

Von der **Sunshine Bridge** gleitet der Blick über den Strom – Öltanker, gewaltige Schubkähne, Raffinerien: Texaco Country. Auch am Ostufer setzen sich die Wechselbäder zwischen romantischer Historie und prosaischer Gegenwart fort: nach DuPont, einem weiteren Chemie-Riesen, das schöne **Houmas House** (vgl. S. 156 f.) und später dann die **Nottoway Plantation** (vgl. S. 169). Hier, spätestens, sollte man einmal auf den Deich gehen und einen Blick auf den Fluss werfen!

Nördlich von Plaquemine gehören Himmel und Erde wieder der Chemie: Raffinerien, Tanks, Exxon-Gelände. Kein Zweifel, **Baton Rouge** (vgl. S. 155), Hauptstadt und Zentrum der chemischen Industrie von Louisiana, rückt näher. Doch der Highway 190 macht alles wieder gut und entpuppt sich als schöne Baumallee durch eine weite Pampa, lange Zuckerrohrschneisen, Baumwollfelder und Nussplantagen. Noch schöner wird's am **False River**, dem beliebten Erholungs- und Wassersportgebiet an einem der toten Arme des Mississippi.

Viel Freizeitbetriebe finden sich weit und breit: Bootsstege, Angler, Jachtklubs und Wochenendhäuschen, die meisten vorsichtshalber auf Stelzen. Etwas zurückgesetzt vom Westufer des ehemaligen Flusses, linker Hand von der Straße, liegen weitere stattliche Antebellum Homes, unter ihnen **Riverlake**, **North Bend**, **Pleasant View** und – **Austerlitz**.

Das **Parlange Plantation Home** aus dem Jahre 1750 thront auf einer alten Indigopflanzung, die später durch Zuckerrohr ersetzt wurde. Das Herrenhaus gilt als architektonischer Prototyp des französisch-kreolischen Kolonialstils von Louisiana und ist heute immer noch im Besitz der Gründerfamilie.

In **New Roads**, an der Rampe zur Fähre, werden den Wartenden kleine Stärkungen angeboten, Erdnüsse meist oder *fried pig tails.* Auf der anderen Seite des Flusses warten im hübschen Städtchen **Saint Francisville** (vgl. S. 165 f.) weitere historische Schätzchen.

Die US 61 führt durch grüne Blättertunnel, in denen der Kudzu aus einzelnen Bäumen ulkige Tanzbären geformt hat. Jenseits der Staatsgrenze zu Mississippi öffnet sich der Blick auf hügelige Felder und Weiden, auf denen Vieh und kleine Teiche für bukolische Tupfer sorgen. Ein Schild weist zur **Rosemont Plantation** (vgl. S. 200), dem Elternhaus von Jefferson Davis.

Am Rande weiß schimmernder Baumwollfelder sorgt eine knallrote Imbissbude für einen Farbklecks am Straßenrand: **Mammy's Cupboard** (vgl. S. 199 f.), die unter ihrem roten Backsteinrock Schutz und Erfrischungen für unterwegs bietet, meist allerdings nur zur Lunch-Zeit.

Am Spätnachmittag ist es in **Natchez** (vgl. S. 196 ff.) unten am Fluss am schönsten. Still treibt das große braune Wasser und auf ihm die Container-Konvois im Dämmerlicht dahin. Während der *twilight zone* werden im Kasinoschiff (vgl. S. 197, 199) von Minute zu Minute mehr Lichter angeknipst. Shuttlebusse der Hotels spucken die ersten Besuchergruppen aus.

Schwarze rollen in dicken Chromschlitten vorbei, und ab und an eilt uniformiertes Kasinopersonal zum funkelnden Boot – in silbrigen Westen und schwarzen Fracks, als wären sie auf dem Weg zu einer Premiere bei den Salzburger Festspielen.

Kudzu, der grüne Würger, hat die Südstaaten fest im Griff

Die Route

Einen Stadtplan und Informationen zu Vicksburg finden Sie S. 203 ff.

⑬ GRÜSSE VON PALLADIO

Route: Natchez – Emerald Indian Mound – Port Gibson – Windsor Ruins – Vicksburg (139 km/87 mi)

km/mi	Zeit	Route
	9.00 Uhr	Rundfahrt durch Natchez (ca. 2 Std.): **River Park, Stanton Hall, Twin Oaks, Dunleith, Green Leaves, The Elms** und **Magnolia**. – Von dort zum alten **Friedhof:** Pearl St., an Main St. links, an Canal St. rechts und dem Schild NATIONAL CEMETERY folgen, Clinton St. – Auf der Rückfahrt vom Friedhof an der ersten Gabelung links halten (Maple St.), an den Schwarzensiedlungen vorbei und an Madison St. rechts zum Broadway.
0	11.00 Uhr	Abfahrt von **Natchez** von Broadway, Franklin St., US 61, S 553 North links ab zum **Emerald Indian Mound** und zur **Springfield Plantation**, über **Lorman** nach Norden bis
64/40	12.00 Uhr	**Port Gibson**. An Carroll St. (S 552) links zu den

Alternativen: Statt US 61 zwischen Natchez und Port Gibson den **Natchez Trace Parkway** fahren; allerdings bietet er gerade in diesem Streckenabschnitt mit seiner durchgängig grünen Tunnel-Vision landschaftlich keine Vorzüge gegenüber der US 61.

80/50		**Windsor Ruins**. – Zurück nach
96/60	13.00 Uhr	**Port Gibson** und Mittagspause (ca. 1 Std.). – Weiter über US61 nach
139/87	14.30 Uhr	**Vicksburg**. (Bei der Einfahrt links halten, erst DOWNTOWN-, dann WELCOME CENTER-Zeichen folgen: Aussichtspunkt.) **Stadtrundfahrt:** Cedar Grove, Old Court House Museum, Anchuca House, Martha Vick House, McRaven Tour Home. (Vgl. Stadtplan S. 203.)

Anders als beispielsweise im Südwesten der USA sind die Indianer im Südosten der Kolonialisierung zum Opfer gefallen. Nur die verstreuten Mounds, die Erdhügelgräber und die zahlreichen Orts- und Flussnamen mit ihren wohlklingenden Doppelvokalen erinnern daran, wem das Land einmal gehörte.

Im **River Park** von Natchez kann man nach Herzenslust herumlaufen oder sitzen und auf den Mississippi schauen. Die meisten Besucher zieht es jedoch nicht zum Fluss, sondern zu den Symbolen der glorreichen Vergangenheit. Nicht zuletzt verdankt Natchez die Fülle seines Erbes von über 300 Antebellum-Bauten dem Umstand, dass es im Bürgerkrieg strategisch nicht die Bedeutung hatte wie beispielsweise Vicksburg.

Kein Wunder also, dass Natchez als Reiseziel so umschwärmt ist, besonders während der jährlichen *Pilgrimage*-Touren im Frühjahr und Herbst, wenn während der größten jährlichen Architektur- und Antiquitäten-Wallfahrt in den USA die Denkmäler der Pflanzerklasse den bewundernden Blicken offen stehen. Verschwenderische Feste waren hier einst gang und gäbe. Noch heute werden bei Kerzenlicht-Galas in der Vorweihnachtszeit in vielen Salons die guten alten Zeiten heraufbeschworen.

Ob nun Natchez Trace oder US 61 – zwischen Natchez und Port Gibson geht es am wildwüchsigsten auf der ganzen Südstaatenreise zu. Kudzu de luxe, fleischige Urwälder aus hölzernen Tanzbären mit grünem Pelz. Die sogenannte **Church Hill Loop** (S 533), umrahmt von alten Kirchen, Wald und Wiesen, wartet mit weiteren historischen Zeugnissen auf wie dem eindrucksvollen **Emerald Indian Mound**, einem im Wald versteckten indianischen Tempelhügel.

Auch bei den **Windsor Ruins** (vgl. S. 202) westlich von **Port Gibson** (vgl. S. 201 f.) geht es um Säulen, genau genommen um 23, aber sie sind das Einzige,

Mississippi, praktisch

was noch stehen geblieben ist von der malerisch ausgebrannten Residenz, die zumindest für kurze Zeit zu den verwegensten im Süden gehört haben muss.

Tagesziel ist **Vicksburg** (vgl. S. 203 ff.). Die Fahrt entlang Washington Street Richtung Downtown zeigt die Stadt als eine durchwachsene Sache – abgetakelte Lagergebäude, frei stehende Geisterhäuser, Wäschereien, »Lottie's Beauty Shop«, traurige Schuppen. Der Staat Mississippi, der mit Abstand ärmste im US-Bunde – das lässt sich hier nicht verbergen. Auch die Kasinoschiffe haben grundsätzlich bisher nichts daran geändert. Gut, im Geschäftsbezirk des Old River Market hat Washington Street ein Facelifting erfahren, aber das wirkt seltsam erratisch und abgehoben vom Rest der Innenstadt. »Wir haben hier viel zu spät mit der Restaurierung angefangen und zu viel abgerissen«, klagt eine alte Dame und gebürtige Vicksburgerin, die selbst mit gutem Beispiel vorangehen wollte und ihr altes Haus zur schmucken Pension hergerichtet hat. »Aber der Tourismus wird neuen Schwung nach Vicksburg bringen«, meint sie, während sie von ihrem Empire-Sofa aus zum süßen Sherry auf dem chintzbedeckten Tischchen greift.

⑭ MEMPHIS
VON VICKSBURG NACH MEMPHIS, TENNESSEE

Route: Vicksburg – Memphis (385 km/241 mi)

km/mi	Zeit	Route	Vgl. Karte S. 234/235.
0	9.00 Uhr	Von **Vicksburg** I-20 nach Osten, US 61 nach Norden über Mound Bayou (für Lunch und sonstige Pausen insgesamt ca. 2 Std.) bis zum Südrand von Memphis. Von der US 61 links in die Mitchell Rd. und dort ca. 8 km zum **Chucalissa Archaeological Museum** (ca. 361km/226mi; eine knappe Stunde reicht zur Besichtigung aus).	
385/241	16.00 Uhr	**Memphis** (rechtzeitig zum Enten-Gag im **Peabody Hotel:** US 61 wird zur 3rd St., an Union links zum Hotel).	

Das Delta beginnt in der Lobby des Peabody Hotels in Memphis und endet in der Catfish Row in Vicksburg, so hieß es früher. Gemeint waren Anfang und Ende des flachen Agrarlands im Einzugsbereich von Mississippi und Yazoo River.

Die heutige Tagesreise verbindet Anfang und Ende, allerdings verläuft sie in umgekehrter Richtung, also von Süden nach Norden. Die Catfish Row hat es wohl tatsächlich mal in Vicksburg gegeben. Schließlich war und ist der *catfish* der Fisch, den man in Mississippi am häufigsten fängt und isst. Heute allerdings wirkt die Gegend hier eher verlassen, außer ein paar Anglern und einem im braunen Wasser dümpelnden Ausflugsboot, das bessere Tage gesehen hat.

Im Vergleich zum größten Teil der heutigen Strecke beschert diese Idylle freilich schon ein Höchstmaß an Sensation, denn

Die Route

Der Highway 61 gilt als Route der Blues-Founder: Yazoo City, Greenville, Cleveland, Clarksdale und Lake Sardin.

die US 61, die sich seit Saint Francisville als ein durchaus brauchbarer Lieferant abwechslungsreicher Bilder bewährte, lässt den Reisenden bald ganz schön im Stich. Links und rechts wiederholen sich Baumwoll- und Sojabohnenfelder, Speichergebäude und ärmliche Hütten, und jedes dritte Geschäft an der Straße verkauft Traktoren. Nur der Hinweis auf eine Winery lässt schmunzeln: Weinbau mitten in Mississippi! Von alter Pracht also weit und breit keine Spur. Wegen der ständigen Überschwemmungen vor dem Bau der Deiche gegen Ende des 19. Jahrhunderts hatten sich die Begüterten ins angrenzende Hügelland abgesetzt. Das Delta war lediglich ein riesiger Arbeitsplatz.

Heute ist es zu einer Art Spielwiese geworden. Die Invasion der Kasinodampfer entlang der US 61 hat die Region drastisch verändert, vor allem in Tunica County. Wie einst die Baumwolle sollen die schwimmenden Spielhallen Dollars ins bettelarme Delta spülen. Die Erfolge sind umstritten. Zwar gibt es neue Arbeitsplätze, aber die Pfandhäuser *(pawn shops)* schießen seither ebenso schnell aus dem Boden wie die Kasinos. Wie auch immer: Mit heftigem Wochenendverkehr südlich von **Memphis** (vgl. S. 218 ff.) ist zu rechnen.

⑮ MUSIC CITY, U.S.A.
VON MEMPHIS NACH NASHVILLE

Route: Memphis – Nashville (350 km/219 mi)

km/mi	Zeit	Route	Vgl. Karte S. 234/235.
0	10.00 Uhr	**Downtown Memphis:** Union Ave. stadtauswärts, rechts auf Bellevue Blvd., der zum Elvis Presley Blvd. wird, in südlicher Richtung nach **Graceland** (ca. 2 Std. oder länger). – Anschließend Elvis Presley Blvd. nach Norden, I-55 ebenso, I-240 und I-40 East (die jetzt den Namen MUSIC HIGHWAY trägt) bis	
350/219	17.00 Uhr	**Nashville** (vgl. S. 224 ff.).	

⑯ WALD UND WHISKEY
VON NASHVILLE ZURÜCK NACH ATLANTA

Route: Nashville – Lynchburg – Chattanooga – Atlanta (475 km/297 mi)

km/mi	Zeit	Route	Vgl. Karte S. 234/235.
0	9.00 Uhr	Abfahrt von **Nashville:** I-40 East, I-24 East (Richtung Chattanooga), Exit 111 nach Lynchburg: SR 55 West folgen, in Tullahoma gleich hinter der Überführung rechts (US 41) und am Friedhof wieder links (SR 55) nach	

155/97 11.00 Uhr **Lynchburg**. Dort Tour **Jack Daniel's Distillery** und Lunchpause bei Miss Mary Bobo's (vgl. S. 218) in Lynchburg (ca. 2 Std.).

Weiterfahrt über SR 50 East nach Winchester, dort ALT 41 und US 64 East über Cowan nach Monteagle, dort I-24 nach **Chattanooga**. Hier möglicherweise Lunch/Pause im alten Bahnhof: von der I-24, US 124, Exit E. Main St. rechts bis Market St., dort links. Auf I-75 nach

475/297 18.00 Uhr **Atlanta.** (1 Std. ist durch die Rückkehr in die *Eastern Time Zone* verloren gegangen.)

Agrar-Quartett in Tennessee

Mai und Oktober gelten als die schönsten Reisemonate für Tennessee. Dann zeigen sich die bewaldeten Hügel in bestem Licht, im Frühjahr in frischem Grün, im Herbst mild und bunt. Das gilt auch für den Highway südlich von Nashville.

Erst eine Weile Interstate, dann Landstraße. Je näher sie Lynchburg rückt, umso ansehnlicher wird sie: weidendes Vieh auf weiß durchzäuntem, hügeligem Terrain, Rostdächer von Scheunen in mildem Licht. Und dann naht sie, die Quelle des Whiskey, die **Jack Daniel's Distillery** (vgl. S. 217 f.).

Tennessee (auch Kentucky) und der Whiskey: Das Thema lässt sich durch eine Werksbesichtigung allein natürlich nicht ausschöpfen. Geschichte und Geschichten gehören dazu; die meisten von ihnen spielen während der Prohibition in den 1920er und 1930er Jahren. Aus Filmen kennt man die wilden Verfolgungsjagden, auf denen die *liquor runners* ihre

Centennial Olympic Park, Atlanta

Ein großartiger Anblick: ein Walhai im Georgia Aquarium in Atlanta

illegalen Schnapsfässer vor den Augen des Gesetzes in Sicherheit zu bringen suchten. Die Produkte der *bootleggers* und *moonshiners* (Familienbetriebe allesamt) mussten nicht nur nachts, heimlich und flott erzeugt, sondern die Autos auch frisiert werden, um Sheriff und Steuerfahndung zuvorzukommen. Was häufig die stillschweigende Zusammenarbeit mit den örtlichen Behörden nicht ausschloss.

Die Vorläufer der bis heute vor allem im Südosten der USA beliebten *Stock-car*-Rennen reichen in diese Ära zurück. Schon damals probte man bei den Wettrennen den Ernstfall, und viele Fahrer und Rennveranstalter brachten es zu legendärem Ruhm. Sie haben ein wichtiges Kapitel in der Geschichte der amerikanischen Autokultur geschrieben. Diese wilden Zeiten sind heute vorbei, doch der *Sour Mash* ist geblieben.

Der Highway 50 sorgt in der Folge für die reizvollsten Abschnitte der ländlichen Provinz im Süden von Tennessee: friedliches Farmland, das hübsche kleine Cowan, eine kurvige Bergstraße hinauf nach Monteagle zur Interstate, die ihrerseits für eine Weile die dramatische Windungen durch die Gebirgslandschaft fortsetzt – nach **Chattanooga** (vgl. S. 207 ff.). Von hier aus noch ein letzter Sprung, dann taucht aus den Mischwäldern Georgias die Skyline von **Atlanta** (vgl. S. 18 ff.) auf.

Quallen-Reigen im Georgia Aquarium (Atlanta)

16A BACK EAST – ZURÜCK NACH OSTEN
VON VICKSBURG NACH SELMA, ALABAMA

Alternativroute 1. Tag: Vicksburg – Jackson – Demopolis – Selma (411 km/257 mi)

km/mi	Zeit	Route
0	9.00 Uhr	Ab **Vicksburg** I-20 nach Osten. Bei **Jackson** I-55 nach Norden, Abfahrt an Lakeland Dr. und Schildern folgen zum

77/48	10.00 Uhr	**Mississippi Agriculture and Forestry Museum** (Museumsbesuch ca. 1 Std.). – Zurück denselben Weg zur I-20, östl. von Meridian US 80 bis
326/204	14.30 Uhr	**Demopolis**, Stadtrundfahrt. Von US 80 links auf Cedar Ave. Rechts liegt **Gaineswood** (½ Std.). Weiter Cedar bis Capitol St., links bis Main, rechts bis Monroe, dort links bis Bluff St.: **Bluff Hall** (½ Std.). – Zurück über Main St., links an Pettus St., rechts an Cedar Ave., links an US 80 East. Kurz nach der Auffahrt, auf der rechten Straßenseite Möglichkeit zum späten Lunch im »Ellis V Restaurant«.
411/257	17.30 Uhr	**Selma**. Bummel Nähe Broad St. und Water Ave. beim Fluss.

Wer in Vicksburg die I-20 nach Osten wählt, muss für den großen Sprung nach Selma Siebenmeilenstiefel anziehen oder sich in Geduld üben und die Sache aussitzen. Zwar erlaubt der Militärpark bei der östlichen Stadtausfahrt, die Spuren des 47-tägigen Kampfes um Vicksburg im Jahre 1863 auf einer 16 Meilen langen Autoroute abzufahren und sich Schützengräben, Wehranlangen, Fortruinen und Kanonen anzusehen. Wen die kriegerischen Relikte jedoch kalt lassen, der muss wohl oder übel auf dem Highway Kurs halten, am besten, indem er eine angemessene »Cruising«-Einstellung wählt.

Platt geht es zu ringsum: in den Baumwollfeldern, den Zypressen-Swamps, auf den Weiden, bei der Überquerung des Big Black River, der weder *big* noch *black*, sondern kümmerlich und braun vor sich hin treibt. Wer Glück hat, dem bietet vielleicht ein zünftiges Südstaatengewitter eine spektakuläre Show.

Gut, dass es bei all dem wenigstens noch ein Museum gibt. Und was für eins! Wer meint, Land- und Forstwirtschaft seien langweilig und erst recht in einem Museum, der wird im **Mississippi Agriculture and Forestry Museum** (vgl. S. 194) in der Landeshauptstadt **Jackson** (vgl. S. 194 f.) eines Besseren belehrt.

Auch Alabama (aus der Sprache der Choctaw-Indianer übersetzt heißt das *brush gatherers*, Reisig-Sammler) ändert an der Gleichförmigkeit der vorüberziehenden Eindrücke zunächst nicht viel. Bei manchen Dörfern, etwa in Cuba, sucht man zum Ortsschild vergeblich den dazugehörigen Ort.

Erst die US 80 bringt ein wenig Farbe in die Schauplätze: Nadelwald, rote Erde und ein eindrucksvolles Wasserpanorama bei der Überquerung des Tombigbee River. Auch das Seelenheil kommt hier nicht zu kurz. In großen Lettern steht zu lesen: JESUS IS LORD OVER DEMOPOLIS. Zumindest höheres

Rassenunruhen 1965 in Selma

Wissen kann in **Demopolis** (vgl. S. 173 f.) nicht schaden, denn die irdischen Informationsquellen scheinen an den entscheidenden Stellen versiegt. Einige der gewohnten Hinweisschilder mit dem dicken Fragezeichen, die TOURIST INFO versprechen, sind offenbar abhanden gekommen.

Die Weiterfahrt bietet grüne Weiden mit offensichtlich zufriedenem Rindvieh. **Uniontown** ist eine Stadt mit ruinösen Häusern und ärmlichen Schuppen, die ein architektonisches Kontrastprogramm zu Demopolis schaffen, wie es die Reise schon mannigfach gezeigt hat. Hin und wieder steht eine *service station* am Straßenrand, der typische Treff auf dem Land, wo alles Lebensnotwendige zu haben ist: Autoreparaturen, Informationen und Lebensmittel, darunter oft Melonen, die so aussehen, als könne sie einer allein gar nicht heben. Am Ende: **Selma** (vgl. S. 181 f.).

Der Fundamentalismus im Bible Belt sorgt hin und wieder für schlechte Schlagzeilen – weniger durch bibelschwingende Wanderprediger und fahrende Gottesmänner in der Provinz als durch »Televangelists«, die riesigen und finanzstarken Glaubens-Unternehmen vorstehen. Auf Kanzeln und TV-Schirmen wettern sie gegen den Sittenverfall, ereifern sich vollmundig über moralische Verfehlungen und bedienen damit das traditionelle Sendungsbewusstsein vieler Südstaatler, die sich ungeachtet ihres eigenen Erbes – Sklaverei, Sezession, Armenhaus der Nation – nach wie vor als Verteidiger echter amerikanischer Werte stehen. Doch dann müssen sich die TV-Prediger plötzlich selbst wegen amouröser Abenteuer verantworten.

16B NICHT »GRAND«, ABER GRANDIOS
PROVIDENCE CANYON, GEORGIA

Alternativroute 2. Tag: Selma – Eufaula – Providence Canyon – Atlanta (496 km/310 mi)

km/mi	Zeit	Route
		In **Selma: Sturdivant Hall** (von Broad St. über Jeff Davis Ave. nach Westen, an Mabry St. links).
0	9.30 Uhr	Abfahrt von **Selma** (Kreuzung Water Ave. & Broad St.) US 80 nach Osten. In der Nähe von Montgomery rechts halten, US 231 und US 82 nach Osten, um die Stadt herum über Union Springs nach
211/132	12.00 Uhr	**Eufaula**. Eufaula Ave. mit **Shorter Mansion**, Lunch (ca. 1 Std.). – Weiter US 82 und links einordnen nach Georgetown, GA (und damit 1 Std. Zeitverlust: Rückkehr zur *Eastern Time*, die ab jetzt berücksichtigt ist), S 39 nach Norden und auf ihr bleiben (d.h. nicht dem Schild PROVIDENCE STATE PARK folgen), an S 39 C rechts in Richtung Lumpkin zum
259/162	14.00 Uhr	**Providence Canyon**, Rundgang und Pause (ca. 1 Std.). – In Lumpkin S 1 bzw. US 27 nach Norden über Columbus, I-185, I-85 nach
496/310	17.30 Uhr	**Atlanta** (Peachtree Plaza).

Alternativen: Alle, die einen geruhsamen Abschied vom Süden suchen, bevor es auf die zügigen Interstates geht, können nördlich von Columbus die I-185 über den Abzweig S 116 verlassen, um einen kurzen Abstecher durch die hübschen Örtchen **Hamilton** (mit seiner farbenfrohen Main Street) und **Pine Mountain** zu fahren und von dort über US 27 wieder auf die I-185 zurück.

Wir verlassen Selma via Pettus Bridge, die über den Alabama River führt. Auf ihr marschierten im März 1965, gewissermaßen im zweiten Anlauf, 25000 Schwarze nach Montgomery zum dortigen Kapitol, angeführt von Martin Luther King und zum Schutz begleitet von der Nationalgarde. Wie bei der Einfahrt nach Selma wechseln auch nach dem Abschied von der Stadt Baumwollfelder und Waldstücke auf hügeligem Farm- und Ranchland einander ab.

Östlich von **Montgomery** (vgl. S. 179 f.) wimmelt es wieder von Verkaufsbuden für die landauf, landab beliebten *fireworks*. Ein paar *billboards* der regionalen Tourismusindustrie locken mit Hinweisen auf Hotels und Restaurants für Ferien auf dem Bauernhof. Doch im Wesentlichen durchstreift die Straße friedliche Landschaften mit Ranches und Waldstücken, in deren pastoralen Grundton sich die Baptistenkirchen bestens fügen. Je einsamer alles aussieht, desto mehr fallen sie auf, diese schlichten und stets frisch getüncht wirkenden Holzkästchen, die weißen Wohnzimmer Gottes.

Union Springs, Midway, Lugo – diesem Dreisprung über südstaatliche Provinz folgt schließlich das erste Highlight des heutigen Tages, **Eufaula** (vgl. S. 174 f.). Am See, gleich beim Verlassen der Stadt, naht nicht nur die Grenze zu Georgia, sondern auch die zur Zeit.

Nördlich von **Georgetown** entpuppt sich die kurviger und hügeliger werdende SR 39 als

Hamilton, Georgia – eine liebliche Kleinstadt mit alten Holzhäusern, filigran verziert mit viktorianischem Gingerbread-Schnitzwerk und blühenden Büschen vor den Veranden.

Vielfarbige Schluchten und scharfkantige Sandsteinsäulen: der Providence Canyon

eine gefällige Landstraße, deren rote Erde in schönem Kontrast zu waldigem Grün oder grasenden Pferden steht. Ab und zu schimmert der Eufaula Lake durch die Bäume; er ist der mittlere der Seen, die der Chattahoochee River füllt, seit er in den 1960er und 1970er Jahren gestaut wurde, um ihm seine ständigen Überschwemmungen abzugewöhnen. Die vielen Holzlaster deuten auf den weiteren Abbau von Waldflächen, die Sprinkleranlagen auf die sich ausbreitende künstlich bewässerte Landwirtschaft. Baumwollfelder, Hütten, Scheunen und Silos zählen zu ihrem Inventar.

BRIDGE MAY ICE IN WINTER: Mit weit über 40 Grad im Auto lesen sich diese Schilder wie leere Versprechungen! Nur wer alle Jahreszeiten und den Hang des Südens zur Feuchtigkeit in Bodennäher kennt, weiß, wie realistisch die Warnungen sind. Die Böschungen werden nun röter und röter und bereiten damit das spektakuläre und ziemlich überraschende Finale dieser Reise vor, den **Providence Canyon** (vgl. S. 66 f.). In Utah oder sonst wo im Südwesten der USA würde eine derartige Erosionskunst ganz selbstverständlich passen. Aber ausgerechnet im Küstenflachland von Georgia? – Noch ein Weilchen weiter auf dem Highway, und es gibt ein Wiedersehen mit Atlanta.

⑰ ATLANTA/ABFLUG

17. Tag – Programm: Atlanta

Morgens	**High Museum of Art** (vgl. S. 26, So erst ab Mittag, Mo geschl.), Lunch.
Nachmittags	Abflug vom **Hartsfield Atlanta International Airport**.

Einen Stadtplan von Atlanta finden Sie S. 19.

UNTERKÜNFTE

HOTELS, MOTELS, BED & BREAKFASTS, RESORTS, CAMPINGPLÄTZE

Die angegebenen Preiskategorien gelten stets für einen *double room.* Einzelzimmer sind nur unwesentlich billiger, während man für ein zusätzliches Bett etwa $ 5–10 zuzahlen muss. Für Kinder, die im Zimmer der Eltern schlafen, wird meist kein Aufpreis berechnet.

$ – bis 100 Dollar
$$ – 100 bis 150 Dollar
$$$ – 150 bis 250 Dollar
$$$$ – über 250 Dollar

Praktisch schwanken diese Preiskategorien erheblich. Manchmal gewinnt man den Eindruck, die Hotels ändern ihre Preise beinah stündlich. Auf jeden Fall aber reagieren die Raten flexibel auf Feiertage, lokale Events, Wochentage und Wochenende, die Reisesaison etc. In den Städten sinken die Übernachtungspreise meist am Wochenende, in Ausflugsgebieten steigen sie dann entsprechend. Und umgekehrt. Häufig sorgen spektakuläre Discounts allerdings für erfreuliche Überraschungen.

ALABAMA

Birmingham

Doubletree Hotel Birmingham
808 20th St. S., Birmingham, AL 35205
✆ (205) 933-9000, 1-800-560-7753
www.doubletree1.hilton.com
In Downtown-Nähe, 298 Zimmer, Restaurant, Cocktail Lounge, Pool, Fitnessraum. $$–$$$$

The Tutwiler Hampton Inn & Suites
2021 Park Place N. (Downtown)
Birmingham, AL 35203
✆ (205) 322-2100 oder 1-800-HAMPTON
http://hamptoninn3.hilton.com
Klassisch-elegantes Hotel von 1914 mit 149 Zimmern, Restaurant, Bar, Fitnessraum. $$–$$$$

The Hotel Highland at Five Points
1023 20th St. S., Birmingham, AL 35205
✆ (205) 933-9555
www.thehotelhighland.com
Kleines Hotel in Downtown-Nähe: 63 Zimmer, Pianobar, Fitnessraum. Kleines Frühstück inkl. $$–$$$

The Redmont Hotel
2101 Fifth Ave. N. (Downtown)
Birmingham, AL 35203
✆ (205) 324-2101
www.birminghamal.org
Zentrale Lage, historisch-elegantes Ambiente, 114 Zimmer, Restaurant, Cocktail Lounge, Fitnessraum. 2015 grundlegend renoviert. $$–$$$

Demopolis

Best Western Plus Two Rivers Hotel & Suites
662 Hwy. 80 W., Demopolis, AL 36732
✆ (334) 289-2611, 1-800-780-7234
www.bestwesternalabama.com
Hotel der gehobenen Kategorie. 43 Zimmer, Pool, Fitnessraum. Nahe der University of Alabama. $$

Comfort Inn
943 Hwy. 80 W., Demopolis, AL 36732
✆ (334) 289-9595, 1-855-849-1513
www.choicehotels.com
Guter Standard: 51 Zimmer, Pool, Fitnesscenter, Waschsalon. $$

Days Inn
1005 Hwy. 80 E., Demopolis, AL 36732
✆ (334) 289-2500, www.daysinn.com
Preisgünstiger Standard: 42 Zimmer, Pool, Fitnessraum, Waschsalon. $–$$

Eufaula

Baymont Inn & Suites Eufaula
136 Town Center Blvd., Eufaula, AL 36027
✆ (334) 687-77747, www.baymontinns.com
Gepflegtes Motel mit geräumigen Zimmern und Suiten. $–$$

Unterkünfte

Super 8 Eufaula Inn
1375 S. Eufaula Ave. (Hwy. 431 S.), südl. von Downtown Eufaula, AL 36027
✆ (334) 687-3900, www.super8.com
No frills: 42 Zimmer, Pool, kleines Frühstück inkl. $

Gulf Shores

Lighthouse Condominiums/ Kaiser Realty
Büro: 1557 Gulf Shores Pkwy.
Apartments: 455 E. Beach Blvd.
Gulf Shores, AL 36542
✆ (251) 968-6868, 1-855-245-0220
www.wyndhamvacationrentals.com/kaiser-realty
Familienfreundlicher Apartmentkomplex direkt am Strand. Komplett ausgestattete Apartments samt Balkon. Pools, Fitnessraum und Parkhaus. Schlüssel sind im Büro abzuholen. $$$$

Huntsville

America's Best Value Inn
2201 N. Memorial Parkway, Huntsville, AL 35810
✆ (256) 356-7441, 1-888-315-3278
www.americasbestvalueinn.com
82 preiswerte, aber komfortabel ausgestattete Motelzimmer. $

La Quinta Inn & Suites
4890 University Dr., Huntsville, AL 35816
✆ (256) 830-8999
Solide und preisgünstig: 99 Zimmer und Pool. $–$$

Auf der Dexter Avenue in Montgomery, im Hintergrund das State Capitol

Ditto Landing
293 Ditto Landing Rd. S.E., südl. von Huntsville Nähe US 231, Huntsville, AL 35803
✆ (256) 883-9420
www.dittolanding.com
Schattig und ruhig am Tennessee River. *Full hookups,* auch Zelte.

Mobile

Malaga Inn
359 Church St., Mobile, AL 36602
✆ (251) 438-4701, 1-800-235-1586
www.malagainn.com
Zwei anmutige Stadthäuser (Baujahr 1862) in ruhiger Downtown-Lage: romantische Adresse, hübsche Räume (39), Pool und Cocktail Lounge. $$–$$$

Battle House Inn
26 N. Royal St., Mobile, AL 36602
✆ (251) 338-2000, 1-866-316-5957
www.marriott.com
Nobles, historisches Hotel im Herzen der Altstadt von Mobile. 238 Zimmer, inkl. 31 Suiten. Dachgarten mit Pool. $$$–$$$$

Dauphin Island Campground
109 Bienville Blvd., Dauphin Island, AL 36528
✆ (251) 861-2742
www.dauphinisland.org
Ruhiger Campground auf Dauphin Island südlich von Mobile. 225 Stellplätze für Wohnmobile und Zelte. Wanderwege zum Audubon Bird Sanctuary. Boardwalk zum Sandstrand am Golf.

Montgomery

Embassy Suites Montgomery
300 Tallapoosa St., Montgomery, AL 36104
✆ (334) 269-5055, 1-800-EMBASSY
http://embassysuites1.hilton.com
Das Atrium überrascht als Regenwald: 237 großzügige Suiten, Restaurant, Cocktail Lounge, Pool, Fitnesscenter, Whirlpool, Sauna, Waschsalon. Frühstück inkl. $$$–$$$$

Double Tree Hotel Downtown
120 Madison Ave., Montgomery, AL 36104
✆ (334) 2245-2230, 1-800-222-8733
http://doubletree3.hilton.com
170 Zimmer und Suiten, Restaurant, Cocktail Lounge, Pool, Fitnessraum, Waschsalon. Elvis Presley hat hier einmal übernachtet. $$$

Hampton Inn & Suites Downtown
100 Commerce St., Montgomery, AL 36104
✆ (334) 265-1010
www.montgomerydowntownsuites.hamptoninn.com

Neunstöckiges Hotel im Herzen von Downtown. Gleich nebenan das Hank Williams Museum. 86 Zimmer, Frühstücksraum. $$–$$$

Gunter Hill Park
561 Booth Rd., Montgomery, AL 36108
✆ (334) 269-1053, www.recreation.gov
Friedlicher Platz am Alabama River: 146 Stellplätze. 2 Tage vorab reservieren. (Anfahrt: I-65, Exit 167, auf US 80 14 km nach Westen, an County Road 7 rechts und Schildern folgen.)

Selma

Hampton Inn & Suites
2220 W. Highland Ave., Selma, AL 36701
✆ (334) 876-9995, 1-800-HAMPTON
www.hamptoninn.com
Komfortables Hotel nahe Selmas historischen Sehenswürdigkeiten. Frühstück, Fitnessraum, Pool. 60 Zimmer. $$–$$$

Holiday Inn Express
2000 Lincoln Way, Selma, AL 36701
✆ (334) 874-1000, 1-800-181-6068
www.hiexpress.com
2008 eröffnet: guter Standard mit Pool, Business- und Fitnesscenter. $$–$$$

Saint James Hotel
1200 Water Ave. (Downtown), Selma, AL 36701
✆ (334) 872-3234
Hübsch restauriert: 42 Zimmer, einige auf der Seite zum Alabama River. Restaurant (**The Troupe House Restaurant** mit amerikanischer Küche). Die James-Brüder sollen hier 1881 übernachtet haben. $$–$$$

Lake Lanier Travel Park
655 Lake Lanier Rd. (US 80 W.), 14 km westl. von Selma via US 80, Selma, AL 36701
✆ (334) 875-1618
Campingplatz mit Waschsalon, Schwimmgelegenheit, Kinderspielplatz. *Full hookups*. Ganzjährig.

Paul M. Grist State Park
1546 Grist Rd., Selma, AL 36701
✆ (334) 872-5846
www.alapark.com/paul-m-grist-state-park
Ruhiger Campground, 24 km nördlich von Selma. Schwimmen, Angeln im See.

Tuscaloosa

Best Western Park Plaza Motor Inn
3801 McFarland Blvd. (Nähe I 59/20, Exit 73 via US 82), Tuscaloosa, AL 35405
✆ (205) 556-9690, 1-800-235-7282
www.bestwestern.com
118 Zimmer, Pool, Whirlpool, Fitnesscenter, kleines Frühstück inkl. $$–$$$

La Quinta Inn
4122 McFarland Blvd. E. (Nähe I 59/20, Exit 73 via US 82), Tuscaloosa, AL 35405
✆ (205) 349-3270, www.lq.com
122 Zimmer, Pool, kleines Frühstück inkl. $

FLORIDA (PANHANDLE)

Amelia Island/Fernandina Beach

Elizabeth Pointe Lodge
98 S. Fletcher Ave., Fernandina Beach, FL 32034
✆ (904) 277-4851, 1-800-772-3359
www.elizabethpointelodge.com
Netter B & B am Strand. Haupthaus von 1890 – mit Veranda, Schaukelstühlen und Restaurant. $$$$

Amelia Oceanfront B & B
584 S. Fletcher Ave., Amelia Island, FL 32034
✆ (904) 430-0026
www.ameliaoceanfrontbb.com
Schneeweißer B & B direkt am Strand. Luftige Zimmer, teils mit Küche. Frühstück auf der Terrasse. $$$–$$$$

The Villas of Amelia Island Plantation
39 Beach Lagoon Rd., Amelia Island, FL 32034
✆ (904) 261-6161, 1-800-834-4900
www.villasofameliaisland.com
Sportler-Paradies am langen Strand: Golfplatz (54 Löcher), 23 Tennisplätze, 19 Pools, Fitnesscenter, Wanderwege, Reiten, Fahrradfahren, Angeln. Spitzenrestaurant. $$$–$$$$

Florida House Inn & Restaurant
22 S. Third St., Fernandina Beach, FL 32034
✆ (904) 491-3322, 1-800-258-3301
www.floridahouseinn.com
Eines der ältesten Gästehäuser Floridas (seit 1857) – mit knarrenden Dielen und kleinen Türen. Beliebtes Restaurant (Frühstück, Lunch, Dinner). $$–$$$

Fort Clinch State Park
2601 Atlantic Ave. (Amelia Island)
Fernandina Beach, FL 32034
✆ (904) 277-7274, (850) 245-2157

www.floridastateparks.org/park/Fort-Clinch
Wehrhafter Backsteinbau an der Nordspitze der Insel: Camping, Picknick, Radwege, Fishing Pier.

Apalachicola

The Gibson Inn
51 Ave. C, Apalachicola, FL 32320
✆ (850) 653-2191
www.gibsoninn.com
Hübsches, restauriertes Hotel (30 Zimmer) von 1907 am östlichen Stadteingang. Empfehlenswertes Cajun-Restaurant. $$–$$$$

Coombs House Inn
80 6th St., Apalachicola, FL 32320
✆ (850) 653-9199, 1-888-244-8320
www.coombshouseinn.com
Nostalgischer Bed & Breakfast in hübsch restaurierter Villa eines Holzbarons aus der Zeit um 1900. 23 Zimmer. $$–$$$

Destin

Sandestin Golf & Beach Resort
9300 Emerald Coast Pkwy. W. (US 98 W.)
Sandestin, FL 32550
✆ (850) 267-8000, 1-800-622-1038
www.sandestin.com
Weitläufiges Ferienresort mit mehreren Golfplätzen und großer Tennisanlage. Dazu ein herrlicher weißer Sandstrand. $$–$$$

Henderson Beach State Park
17000 Emerald Coast Pkwy., Destin, FL 32541
✆ (850) 837-7550, (850) 245-2157
www.floridastateparks.org/park/Henderson-Beach
60 Stellplätze im Dünengürtel. Boardwalk zum weißen Sandstrand an der naturverbliebenen Küste. Warmes, klares Wasser. Schwimmen, Sonnenbaden, Angeln.

Panama City/Panama City Beach

Wyndham Bay Point Resort
4114 Jan Cooley Dr.
Panama City Beach, FL 32408
✆ (850) 236-6000, 1-877-999-3223
www.baypointresorts.com
Grüne Oase mit Marina und Golfplätzen, zum Surfen und Windsurfen. Gutes Preis-Leistungs-Verhältnis. Strategisch günstig: die Pool-Bar für den Sonnenuntergang! $$$–$$$$

Driftwood Lodge
15811 Front Beach Rd.
Panama City Beach, FL 32413
✆ (850) 234-6601, 1-800-442-6601
www.driftwoodpcb.com
Sympathisches Motel direkt am Strand. Viele Zimmer mit kleiner Küche und Balkon. $$–$$$

Holiday Inn SunSpree Resort
11127 Front Beach Rd., Panama City Beach, FL 32407, ✆ (850) 230-4080, 1-800-633-0266
www.hipcbeach.com
Geräumige Zimmer mit Eisschränken, Mikrowelle etc., Golf-Packages. $$–$$$

Sunset Inn
8109 Surf Dr., Panama City Beach, FL 32408
✆ (850) 234-7370, 1-866-275-1205
www.sunsetinnfl.com
Eher ruhiges Strandmotel mit 58 Zimmern, einige mit Küche, Pool, Waschsalon. $$–$$$

Saint Andrew's State Park
4607 State Park Lane (am Ostende von Thomas Dr.), Panama City Beach, FL 32408
✆ (850) 233-5140, (850) 245-2157
www.floridastateparks.org/park/St-Andrews
Tägl. 8 Uhr bis Sonnenuntergang
Wanderwege, Bootsrampe, schattige Picknickplätze. Dünen, feine Strände, türkisfarbenes bis blaues Wasser – ideal zum Schwimmen!

Pensacola

Main Stay Suites
7230 Plantation Rd. (University Mall), Pensacola, FL 32504, ✆ (850) 479-1000, 1-877-424-6423
www.choicehotels.com
64 schöne Suiten mit voll eingerichteter Küche, Wohn- und Schlafzimmer, 2 Bädern; Pool, kleines Frühstück. (Zufahrt von Downtown Pensacola: I-110 bis zur I-10, diese kurz nach Osten bis Exit 5, danach links und gleich wieder rechts in die University Mall.) $$–$$$

The Pensacola Grand Hotel (Crowne Plaza)
200 E. Gregory St., Pensacola, FL 32501
✆ (850) 433-3336, 1-877-227-6963
www.pensacolagrandhotel.com
Für Eisenbahn-Nostalgiker: Das riesige Bettenhaus klebt an einem alten Bahnhof (1912), der nun Lobby, Bars und Restaurant beherbergt. Ab und an röhren die Loks mit Güterwaggons vorbei. Pool, Fitnessräume. $$–$$$

New World Landing Inn
600 S. Palafox St., Pensacola, FL 32502
✆ (850) 432-4111, www.newworldlanding.com
Angenehm und zentral gelegen. Mit 15 Zim-

mern und kleinem Frühstück. Gutes Restaurant im Haus. Wein- und Martinibar. $$

Magnuson Inn
6919 Pensacola Blvd., Pensacola, FL 32505
✆ (850) 478-4499, 1-866-904-1309
www.magnusonhotels.com
Einfaches Motel mit 120 Zimmern und Pool. $

Pensasola Beach/Gulf Breeze/ Perdido Key

Springhill Suites by Marriott
24 Via de Luna Dr., Pensacola Beach, FL 32561
✆ (865) 932-6000, 1-800-406-7885
www.springhillsuites.com/pnspb
www.mariott.com
Fünfstöckiges Hotel in unmittelbarer Strandnähe. Frühstück. Pool, Fitnesscenter. 117 Suiten. Im Winter $$, im Sommer $$$

Days Inn Pensacola Beach
16 Via De Luna Dr., Pensacola Beach, FL 32561
✆ (850) 934-3301, 1-800-225-3297
www.daysinn.com
Ferienmotel (122 Zimmer) am Strand von Santa Rosa Island. Mit Frühstück. Im Sommer durchschnittlich $$–$$$, im Winter $–$$

Fort Pickens Campground
1801 Gulf Breeze Pkwy./1401 Ft. Pickens Rd. (Santa Rosa Island), Gulf Breeze, FL 32563
✆ (850) 934-2656, 1-877-444-6777
www.recreation.gov, www.nps.gov/guis
Großer Campingplatz mit 200 Stellplätzen auf der Insel vor Pensacola.

Big Lagoon State Park
12301 Gulf Beach Hwy., von Pensacola über SR 292A, dann Bauer Rd., Perdido Key, FL 32507
✆ (850) 492-1595, (850) 245-2157
www.floridastateparks.org/park/Big-Lagoon
Campingplatz auf erholsamer Lagune.

Ponte Vedra Beach

Ponte Vedra Inn & Club
200 Ponte Vedra Blvd. (südl. von Jacksonville Beach), Ponte Vedra Beach, FL 32082
✆ (904) 285-1111, 1-888-839-9145
www.pontevedra.com
Elegantes, historisches Strandhotel von 1927 mit zwei Golf- und 15 Tennisplätzen, mehreren Pools und Restaurants. $$$–$$$$

Tallahassee

Hotel Duval Tallahassee
415 N. Monroe St., Tallahassee, FL 32301
✆ (850) 224-6000, 1-866-957-4001
www.hotelduval.com
Trendiges Luxushotel 1 km nördlich des Kapitols. $$$–$$$$

Governors Inn
209 S. Adams St., Tallahassee, FL 32301
✆ (850) 681-6855, 1-800-342-7717
www.thegovinn.org
Zentral beim Capitol und im Fußgängerbereich gelegener B & B Inn, mit Happy-Hour-Drinks und kleinem Frühstück. $$–$$$$

Holiday Inn Express
1653 Raymond Diehl Rd., Tallahassee, FL 32308
✆ (850) 386-7500, 1-800-230-4134
www.ihg.com
Ruhig und mit Südstaaten-Flair: 135 Zimmer, Pool, kleines Frühstück im Preis eingeschl. $$

La Quinta Inn North
2905 N. Monroe St., Tallahassee, FL 32303
✆ (850) 385-7172, 1-800-753-3757
www.lq.com
Einfaches, freundliches Kettenmotel mit 157 Zimmern nahe der Autobahn am Nordrand der Stadt. $

Tallahassee RV Park
6504 Mahan Dr., Tallahassee, FL 32308
✆ (850) 878-7641, www.tallahasseervpark.com
Privater, schattiger Campingplatz am Stadtrand.

Wakulla Springs

Wakulla Springs Lodge
550 Wakulla Park Dr., Wakulla Springs, FL 32327
✆ (850) 421-2000
www.wakullaspringslodge.com
Spartanische Herberge und Restaurant in neospanischem Stil (1937) mit einem Hauch von Sanatorium (kein TV, kein Alkohol) in reizvoller Umgebung des **Edward Ball Wakulla State Park** (www.floridastateparks.org/park/Wakulla-Springs). Schwimmen in der Quelle des Flusses (bis 19, im Winter bis 18 Uhr); Dschungel-Bootsfahrten (9.30–17 Uhr) durch vogel- und artenreiche Wasserlandschaften. Attraktive Glasbodenbootsfahrten bei klarem Wasser tägl. 12–14 Uhr. In den letzten Jahren allerdings hat sich der Tanningehalt des Wassers so erhöht, dass die trüben Perioden immer häufiger vorkommen und länger dauern. Naturpfade. An Wochenenden und Feiertagen rechtzeitig reservieren. $$–$$$

GEORGIA

Athens

The Graduate Athens
295 E. Dougherty St., Athens, GA 30601
✆ (706) 549-7020
www.graduateathens.com
Komfortables kleines Hotel am Stadtrand: 119 Zimmer, Restaurant, Spa, Pool, Livemusik. $$$

Athens Courtyard by Marriott
166 N. Finley St., Athens, GA 30601
✆ (706) 369-7000, 1-888-236-2427
www.marriott.com
Zuverlässiges ruhiges Haus mit 105 Zimmern und Suiten in der Innenstadt; Restaurant, Lounge, Fitnessraum, Pool. $$–$$$

Grand Oaks Manor B & B
6295 Jefferson Rd., Athens, GA 30607
✆ (706) 353-2200, www.bnblist.com
8 Zimmer in einer ruhig gelegenen Südstaaten-Villa von ca. 1820. $$–$$$

Hotel Indigo
500 College Ave., Athens, GA 30601
✆ (706) 546-0430, www.indigoathens.com
Nach ökologischen Standards geführtes, schickes Boutique-Hotel in Fußnähe zu den Restaurants und Musikclubs in Downtown. Mit **Madison Bar and Bistro** und **Musikclub Rialto**. 130 Zimmer, inkl. zwölf Suiten. $$–$$$

Magnolia Terrace B & B
277 Hill St. (Downtown), Athens, GA 30601
✆ (706) 548-3860, 1-800-891-1912
Feine viktorianische Pension mit 8 Zimmern. $$

Watson Mill Bridge State Park
5 km auf SR 22 nach 560 Watson Mill Rd. südlich von Comer, GA 30629
✆ (706) 783-5349, 1-800-864-7275
www.gastateparks.org/watsonmillbridge
Tägl. 7–22 Uhr, Parkgebühr $ 5
Hübsche überdachte Holzbrücke *(covered bridge)* von 1885. Erholsamer Naturpark für Picknick und Camping, Kanufahren, Wandern, Baden und Angeln im Fluss.

Pine Lake RV Campground
5540 High Shoals Rd. (S 441, S 186 nach Westen) Bishop, GA 30621
✆ (706) 769-5486, www.pinelakervcamp.com
Schattiges Plätzchen am friedlichen See. 19 km südlich von Athens.

Atlanta

Towne Place Suites Marriott
820 Sidney Marcus Blvd., Atlanta, GA 30324
✆ (404) 949-4820
www.towneplacesuites.com
Zentral gelegenes Suitenhotel in Buckhead, mit eigenem Parkhaus, Mini-Suiten und Continental Breakfast. $$$–$$$$$

Atlanta Marriott Marquis
265 Peachtree Center Ave., N.E. (Downtown) Atlanta, GA 30303
✆ (404) 521-0000, 1-888-855-5701
www.marriott.com
Erstklassiges Hotel (1569 Zimmer und 94 Suiten) mit atemberaubendem Atrium, vier Restaurants, Pools, Fitnesscenter, Spa. Entworfen von John Portman. $$$$

Hyatt Regency Atlanta
265 Peachtree St. N.E., Atlanta, GA 30303
✆ (404) 577-1234, 1-800-591-1234
www.atlantaregency.hyatt.com
Typischer Hyatt-Atrium-Bau von John Portman, zentral gelegen: 1260 Zimmer und Suiten, drei Restaurants, Lounges, Coffeeshop, Fitnesscenter und Pool. $$$$

Aloft Hotel Atlanta Downtown
300 Spring St. N.W., Atlanta, GA 30308
✆ (678) 515-0300
www.aloftatlantadowntown.com
263 Zimmer, Pool, Fitnessraum, 24-Std.-Coffeeshop, Bar. $$$–$$$$

Ellis Hotel
176 Peachtree St. N.E., Atlanta, GA 30303
✆ (404) 523-5155, 1-877-211-2545
www.ellishotel.com
Trendiges Boutique-Hotel mit 114 exquisit eingerichteten Zimmern und 13 Suiten. Fitnesscenter. Lobby-Bar & Lounge ($) und **Terrace Restaurant** ($$$). $$$–$$$$

Stonehurst Bed & Breakfast
923 Piedmont Ave. N.E., Atlanta, GA 30309
✆ (404) 881-0722, www.stonehurstplace.com
Luxuriöser B & B in Midtown. Moderne Annehmlichkeiten und eklektische Kunst, gepaart mit dem Flair des 19. Jh. fünf elegante, komfortable Zimmer und Suiten. $$$–$$$$

Glenn Hotel
110 Marietta St. N.W., Atlanta, GA 30303
✆ (404) 521-2250, 1-888-236-2427
www.glennhotel.com

Elfstöckiges Boutique-Hotel im Luckie Marrietta District in Downtown. Mit dem Restaurant **Glenn's Kitchen** und der **Rooftop Sky Longe** mit Live-DJ von Mi–Sa. 93 Zimmer, 17 Suiten. $$$

Motel 6 Downtown Atlanta
311 Courtland St. N.E., Atlanta, GA 30303
✆ (404) 659-4545, 1-800-899-9841
www.motel6downtownatlanta.com
Preisgünstiges, schnörkelloses Motel in Downtown. Moderne Annehmlichkeiten. $–$$

Stone Mountain Park Campground
1000 Robert Lee Blvd.
Stone Mountain, GA 30083
✆ (770) 498-5710, 1-800-385-9807
www.stonemountainpark.com
US 78, etwa 27 km östlich von Atlanta (1/2 Std. Fahrzeit). *Full hookups*.

Augusta

Augusta Marriott at the Convention Center
2 10th St., Augusta, GA 30901
✆ (706) 722-8900, 1-800-868-5354
www.marriott.com
Gleich am Fluss: 349 Zimmer und 23 Suiten, Restaurant, Cocktail Lounge, Pool, Sauna, Fitnessraum. $$–$$$$

The Partridge Inn
2110 Walton Way, Augusta, GA 30904
✆ (706) 737-8888, 1-800-476-6888
www.partridgeinn.com
Hübscher historischer Bau mit 144 Zimmern, Pool, Fitnessraum und empfehlenswertem Restaurant **P.I. Bar and Grill**. Frühstücksbüfett inkl.; auch Sunday Brunch und Live-Jazz. $$–$$$$

Queen Anne Inn
406 Greene St., Augusta, GA 30901
✆ (706) 723-0045
www.queenanneinnaugusta.com
Bed and Breakfast im Queen-Anne-Stil. 15 viktorianisch eingerichtete Zimmer. $–$$

West Bank Inn
2904 Washington Rd., Augusta, GA 30909
✆ (706) 733-1724, www.westbankinn.net
Guter Standard: 47 Zimmer, Waschsalon, kleines Frühstück. $

Mistletoe State Park
3723 Mistletoe Rd. (Nähe Augusta)
Appling, GA 30802
✆ (706) 541-0321, 1-800-864-7275
www.gastateparks.org/mistletoe
Campingplatz in schöner Lage am Clarks Hill Lake, der bei Barsch-Anglern hoch im Kurs steht. Strand, Schwimmen, schattige Wanderwege, Kanuverleih. (Anfahrt via I-20, Exit 175, dort auf SR 150 13 km bis Mistletoe Rd., dort 5 km Schildern folgen.)

Brunswick

Jameson Inn
230 Warren Mason Blvd. (Exit 36A von I-95)
Brunswick, GA 31520
✆ (912) 261-0002, 1-800-526-3766
www.jamesoninns.com
Gutes Standardmotel mit 129 Zimmern, Pool, Fitnesscenter, kleinem Frühstück. $–$$

Waters Hill Bed & Breakfast
728 Union St., Brunswick, GA 31520
✆ (912) 264-4262, www.watershill.com
Angenehme Pension mit 5 Zimmern, zentral gelegen. Frühstück auf der Veranda. $–$$

Golden Isles RV Park
7445 Blythe Island Hwy., Brunswick, GA 31525
✆ (912) 261-1025, www.goldenislesrvpark.com
Auf Blythe Island gelegen: 75 *full hookups*, 20 Zeltplätze, Restaurant, Waschsalon, Pool, Kinderspielplatz. (Anfahrt von I-95, Exit 29, knapp 1 km nach Westen zur SR 303, diese rechts 300 m nach Norden.)

Cumberland Island

Greyfield Inn
Reservierung: 4 N. 2nd St.
Fernandina Beach, FL 32035
✆ (904) 261-6408, 1-866-401-8581
www.greyfieldinn.com
Traumhaft gelegenes historisches Herrenhaus mit 17 Zimmern und Suiten auf Cumberland Island, Georgia, einst im Besitz der Carnegie-Familie. Ganzjährig. $ 290 und mehr pro Nacht, einschließlich Fähre, Vollpension, Fahrrad, Angelausrüstung, Fitnessraum und, gegen einen kleinen Aufpreis, Jeeptour über die friedliche Insel. $$$$

Dahlonega

Historic Worley B&B Inn
168 Main St. W., Dahlonega, GA 30533
✆ (706) 864-7002, www.bbonline.com
Hübscher kleiner B&B Inn (von 1845) mit 5 komfortablen Zimmern. Ein reichliches Landfrühstück inkl. $$–$$$

The Smith House
84 S. Chestatee St., Dahlonega, GA 30533
✆ (706) 867-7000, 1-800-852-9577
www.smithhouse.com
Der historische Country Inn von 1884 hat 18 Zimmer und ein sehr beliebtes Restaurant mit guter Südstaatenkost. $$–$$$

Dublin

Page House
Fire House Rd., Folkston, GA 31537
✆ (478) 275-4551, www.pagehousebb.com
Hohe weiße Säulen zieren den Eingang des eleganten B&B, das 1903 erbaut wurde. Sechs Zimmer. $$$$

Fitzgerald

Dorminy Massee House
516 W. Central Ave., Fitzgerald, GA 31750
✆ (229) 423-3123, www.dorminymasseehouse.com
Stattlich-elegantes Haus von 1915 nahe des Stadtzentrums mit beeindruckenden weißen Säulen. B&B mit sechs Zimmern. $$$$

Folkston

Newell Lodge
Fire House Rd., Folkston, GA 31537
✆ (912) 496-2838, www.newellresort.com
»Ein bisschen vom alten Westen im tiefen Süden«, lautet das Motto der Lodge, 10 km nördlich von Folkston gelegen. Für Familien gestaltet: Ausritte, Reitstunden, Kutschfahrten, Grillabende, Bluegrass-Konzerte und Unterkünfte in sechs großen, komplett ausgestatteten Blockhütten. Wohnmobil-Campingplatz. $$$

Greensboro

The Ritz-Carlton Lodge
Reynolds Plantation, 1 Lake Oconee Trail
Greensboro, GA 30642
✆ 1-706-467-0600, www.ritzcarlton.com
Elegant-rustikales Luxushotel am Lake Oconee. 251 Zimmer, teils mit Seeblick. Alle Annehmlichkeiten, Restaurants, riesiger Golfplatz. $$$$

Helen

Sylvan Valley Lodge
747 Duncan Bridge Rd. (5 km von Helen)
Sautee, GA 30571
✆ (706) 865-7371, www.sylvanvalleylodge.com
Blockhütten, BBQ-Grills, Wanderwege, deutsche Küche. $$$

Unicoi State Park and Lodge
1788 Highway 356 Rd., Helen, GA 30545
✆ (706) 878-4726, Lodge ✆ 1-800-573-9659
www.unicoilodge.com
www.georgiastateparks.org/unicoi
Campground in den Bergen, Wanderwege, Mountainbiking, Angeln, Schwimmen und Kanu- und Tretbootverleih. (3 km nordöstlich von Helen via SR 356.) $$–$$$

Jekyll Island

Jekyll Island Club Hotel
371 Riverview Dr., Jekyll Island, GA 31527
✆ (912) 635-2600, 1-855-535-9547
www.jekyllclub.com
Altmodisch-elegantes Kurhotel und ehemaliges Klubhaus der Millionäre aus dem Jahr 1887 mit elegant-gediegenem Flair und einem Hauch von Baden-Baden. 142 Zimmer, 15 Suiten, Pool, Krocket- und 13 Tennisplätze, Fahrräder, eleganter Speiseraum **Grand Dining Room**. Zwei ehemalige Prominentenvillen – **Crane** und **Cherokee Cottage** – erweitern das Betten- und Restaurantangebot: **Courtyard At Crane** – mit schönem Innenhof ($$$) – sowie das Café Solterra als Imbiss. $$$–$$$$

The Beachview Club
721 N. Beachview Dr., Jekyll Island, GA 31527
✆ (912) 635-2256, www.beachviewclub.com
Sympathische, sehr gepflegte Unterkunft direkt am Wasser; viele Zimmer und Suiten mit Küche, Balkon. Bestes Strandhotel auf der Insel. $$$

Days Inn & Suites
60 S. Beachview Dr., Jekyll Island, GA 31527
✆ (912) 635-9800, 1-888- 635-3003
www.daysinnjekyll.com
Solides Strandmotel mit 124 Zimmern und Suiten, 2 Pools und Fahrradverleih. $–$$

Jekyll Island Campground
1197 Riverview Dr. (Nähe Fishing Pier am Nordende der Insel), Jekyll Island, GA 31527
✆ (912) 635-3021
www.jekyllisland.com/campground
Gut ausgestatteter Platz im schattigen Kiefern- und Eichengrund, 206 Stellplätze.

LaGrange

Wingate by Wyndham
103 Wingate Terrace, LaGrange, GA 30241
✆ (706) 298-5270, 1-866-416-0401

www.wingatelagrange.com
Freundliches, modernes Business- und Urlaubshotel mit Komfort und in ruhiger, verkehrsgünstiger Lage. Mit Pool, Fitnesscenter, Frühstück in der Lobby. 100 Zimmer. $$

Macon

1842 Inn
353 College St., Macon, GA 31201
✆ (478) 741-1842, 1-800-336-1842
www.1842inn.com
Opulente Südstaatenvilla, *Grand Antebellum Style*. Exquisit dekorierte Räume (21) mit englischen Antiquitäten. Restaurant (auch zum Draußensitzen) und Fitnessraum. Schöner Garten. In der Bibliothek werden nachmittags Drinks und Horsd'œuvres serviert. $$$–$$$$

La Quinta Atrium Suites
3944 River Place Dr., Macon, GA 31210
✆ (478) 475-0206, 1-800-753-3757, www.lq.com
Solide und gut geführt: 141 Zimmer und 7 Suiten, Pool, Whirlpool, Fitnessraum, Münzwäscherei. Kleines Frühstück inkl. (Anfahrt: I-75, Exit 169-Arkwright Rd.) $$–$$$

Forsyth KOA
414 South Frontage Rd., Forsyth, GA 31029
✆ (478) 994-2019, 1-800-562-8614
www.koa.com
20 Minuten von Macon entfernt: *Full hookups*, Angeln, Pool. (Anfahrt: von I-75, Exit 186 und Schildern folgen.)

Madison

James Madison Inn
260 W. Washington St., Madison, GA 30650
✆ (706) 342-7040, http://jamesmadisoninn.com
Herrschaftlicher, historischer B&B mit 19 Zimmern. $$$$

Madison Oaks
766 East Ave., Madison, GA 30650
✆ (706) 343-9990, www.madisonoaksinn.com
Eleganter Bed & Breakfast in prächtiger Südstaatenvilla von 1905. Neoklassizistischer Stil mit dekorativen weißen Säulen, 4 Zimmer. $$$–$$$$

Midway

Dunham Farms Exclusive Country Inn
5936 Islands Hwy., Midway, GA 31320
✆ (912) 880-4500, www.dunhamfarms.com
Große Farm im Familienbesitz. An der Küste südlich von Savannah. Schwimmen im Pool, Kajakfahren, Wandern. Gärten, Marschland, Wald. Gourmet-Dinner nach Reservierung.

Ganz in der Nähe das **Melon Bluff Nature and Heritage Reserve**. Zwei Übernachtungsmöglichkeiten: **Palmyra Barn B&B Inn:** Komfortable, restaurierte Scheune von 1930 mit 9 Bed & Breakfast-Zimmern und **Palmyra Cottage:** malerisch gelegenes, komfortables Ferienhaus aus dem Jahre 1840 mit 4 Zimmern. Für Selbstversorger. $$$–$$$$

Milledgeville

Antebellum Inn
200 N. Columbia St., Milledgeville, GA 31061
✆ (478) 453-3993, www.antebelluminn.com
Hübscher Bed & Breakfast Inn (1890) in Downtown Milledgeville mit 6 eleganten Zimmern. Pool. $$$

Holiday Inn Express
1839 N. Columbia St., Milledgeville, GA 31061
✆ (478) 545-9000, www.ihg.com
Standard: 68 Zimmer und Suiten, alle mit Mikroherd, Kühlschrank, Bügelbrett und Föhn. Pool, Fitnessraum, Waschsalon. Frühstück inkl. $–$$

ComfortSuites
2621 N. Columbia St., Milledgeville, GA 31061
✆ (478) 453-2212, 1-877-424-6423
www.choicehotels.com/comfort-suites
Ordentlich und preisgünstig: 48 Zimmer, Pool, Fitnessraum, Frühstück. $–$$

Scenic Mountain RV Park
2686 Irwinton Rd. S., Milledgeville, GA 31061
✆ (478) 454-1013
www.scenic-mountain-rv-resort.com
Campground mit 71 Stellplätzen, Picknickplätze und Pool. Weitere Annehmlichkeiten wie Geschäft, Aufenthaltsräume etc. sind geplant.

Saint Simons Island/Little Saint Simons Island

Little Saint Simons Island
100 Hampton River Club Marina Dr.
Saint Simons Island, GA 31522
✆ 1-888-733-5774, www.littlestsimonsisland.com
Die kleine vorgelagerte Insel in Privatbesitz ist ein exklusives Resort für maximal 32 Gäste in dem ansonsten fast unberührten Naturparadies. Die Unterbringung ist allerdings eher rustikalkarg, ohne TV und Telefon. Dafür Superstrand, ideal zum Windsurfen, Reiten, Angeln, Baden.

Nur nach vorheriger Reservierung. Zwei Nächte Minimum.

Fähre zweimal täglich von der Hampton River Club Marina am Nordende von Saint Simons Island. Einschl. Vollpension, Fähre, Transfer, Reiten, Angelboot und Naturführer. Deutlich über $$$$.

Ocean Lodge
935 Beachview Dr., Saint Simons Island, GA 31522
✆ (912) 291-4300
www.oceanlodgessi.com
Luxuriöse Villa am Meer, die Terrassen der Zimmer mit Ozeanblick. **Rooftop Restaurant** ($$–$$$). $$$$

The King & Prince Beach & Golf Resort
201 Arnold Rd., Saint Simons Island, GA 31522
✆ (912) 638-3631, 1-800-342-0212
www.kingandprince.com
Eines der führenden Strandhotels. (Hier gibt es auch einen öffentlichen Strand: PUBLIC BEACH ACCESS.) Mit 148 Zimmern und Suiten, mehreren Restaurants, fünf Pools, Tennisplätzen, Fitnesscenter, Fahrradverleih und Reitgelegenheit. $$$$

Village Inn
500 Mallery St., Saint Simons Island, GA 31522

Mediterraner Touch: Village Inn auf Saint Simons Island

✆ (912) 634-6056, 1-888-635-6111
www.villageinnandpub.com
Mitten im Village unter jahrhundertealten Eichen: mediterran anmutender B & B Inn mit 28 Zimmern (die meisten mit eigenem Balkon) und Pub. Kleiner Pool, kleines Frühstück. $$$–$$$$

Savannah

Foley House Inn
14 W. Hull St., Savannah, GA 31401
✆ (912) 232-6622, 1-800-647-3708
www.foleyinn.com
Feiner Bed & Breakfast Inn mit 18 Zimmern in zentraler Lage. Jacuzzi, Lounge und Frühstück. $$$$

Forsyth Park Inn
102 W. Hall St., Savannah, GA 31401
✆ (912) 233-6800, 1-866-670-6800
www.forsythparkinn.com
Viktorianische Villa im anmutigen Queen-Anne-Stil im historischen Distrikt. Mit großer Veranda und Blick auf die moosbehangenen Eichen des größten und populärsten Stadtparks. Elf unterschiedlich elegante Zimmer und ein Cottage. $$$–$$$$

Inn at Ellis Square
201 W. Bay St. (Historic District)
Savannah, GA 31401
✆ (912) 236-4440, 1-877-542-7666
www.innatellissquare.com
Nah an Fluss und City Market; 253 Zimmer und 57 Apartments, Fitnesscenter, Pool. $$$–$$$$

Kehoe House
123 Habersham St., Savannah, GA 31401
✆ (912) 232-1020, 1-800-820-1020
www.kehoehouse.com
Hübscher viktorianischer B & B Inn (1892) am Columbia Square: 13 Zimmer, Nachmittagstee und Horsd'œuvres, reichliches Frühstück. $$$

River Street Inn
124 E. Bay St. (Factor's Walk)
Savannah, GA 31401
✆ (912) 234-6400, 1-800-253-4229
www.riverstreetinn.com
Gediegen renoviertes Backstein-Lagerhaus für Baumwolle von 1817: 86 ansprechende Zimmer mit Blick auf den Fluss. Bar, Coffeeshop und Restaurant. $$–$$$

Planters Inn
29 Abercorn St. (Reynolds Sq.)
Savannah, GA 31401
✆ (912) 232-5678, 1-800-554-1187
www.plantersinnsavannah.com
Elegantes kleines Hotel von 1890: 60 Zimmer,

Cocktail Lounge, Fitnessraum. Kleines Frühstück und Tageszeitung im Preis eingeschl. $$–$$$

Eliza Thompson House Inn
5 W. Jones St., Savannah, GA 31401
✆ (912) 236-3620, 1-800-348-9378
www.elizathompsonhouse.com
Historischer B & B von 1847 mit 25 Zimmern und anmutigem Garten. Nachmittags serviert man im Salon Erfrischungen. Frühstück im Garten inkl. $$–$$$

Hampton Inn
201 E. Bay St., Savannah, GA 31401
✆ (912) 231-9700, 1-800-HAMPTON
www.hamptoninn.com
Zentral an Bay Street (die nach hinten gelegenen Zimmer sind ruhiger): Pool auf dem Dach, Fitnesscenter. Kleines Frühstück inklusive. $$–$$$

Savannah International Pensione
304 E. Hall St., Savannah, GA 31401
✆ (912) 236-7744, www.savannahpensione.com
24 Zimmer, Küche, Lounge, Pool, Fitnesscenter. $

Skidaway Island State Park
52 Diamond Cswy., Savannah, GA 31411
✆ (912) 598-2300, 1-800-864-7275
www.gastateparks.org/skidawayisland
Bester Campingplatz bei Savannah (ca. 20 Min. über Liberty St. nach Osten, Wheaton St. nach Süden, Skidaway Rd. Richtung gleichnamiger Insel). Picknickplätze, Angeln, Wanderwege, Tierbeobachtung.

Statesboro

Inn at Statesboro B & B
106 S. Main St., Statesboro, GA 30458
✆ (912) 489-8628, www.statesboroinn.com
Bed & Breakfast aus der Zeit des ausgehenden 19. Jh. 17 Zimmer inklusive Cottage. $$$$

Thomasville

1884 Paxton House Inn
445 Remington Ave., Thomasville, GA 31792
✆ (229) 226-5197
www.1884paxtonhouseinn.com
Hübscher historischer Inn mit neun Zimmern mitten in der Altstadt, Pool, reichliches Frühstück. $$$$

Freedom Oaks B & B
429 N. Crawford St., Thomasville, GA 31792
✆ (229) 227-1749
www.freedomoaksbb.com
Prächtiger B & B mit großer Veranda, vier Zimmern und alten Eichen im Garten. $$$

Baymont Inn & Suites
1470 Remington Ave., Thomasville, GA 31792
✆ (229) 227-9500, 1-800-337-0550
www.baymontinns.com
Standard: 40 Zimmer, Pool, Fitnessraum. $$

Tybee Island

Beach View B & B
1701 Butler Ave., Tybee Island, GA 31328
✆ (912) 786-5500
www.beachviewtybee.com
Netter B & B (von 1910), acht Zimmer, Restaurant. $$$–$$$$

Lighthouse Inn B & B
16 Meddin Dr.
Tybee Island, GA 31328
✆ (912) 786-0901
www.tybeebb.com
Romantischer Bed & Breakfast mit Schaukelstühlen auf der Veranda, weitem Blick auf den Atlantik und köstlichem Südstaaten-Frühstück. Drei3 Zimmer. $$$

River's End Campground & RV Park
5 Fort Ave. & Polk St.
Tybee Island, GA 31328
✆ (912) 786-5518, 1-800-786-1016
www.riversendcampground.com
Schön gelegener Platz am Meer – »Where the river meets the ocean«, 130 Stellplätze; *full hookups*, Pool.

Valdosta

La Quinta Inn & Suites
1800 Clubhouse Dr., Valdosta, GA 31601
✆ (229) 247-7755, 1-800-753-3757
www.lq.com
Guter Standard: 121 Zimmer, Pool, Fitnessraum, kostenlose Wäscherei. Abends gibt es sogar einen Drink aufs Haus. $–$$

Warner Robins

Courtyard by Marriott
589 Carl Vinson Pkwy., Warner Robins, GA 31088
✆ (478) 602-6200
www.marriott.com
Komfortables Hotel mit 106 Zimmern, Pool, Fitnesscenter, Restaurant. $$$–$$$$

LOUISIANA

Alexandria

Quality Inn
2716 N. MacArthur Dr., Alexandria, LA 71303
✆ (318) 445-6757, 1-877-424-6423
www.choicehotels.com
Gediegen: 106 Zimmer mit Kühlschrank und Mikrowelle, Restaurant, Cocktail Lounge, Fitnesscenter, Pool. Frühstücksbüfett im Übernachtungspreis eingeschl. $–$$

Baton Rouge

Holiday Inn-South
9940 Airline Hwy., Baton Rouge, LA 70816
✆ (225) 924-7021, 1-800-HOLIDAY
www.ihg.com
334 Zimmer, Restaurant und Cocktail Lounge, Pools, Fitnessraum, Waschsalon. $–$$

Baton Rouge KOA
7628 Vincent Rd., Denham Springs, LA 70726
✆ (225) 664-7281, 1-800-562-5673
www.koa.com
Ruhig und schattig, Pool und Sauna. (11 km östl. von Baton Rouge. Anfahrt: I-12, Exit 10, dann 800 m nach Süden, anschließend 400 m nach Westen.)

Breaux Bridge

Bayou Cabins
100 W. Mills Ave., Breaux Bridge, LA 70517
✆ (337) 332-6158, www.bayoucabins.com
Als sei man in eine andere Zeit gereist: Bed & Breakfast mit 14 teils auf das 19. Jahrhundert datierende Hütten am Bayou Teche. $–$$

Lafayette

Hilton Lafayette & Towers
1521 W. Pinhook Rd., Lafayette, LA 70503
✆ (337) 235-6111, 1-855-610-8733
http://doubletree3.hilton.com
Strategisch gut gelegen, angemessenes Preis-Leistungs-Verhältnis. 327 Zimmer, Restaurant, Bar, Fitnessräume, Pool, Sonnenterrasse, Sauna, Waschsalon. $$–$$$

Wyndham Garden Hotel
1801 W. Pinhook Rd., Lafayette, LA 70508
✆ (337) 233-8120, 1-877-999-3223
www.wyndham.com
Guter Standard. 290 Zimmer, Restaurant, Pool, Jacuzzi, Fitnessraum, Waschsalon. $$

Days Inn Lafayette
1620 N. University Ave. (I-10, Exit 101)
Lafayette, LA 70506
✆ (337) 237-8880, 1-800-225-3297
www.daysinn.com
Einfach, familienorientiert (z.B. BBQ am Pool), preisgünstig. Münzwäscherei. Kleines Frühstück. $

Lafayette KOA
537 Apollo Rd., Lafayette, LA 70583
✆ (337) 235-2739, 1-800-562-0809
www.koa.com
Gepflegter, großer Campingplatz im Herzen des Cajun Country. Angeln, Paddelbootverleih, Minigolf, Pool.

New Orleans

Le Marais Hotel
717 Rue Conti (zw. Bourbon & Royal Sts.)
New Orleans, LA 70130
✆ (504) 525-2300, 1-800-935-8740
www.hotellemarais.com
Schickes Boutique-Hotel mit 66 Zimmern, mit Patio und Pool. $$$–$$$$

Windsor Court Hotel
300 Gravier St., New Orleans, LA 70130
✆ (504) 523-6000, 1-888-596-0955
www.windsorcourthotel.com
Erste Adresse, Pool, Sauna, Fitnessräume; Restaurant **The Grill Room**. $$$–$$$$

Hotel St. Pierre
911 Burgundy St., New Orleans, LA 70116
✆ (504) 524-4401, 1-800-255-4040
www.hotelstpierre.com
Pittoresk verschachteltes Labyrinth aus Innenhöfen, zwei Pools und Korridoren am Rande des French Quarter. Kleines Frühstück. $$–$$$$

Hotel Provincial
1024 Chartres St., New Orleans, LA 70116
✆ (504) 581-4995, 1-800-535-7922
www.hotelpovincial.com
Hotel mit Restaurant, Pools und hübscher Innenhof mit tropischer Pflanzen. $$–$$$

Hampton Inn Garden District
3626 St. Charles Ave., New Orleans, LA 70115
✆ (504) 899-9990, 1-800-HAMPTON
www.neworleanshamptoninns.com
Komfortables Boutique-Hotel im Garden District. Straßenbahn zum French Quarter. $$–$$$

Dauphine Orleans Hotel
415 Dauphine St., New Orleans, LA 70112
✆ (504) 586-1800, 1-800-521-7111
www.dauphineorleans.com
Angenehme Unterkunft (111 Zimmer) im French Quarter; besonders exquisit und ruhig: die Dependance gegenüber. Pools. $$–$$$

Holiday Inn Chateau Lemoyne
301 Dauphine St., New Orleans, LA 70112
✆ (504) 581-1303, 1-800-HOLIDAY
www.holidayinn.com
117 Zimmer, teils in historischen Gebäuden. Restaurant, kleiner Pool. $$–$$$

Royal Sonesta Hotel
300 Bourbon St., New Orleans, LA 70130
✆ (504) 586-0300, 1-800-SONESTA
www.sonesta.com/royalneworleans
Luxushotel mit 483 Zimmern, Restaurant, Pool, Fitnesszentrum, Entertainment. $$–$$$

Le Richelieu
1234 Chartres St., New Orleans, LA 70116
✆ (504) 529-2492, 1-800-535-9653
www.lerichelieuhotel.com
Günstige Lage am Rande des French Quarter, 86 geräumige Zimmer, Pool. Terrassencafé, Cocktail Lounge. Keine Parkplatzprobleme. $$–$$$

The Garden District B&B
2418 Magazine St., New Orleans, LA 70130
✆ (504) 895-4302
www.gardendistrictbedandbreakfast.com
Klein (4 Suiten) und gastlich, ruhige Lage. $$

Jude Travel Park & Guest House
7400 Chef Menteur Hwy. (US 90)
New Orleans, LA 70126
✆ (504) 241-0632, 1-800-523-2196
www.judetravelpark.com
Klein und sauber (Familienbetrieb); *full hookups*, Pool, Waschmaschinen. Mit kleinem Gästehaus. Shuttlebus zum French Quarter.

New Orleans Riverboat Travel Park
6232 Chef Menteur Hwy. (US 90)
New Orleans, LA 70126
✆ (504) 246-2628, 1-800-726-0985
www.riverboattravelpark.com
Kleiner, gut ausgestatteter Platz mit Waschmaschinen, Pool.

Saint Martinville

The Old Castillo Bed & Breakfast at La Place d'Evangeline
220 Evangeline Blvd., Saint Martinville, LA 70582
✆ (337) 394-4010, 1-800-621-3017
www.oldcastillo.com
Historischer B&B Inn am Bayou Teche mit sieben Zimmern. Frühstück inkl. $$–$$$

Lake Fausse Pointe State Park
LA 96 & LA 3083, knapp 30 km südöstl. von St. Martinville, LA 70582 (Abzweig von W. Atchafalaya Levee Rd.)
✆ (318) 229-4764, 1-888-677-7200
Reservierung ✆ 1-877-226-7652
www.lastateparks.com
Campingplatz und Cabins, Spiel- und Picknickplätze, Wanderwege durch Wälder und Swamps.

MISSISSIPPI

Biloxi

Four Points by Sheraton
940 Beach Blvd.
Biloxi, MS 39530
✆ (228) 546-3100, 1-866-716-8133
www.fourpointsbiloxi.com
Modernes, komfortables und verkehrsgünstig an Hwy. 90 gelegenes Hotel mit 195 großen, hellen Zimmern und **G. T.'s Restaurant & Bar**. Gegenüber dem weißen Sandstrand, nahe den Kasinos und dem Biloxi Lighthouse. $$

Palace Casino Resort
154 Howard Ave.
Biloxi, MS 39530
✆ (228) 423-8888, 1-800-725-2239
www.palacecasinoresort.com
236 luxuriöse Hotelzimmer in einem der besten Kasinos der Stadt. Restaurants und Spa. $–$$$

Best Western PLUS Cypress Creek
7921 Lamar Poole Rd., nördl. der I-10, Ausfahrt 609, Biloxi, MS 39532
✆ (228) 875-7111, 1-800-780-7234
www.bwbiloxi.com
90 Zimmer im gewohnten gehobenen Best-Western-Stil. $–$$

Cajun RV Park
1860 Beach Blvd., Biloxi, MS 39531
✆ (228) 388-5590, 1-877-225-8699
www.cajunrvpark.com
130 Stellplätze in Strandnähe westlich von Biloxi, Shuttlebusse zu den Kasinos, Swimmingpool, Waschsalon.

Unterkünfte

Jackson

Fairview Inn
734 Fairview St., Jackson, MS 39202
✆ (601) 948-3429, 1-888-948-1908
www.fairviewinn.com
Stattliche Villa in ruhigem Wohnbezirk (Belhaven): 18 Räume, Restaurant. Komplettes Südstaatenfrühstück. $$–$$$

Hilton Garden Inn Downtown
235 W. Capitol St., Jackson, MS 39201
✆ (601) 353-5464, 1-877-782-9444
www.jacksondowntown.hgi.com
Luxushotel im Herzen von Jackson. 1923 als King Edward Hotel erbaut. 186 Zimmer, inkl. 6 Suiten. Mit Restaurant. $$–$$$

Old Capitol Inn
226 N. State St., Jackson, MS 39201
✆ (601) 359-9000, 1-888-359-9001
www.oldcapitolinn.com
Boutique-Hotel im Herzen der Stadt. 24 Suiten, Jacuzzi. Nur Lunch. $$–$$$

Cabot Lodge Millsaps
2375 N. State St., Jackson, MS 39202
✆ (601) 948-8650, 1-800-847-4737
www.cabotlodgemillsaps.com
Modernes Hotel nördlich des Stadtzentrums. Mit Frühstück. $–$$

LeFleur's Bluff
2140 Riverside Dr. (I-55, Exit Lakeland Dr.)
Jackson, MS 39202
✆ (601) 987-3923, www.mississippistateparks.reserveamerica.com
Grüne Oase in Jackson: Campground im Park, der Möglichkeiten zum Angeln, Picknicken, Wandern und Golfspielen bietet.

Natchez

Monmouth Plantation
36 Melrose Ave. (am John A. Quitman Pkwy.)
Natchez, MS 39120
✆ (601) 442-5852, 1-800-828-4531
www.monmouthplantation.com
Romantisches Herrenhaus von ca. 1818 in ruhiger Parklage; 30 Zimmer, Frühstück, freie Cocktails und Horsd'œuvres. Elegantes Restaurant mit südstaatlich geprägter Küche (nur Dinner, $$$). $$$$

Linden Bed & Breakfast
1 Linden Dr., Natchez, MS 39120
✆ (601) 445-5472
www.lindenbandb.com
Großartige Gastfreundschaft des Südens in einem der gemütlichsten, von uralten, moosbehangenen Bäumen umgebenen Antebellumhäuser der Stadt. Sieben wunderbare Zimmer und Suiten. Eine große Veranda zieht sich im Innenbereich zum Garten um das Haus herum. $$$

Natchez Eola Hotel
110 N. Pearl St., Natchez, MS 39120
✆ (601) 445-6000, 1-866-445-3652
www.natchezeola.com
Hotel (1927) mit 131 Zimmern in zentraler Lage, Restaurant und Fitnessraum. $$–$$$

Natchez State Park
Hwy. 61 North, Exit 230B (230 Wickcliff Rd.), 16 km nördl. von Natchez, MS 39120
✆ (601) 442-2658, 1-800-467-2757
Schöner, ganzjähriger Campingplatz am See mit 50 Stellplätzen, zehn Hütten; Rad- und Wanderwege.

Rosswood Plantation
2513 Red Lick Rd., Lorman, MS 39096
✆ (601) 437-4215, 1-800-533-5889
www.rosswood.net
B & B (mit 4 Zimmern und überwältigendem Frühstück) in einer alten Baumwollplantage im Greek-Revival-Stil von 1857 – übrigens vom selben Architekten, der auch Windsor gebaut hat. Der ursprüngliche Besitzer war maßgeblich an der Sklavenbefreiung beteiligt. Nur zwischen März und November geöffnet. (51 km nördl. von Natchez; Anfahrt: in Lorman von der US 61 an SR 522 rechts ab.) $$

Tupelo

Fairfield Inn & Suites
3070 Tom Watson Dr., Saltillo, MS 38886
✆ (662) 680-6798, 1-888-236-2427
www.marriott.com
Hotel mit 79 Zimmern und acht Suiten am nördlichen Stadtrand von Tupelo. Mit Frühstück. $$

Vicksburg

Anchuca Maison
1010 First East St.
Vicksburg, MS 39180
✆ (601) 661-0111, 1-888-686-0111
www.anchucamaison.com
Eleganter Bed & Breakfast Inn mit 7 Zimmern, Pool, Jacuzzi, Garten, Plantagenfrühstück. Mit Restaurant **Café Anchuca**. Kinderfreundlich. $$–$$$

Annabelle
501 Speed St., Vicksburg, MS 39180
✆ (601) 638-2000
www.annabellebnb.com
Elegante Pension mit sechs Zimmern von ca. 1865. Pool und Garten mit Schatten spendenden Magnolien und Nussbäumen. $$–$$$

Belle of the Bends
508 Klein St., Vicksburg, MS 39180
✆ (601) 634-0737, 1-800-844-2308
www.belleofthebends.com
Viktorianische Pension (1876), an deren Ausstattung einst auch bayrische Zimmerleute mitgearbeitet haben. Blick auf den Yazoo River. Viele Fenster reichen bis zum Boden, weil damals nur Fenster, nicht aber Türen besteuert wurden. $$–$$$

Cedar Grove Mansion
2200 Oak St., Vicksburg, MS 39180
✆ (601) 636-1000, 1-800-862-1300
www.cedargroveinn.com
Sehenswerte Anlage (1840–58) mit (meist) blühenden Gärten, Brunnen und Gazebo. 30 Zimmer, Pool, Spa, Fahrradverleih, Frühstück. Zur Happy Hour serviert man im Tea Room *Mint Julep* und andere Cocktails zu dezenten Pianoklängen. Gutes Restaurant mit romantischem Kerzenschein und freundlichem Service (Mo geschl., $$–$$$). $$–$$$

Battlefield Inn
4137 I-20 N. Frontage Rd. (Exit 4-B)
Vicksburg, MS 39183-3498
✆ (601) 638-5811
www.battlefieldinnms.com
Ordentliches und preisgünstiges Motel. 117 Zimmer, Restaurant, Pool, Waschsalon, Minigolf und Kinderspielplatz. Frühstück und Begrüßungscocktails inkl. $$

Battlefield Campground
4407 I-20 N. Frontage Rd., Vicksburg, MS 39181
✆ (601) 636-2025
RV-Campingplatz mit 60 Stellplätzen knapp 1 km östlich des National Military Park.

NORTH CAROLINA

Asheville

The Grove Park Inn Resort and Spa
290 Macon Ave., Asheville, NC 28804
✆ (828) 252-2711, 1-888-444-OMNI
www.groveparkinn.com
Seit 1913 oberhalb von Asheville gelegenes Resort-Hotel. Während die Deckenlampen an schweren Eisenketten baumeln, bilden wuchtige unbehauene Granitsteine die Wände der Lobby. Schöne Terrasse, exzellente Sport- und Fitness-Einrichtungen, Pool in romantischem Grotten-Look, Golfplatz. $$$–$$$$

Hampton Inn Tunnel Road
204 Tunnel Rd., Asheville, NC 28805
✆ (828) 255-9220 oder 1-800-HAMPTON
www.hamptoninn.com
Ordentlich und preisgünstig. Pool, Sauna, Fitnessraum, Frühstück im Preis inbegriffen. $$$

Best Western Asheville Biltmore East
501 Tunnel Rd., Asheville, NC 28805
✆ (828) 298-5562, 1-800-780-7234
Preisgünstig und zentral: 95 Zimmer und Suiten, Cocktail Lounge, Pool, Sportgeräte. $–$$

Ramada River Ridge
800 Fairview Rd., Asheville, NC 28803
✆ (828) 298-9141, 1-800-836-6732
www.ramadariverridge.com
176 Zimmer und Suiten, Pool, Whirlpool, Minigolf, Kinderspielplatz, Sportplätze, Waschsalon. Frühstücksbüfett inkl. $–$$

Lake Powhatan Campground
375 Wesley Branch Rd.
Asheville, NC 28806
✆ (828) 670-5627 (Ranger Station), 1-877-444-6777 (National Reservation Service)
www.reserveamerica.com
Schön gelegen, 85 Stellplätze (auch Zelte), ca. 20 Min. von Downtown Asheville (I-240 East, Exit 2, via SR 191 7 km nach Süden, an FR 806 rechts ab und Schildern folgen).

Asheville West KOA
309 Wiggins Rd., Candler, NC 28715
✆ (828) 665-7015, 1-800-562-9015
www.koa.com
Im Bergland, ganzjährig mit Münzwäscherei, Pool, Spielplatz, Naturpfade. 15 Min. von Asheville (via I-40 20 km nach Westen, Exit 37, dort US 19/23 und Schildern folgen).

Black Mountain

The Red Rocker Inn
136 N. Dougherty St.
Black Mountain, NC 28711
✆ (828) 669-5991, 1-888-669-5991
www.redrockerinn.com

Schönster B & B Inn vor Ort: 17 Zimmer, vorzügliches Restaurant. Geöffnet: 1. Mai–Ende Okt. $$–$$$

Cherokee

Chestnut Tree Inn
37 Tsalagi Rd. (US 19), Cherokee, NC 28719
✆ (828) 497-9181, 1-866-332-3590
www.chesnuttreeinncherokee.com
154 Zimmer, Restaurant, zwei Pools, Whirlpool, Kinderspielplatz, Waschsalon. $$–$$$

Adventure Trail Campground
273 Adventure Trail, Whittier, NC 28719
✆ (828) 497-3651
www.atcampground.com
Campground mit Kinderspielplatz und zahlreichen sportlichen Freizeitangeboten, u. a. Schwimmen und Wandern. (Südlich von Cherokee, von US 441 via Camp Creek Rd.)

Highlands

Old Edwards Inn & Spa
445 Main St., Highlands, NC 28741
✆ (828) 526-8008, 1-866-526-8008
www.oldedwardsinn.com
Altehrwürdig (seit 1878), steinern und gastfreundlich: 29 historisch dekorierte Zimmer mit Frühstück. (Im Winter preiswerter.) Das Restaurant wartet mit reichhaltiger Speise- und Weinkarte auf. $$$$

The Beaufort Inn

Chandler Inn
790 N. 4th. St., etwas außerhalb von Highlands, NC 28741
✆ (828) 526-5992, 1-888-378-6300
www.thechandlerinn.com
Gemütliche rustikale Herberge mit 10 Zimmern, Schaukelstühlen und friedlicher Umgebung. Inkl. Frühstück. Ganzjährig geöffnet. $$–$$$

Highlands Inn & Kelsey Place Restaurant
420 Main St. (4th St.), Highlands, NC 28741
✆ (828) 526-9380, 1-800-964-6955
www.highlandsinn-nc.com
Charmanter alter Landgasthof (1880) mit 31 Zimmern, luftigen Balkonen und Frühstück. Empfehlenswertes Restaurant. $$–$$$

SOUTH CAROLINA

Aiken

Rose Hill Estate & Gardens
221 Greenville St., Aiken, SC 29801
✆ (803) 648-1181
www.rosehillestate.com
Historisches Haus mit neun Zimmern und einem Cottage in einem wunderschönen, parkähnlichen Garten. Mit Restaurant. $$$$

Beaufort

Holiday Inn & Suites Beaufort
2225 Boundary St., Beaufort, SC 29902
✆ (843) 379-3100, 1-800-HOLIDAY
www.ihg.com
Modernes Hotel mit Pool, Spa und anderen Annehmlichkeiten. Am Beaufort River. $$$$

Cuthbert House Inn
1203 Bay St., Beaufort, SC 29902
✆ (843) 521-1315, 1-800-327-9275
www.cuthberthouseinn.com
Eleganter historischer Inn von 1810, denkmalgeschützt, 9 Zimmer mit einladender Veranda und schönem Blick aufs Wasser. Gourmet-Frühstück. $$$–$$$$

The Beaufort Inn
809 Port Republic St., Beaufort, SC 29902
✆ (843) 379-4667, 1-888-522-0250
www.bedandbreakfast.com
Erstklassiger B & B mit zwölf Zimmern. Southern Graces Bistro mit Südstaatenküche ($). Schöner kleiner Garten. Reichliches Frühstück, Nachmittagstee. $$$

The Rhett House Inn
1009 Craven St. (New Castle St.)
Beaufort, SC 29902
✆ 843) 524-9030, 1-888-480-9530
www.rhetthouseinn.com
Historische Villa von 1820 mit eindrucksvoller Veranda, 18 hübsch mit Antiquitäten möblierte Zimmern, einige mit Kamin. Nah am Wasser, nah am Zentrum. Volles Frühstück. $$$

Charleston

John Rutledge House Inn
116 Broad St.
Charleston, SC 29401
✆ (843) 723-7999, 1-800-476-9741
www.johnrutledgehouseinn.com
Elegante Villa (1763) in zentraler Lage mit 15 Zimmern, 4 Suiten, authentischer Ausstattung und gutem Service. Kleines Frühstück im Preis eingeschl. $$$$

The Inn at Middleton Place
4290 Ashley River Rd.
Charleston, SC 29414
✆ 1-800-543-4774
www.theinnatmiddletonplace.com
Herrschaftliches Country Inn inmitten alter Eichen und Kiefern in einem der ältesten privaten Gärten der USA. $$$$

Belmond Charleston Place
205 Meeting St., Charleston, SC 29401
✆ (843) 722-4900, 1-888-635-2350
www.charlestonplace.com
Gepflegter Komplex (mit 433 Zimmern und Suiten) im historischen Stadtkern. Restaurants, Lounge, Shopping-Arkaden, Pool, Sauna, Spa, Tennisplatz, Fitnessräume.
$$$–$$$$

The Mills House Hotel
115 Meeting St. (Queen St.)
Charleston, SC 29401
✆ (843) 577-2400, 1-800-874-9600
www.millshouse.com
Noble Adresse: historisches Hotel (seit 1853) in zentraler Lage. 215 Zimmer, Pool, renommiertes Restaurant **The Barbados Room** ($$–$$$).
$$$–$$$$

Vendue Inn
19 Vendue Range St. (Waterfront Park)
Charleston, SC 29401
✆ (843) 577-7970, 1-800-845-7900
www.vendueinn.com
Elegant und intim, historisches Ambiente, renommiertes Restaurant **The Drawing Room** ($$$). Von der **Rooftop Bar** auf dem Dach hat man Stadt und Hafen gut im Blick. Mit Frühstück. $$$–$$$$

Hampton Inn Historic District
345 Meeting St., Charleston, SC 29403
✆ (843) 723-4000, 1-800-HAMPTON
www.hamptoninn.com
Solides Haus am Rand des historischen Viertels: 171 Zimmer, Pool. Kleines Frühstück inkl. $$–$$$

Holiday Inn-Riverview
301 Savannah Hwy., Charleston, SC 29407
✆ (843) 556-7100, 1-800-HOLIDAY
www.hiriverview.com
Am Ufer des Ashley River: 178 Zimmer, Restaurant, Cocktail Lounge, Pool, Fitnessraum, Waschsalon. Kostenloser Shuttle nach Downtown.
$$–$$$

Days Inn Charleston Historic District
155 Meeting St., Charleston, SC 29401
✆ (843) 722-8411, 1-800-235-3297
www.daysinn.com
Zentral, 124 Zimmer, Restaurant und Pool. $$

Best Western Sweetgrass Inn
1540 Savannah Hwy. (US 17)
Charleston, SC 29407
✆ (843) 571-6100, 1-877-798-4727
www.thesweetgrassinn.com
87 Zimmer, Pool, Fitnessraum, Waschsalon. Kleines Frühstück inkl. $–$$

Columbia

Claussen's Inn
2003 Greene St. (Five Points)
Columbia, SC 29205
✆ (803) 765-0440, 1-800-622-3382
www.theinnatclaussens.com
Früher Bäckerei, heute geschmackvolles kleines Hotel: 29 Suiten, Fitnesscenter, Whirlpool, kleines Frühstück inkl. $$$–$$$$

Marriott Columbia
1200 Hampton St. (Five Points)
Columbia, SC 29201
✆ (803) 771-7000, 1-800-593-6465
www.marriott.com
Downtown-Hotel für gehobene Ansprüche: 303 Zimmer und Suiten, Restaurant, Sports Bar, Pool, Whirlpool, Fitnessraum, Waschsalon.
$$$–$$$$

Hampton Inn Downtown Historic District
822 Gervais St., Columbia, SC 29201

✆ (803) 231-2000, 1-800-HAMPTON
www.hamptoninncolumbia.com
122 Zimmer (einige mit Mikroherd und Kühlschrank), Pool, Fitnessraum, kostenlose Frühstücksbar. $$$

Hyatt Place Columbia
1130 Kinley Rd., Irmo, SC 29063
✆ (803) 407-1560, 1-888-5931-1234
www.hyatt.com
Guter Standard: 128 Suiten, Pool, Fitnesscenter, Café. $–$$

Sesquicentennial State Park
9564 Two Notch Rd., Columbia, SC 29223
✆ (803) 788-2706
www.southcarolinaparks.com/sesqui
Schöner State Park am See mit Wanderwegen und Picknickplätzen. (US 1, 21 km nordöstlich von Columbia und 5 km von I-20 und 2 km von I-77.)

Greenville

Embassy Suites Golf Resort
670 Verdae Blvd., Greenville, SC 29907
✆ (843) 676-9090
www.embassysuites3.hilton.com
Modernes Hotel mit offenem Atrium und großem Golfplatz. Inklusive Frühstück. $$$$

Hilton Head

Sonesta Resort
130 Shipyard Dr., Hilton Head Island, SC 29928
✆ (843) 842-2400
www.sonesta.com/hiltonheadisland
Luxusresort mit Spa, Fitnesscenter, Pools, Fahrradverleih, mehreren Restaurants etc. $$$$

Holiday Inn Oceanfront Resort
1 South Forest Beach Dr. (Nähe Pope Ave. & Coligny Plaza), Hilton Head Island, SC 29928
✆ 1-855-474-2882
www.beachhousehhi.com
Komfortables Strandhotel mit 200 Zimmern, Restaurant, Pool, Sonnenterrasse, Spielplatz, Fahrradverleih. Kinder schlafen und essen kostenlos. $$$–$$$$

Omni Oceanfront Resort
23 Ocean Lane, Hilton Head Island, SC 29928
✆ (843) 842-8000, 1-888-444-OMNI
www.omnihotels.com/hotels/hilton-head
324 Zimmer und Suiten, 2 Restaurants, Pools, Whirlpools, Saunas, Fitnessraum, Kinderspielplatz, Fahrräder, Volleyball, Münzwäscherei. (Anfahrt: US 278 East bringt Sie auf die Insel. Biegen Sie kurz hinter der Brücke links Richtung Palmetto Dunes ab, um das Hilton Resort zu erreichen.) $$$–$$$$

Sea Pines Resort
32 Greenwood Dr.
Hilton Head Island, SC 29928
✆ 1-866-561-8802
www.seapines.com
Luxuriöse Feriensiedlung, die praktisch den gesamten Südzipfel der Insel einnimmt: komfortable Apartments, tropische Gärten, Gourmet-Restaurants, Golf und Tennis, Reiten, Segeln, Radfahren, Racquet und Beach Club. (Auch Golf Holiday Packages mit 3, 5 oder 7 Übernachtungen.) $$$–$$$$

Hampton Inn
1 Dillon Rd.
Hilton Head Island, SC 29926
✆ (843) 681-7900, 1-800-HAMPTON
www.hamptoninn.com
Landschaftlich ansprechend unter moosbehangenen Eichen gelegen. 121 Zimmer, Fahrradverleih. (Anfahrt: US 278, Airport Rd.)
$$–$$$

Days Inn Hilton Head
9 Marina Side Dr. (US 278)
Hilton Head Island, SC 29928
✆ (843) 842-4800, 1-800-225-3297
www.daysinn.com
Nicht am Strand, aber gefällig angelegt, gutes Preis-Leistungs-Verhältnis. Pool, Tennis und Golf; Frühstück inkl. $–$$

Isle of Palms

Wild Dunes Resort
5757 Palm Blvd., Isle of Palms, SC 29451
✆ 1-888-778-1876
www.wilddunes.com
Üppige Anlage und Paradies für Golfer: 300 Zimmer und Suiten, 8 Pools, diverse Restaurants, Whirlpool, Sauna, Massage, Verleih von Fahrrädern und Booten, reiches Sportprogramm, 16 Tennisplätze, 36-Loch-Golfplatz, Münzwäscherei. Das Beste aber liegt vor der Haustür: ein Superstrand! $$$–$$$$

Ocean Inn Condominium Complex
1100 Pavilion Blvd., Isle of Palms, SC 29451
✆ (843) 886-4687, 1-888-832-2956
www.ocean-inn.com
Strandnahe gute Apartments mit Küche, Pool und kostenlosen Fahrrädern. $$–$$$

Kiawah Island

Kiawah Island Golf Resorts
One Sanctuary Beach Dr.
Kiawah Island, SC 29455
✆ (843) 768-2121, 1-800-576-1570
www.kiawahresort.com
Komfortables Sporthotel in unmittelbarer Nähe vorzüglicher Golf- und Tennisplätze und stiller Strände: 150 Zimmer, mehrere Restaurants, Pools, Fahrradverleih. Auch Apartments und Ferienhäuser. $$$$

Myrtle Beach

Beach Cove Resort
4800 S. Ocean Blvd.
North Myrtle Beach, SC 29582
✆ (843) 918-9000, 1-800-305-1193
www.beachcove.com
Komfortables Strandhotel mit 320 Zimmern. Pool, Fitnesscenter, Restaurants und Bar. $$$$

Best Western Ocean Sands Resort
1525 S. Ocean Blvd., Myrtle Beach, SC 29582
✆ (843) 272-6101, 1-800-588-3570
www.oceansands.com
Familienhotel in North Myrtle Beach. 95 Suiten und 21 Zimmer. Strand, Sportmöglichkeiten, Pool, Restaurant. $$$–$$$$

The Breakers Resort Hotel
2206 N. Ocean Blvd.Myrtle Beach, SC 29578
✆ 1-855-861-9550
www.breakers.com
Ferienhotel am Strand mit allem Drum und Dran: 245 Zimmer, Restaurant, Videospiele, Bar, Sauna, drei Pools, Fitnessraum, Kinderprogramme, Waschsalon. Sehr variable Preise je nach Saison und Wochentag. $$–$$$$

The Caribbean Resort & Villas
3000 N. Ocean Blvd. (30th Ave.)
Myrtle Beach, SC 29577
✆ 1-855-421-6947
www.caribbeanresort.com
Fast am Nordende der Motelkette: großes Familienhotel am Strand, 9 Pools. Cocktails, Restaurant nebenan. $$–$$$$

Captain's Quarters Resort
901 S. Ocean Blvd., Myrtle Beach, SC 29577
✆ (843) 448-1404, 1-800-291-6545
www.captainsquarters.com
Familiengeeignetes Hotel am Strand. Der Clou: 15 Pools drinnen und draußen., inkl. Ship Wreck Lagoon Water Park. Fitnesscenter, Waschsalon. Im Sommer drei Nächte Minimum. $–$$

Myrtle Beach KOA
613 5th Ave. S. (Nähe Hwy. 17)
Myrtle Beach, SC 29577
✆ (843) 448-3421, 1-800-562-7790
www.koa.com

Isle of Palms

Privater, zentral gelegener Campingplatz. Ganzjährig.

Pawleys Island

The Oceanfront Litchfield Inn
1 Norris Dr., Pawley's Island, SC 29585
✆ (843) 237-4211, 1-800-637-4211
www.litchfieldinn.com
Klassisches Strandresort am weiten Litchfield Beach, naturbelassene Dünen und herrliche Sonnenuntergänge inklusive. Mit Golfplatz, Bar und Restaurant. $$–$$$

Rock Hill

Hampton Inn Rock Hill
2111 Tabor Dr., Rock Hill, SC 29730
✆ (803) 325-1100
http://hamptoninn3.hilton.com
Modernes Hotel an der Rock Hill Mall. 163 Zimmer, Pool, Fitnesscenter. $$$$

Summerville

Woodlands Mansion
125 Parsons Rd., Summerville, SC 29483
✆ (843) 875-2600
www.woodlandsmansion.com
Südstaatliches Shangri-La: elegantes Plantagenhaus (1906), herrliche (20) Zimmer, schöne Gärten, Pool, Tennisplätze, Crocket, Reiten. (Anfahrt von Downtown Charleston: via I-26, Exit 199A, US 17, dann SR 165 nach Osten.) $$$$

TENNESSEE

Chattanooga

Hampton Inn & Suites Downtown
400 Chestnut St., Chattanooga, TN 37402
✆ (423) 693-0500, 1-800-HAMPTON
www.chattanoogadowntownsuites.hamptoninn.com
Modernes, komfortables Hotel in ruhiger Lage in Downtown. Angenehmer Frühstücksbereich. In Gehweite zur Riverfront und den Sehenswürdigkeiten. Kostenlose Parkplätze. 134 Zimmer und Suiten. $$$

Holiday Inn Chattanooga Choo Choo
1400 Market St., Chattanooga, TN 37402
✆ (423) 266-5000, 1-800-872-2529
www.choochoo.com
Komfort auf dem Abstellgleis: Aus dem Bahnhof der vorletzten Jahrhundertwende ist heute ein Restaurantkomplex ($–$$) geworden sowie ein Hotel, das den ehemaligen Wartesaal als Lobby nutzt.

48 der 351 Zimmer gibt es auch in Eisenbahnwagen. Pools, Whirlpool, Fitnessraum und Tennisplätze. $$–$$$

The Delta Queen Hotel
100 River St./Coolidge Landing
Chattanooga, TN 37405
✆ (423) 468-4500,
www.deltaqueenhotel.com
Zum Hotel umfunktionierter Schaufelraddampfer am Nordufer des Tennessee River. 88 Kabinen/Zimmer. Übernachtung mit Frühstück. Shuttlebus zur Innenstadt. $$–$$$

Raccoon Mountain Caverns and Campground
319 W. Hills Dr. (I-24, Exit 174)
Chattanooga, TN 37419
✆ (423) 821-9403, 1-800-823-2267
www.raccoonmountain.com
Campground am Fuß des Raccoon Mountain, nur 5 Min. von Downtown entfernt. Wanderwege, Kinderspielplatz, Höhlenbesichtigung.

Franklin

Aloft Hotel – Cool Springs
7109 S. Springs Dr., Franklin, TN 37067
✆ (615) 435-8700, 1-877-462-5638
www.aloftnashvillecoolsprings.com
Trendiges Hotel am Stadtrand von Franklin, südlich von Nashville. Urbaner Stil mit frischen Farben und dynamischem Service. 143 modern und funktional eingerichtete Zimmer. Bar, Restaurant und Lounge. $$–$$$

Gatlinburg

Buckhorn Inn
2140 Tudor Mountain Rd., ca. 8 km außerhalb von Gatlinburg, TN 37738
✆ (865) 436-4668, 1-866-941-0460
www.buckhorninn.com
Gepflegte Erholung im Grünen. 19 Zimmer und Cottages, Restaurant, Wanderwege, Angeln. An Wochenenden zwei Nächte Minimum. Frühstück inkl. $$–$$$

Best Western Twin Islands
539 Parkway, Gatlinburg, TN 37738
✆ (865) 436-5121, 1-800-223-9299
www.twinislandsmotel.com
Zentral und am Fluss gelegen: 111 Zimmer und Suiten (einige mit Kitchenette), Restaurant,

Pool, Kinderspielplatz, Gelegenheit zum Angeln, Waschsalon und Fitnesscenter. $$

Twin Creek RV Resort
1202 E. Parkway (Hwy. 321)
Gatlinburg, TN 37738
✆ 1-800-252-8077
www.twincreekrvresort.com
75 Stellplätze noch innerhalb der Stadtgrenze. Keine Zelte, aber Blockhäuser. Ende März-Anfang Dez.

GREAT SMOKY MOUNTAINS NATIONAL PARK

Vgl. Gatlinburg und Pigeon Forge.

Jonesborough

Hawley House and Butterfly Cottage
114 E. Woodrow Ave., Jonesborough, TN 37659
✆ (423) 753-8369, 1-800-753-8869
www.historicjonesborough.com
Mit guter Aussicht auf den Ortskern gelegenes, von Marcy Hawley liebevoll geführter B & B in einem Haus von 1793. Drei mit Antiquitäten und Folklorekunst eingerichtete Zimmer. Üppiges Frühstück. $$–$$$

Knoxville

Hampton Inn
618 W. Main St., Knoxville, TN 37902
✆ (865) 522-5400, 1-800-HAMPTON
www.hamptonknoxville.com
Zentral in der Innenstadt situiertes Hotel. Ausgezeichnet als besonders umweltfreundlich geführte Unterkunft in Tennessee. In den Zimmern Schwarzweißfotografien von den Great Smoky Mountains, Knoxville und Tennessee. Frühstück in der Lobby, Parkhaus, Pool und Fitnesscenter. 85 Zimmer. $$–$$$

Memphis

River Inn of Harbor Town
50 Harbor Town Sq., Memphis, TN 38103
✆ (901) 260-3333, 1-877-222-1531
www.riverinnmemphis.com
Elegantes Boutique-Hotel mit 28 Zimmern und Suiten am Ufer des Mississippi River, nahe Mud Island. Nostalgisches Flair verbreiten die Gaslaternen, die Blumenkästen vor den Fenstern und das elegante Ambiente des Hauses. Frühstück, Lunch und Dinner im hauseigenen Restaurant **Paulette's** ($–$$$). $$$$

Peabody Memphis
149 Union Ave. (Downtown)
Memphis, TN 38103
✆ (901) 529-4000, 1-800-678-8946
www.peabodymemphis.com
Grandhotel (1869) mit Traum-Lobby und Lounge. Fitnessclub, Pool. Gourmet-Restaurant **Chez Philippe** (✆ 901-529-4188, $$$, So. geschl.). Viele Mississippians glauben, der Himmel sähe so aus wie die Lobby des Peabody ... Der Entenmarsch findet tägl. um 11 und 17 Uhr statt. $$$–$$$$

Doubletree Hotel Memphis Downtown
185 Union Ave.
Memphis, TN 38103
✆ (901) 528-1800 oder 1-800-222-8733
http://doubletree3.hilton.com
Komfortabel, 280 Zimmer, zentral gelegen, Pool, Sauna, Fitnessraum. Restaurant. $$$

Sleep Inn at Court Square
40 N. Front St.
Memphis, TN 38103
✆ (901) 522-9700, 1-877-424-6423
www.sleepinn.com
Einfach und ordentlich: 116 Zimmer, Fitnessraum. Mit Frühstück. Keine Parkgebühren. $$$

Memphis Graceland RV Park
3691 Elvis Presley Blvd.
Memphis, TN 38116
✆ (901) 396-7125, 1-866-571-9236
www.graceland.com
Sauberer, geordneter Wohnmobil-Campingplatz nahe bei Elvis.

Litchfield Plantation auf Pawleys Island

Nashville

The Hermitage Hotel
231 6th Ave. N., Nashville, TN 37219
✆ (615) 244-3121, 1-888-888-9414
www.thehermitagehotel.com
Seit 1910 erste Adresse in Nashville, 2003 renoviert, zentral in Downtown, gute Restaurants **The Capitol Grille** und **Oak Bar**. $$$$

Doubletree Hotel Downtown Nashville
315 4th Ave. N. & Union St., Nashville TN 37219
✆ (615) 244-8200, www.doubletree1.hilton.com
Solides Hotel (338 Zimmer) in guter Lage. Mit Restaurant, Pool und Fitnessraum. $$$–$$$$

Gaylord Opryland Resort
2800 Opryland Dr., Nashville, TN 37214
✆ (615) 889-1000, 1-877-382-7299
www.marriott.com
Mega-Hotel mit 2711 Zimmern und 171 Suiten, tropisch garniertem Atrium in Flughafengröße mit 15 Restaurants und Café, fünf Ballsälen, zehn Bars. $$$–$$$$

Union Station – A Wyndham Historic Hotel
1001 Broadway, Nashville, TN 37203
✆ (615) 726-1001
www.unionstationhotelnashville.com
Umgebauter Bahnhof mit 137 Zimmern und Suiten, Luxus-Restaurant **Prime 108** ($$$–$$$$), kleines Frühstück. $$$–$$$$

Embassy Suites Airport Hotel
10 Century Blvd., Nashville, TN 37214
✆ (615) 871-0033, 1-800-EMBASSY
www.nashvilleairport.embassysuites.com
Großes, luxuriöses und verkehrsgünstig gelegenes Hotel nahe dem internationalen Flughafen, der Opry Mills und der Grand Ole Opry. 296 Suiten. $$$

Hampton Inn – Vanderbilt
1919 West End Ave., Nashville, TN 37203
✆ (615) 329-1144, 1-800-HAMPTON
www.hamptoninnnashville.com
Hotel in der Nähe von Downtown und Music Row. 171 Zimmer, Pool, Fitnessraum. Möglichst vorher reservieren! $$$

Comfort Inn
1501 Demonbreun St. (Music Row)
Nashville, TN 37203
✆ (615) 255-9977, 1-877-424-6423
www.choicehotels.com
Einfach und preiswert: Pool und Frühstück inkl. $$

Nashville KOA Kampground
2626 Music Valley Dr. (Briley Pkwy., Exit 12)
Nashville, TN 37214
✆ (615) 889-0286, 1-800-562-7789
www.koa.com
460 Campingplätze, 25 Cabins, 1,5 km nördl. von Opryland. Abends oft C&W-Liveshows. Ganzjährig.

Pigeon Forge

River Stone Resort
212 Dollywood Lane, Pigeon Forge, TN 37863
✆ (865) 908-0660, 1-877-703-3220
www.riverstoneresort.com
Großzügige Hotelanlage am Pigeon River. Geräumige Zimmer und Suiten. Luxuriöse Tagesschönheitsfarm. $$$–$$$$

Dollywood Vacations
2700 Dollywood Parks Blvd.
Pigeon Forge, TN 37863
✆ 1-866-857-2123
www.dollywood.com
Geräumige, komfortable Blockhäuser für 2–16 Personen, meist mit Veranda und Aussicht. Selbstverpflegung. $$–$$$$

Music Road Resort
303 Henderson Chapel Rd.
Pigeon Forge, TN 37863
✆ (865) 429-7700, 1-855-875-9100
http://musicroadresort.com
Komfortables Hotel mit 163 großen Zimmern, teils mit Whirlpool, teils mit Blick auf Fluss und Berge. Angenehmer Frühstücksraum am bewaldeten Flussufer. Großer Swimmingpool. $$–$$$

Mainstay Suites
410 Pine Mountain Rd., Pigeon Forge, TN 37863
✆ (865) 428-8350, 1-877-424-6423
www.mainstaysuites.com
Am Little Pigeon River mit Balkonblick auf die Berge: 129 Suiten mit Küche, Pool, Whirlpool, Fitnessraum, Waschsalon. $–$$

River Bend Campground
2479 Riverbend Loop, Pigeon Forge, TN 37863
✆ (865) 453-1224
www.riverbendcampground.com
130 schattige Plätze am Gebirgsbach, *full hookups,* Duschen, Waschsalon, Schwimmen, Schlauchbootfahren. April–Nov.

SERVICE VON A BIS Z

Anreise, Einreise

Zur Einreise in die USA benötigen Besucher aus Deutschland, Österreich und der Schweiz (auch Babys und Kinder) einen gültigen **Reisepass**, der mindestens für die Dauer des Aufenthaltes, aber am besten noch länger darüber hinaus gültig ist. Für deutsche Staatsangehörige ist nur der **rote Europapass** zulässig, der auch biometrische Daten sowie ein digitales Foto enthalten muss, wenn er nach dem 26. Oktober 2006 ausgestellt wurde.

Kinderreisepässe, die vor dem 26. Oktober 2006 ausgestellt wurden, können für die visafreie Einreise weiterhin benutzt werden. Ein danach ausgestellter Pass wird nur akzeptiert, wenn es sich um einen elektronischen Reisepass handelt. Ansonsten muss ein Visum beantragt werden.

Wer ohne Visum über das sogenannte *Visa Waiver Program* in die USA einreisen und weniger als 90 Tage bleiben will, für den gelten seit Januar 2009 geänderte Einreisebestimmungen. Besucher müssen sich bis 72 Stunden vor dem Abflug auf der **ESTA-Webseite** des Department of Homeland Security registrieren, über www.usembassy.de oder direkt unter https://esta.cbp.dhs.gov, Gebühr $ 14. Gewarnt wird vor Drittanbietern, die die ESTA-Registrierung gegen weitere Gebühren vornehmen wollen.

Der neue elektronische Antrag im Netz läuft in vier Schritten ab: Antrag ausfüllen, abschicken, Antragsnummer notieren, Einreisegenehmigung vom Ministerium abwarten (oft kommt sie nur Sekunden nach dem Absenden). Das US-Ministerium empfiehlt, sich den Antrag mit allen Angaben auszudrucken und zu den eigenen Unterlagen zu nehmen. Außerdem sollten sich Reisende die Antragsnummer notieren, um den Antrag ggf. (wenn sich Adresse, Passnummer o.Ä. ändert) aktualisieren zu können. Auf der Internetseite werden die gleichen Fragen gestellt, die die Einreisenden im Formular I-94W während des Fluges beantworten mussten. In Zukunft soll das entfallen. Ist die Einreisegenehmigung einmal erteilt, bleibt sie zwei Jahre gültig.

Auch wenn die Einreise vorab genehmigt wurde, kann sie vor Ort von den Beamten der Zoll- und Grenzschutzbehörde dennoch verweigert werden. Sollte die Einreisegenehmigung nicht erteilt werden, bedeutet dies keine endgültige Ablehnung. Man muss sich dann um ein Visum bemühen. **Visa-Informationen** erhält man unter www.usembassy.de.

Bei der Einreise nimmt der *immigration officer* einen **Fingerabdruck** ab und ein digitales **Passfoto** auf. Er erkundigt sich nach Zweck *(holiday)* und Dauer der Reise und setzt die Aufenthaltsdauer fest. Manchmal wird auch nach dem Rückflugticket und der finanziellen Ausstattung gefragt. Ihr **Gepäck** sollten Sie nicht verschließen, sonst besteht die Gefahr, dass es von den Behörden aufgebrochen wird.

Auskunft

Fast alle größeren Orte besitzen – meist sogar gut ausgeschildert – ein *Visitor Center* oder eine *Chamber of Commerce*, die Unterkünfte vermitteln und Tipps für Unternehmungen und Veranstaltungshinweise geben (vgl. in den jew. Kapiteln *Service & Tipps*). Man muss dort nicht unbedingt hinfahren, sondern kann auch anrufen.

Wer mit dem Pkw unterwegs ist, sollte sich die *Tourbooks* des amerikanischen Automobilclubs AAA (American Automobile Association) besorgen, die es gegen ADAC- oder TCS-Ausweis kostenlos gibt und die ein recht verlässliches Hotelverzeichnis enthalten. Die meisten der örtlichen Handelskammern *(Chambers of Commerce)* und Verkehrsämter *(Convention & Visitors Bureaus)* sind im **Internet** vertreten, vgl. S. 307.

Außerdem informieren (auch über das Reiseportal www.usa.de) zahlreiche **US-Ländervertretungen in Deutschland** über Destinationen in den Südstaaten:

**i Georgia Tourism –
Verkehrsbüro des Staates Georgia**
Horstheider Weg 106 A, 33613 Bielefeld
✆ (0521) 986 0425
www.georgiaonmymind.de
www.deep-south-usa.de

i Fremdenverkehrsamt Louisiana
c/o Wiechmann Tourism Services
Scheidswaldstr. 73, 60385 Frankfurt/M.
✆ (069) 255 38-270
www.louisianatravel.de

i North Carolina Tourism
c/o Wiechmann Tourism Services (vgl. oben)
✆ (069) 255 38-260
http://de.visitnc.com

i South Carolina Tourism Office
c/o ESTM E. Sommer Tourism Marketing
Postfach 1425, 61284 Bad Homburg
✆ (061 72) 92 16 04
www.discoversouthcarolina.com

i Tennessee Tourism
Horstheider Weg, 106 A, 33613 Bielefeld
✆ (05 21) 986 04 15
www.tennessee.de, http://de.tnvacation.com

i Florida Versandhaus
c/o Presse- und Touristikdienst
Sporthallenstr. 7, 64850 Schaafheim
✆ (060 73) 881 57
www.visitflorida.com/de.html

Automiete, Autofahren

Wenn Sie gelandet sind, sollte die Frage Auto- oder Campermiete längst beantwortet sein. So oder so sollten Sie den Wagen bereits durch Ihr Reisebüro mieten und vor Antritt der Reise bezahlen. Das ist preislich günstiger.

Mit dem Pkw ist man besonders in der Stadt beweglicher, an Bord eines Wohnmobils mehr draußen in der Natur, flexibler, was die Zeiteinteilung angeht, und insgesamt ein bisschen billiger dran. Selbstverständlich kann man einen Wagen, den man in Atlanta mietet, z.B. auch in New Orleans zurückgeben, wenn man die Reise eventuell mit dem Mississippi-Dampfer fortsetzen oder nach Atlanta zurückfliegen möchte. Anfragen (Wochenpauschalen, Freikilometer und Überführungsgebühren) richtet man ans Reisebüro oder an die internationalen Autovermieter. Camper reserviert und mietet man ebenfalls schon über das Reisebüro.

Wer ohne Reservierung anreist, kann sich am Flughafen an die Autovermieter wenden oder sich in der Innenstadt nach Sonderangeboten umsehen. Vorheriger telefonischer Vergleich der Preise und Bedingungen (Kilometergebühren, Wochenendpauschalen und eventuelle Sondertarife) lohnt sich.

Bei der Übernahme bzw. Anmietung des Fahrzeugs vor Ort muss man den **Führerschein** vorlegen. Eine **Kreditkarte** ist unersetzlich, denn ohne sie muss man im Voraus bezahlen oder eine Kaution hinterlegen. Die angebotene Vollkaskoversicherung – *Collision Damage Waiver* (CDW) – ist zwar nicht billig, kann sich aber schon bei leichten Blechschäden auszahlen. Den CDW kann man zu einem etwas günstigeren Tarif oft schon im Voraus mitbuchen. Achtung bei **verdeckten Kosten**! Die Firmen jubeln dem Kunden neben dem CDW gern weitere Versicherungen unter. Prüfen Sie daher vorher, ob diese nicht durch Ihre sonstigen Versicherungsleistungen (Haftpflicht, Kreditkarten) abgedeckt oder bereits mit dem Gutschein für die Automiete *(voucher)* bezahlt sind!

Bei der **Übernahme des Wagens** sollte man zunächst alles prüfen (Reserverad, Automatikschaltung) und sich insbesondere beim Camper alles genau erklären lassen. Nehmen Sie sich bei den Vermietfirmen deren Stadtpläne mit, damit Sie schon mal für die Fahrt in die Innenstadt gerüstet sind.

Als verkehrsgeschulter Europäer hat man in den Südstaaten leichtes Spiel. Man fährt dort vergleichsweise immer noch rücksichtsvoller und gemächlicher. Meistens jedenfalls. Einige Verkehrsregeln und Verhaltensweisen unterscheiden sich von denen in Europa:

– Die **Höchstgeschwindigkeit** ist ausgeschildert: auf Interstate Highways meist zwischen 65 oder 75 m.p.h. (Meilen pro Stunde oder 105/121 km/h); auf den meisten US und State Highways 55 m.p.h., in Ortschaften 25–30 m.p.h. (40–48 km/h).
– **Schulbusse** mit blinkender Warnanlage, die Kinder ein- und aussteigen lassen, dürfen nicht überholt werden. Das gilt auch für Fahrzeuge aus der Gegenrichtung!
– **Rechtsabbiegen an roten Ampeln** ist erlaubt, aber erst nach vollständigem Stopp und Vergewisserung, dass kein Fußgänger und kein anderer Wagen behindert wird.
– Außerhalb von Ortschaften muss man zum Parken oder Anhalten mit dem Fahrzeug **vollständig von der Straße runter**.
– Fußgänger, besonders Kinder, haben immer Vorrang! Sobald Fußgänger einen Fuß auf die Straße setzen wollen, gilt es anzuhalten.

Die **Farben** an den Bordsteinkanten markieren die Parkgesetze:
Rot: Halteverbot
Gelb: Ladezone für Lieferwagen
Gelb und Schwarz: Lkw-Ladezone
Blau: Parkplatz für Behinderte
Grün: 10 Minuten Parken
Weiß: 5 Minuten Parken während der Geschäftszeiten.

Wenn keine Farbe aufgemalt ist, darf man ungestraft und unbegrenzt parken. Aber: Parken Sie nie an Bushaltestellen und vor Hydranten!

An **Tankstellen** muss man oft **im Voraus bezahlen** (PAY FIRST) bzw. eine Kreditkarte hinterlegen. Bei **Pannen** sollte man sich als Erstes mit seiner **Mietfirma** in Verbindung setzen, um die weiteren Schritte abzusprechen. Über Notrufsäulen an den Highways *(call boxes)* wendet man sich in Notfällen an die Highway Patrol. Diese informiert dann Abschleppdienste, Notarzt usw. Auch der AAA unterhält einen eigenen Pannendienst, den man als Mitglied des ADAC, ÖAMTC und anderer Clubs beanspruchen kann. In allen Südstaaten herrscht Gurtpflicht für jeden im Auto.

Diplomatische Vertretungen

ℹ **Generalkonsulat der Bundesrepublik Deutschland**
285 Peachtree Center Ave.
N.E. (Marquis Two Tower, Suite 901)
Atlanta, GA 30303
✆ (404) 659-4760
www.germany.info
Mo–Fr 8.30–12 Uhr

ℹ **Schweizer Generalkonsulat**
1349 W. Peachtree St., N.W., Suite 1000
Atlanta, GA 30309
✆ (404) 870-2000
www.eda.admin.ch
Mo–Fr 8.30–11.30 Uhr

ℹ **Honorarkonsulat**
3333 Riverwood Pkwy., S.E., Suite 200
Atlanta, GA 30339
✆ (404) 264-9858
www.austria.org
Mo–Fr 9–17 Uhr

Einkaufen

Für Konsumfreuden sind die USA seit eh und je das ideale Terrain, da machen auch die Südstaaten keine Ausnahme. Kaufhäuser, Supermärkte und Shopping-Centers haben die Vorreiterrolle übernommen, mit reichlichen Vergnügungs- und Restaurantangeboten *(food courts)*. Lokale Märkte und Bio-Angebote sind in jeder kleineren und größeren Stadt zu finden.

Essen und Trinken

Die ethnisch-kulinarische Vielfalt von Charleston, Atlanta oder erst recht von New Orleans hat sich bisweilen auch in Europa herumgesprochen. Kreolisch, chinesisch oder thailändisch, *southern* oder italienisch: Die Vorschläge im Reiseführer möchten Ihnen die Wahl der Leckerbissen erleichtern und Experimente ersparen. Aufgrund der Alkoholgesetze, die den Ausschank in den meisten Südstaaten an Sonntagen einschränken, verbieten oder nur gegen teure Sonderlizenzen haben **manche Restaurants sonntags geschlossen**.

Georgias symbolisches Obst: Pfirsiche

Fürs Picknick oder auch für die Abend-Vesper im Hotelzimmer empfiehlt sich, gleich zu Beginn der Reise einen ausreichend geräumigen (ab 20 l) Cooler bzw. eine (billigere) Styropor-Eiskiste für den Kofferraum zu kaufen. Eis gibt's in Supermärkten, kleinen Märkten und Tankstellen. Picknickfreunde und Selbstversorger sollten überdies wissen, dass man sich in Restaurants grundsätzlich alles, was man einmal bestellt hat, einpacken lassen kann – zum Mitnehmen.

Die unter *Service & Tipps* empfohlenen Restaurants sind nach Preiskategorien für ein Abendessen pro Person (ohne Getränke) gestaffelt:

$ – bis 15 Dollar
$$ – 15 bis 25 Dollar
$$$ – 25 bis 35 Dollar
$$$$ – über 35 Dollar

Feiertage, Feste

An den Feiertagswochenenden (besonders im Sommer) quellen die Strände entlang den Küsten von South Carolina, Georgia und Florida über. Planung und frühe Reservierung von Hotelzimmern und Campingplätzen sind an diesen Tagen unerlässlich.

Da viele US-Feiertage auf Montage fallen, entstehen lange Wochenenden und gewöhnlich touristische Staus. Eng wird's auch bei lokalen Festivals. Banken, öffentliche Gebäude sind feiertags geschlossen, die meisten Museen montags.

Neujahrstag (1. Januar)
Martin Luther King Day (3. Montag im Januar)
Presidents'/Washington's Birthday (3. Montag im Februar)
Memorial Day (letzter Montag im Mai, Totengedenktag, Beginn der Hauptsaison)
Independence Day (Unabhängigkeitstag, 4. Juli)
Labor Day (1. Montag im September, Tag der Arbeit, Ende der Reisesaison)
Columbus Day (2. Montag im Oktober)
Veterans Day (11. November)
Thanksgiving (4. Donnerstag im November)
Weihnachten (25. Dezember)

Richtig gefeiert wird davon eigentlich nur der 4. Juli. Termingerecht macht sich an diesem Tag der enorme Patriotismus der Amerikaner Luft. Bei lokalen und ethnischen Festivals bietet sich die Gelegenheit, den Mikrokosmos der amerikanischen Gesellschaft kennen zu lernen. Es gibt etwas zu essen, zu trinken, gute Musik und viel zu sehen.

Geld, Kreditkarten

Die US-amerikanische Währung ist der **Dollar** (umgangssprachlich *Buck*), unterteilt in 100 Cents. Der Wechselkurs betrug im Oktober 2015 1 € = 1,13 US $, 1 US $ = 0,89 €.

Es gibt **Münzen** zu 1 ¢ *(Penny)*, 5 ¢ *(Nickel)*, 10 ¢ *(Dime)*, 25 ¢ *(Quarter)*, 50 ¢ *(Half Dollar)* und 1 $. Vorsicht: Die **Dollar-Scheine** *(bills, notes)*, die im Wert von 1, 2, 5, 10, 50, 100 $ kursieren, sind alle gleich groß und grünlich.

Hundert-Dollar-Noten werden nicht mehr ausgegeben und in manchen Läden und Tankstellen (vor allem nachts) nicht akzeptiert. Deshalb sollte man überhaupt nur Banknoten in $-20- und $-50-Stückelung mitnehmen; wenn man Hundert-Dollar-Noten aber dennoch dabei hat, sollte man sie am besten an der Hotelrezeption wechseln lassen. In Großstädten geben die Banken Bargeld gegen Vorlage von Kreditkarte und Reisepass ab.

Die Reisekasse verteilt man am besten auf **US-Dollar-Bargeld** und eine oder mehrere **Kreditkarten** (Visa, Mastercard, American Express o.a.).

Bis zu $ 10 000 in bar oder anderen Zahlungsmitteln dürfen Sie in die USA mitbringen. Travellerschecks, ehemals beliebtes Zahlungsmittel bei Amerikareisenden, werden inzwischen eingestellt und werden immer seltener akzeptiert. Sie können daher nicht mehr als empfehlenswert gelten.

Bargeld in Euro wird selbst in den Großstädten nur am Flughafen oder zu normalen Banköffnungszeiten in einigen wenigen Wechselstuben umgetauscht.

Per **Kreditkarte** und **PIN-Nummer** kann man Bargeld am Automaten abheben. Auch mit der **Maestro-EC-Karte und PIN** bekommt man Bares an den ATM-Automaten. Es fallen jedoch Gebühren an.

Bei Diebstahl oder Verlust muss die Karte umgehend **gesperrt** werden. Erkundigen Sie sich, ob Ihre Karte über die **zentrale Sperrnummer** für Deutschland ✆ **01149 116 116** (zusätzlich ✆ 01149 30 4050 4050) gesperrt werden kann.

Von den USA wählt man ansonsten folgende Nummern:
Mastercard: ✆ 1-800-MasterCard
(✆ 1-800-627-8372), www.mastercard.de
Visa: ✆ 1-800-847-2911, http://usa.visa.com
American Express Credit: ✆ 1-800-528-4800, www.americanexpress.com

In den USA werden Preise ohne **Umsatzsteuer** angegeben, d.h. der zu bezahlende Betrag ist höher als der an der Ware ausgewiesene: Auf alle ausgezeichneten Beträge kommen, je nach Region und Kommune, mindestens **6%** (sales tax) hinzu!

Bei den hochklassigeren Hotels vor allem in den Städten wird meist zusätzlich eine Parkgebühr erhoben, die leicht bis zu $ 30–45 pro Übernachtung betragen kann.

Hinweise für Menschen mit Handicap

Ein Gesetz garantiert, dass in den USA Behinderte nirgendwo aus dem öffentlichen Leben ausgegrenzt werden dürfen. Deshalb finden sich Einrichtungen für Rollstuhlfahrer erheblich öfter und besser ausgestattet, als Besucher aus Europa es kennen.

Allgemein kann man sich darauf verlassen, dass alle öffentlichen Gebäude (z. B. Postämter, Besucherzentren) mit Rampen versehen sind. Das gilt auch für die meisten Supermärkte, Museen, Sehenswürdigkeiten und Vergnügungsparks. Durchweg sind Bordsteine an den Fußgängerüberwegen abgeflacht. In vielen Hotels und Hotelketten gibt es extra Rollstuhlzimmer. Die Firma AVIS z. B. vermietet Autos mit Handbedienung.

Internet

Mit dem eigenen Laptop oder anderen internetfähigen Geräten können USA-Reisende nicht nur an Flughäfen online gehen, auch die meisten Hotels, Restaurants, Cafés, Museen etc. bieten WLAN an, das in den USA »Wi-Fi« heißt. In den Hotelzimmern ist das problemlos möglich, zuweilen gegen Gebühr, oft kostenlos. Manchmal wird ein Zugangscode benötigt, den man an der Rezeption erhält.

Unter www.atlantaga.gov/index.aspx?page=1074 informiert die Stadt Atlanta über ihre öffentlichen »Hotspots«, die sich in Piedmont Park und Grant Park befinden.

Informationen über die Reiseregionen findet man u.a. über das Reiseportal www.usa.de sowie über die Internetseiten der örtlichen Handelskammern (*Chambers of Commerce*) und Verkehrsämter (*Convention & Visitors Bureaus*):

Alabama – www.alabama.travel
Florida – www.visitflorida.com
Georgia – www.exploregeorgia.org
Louisiana – www.louisianatravel.com
Mississippi – www.visitmississippi.org
North Carolina – www.visitnc.com
South Carolina – www.discoversouthcarolina.com
Tennessee – www.tnvacation.com,
www.state.tn.us

Klima, Kleidung, Reisezeit

Das **Klima** an der subtropischen Atlantik- und Golfküste schwankt. Frühjahr und Herbst haben Durchschnittstemperaturen um Mitte 20 Grad, die Sommer werden im Inland ziemlich heiß; nur in unmittelbarer Nähe zum Ozean profitiert man von kühleren Brisen. Die Winter sind ungewöhnlich kurz und an der Küste zudem sehr mild. Die **besten Reisezeiten**: im Frühling in Atlanta die ersten beiden Aprilwochen, in den Appalachian Mountains die ersten beiden Wochen im Mai; im Herbst in Atlanta die beiden letzten Oktoberwochen, in den Bergen die 2. und 3. Woche im Oktober.

Je heißer es draußen ist, umso kühler wirken die Klimaanlagen, was Probleme schaffen kann. Man sollte sich vorsichtshalber durch zusätzliche Kleidungsstücke darauf einstellen, um nicht mitten im Sommer mit einer Erkältung im Bett zu landen.

Schon wegen der schwül-heißen Sommertemperaturen mit hoher Luftfeuchtigkeit liegt lockere **Freizeitkleidung** in allen Lebenslagen im Süden nahe. Wer allerdings in Atlanta, Savannah oder New Orleans schick ausgehen will, braucht offiziellere Garderobe. Ganz allgemein legt man im Süden in vielen Restaurants abends erheblich größeren Wert auf Schlips und Kragen als anderswo in den USA. Trotzdem kann man sich meist zwanglos mit Jeans, T-Shirts, Freizeithemden und Turnschuhen der amerikanischen Umwelt anpassen.

Zwei Tipps für Frauen: Stichfreie Beine erfordern robustes Schuhwerk – Turnschuhe mit Socken sind da schon mal ein guter Anfang. Sollten Sie ein Lieblings-Shampoo besitzen, statten Sie sich reichlich aus, denn die durchweg hohe Luftfeuchtigkeit tut zwar der Haut gut, nicht aber den Haaren. Nicht nur Atlantik und Golf bieten reihenweise hervorragende Bademöglichkeiten (April bis Ende Oktober), sondern ganzjährig die wohl temperierten Pools in den Hotels, Motels und auf Campingplätzen.

Achtung: Dixieland liegt voll im aktuellen Trend des amerikanischen Spielfiebers. Da **Kasinos** an Land (außer in New Jersey und Nevada) verboten sind, schwimmen und dümpeln sie sogar auf den Gewässern des Golfs und des Mississippis. Der jüngste Kasinoboom verstopft vornehmlich an Wochenenden Zufahrtsstraßen und Hotelbetten gleichermaßen (z. B. in Biloxi, Gulfport, Bay St. Louis, New Orleans, Natchez und Vicksburg).

Maße und Gewichte

Vor einigen Jahren schien die Umstellung der USA auf das metrische System schon in Sicht, doch heute ist wieder alles beim Alten: *inch* und *mile, gallon* und *pound*. Man muss sich also wohl oder übel umstellen. Die Anleitung in der Tabelle auf der folgenden Seite soll dabei helfen.

Längenmaße:	1 inch (in.)	=	2,54 cm
	1 foot (ft.)	=	30,48 cm
	1 yard (yd.)	=	0,9 m
	1 mile	=	1,6 km
Flächenmaße:	1 square foot	=	930 cm^2
	1 acre	=	0,4 Hektar (= 4047 m^2)
	1 square mile	=	259 Hektar (= 2,59 km^2)
Hohlmaße:	1 pint	=	0,47 l
	1 quart	=	0,95 l
	1 gallon	=	3,79 l
Gewichte:	1 ounce (oz.)	=	28,35 g
	1 pound (lb.)	=	453,6 g
	1 ton	=	907 kg
Temperatur:	32 °Fahrenheit	=	0 °Celsius
	104 °Fahrenheit	=	40 °Celsius
Umrechnung:	Grad Fahrenheit minus 32 geteilt durch 1,8 = Grad Celsius		

Medizinische Versorgung

In den USA ist man automatisch Privatpatient – und die Arzt- bzw. Krankenhauskosten sind extrem hoch. Man sollte also vorsorgen und sich zunächst bei seiner Krankenkasse nach einer Kostenrückerstattung erkundigen. Da nicht alle in den USA erbrachten Leistungen auch von der Krankenkasse übernommen werden, ist unbedingt eine **Auslandskrankenversicherung** anzuraten, die für Urlaubsreisen preiswert zu haben ist. Allerdings müssen Sie beachten: Auch wenn Sie versichert sind, muss in den USA beim Arzt oder im Krankenhaus sofort bezahlt werden – meist sogar im Voraus. Für solche Notfälle erweist sich eine Kreditkarte als sehr nützlich. Erkundigen Sie sich ggf. auch, welche Leistungen Ihre (oder eine) Kreditkarte im Krankheitsfall im Ausland einschließt.

Apotheken *(pharmacy)* sind in der Regel in *drugstores* zu finden, die auch Toilettenartikel und Kosmetika verkaufen. Ständig benötigte Medikamente sollte man schon von zu Hause mitbringen (Arzt-Attest ausstellen lassen für den Fall, dass der Zoll Fragen stellt). Viele Medikamente, die in Europa rezeptfrei zu haben sind, können in den USA nur vom Arzt verschrieben werden (und umgekehrt).

Zur Vorsorge für das eigene Wohlbefinden gehört besonders bei einer Reise in die Südstaaten naturgemäß etwas gegen **Mücken, Stechfliegen und Moskitos**.

Was am besten hilft, ist bei Kennern und Opfern umstritten. Einige halten sich an lokale Repellentien, die vor Ort im Drugstore zu haben sind, andere schwören auf die Creme von der legendären Avon-Tante (»Avon's Skin-So-Soft«), die es ebenfalls in Drugstores gibt, und wieder andere behaupten, die Mücken hätten sich längst an Avon gewöhnt, weit besser sei das streng riechende »Dolmix« (in hiesigen Apotheken zu bekommen). Auf keinen Fall schadet *Aloe Vera*, das man sich eigentlich als Erstes in den USA kaufen sollte.

Mit Kindern in den Südstaaten

Die Südstaaten sind, wie die USA überhaupt, durchweg kinderfreundlich. Kindermenüs, eigene Sitzkissen und Kindertische in den Restaurants, billige, wenn nicht gar kostenlose Unterbringung in Hotels und Motels sind selbstverständlich. Besonders mit dem Camper macht den Kindern das Reisen Spaß: Grillen, Wanderungen oder Sand- und Badefreuden am (meist bewachten) Strand lassen Langeweile nicht aufkommen. Auch die Amerikaner reisen viel mit Kind, so dass Kontaktmöglichkeiten nicht ausbleiben: Kinder mit Kindern und Eltern mit Eltern.

Das zuständige Visitors Bureau/Chamber of Commerce und die Hotels in den Städten vermitteln Babysitter.

Notfälle, wichtige Rufnummern

Bei Notfällen ruft man den *Operator* (»0«) oder die Notrufzentrale (»911«) an und nennt Namen, Adresse oder Standort und Sachlage. Der Operator informiert dann Polizei, Rettungsdienst oder Feuerwehr.

Bei Autopannen lohnt es, im Automobilclub zu sein: Der amerikanische Club AAA hilft auch den Mitgliedern der europäischen Clubs (Mitgliedsausweis mitbringen). In den Nationalparks haben die Ranger die Polizeigewalt; sie sind auch für Notfälle zuständig.

Falls die Papiere (Reisepass etc.) verloren gegangen sind, bitte bei der Botschaft melden (vgl. Diplomatische Vertretungen).

Öffnungszeiten

In den USA sind die **Geschäfte** meinst von 9 oder 10 Uhr bis 18 oder 19 Uhr geöffnet, die großen **Supermärkte** auch bis 22 Uhr oder länger. Der kleine Laden an der Ecke oder an der Tankstelle öffnet oft von morgens 6 oder 7 bis abends 22 oder 23 Uhr. Die Öffnungszeiten der **Einkaufszentren** sind im Allgemeinen länger.

Banken haben wochentags zwischen 9 und 16 Uhr geöffnet, Postämter gewöhnlich Mo–Fr von 8.30 bis 17 Uhr und Sa von 8.30–12 Uhr.

Die Öffnungszeiten der **Museen** pendeln zwischen 10 und 17 Uhr und erstrecken sich in der Hochsaison auch bis 19 oder 20 Uhr. Einen Abend pro Woche ist zumeist länger geöffnet und dann ist oft auch der Eintritt frei.

Post, Briefmarken

Postämter gibt es sogar in den winzigsten Orten. Und je kleiner das Nest, umso kürzer sind die Wartezeiten für den, der ein Päckchen aufgeben oder Briefmarken kaufen will. Postkarten und Briefe aus den USA nach Europa kosten jeweils 1,20 $. Die Beförderung einer Postkarte in die Heimat dauert oft länger als eine Woche.

Presse

Zu den größten, regionalen Tageszeitungen im Großraum Atlanta zählt die »Atlanta Journal-Constitution«. Touristisch relevant sind im Allgemeinen touristische Informationsbroschüren und -magazine wie »Atlanta Now«, das offizielle Magazin des Atlanta Convention and Visitors Bureau.

Memphis' einzige Tageszeitung, der »Commercial Appeal«, erscheint wochen- und auch sonntags. New Orleans ist die einzige Großstadt, die keine eigene Tageszeitung mehr hat. Seit 2013 erscheint die »Times-Picayune« nur noch dreimal die Woche.

Verschiedene Szenezeitschriften und -magazine, die in der Regel in den Großstädten erhältlich sind, nennen Adressen und Öffnungszeiten von Restaurants, Café, Kinos, Museen sowie die Termine von Konzerten und anderen Veranstaltungen der jeweiligen Stadt oder Region und beinhalten Innenstadt- und Umgebungsstadtpläne. Meist liegen sie in Museen, Cafés und an anderen öffentlichen Orten aus und enthalten neben touristischen Informationen vor allem Werbung und Rabattcoupons.

Rauchen

In den USA gelten strenge Nichtraucherschutzgesetze. In geschlossenen öffentlichen Aufenthaltsräumen wie Restaurants, Bars, Hotels, Motels etc. sowie in Banken und Büros, Läden und Einkaufszentren darf nicht geraucht werden. Unterkünfte sind für Raucher geeignet, sofern sie als »smoking rooms« gekennzeichnet sind. Speziell ausgewiesen Restaurants und Bars erlauben das Rauchen, dürfen aber dann keine Personen unter 18 zulassen. Auf Flughäfen sind Raucherzonen speziell gekennzeichnet.

Sicherheit

Bestimmte Gegenden von Atlanta, New Orleans, Memphis und anderen Großstädten sollte man meiden und lieber ein Taxi für den Heimweg nehmen. Wichtige Papiere wie Pass, Flugtickets, Buchungsinformationen etc. sollte man in Kopie dabei haben. In der freien Natur können selbst kurze Touren ungeahnte Risiken bergen. National Park Ranger informieren Besucher über die Infrastruktur und die Natur des Parks sowie adäquate Verhaltensmaßregeln. Gute Schuhe, genügend Trinkwasser und ein passende Ausrüstung sind die Voraussetzung für Unternehmungen in der Natur.

Sport und Erholung

Eine Reise durch die Südstaaten verbindet sich meist mit dem Gedanken an Meer und Sonne, grüne Sümpfe und Wälder und an Aktivitäten wie Kanu- und Kajaktouren, Ausritte, Wanderungen sowie Golfspielen etc. In der Regel lässt sich alles kurzfristig vor Ort buchen, in der Hochsaison, zu Feiertagswochenenden oder in beliebten Ferienregionen sollte man lieber reservieren.

Kajak- und Kanufahren
In den Südstaaten ist das Kajak- und Kanufahren dank des Wasserreichtums auf Flüssen, Kanälen und Seen, in Sümpfen und entlang der Meeresstrände äußerst beliebt. In Augusta etwa ermöglichen der Savannah River und der parallel verlaufende Augusta Canal von den Savannah Rapids bis zum Lake Olmstead schöne kurze Touren mit Leihkajaks und -kanus bzw. Stand-up-Paddle Boards:

»Crawfish« – Spielzeug-Hummer und allgegenwärtig in der Südstaatenküche

Savannah Rapids Kayak Rentals
im Savannah Rapids Headgate Park
Martinez, GA 30907
✆ (706) 832-5323
www.kayakaugustacanal.com
Einerkajak pro Tag $ 20, Wochenende $ 30, Zweier $ 30/40

Wellness
Spas, zumeist luxuriöse Schönheitssalons und Wellnesstempel, wo man je nach Wahl und Geldbeutel Gesichtsbehandlungen, Massagen, Maniküre, Pediküre und andere wohltuende Anwendungen buchen kann, gibt es zumeist in den Hotels, z. B. in Pigeon Forge, Tennessee, im:

Riverstone Resort Spa
212 Dollywood Lane, Pigeon Forge, TN 37863
✆ (865) 286-3400, 1-866-908-0660
www.riverstoneresort.com/spa

Golf
Der beliebte Sport wird auf den hervorragenden Plätzen ausgedehnter Hotelresorts gespielt. Am Lake Oconee in Georgia liegt das herrliche:

Ritz-Carlton Lodge Golf Resort
Reynolds Plantation, One Lake Oconee Trail
Greensboro, GA 30642
✆ (706) 467-7135
www.ritzcarlton.com/reynolds

Sprache im amerikanischen Süden

Der Süden unterscheidet sich vom Rest der USA durch seine Sprache und eine gelegentlich schleppende Aussprache. Einige sagen, es liege an der Hitze: »Um schnell zu sprechen, braucht man zu viel Energie. Also ziehen wir alles in die Länge. Oder wir hängen noch Silben dran. Das entspannt. Das ist unser Akzent.« Mark Twain fragte: »Wann verschwand das »r« aus der Sprache der Südstaatler, und wieso verschwand es? Viele Leute … fügen hier und da ein »y« in Worte ein, die mit dem R-Laut beginnen. Sie sagen z. B. Herr K'yahtah (Carter) und sprechen von »playing k'yahd« (playing cards) …« Seine Schlussfolgerung: »Die Sprache dieser Leute ist wie Musik.«

Einen besonders melodiösen Klang hat die Sprache der Schwarzen, abgesehen davon, dass noch viele Wörter afrikanischer Herkunft im Umlauf sind: z. B. *jazz, gumbo, banjo, okra* etc. Erst recht ungewohnt ist die *Low country language*, die »Gullah« genannt wird. (Beispiel: »T'ENGK GAUD FUH CHAA'STUN«, d. h. »Thank God for Charleston«.)

Einige der folgenden Wörter und Ausdrücke hört man im Süden häufiger als sonst in den USA – oder in einer Aussprache, die in keinem phonetischen Standardwörterbuch auftaucht:

antebellum – alles (Häuser, Kultur, Ära) vor dem amerikanischen Bürgerkrieg, also vor 1861.

bayou – indianisch für langsam fließendes Gewässer

Cajun – Slang-Ausdruck für die Akadier, die Französisch sprechenden Siedler, die im 18. Jh. aus Nova Scotia (Kanada) nach Louisiana kamen. Außerdem Bezeichnung für eine Kultur und Küche.

Civil War – Richtige Südstaatler finden den Ausdruck beleidigend. Sie nennen den Bürgerkrieg den »Krieg zwischen den Staaten« *(The War Between the States)* oder »den Krieg« *(The War*, gesprochen: woa).

Creole – Siedler spanischer und französischer Herkunft, die im Süden von Louisiana geboren wurden, ihre Küche und Architektur.

Dixieland – (Kurzform: Dixie) Alter Name für den amerikanischen Süden, dessen Herkunft ungeklärt ist; 1859 gab es ein Lied mit dem Titel »Dixie«. »Dixie« außerdem: Musikform des Jazz.

krewe – traditioneller Karnevalsverein, der für die Paraden an Mardi Gras verantwortlich ist.

loggia – (besondere Aussprache: *louscha*) überdachte Veranda etc.

Mardi Gras – Karnevalsdienstag – Höhepunkt der Paraden und Bälle der N.O. Session im Januar und Februar.

mosquitaire – Gazevorhang über dem Himmelbett – eng genug, um die Mücken fernzuhalten; weit genug, um möglichst viel Luft durchzulassen.

parish – Verwaltungsbezirk in Louisiana, in den USA sonst *county* genannt.

porch – Veranda

potpourri – (gesprochen: *poperi*) eigentlich *potpourri of smells,* d.h. Duftkissen mit duftenden Blättern, Nelken und anderen Kräutern und Gewürzen, die dem großen Duftverströmungsbedürfnis des Südens entsprechen und demnach aus den meisten feinen Häusern nicht wegzudenken sind.

rebel flag – (offiziell: *Confederate Flag*) Fahne der Südstaaten, die von vielen Amerikanern als zwiespältiges Symbol empfunden wird – einerseits begleitete sie im Bürgerkrieg patriotische Männer und Frauen, die, unterstützt durch ihre Sklaven, für den Erhalt ihres Lebensstils, ihrer ökonomischen Grundlagen und ihres Ehrgefühls kämpften; andererseits wehen bei ihr auch immer noch rassistische Untertöne mit. Der Ku-Klux-Klan zeigt sie immer.

shotgun house – simples, schmales Wohnhaus im Süden mit hintereinander liegenden Räumen, so dass eine Gewehrkugel durchschlagen könnte, ohne eine Wand zu berühren. Entstehung und Verbreitung seit Ende des 19. Jh.

Southern Belle – Südstaaten-Schöne

Spanish moss – weder spanisch noch Moos noch parasitär, sondern eine Pflanze aus der Familie der Ananas, die von Luft und Wasser lebt. Es heißt, sie sterbe wegen der zunehmenden Umweltverschmutzung durch Autoabgase aus.

Yankee – ein Nordstaatler, der den Süden besucht; ein *damned Yankee* ist einer aus dem Norden, der sich im Süden niederlässt.

Yankee shot – (scherzhaft) für Bauchnabel

Zydeco – durch den Blues beeinflusste Tanzmusik französisch sprechender kreolischer Schwarzer.

Zu den Besonderheiten der **Südstaaten-Küche** zählen u.a.:

beignet – puderbezuckertes Gebäck, das einem rechteckigen *doughnut* ohne Loch gleicht (verbreitet besonders in New Orleans)

cafe brulot – Kaffee mit Gewürzen, Orangenschale und Likör

Calabash – (oder *Calabash style* oder *calabashish*) nach dem Hafenstädtchen und der Fischlokal-Hochburg Calabash in North Carolina (nördlich von Myrtle Beach) benannte Zubereitungsart von Meeresfrüchten: mächtig fettig frittiert

crawfish – Spielzeug-Hummer und allgegenwärtig in vielen Gerichten, vor allem in Louisiana; ein *crawfish etoufee* kann Hausmannskost de luxe sein.

etoufee – saftige Soße auf Tomatenbasis, oft in Zusammenhang mit der Verwendung von *crawfish* und Shrimps

grits – warme Mais- oder Weizengrütze

Gumbo – dicke Suppe mit Meeresfrüchten, Huhn oder Wurststücken mit vielen Gewürzen und viel Reis

hush puppies – unerlässliche Beilage zu fast jedem Fischgericht: kleine Brötchen aus Mais- und Getreidemehl, Eiern und Buttermilch, in Fett gebacken. Ursprünglich diente diese Knabbersache beim nächtlichen Lagerfeuer dazu, die Hunde zu beruhigen und vom Bellen abzubringen: *to hush the puppies.*

Jambalaya – Eintopf aus gelbem Reis, Meeresfrüchten, Wurststückchen, Gemüse (Rezept vgl. S. 161).

Milk Punch – ebenfalls nicht ohne: Vanilla (Brandy), Milch, Zucker (Sirup), Bourbon. Warum so viele *eyeopener*? Angeblich, weil im Süden viele so verschlafen sind.

Mint Julep – Pfefferminz-Whiskey, berühmt durch »Vom Winde verweht«, ein starkes Gesöff, von dem manche Barkeeper behaupten, niemand würde einen zweiten bestellen. Zubereitung: die Minze-Blätter werden zerstampft, dann die Eisstücke und schließlich mit Bourbon aufgegossen.

muffuletta – Super-Sandwich mit italienischem Schinken, Käse und Salat

po-boy – ein mit verschiedenen Fleisch- und Käsesorten reichlich belegtes Baguette

Ramos Gin Fiz – harter *southern drink* (*eyeopener* zum Frühstück): Eiweiß, Sahne, Gin

sweet corn bread	–	süßes Maisbrot
sweet potatoes	–	Süßkartoffeln, sehr beliebt:
sweet potato fries	–	Süßkartoffel-Pommes

Strom

Die USA verfügen über ein Stromnetz mit 110 Volt. Rasierapparat, Fön, Akkuladegeräte etc. funktionieren einwandfrei, wenn sie einen Spannungsumschalter von 220 auf 110 Volt besitzen. Für die Benutzung von Elektrogeräten benötigt man den »Amerikastecker«, einen in Elektromärkten daheim oder am Flughafen erhältlichen Adapter, der in den USA kaum zu finden ist.

Telefonieren

Das Telefonieren vom öffentlichen *payphone*, erfordert etwas Übung. Ortsgespräche *(local calls)* sind einfach. Man wirft 25 ¢ ein und wählt die siebenstellige Nummer. Wie man Ferngespräche *(long distance calls)* führt, wird meist in einer Aufschrift am Telefon erläutert.

Hilfreich ist zu allen Zeiten der Operator (»0«), der Rufnummern vermittelt, Vorwahlnummern *(area codes)* und Preiseinheiten für Ferngespräche angibt. Um eine Nummer herauszufinden, ruft man die *directory assistance* an, die man im eigenen Vorwahlbezirk unter der Nummer »411« erreicht; für andere Bezirke wählt man die jeweilige Vorwahl und dann die 555-1212. Auskünfte über die gebührenfreien »1-800«-Nummern erhält man unter 1-800-555-1212 (auch 1-855, 1-866, 1-877 und 1-888).

In den USA gibt es auch einige Gesprächsarten, die in Europa nicht oder nicht mehr üblich sind – z. B. **R-Gespräche**, die der Angerufene bezahlt. Man wählt dafür 0-Vorwahl-Nummer und bittet den Operator um einen *collect call*. Außerdem gibt es die Möglichkeit eines *person to person call*, bei dem man nur bezahlen muss, wenn sich der Angerufene selbst meldet oder geholt werden kann. Man wählt dafür ebenfalls 0-Vorwahl-Teilnehmernummer und teilt dem Operator seinen Wunsch mit.

Für Gespräche nach Europa lässt man sich vom Operator verbinden oder wählt 011, Landes-, Stadtvorwahl (ohne die erste Null) und Nummer.

Mit **Telefonkarten**, *calling cards*, kann man praktisch von jeder Straßenecke aus den Rest der Welt erreichen. Man spart die erheblichen Aufschläge der Hotels auf die Gebühreneinheiten, die Handhabung ist simpel. In fast jedem Supermarkt in den USA kann man eine solche *pre paid phone card* für ca. $ 10–20 erwerben. Über eine meist kostenlose Zugangsnummer und den sogenannten *Authorization Code* (beide auf der Karte angegeben) wählt man sich ein und danach wie üblich: *country code, area code* (ohne die »0«) und die gewünschte Nummer.

Europäische **Mobiltelefone/Handys**, die in den USA übrigens *cell phones* oder *mobile phones* heißen, funktionieren in den USA wie gewohnt, wenn es sich um sogenannte Mehrband-Mobiltelefone handelt (siehe Bedienungsanleitung oder beim Provider direkt erfragen). Allerdings zahlt man in den USA eine höhere Minutengebühr.

Grundsätzlich kann man von einem Mobiltelefon aus auch **Telefonkarten** benutzen. Im Voraus sollte man sich bei seinem Provider erkundigen, ob man in den USA 1-800er-Nummern kostenlos anwählen kann, denn dann hat man über die Kombination Telefonkarte mit eigenem Handy eine kostengünstige Möglichkeit in den USA zu telefonieren.

Trinkgeld

Man gibt den Kofferträgern, je nach Hotelklasse ca. 50 Cents bis $ 1 pro großem Gepäckstück, Taxifahrern und Frisören ca. 15–20 % vom Rechnungsbetrag, in den Bars ca. 50 Cents je Drink und dem Zimmermädchen bei längerem Aufenthalt pro Nacht $ 1–2. Restaurants sind ein Kapitel für sich. Hier lässt man rund 15–20 % des Rechnungsbetrages als *tip* auf dem Tisch liegen.

Das ist nicht als hohes Trinkgeld aufzufassen, da es in den USA nicht im Preis enthalten ist und die Bedienung im Wesentlichen davon lebt und nicht vom Gehalt.

Unterkunft, Camping

Wie auch sonst in den USA sind im Süden **Hotels und Motels** in der Regel einwandfrei und zuverlässig. Unterkünfte können von Europa aus reserviert werden. Anzuraten ist das im einen oder anderen Fall während der Hauptreisezeit Juni, Juli, August und dann besonders an Wochenenden und Feiertagen. Gewöhnlich muss man in Myrtle Beach, Charleston, Biloxi (wegen der Casinos) und New Orleans an Wochenenden mit Engpässen rechnen.

Unterwegs sollte man Zimmer über die kostenlosen 1-800-Nummern vorbestellen. Die Kreditkartennummer garantiert die Reservierung; einige Hotels nehmen für Wochenenden bzw. Feiertage telefonische Reservierungen überhaupt nur mit Kartennummer entgegen. Bei Reservierungen ohne Kreditkarte muss man bis **spätestens 18 Uhr** einchecken. Bei der kurzfristigen Zimmersuche sind die örtlichen Visitors Bureaus behilflich.

Tipp: Das Reisebudget kann durch das Sammeln von Rabattcouponheften deutlich entlastet werden. Die Hefte gibt es in Klappboxen an Tankstellen, Straßenkreuzungen und im Visitor Center sowie oftmals an der Hotellobby. Oft ist es vorteilhaft, sich nicht nur ein Heft zu nehmen, sondern noch nach Alternativen zu suchen, da die Angebote, gerade bei Übernachtungen, stark variieren.

Bed & Breakfast, das angelsächsische Pendant zum Hotel garni, bedeutet Zimmer mit Frühstück. Das steht in den Südstaaten hoch im Kurs. Diese Übernachtungsart entsprach lange Zeit in erster Linie den Bedürfnissen amerikanischer Touristen, die kuschelige Simulationen alter Pracht inklusive opulentem Frühstück stereotypen Motelräumen vorzogen. B & Bs sind aber heute vorwiegend luxuriöse, elegante Unterkünfte meist in historischen oder besonders schönen Häusern, oft auch typischen Südstaatenvillen, meist mit einer überschaubaren Zimmeranzahl. Für europäische Besucher bieten B & Bs manchmal den Vorteil, dass sie – ähnlich wie beim Camping – Kontakte und gegenseitiges Kennenlernen fördern.

Camping ist in den vorwiegend ländlichen Südstaaten eine angemessene Unterkunftsart. Die im Allgemeinen großzügigen Plätze bieten oft eine herrliche Lage, direkten Anschluss an Wanderwege, Seen und Strände. Die staatlichen Campingplätze liegen meist in den State Parks, haben Feuerstellen, Holzbänke und -tische sowie Waschanlagen. Wenn Vorbestellungen nicht möglich sind, sollte man einchecken, sobald man am jeweiligen Ort angekommen ist. Die privaten Plätze sind meist vorzüglich ausgestattet – mit sauberen Duschen, Grillplätzen und oft mit kleinem Laden. Wildcampen für mehrere Tage wird nicht gern gesehen, doch kann man durchaus über Nacht sein *motorhome* auf einem Parkplatz oder – nach Rücksprache am *front desk* – im Ausnahmefall auch auf Hotel- und Motelparkplätzen abstellen.

Verkehrsmittel

Im Wesentlichen beherrscht zwar der Individualverkehr die Städte und Gemeinden im Süden, aber in den meisten Großstädten existieren öffentliche Nahverkehrssysteme in Form von **Straßen- und U-Bahnen** wie der **Metro MARTA** in Atlanta und der **nostalgischen Streetcars** in New Orleans und Memphis oder von Buslinien: so in Atlanta (www.itsmarta.com), New Orleans (www.norta.com), Baton Rouge (www.brcats.com), Memphis (www.matatransit.com), Nashville (www.nashvillemta.org), Columbia (http://catchthecomet.org), Jacksonville (www.jtafla.com), Montgomery (http://montgomerytransit.com), Birmingham (www.bjcta.org) und Jackson (www.jatran.com).

Taxifahrten sind in den Städten ebenfalls leicht zu organisieren. Etwa 15 Prozent Trinkgeld sind üblich. Mit rund $ 10 kommt man in den Innenstädten gut hin.

Zeitzone

Die hier dargestellten Südstaaten umfassen zwei Zeitzonen, die *Eastern Time Zone* (Georgia, Florida, South Carolina; MEZ minus 6 Stunden) und die *Central Time Zone* (Alabama, Louisiana, Mississippi, Tennessee; MEZ minus 7 Stunden). Von Ende April bis November herrscht Sommerzeit (*daylight saving time*, DST), die Uhr wird wie in Europa um eine Stunde vorgestellt.

Zoll

Zollfrei in die USA mitbringen darf man außer der persönlichen Reiseausrüstung (Kleidung, Kamera etc.):

- 200 Zigaretten oder 50 Zigarren oder 3 Pfund Tabak
- 1 Liter Alkohol von mehr als 22 Vol.-%
- Geschenke im Wert von bis zu $ 100.

Tierische und pflanzliche Frischprodukte (Obst, Wurst, Gemüse) dürfen nicht eingeführt werden. Die Zollbeamten sind da unerbittlich. Dagegen sind Gebäck, Käse und Süßigkeiten (keine Schnapspralinen!) erlaubt.

Den eigenen Wagen darf man (bis zu einem Jahr) mitbringen, was sich aber nur ab einer Aufenthaltsdauer von mindestens zwei Monaten lohnt. Bleibt man länger als zwölf Monate, muss das Fahrzeug nach den amerikanischen Sicherheitsbestimmungen umgerüstet werden. Wenn man seinen Wagen nach einer Reise in den USA verkaufen möchte, heißt es ebenfalls umrüsten und zusätzlich Zoll bezahlen.

Bei speziellen Fragen zu den amerikanischen Zollbestimmungen setzt man sich am besten mit dem nächsten US-Konsulat in Verbindung.

Bei der **Rückreise** dürfen für den persönlichen Bedarf abgabenfrei eingeführt werden:

- 200 Zigaretten oder 100 Zigarillos oder 50 Zigarren oder 250 g Tabak
- 1 Liter Spirituosen mit einem Alkoholgehalt von mehr als 22 Vol.-% oder 2 Liter mit einem Alkoholgehalt von maximal 22 Vol.-%
- andere Mitbringsel bis zu einem Warenwert von € 430, unter 15 Jahren bis € 175.

Überschreiten die Mitbringsel die Reisefreimengen, so fallen Einfuhrabgaben an. Am besten die Kaufbelege aufbewahren, ansonsten wird der Wert geschätzt. Bis zu einem Wert von € 700 werden pauschal 17,5 % Zoll erhoben, bei allem, was darüber liegt, wird genauer gerechnet. Auskünfte erhält man beim Informationsmanagement Zoll unter www.zoll.de.

Orts- und Sachregister

Fett hervorgehobene Seitenzahlen verweisen auf ausführliche Erwähnungen, die *kursiv* gesetzten Begriffe und Seitenzahlen beziehen sich auf den Service am Ende des Buches.

Orts- und Sachregister

Namenregister

Textnachweis: Nach dem Tod von **Horst Schmidt-Brümmer** wurde der Reiseführer Südstaaten USA von **Heike Wagner** für die vorliegende Auflage aktualisiert. Sie hat im VISTA POINT Verlag den Reiseführer West-Kanada und den Info Guide Rhein-Ruhr sowie gemeinsam mit Bernd Wagner die Reiseführer Ost-Kanada und Rocky Mountains veröffentlicht.

Das Kapitel **Chronik – Abriss der Geschichte** stammt von **Siegfried Birle**, der neben einem Reiseführer Nordwesten USA die historischen Kapitel einiger USA-Reiseführer für den VISTA POINT Verlag verfasste.

Bernd Arnold/laif, Köln: S. 309
Asheville Convention & Visitors Bureau/Jim Valentine, North Carolina: S. 35 o., 36 o.
Cherokee Tourism Promotion Office, Cherokee, North Carolina: S. 39
Fridmar Damm, Köln: S. 97 o.
Fotoarchiv München: S. 107 o.
Fotolia/afe207: S. 310; Jack Bivins: S. 45; Natalia Bratslavsky: S. 176 o.; Cheryl Casey: S. 126, 128 o., 133; cucumber images: S. 244 u.; Dave Allen: S. 98; fannyes: S. 190 o.; f11photo: S. 274/275, 276 o.; forestpath: S. 175 o.; William R. Gates: S. 158 u.; gqxue: S. 206; Robert Hainer: S. 112 u.; Danny Hooks: S. 252; jackienix: S. 170; JayMudaliar: S. 280; jedphoto: S. 276 u.; Jeff Kinsey: S. 238; Brian Lasenby: S. 75, 249; Logan: S. 223; Meanmachine77: S. 131 u.; Christopher Meder: S. 31; miroslav_1: S. 250; Riverwalker: S. 136; SeanPavonePhoto: S. 43 o., 59, 83 o., 85, 88 u., 111; starryvoyage: S. 8; Todd Taulman: S. 135
Fox Theatre, Atlanta: S. 28
Franz Marc Frei, München: S. 25
The Gastonian Inn, Savannah: S. 84
Georgia Department of Economic Development: S. 54, 57 o., 67 o., 68, 90
Peter Ginter, Köln: S. 16/17, 26 o., 30, 86, 94, 105 o., 105 u., 118, 124/125, 141, 146, 148, 150 o., 158 o., 167, 188, 200 o., 215, 217 u., 221, 259 u., 270, 273
Golden Isles Convention & Visitors Bureau, Brunswick, Georgia: S. 65
Christian Heeb, Bend, Oregon: S. 4, 24, 27 u., 29, 32/33, 40, 46, 52, 62/63, 69, 70 u., 71, 77, 79, 86, 93, 97 u., 114 o., 116, 120, 129, 139, 147, 150, 166, 172, 181 u., 204 o., 219 o., 222, 226 o., 236, 258, 259, 301
Hills & Dales Estate, LaGrange: S. 73
iStockphoto/AdShooter: S. 305; adwalsh: S. 159; Terry J Alcorn: S. 137 u.; Steve Bower: S. 134; Choicegraphx: S. 131 o., 241; chrisbradshaw: S. 115; clearstockconcepts: S. 180, 181; Steve Cole: S. 123; Candice Cusack: S. 27 u.; Danni1185: S. 76; DenGuy: S. 178; duncan1890: S. 8 o.; Melinda Fawver: S. 209; flammulated: S. 88 o.; Eric Foltz: S. 246; Garywg: S. 128 u.; graphiknation: S. 155; GreenStock: S. 239; Andrew Hall: S. 187, 190 u.; Jodi Jacobson: S. 231; JillLang: S. 37; JNevitt: S. 107 u.; Kirk Johnson: S. 256; Ben Junda: S. 156; Caroline Klapper: S. 164; kmm7553: S. 110 u.; Jacob Aaron Kupferman: S. 106; Judy Ledbetter: S. 153; Frank Leung: S. 251; David H. Lewis: S. 255 o.; lightasafeather: S. 82 u.; Klaas Lingbeek- van Kranen: S. 168; Amy Longhenry: S. 122; Jason Major: S. 4/5; Oliver Malms: S. 21; Marje: S. 83 u.; Jon McIntosh: S. 195; Bradford Martin: S. 87; Dwight Nadig: S. 14/15, 260/261; nkuzmina: S. 173 o.; Sandra O'Claire: S. 151; S. Greg Panosian: S. 94/95; Parvphoto: S. 38; Sean Pavone: S. 53, 101, 117; pelicankate: S. 177; Pgiam: S. 102 u., 225, 247; RiverNorthPhotography: S. 82 o.; Jenny Schooler: S. 36 u.; Silvrshootr: S. 72; skiserge1: S. 99; SSI-DUKE: S. 78; Mark Strozier: S. 56; Brian Swartz: S. 107 u.; Denis Jr. Tangney: S. 137 o., 189 o., 208 u.; Denis Tangney Jr.: S. 282; Karel Tatransky: S. 109 o.; Paul Tessier: S. 212; Thepixelchef: S. 125; Alan Tobey: S. 102 o., 103; toddmedia: S. 183; traveler1116: S. 179; welcome-to-carol-world: S. 176 u.; WerksMedia: S. 44, 213; Paul Wolf: S. 264; Sam Woolford: S. 253; Yitao: S. 18
Karl Johaentges/Look, München: S. 197 u., 204 u.
Library of Congress/Mrs. M. M. Pabor: S. 10
Louisiana Office of Tourism: S. 165
Middleton Place, South Carolina: S. 108
Mississippi Development Authority, Jackson, Mississippi: S. 184 u., 201 o., 201 u.
Myrtle Beach Convention & Visitors Bureau, South Carolina: S. 119
Nashville Convention & Visitors Corporation: S. 226 o., 227, 229
Horst Schmidt-Brümmer, Köln: S. 5, 20, 43 u., 49, 50, 51, 55, 57 u., 60, 61, 66, 67 u., 70 o., 91, 92, 110 o., 113, 121, 127, 140, 142 o., 144 u., 157, 169, 173 u., 175 u., 182, 186 u., 200 u., 215, 218 o., 220 u., 243, 244 o., 267, 268, 290, 296, 299
Horst Schmidt-Brümmer (Archiv), Köln: S. 6 o., 6 u., 13 o., 13 u., 14 o., 22, 32, 34, 35 u., 80 u., 109 u., 112 o., 142 u., 144 o., 149, 154 o., 154 u., 160, 163, 184 o., 186 o., 189 u., 191, 197 o., 202, 203, 208 o., 217 o., 219 u., 233, 255 u., 277, 278, 281
Wolfgang Siesing, Berlin: S. 143, 145, 193, 218 u.
Carl A. Smith, Clayton, Georgia: S. 14 Mitte, 41, 47, 74, 80 o., 233
Tennessee Department of Tourist Development: S. 210, 211, 216, 220 o., 228
Vicksburg Convention & Visitors Bureau, Mississippi: S. 205
VISTA POINT Verlag (Archiv), Potsdam: S. 7, 9 u., 11, 12, 89, 104
Wikipedia/Elambeth: S. 162; Wikipedia (CC BY-SA 2.0)/Greg Goebel: S. 132; Wikipedia (CC BY-SA 3.0)/Chattanooga_choo_choo.jpg: S. 207
2015 The Coca-Cola Company: S. 23 o., 23 u.

Titelbild: Straßenmusiker in New Orleans, Foto: Christian Heeb, Bend, Oregon, und Horst Schmidt-Brümmer, Köln
Vordere Umschlagklappe (innen): Übersichtskarte der Südstaaten mit den eingezeichneten Reiseregionen
Schmutztitel (S. 1): Baumwollanbau in Alabama, Foto: iStockphoto/Danny Hooks
Haupttitel (S. 2/3): Anhinga in Wakulla Springs (Florida), Foto: Peter Ginter, Köln
Hintere Umschlagklappe (außen): Oak Alley Plantation bei Vacherie, Foto: iStockphoto/Jason Major
Umschlagrückseite: Anhinga in Wakulla Springs (Florida), Foto: Peter Ginter, Köln (oben); Kasinodampfer in Natchez-under-the-Hill, Foto: Karl Johaentges/Look, München (unten)

5., überarbeitete Auflage 2016

Reihenkonzeption: Horst Schmidt-Brümmer, Andreas Schulz
Bildredaktion: Andrea Herfurth-Schindler
Aktualisierung: Heike Wagner, Duisburg
Lektorat: Kristina Linke, 5. Auflage: Christina Richter
Layout und Herstellung: Sandra Penno-Vesper
Reproduktionen: Henning Rohm, Köln; Noch & Noch, Menden
Kartographie: Borch GmbH, Fürstenfeldbruck; Kartographie Huber, München
Druckerei: Drukarnia Interak, Czarnków, Polen

ISBN 978-3-95733-288-2

www.facebook.de/vistapoint